Geisteswissenschaftliche Pädagogik

Ein Lehrbuch

von
Prof. Dr. Eva Matthes

Universität Augsburg

Oldenbourg Verlag München

Bibliografische Information der Deutschen Nationalbibliothek

Die Deutsche Nationalbibliothek verzeichnet diese Publikation in der Deutschen Nationalbibliografie; detaillierte bibliografische Daten sind im Internet über http://dnb.d-nb.de abrufbar.

© 2011 Oldenbourg Wissenschaftsverlag GmbH
Rosenheimer Straße 145, D-81671 München
Telefon: (089) 45051-0
www.oldenbourg-verlag.de

Das Werk einschließlich aller Abbildungen ist urheberrechtlich geschützt. Jede Verwertung außerhalb der Grenzen des Urheberrechtsgesetzes ist ohne Zustimmung des Verlages unzulässig und strafbar. Das gilt insbesondere für Vervielfältigungen, Übersetzungen, Mikroverfilmungen und die Einspeicherung und Bearbeitung in elektronischen Systemen.

Lektorat: Kristin Beck
Herstellung: Constanze Müller
Titelbild: iStockphoto
Einbandgestaltung: hauser lacour
Gesamtherstellung: Grafik + Druck GmbH, München

Dieses Papier ist alterungsbeständig nach DIN/ISO 9706.

ISBN 978-3-486-59792-9

Vorwort

„Auf daß sie nicht in Vergessenheit gerate!" – so lautet die Widmung, die der international renommierte deutsche Erziehungswissenschaftler *Wolfgang Klafki* (geb. 1927) auf die erste Kurseinheit seiner Darstellung über die Geisteswissenschaftliche Pädagogik für die Fernuniversität Hagen (1978a) geschrieben hat, bevor er sie meinem Doktorvater *Hans-Karl Beckmann* (1926–2001) – wie *Klafki* Schüler des geisteswissenschaftlichen Pädagogen *Erich Weniger* – überreichte. *Beckmann* gab bei seiner Emeritierung diese Publikation *Klafkis* an mich weiter. So ist nun dieses Lehrbuch über die geisteswissenschaftliche Pädagogik auch in Gedanken und im Gedenken an meinen akademischen Lehrer *Beckmann* entstanden, aber entscheidend sind die inhaltlichen Gründe. Viele Theoreme und Begriffe der geisteswissenschaftlichen Pädagogik sind nach wie vor – explizit oder implizit – im erziehungs- und bildungstheoretischen Diskurs präsent; die von ihnen als genuin pädagogisch benannten Frage- und Problembereiche bestimmen auch heute noch die disziplinäre Identität der Erziehungswissenschaft. Es gibt wohl keine Studentin/keinen Studenten der Erziehungswissenschaft in Deutschland, die/der nicht an irgendeiner Stelle ihres/seines Studiums mit geisteswissenschaftlicher Pädagogik in Berührung kommt, sei es über eine Publikation, z. B. „Führen oder Wachsenlassen", sei es über einen Begriff, z. B. „pädagogischer Bezug", sei es über einen Namen, z. B. *Eduard Spranger*, sei es über eine Methode, z. B. die Hermeneutik, sei es im Kontext der Kritik an der geisteswissenschaftlichen Pädagogik. *Das Lehrbuch macht es sich zur Aufgabe, ein solides Fundament für die Einordnung des Punktuellen zu geben.*

Bevor genauer auf den Aufbau des Buches eingegangen wird, nochmals zurück zu *Klafki* und seiner Widmung: Warum schrieb er diese, zumal noch in einer Zeit, als er sich selbst bereits vom geisteswissenschaftlichen Pädagogen zum kritisch-konstruktiven Erziehungswissenschaftler (in seinem Selbstverständnis) *weiterentwickelt* hatte? *Klafkis* Ausführungen in den Kurseinheiten für die Fernuniversität machen seine Widmung verständlich. Er zeigt in seiner Publikation auf, dass die geisteswissenschaftlichen Pädagogen in vielen Themenbereichen ein pädagogisches Problembewusstsein entwickelten, hinter dessen Niveau man nicht mehr zurückfallen dürfe, wenn man nicht bereits gewonnene Erkenntnisse leichtfertig verspielen und damit die Erziehungswissenschaft als eigenständige Disziplin beschädigen wolle. Hierin ist *Klafki* nur zuzustimmen! In seinem eigenen Selbstverständnis als kritisch-konstruktiver Erziehungswissenschaftler sah er die geisteswissenschaftliche Pädagogik im doppelten Sinne aufgehoben: als ihre zentralen Erkenntnisse und ihr erreichtes Problembewusstsein bewahrend, aber auch ihre Schwächen und Defizite überwindend. Diese Perspektive durchzieht auch *Klafkis* Darstellung der geisteswissenschaftlichen Pädagogik für die Fernuniversität Hagen, und für deren Lektüre sollte man dieses Hintergrundwissen haben. Unabhängig davon ist nach meiner Einschätzung diese Darstellung nach wie vor eine äußerst kenntnisreiche und fundierte Erörterung des wissenschafts-, erziehungs- und bildungstheoretischen Grundverständnisses der geisteswissenschaftlichen Pädagogik, auch wenn viele Aspekte der geisteswissenschaftlichen Pädagogik dabei (allein schon angesichts des spezifischen Charakters dieser Veröffentlichung) unberücksichtigt bleiben – dieses Desiderat versucht das vorliegende Lehrbuch zu schließen. Die Widmung war von *Klafki* darüber hinaus sicher auch als mahnender Wunsch gedacht, denn viele der gesellschaftskritischen Erziehungswissenschaftler in den 70er-Jahren wollten die geisteswissenschaftliche Pädagogik – anders als *Klafki* – in ihren Konzepten nicht positiv weiterentwickeln, sondern sie überwinden, sich grundsätzlich von ihr absetzen, was häufig auch dazu führte, dass sie nicht mehr und schon überhaupt nicht ausführlich und quellengesättigt zur Kenntnis genommen wurde. Zunehmend erfolgte die Ablehnung von etwas, womit man sich überhaupt nicht gründlich auseinandergesetzt hatte – auch dem will das vorliegende Lehrbuch entgegenwirken!

Erfreulicherweise ist die geisteswissenschaftliche Pädagogik bis heute nicht in Vergessenheit geraten – ein Indiz hierfür ist, dass sie in allen aktuellen Einführungen und Lexika ihren Platz hat –, wenngleich sich die Publikationen zur geisteswissenschaftlichen Pädagogik aktuell erneut (wie in den 80er-Jahren) sehr stark auf ihre politische Rolle (vorrangig in der NS-Zeit) konzentrieren bzw. fixieren. Die systematischen Beiträge der geisteswissenschaftlichen Pädagogik kommen hierbei leicht zu kurz, der Aspektreichtum geisteswissenschaftlicher Publikationen wird nicht zur Kenntnis genommen. Wichtig ist m. E., dass Studierende Studien- und Prüfungsthemen wie relative pädagogische Autonomie, Theorie-Praxis-Verhältnis, pädagogischer Bezug, Grundstile der Erziehung, ‚Führen' oder ‚Wachsenlassen' in einen größeren Zusammenhang einordnen können, aber dass sie auch erkennen lernen, wie viele aktuelle pädagogische Fragen und Probleme bereits von der geisteswissenschaftlichen Pädagogik durchdacht wurden – ohne dass sich die Studierenden in irgendeiner Weise deren Lösungsvorschlägen anschließen müssten.

Der Begriff *„geisteswissenschaftliche Pädagogik"* ist nicht unumstritten, ist aber in der Erziehungswissenschaft fest etabliert. *Wilhelm Flitner* geht in einem Text aus dem Jahr 1976 davon aus, dass es *Erich Weniger* gewesen sei, der diesen Begriff in den 20er-Jahren eingeführt habe (vgl. 1989f, S. 491). Ins Leben trat die dann geisteswissenschaftliche Pädagogik genannte Richtung 1917 als *„Kulturpädagogik"*.

Das vorliegende Lehrbuch ist folgendermaßen aufgebaut: Zunächst werden die bekanntesten und bedeutendsten geisteswissenschaftlichen Pädagogen in *biographischen Skizzen* dargestellt, damit die Leserinnen und Leser eine Vorstellung von den Personen entwickeln können und Triebkräfte, Bedingungen, Voraussetzungen für ihr pädagogisches Wirken erkennen.

Im Zentrum des Lehrbuchs stehen die *thematischen Zugänge*, die – in einem Werk über die geisteswissenschaftliche Pädagogik *erstmalig!* – *alle Bereiche der systematischen Reflexion, anders formuliert: der Theorie* der geisteswissenschaftlichen Pädagogen einbeziehen, also von ihrem wissenschaftstheoretischen und -methodologischen Selbstverständnis bis zu ihren Theorien der politischen Bildung reichen. In diesem thematischen Teil soll deutlich werden, wie sich aus der allgemeinpädagogischen Perspektive heraus die teildisziplinären Perspektiven (im Bereich der Schulpädagogik, der Erwachsenenbildung, der Sozialpädagogik, der Fachdidaktik) entwickeln, anders formuliert: wie sich ein pädagogischer Grundgedankengang in den einzelnen Bereichen der Pädagogik konkretisiert. Zwei weitere Punkte spielen in diesem zweiten Teil des Lehrbuchs eine gewichtige Rolle: (1) In den einzelnen Kapiteln werden Übereinstimmungen, aber auch Unterschiede zwischen den geisteswissenschaftlichen Pädagogen dargestellt; hierdurch soll klar werden, dass es zum einen Übereinstimmungen gibt, die es rechtfertigen, von *der* geisteswissenschaftlichen Pädagogik zu sprechen, dass es zum zweiten aber auch gravierende Unterschiede zwischen einzelnen geisteswissenschaftlichen Pädagogen gibt, die beachtet werden müssen und bis in die Gegenwart reichende unterschiedliche Akzentsetzungen widerspiegeln. Auf Grund der unterschiedlichen inhaltlichen Schwerpunkte und Positionen werden einzelne Theorien, *zum Beispiel* Schultheorie, Autoren bezogen dargestellt, auf gedankliche Übereinstimmungen und Bezüge wird jedoch immer ausdrücklich hingewiesen. (2) In den einzelnen Kapiteln werden Kontinuitäten, aber auch Diskontinuitäten, Weiterentwicklungen in den Theorien von den ersten Jahrzehnten des 20. Jahrhunderts bis in die 60er-Jahre desselben Jahrhunderts dargestellt; im Hintergrund steht hierbei immer auch die Frage, ob die geisteswissenschaftlichen Pädagogen auf der Basis der Erfahrung der nationalsozialistischen Diktatur ihre Theorien verändert/weiterentwickelt haben. In diesem zweiten Teil der Arbeit kommen die geisteswissenschaftlichen Pädagogen bewusst häufig selbst zu Wort, um möglichst authentisch in die Denk- und Schreibweise jener einzuführen – diese Zu-Mutungen müssen in einem universitären Lehrbuch sein! – und intersubjektive Überprüfbarkeit für die vorgelegten Interpretationen zu ermöglichen. Darüber hinaus sollen die Studierenden dadurch ermutigt werden, Originaltexte geisteswissenschaftlicher Pädagogen zu lesen – was für ein universitäres Studium unabdingbar ist!

Im dritten Teil der Arbeit, mit *„Rezeptionsgeschichtliche Zugänge"* überschrieben, soll den Leserinnen und Lesern ein – bisher noch an keiner Stelle vorliegender – Überblick über zentrale Rezeptionslinien gegeben werden, ohne dass in irgendeiner Weise hierbei ein Anspruch auf Vollständigkeit erhoben werden könnte. Zentrale Themenbereiche, die besonders intensiv diskutiert wurden und werden, werden herausgegriffen; am Schluss erfolgt eine kurze eigene Würdigung der geisteswissenschaftlichen Pädagogik durch die Verfasserin in Thesenform, die die Leserinnen und Leser zu eigener begründeter Bewertung motivieren soll.

Ich hatte die schöne, bereichernde Möglichkeit, eine Erstfassung dieses Lehrbuchs Augsburger Studierenden des Diploms und des Master Erziehungswissenschaft vorzulegen und mit ihnen in einem Seminar zu besprechen; sie waren aufmerksame, kritische Leserinnen und Leser, deren Anregungen noch zu manchen Überarbeitungen führten. Den Studierenden sei an dieser Stelle herzlich gedankt!

Herzlich gedankt sei ebenso meiner wissenschaftlichen Mitarbeiterin Frau Dr. Sonja Lichtenstern für ihre Hilfe bei der Literaturrecherche und Frau Sylvia Schütze für ihre Unterstützung bei der Erstellung des Literaturverzeichnisses und des Personenregisters.

Meine Hoffnung ist, dass das Lehrbuch allen Leserinnen und Lesern als Grundlage dienen möge, sich intensiv, offen und kritisch zugleich mit der geisteswissenschaftlichen Pädagogik auseinanderzusetzen – auf dass sie nicht in Vergessenheit gerate!

Inhalt

Vorwort		V
Erster Teil: Biographische Zugänge		1
Vorbemerkung		3
1	Herman Nohl	3
2	Theodor Litt	8
3	Eduard Spranger	13
4	Wilhelm Flitner	17
5	Erich Weniger	21
6	Wolfgang Klafki	26
Zweiter Teil: Thematische Zugänge		29
1	**Die Begründung der Pädagogik als Geisteswissenschaft**	**31**
1.1	Allgemeine Hintergründe	31
1.1.1	Die Dominanz des naturwissenschaftlichen Denkens	31
1.1.2	Diltheys Antwort: Die theoretisch-methodische Fundierung der Geisteswissenschaften als eigenständige Gruppe von Wissenschaften	32
1.2	Fachspezifischer Hintergrund: Die Expansion der „experimentellen Pädagogik"	33
1.3	Die „Pädagogische Konferenz" von 1917 als Gegenbewegung zur experimentellen Pädagogik und als Geburtsstunde der „Kulturpädagogik" (später genannt: „Geisteswissenschaftliche Pädagogik")	35
1.4	Theodor Litts zentrale Begründungsargumente der Pädagogik als Kulturpädagogik	36
1.5	Eduard Sprangers zentrale Begründungsargumente der Pädagogik als Kulturpädagogik	37
1.6	Herman Nohls zentrale Begründungsargumente der Pädagogik als Kulturpädagogik	38

1.7	Wilhelm Flitners Begründungsversuch der Pädagogik als „hermeneutisch-pragmatische" Disziplin	39

2 Das „historisch-systematische Verfahren" — 41

3 Wissenschaftliche Pädagogik und pädagogische Praxis — 44

3.1	Die Entstehung wissenschaftlicher Pädagogik aus der Praxis	44
3.2	Die Leistung wissenschaftlicher Pädagogik für die Praxis	45

4 Erziehungstheorie — 47

4.1	Die Dimensionen der Erziehung und ihre anthropologischen Grundlagen	47
4.2	Das „Wesen" des erzieherischen Verhältnisses/Der „Pädagogische Bezug"	49
4.3	Die „relative Autonomie"/„Eigenständigkeit" der Erziehung	52
4.4	Die dialektische Verschränkung von Führen und Wachsenlassen als erzieherische Handlungsform	58
4.4.1	Die Entstehungsgeschichte von Litts „‚Führen' oder ‚Wachsenlassen'"	58
4.4.2	Skizzierung der zentralen Gedanken der Schrift	59
4.5	Die Grundstile der Erziehung nach Eduard Spranger	62

5 Bildungstheorie — 64

5.1	Bildsamkeit als Voraussetzung von Erziehung	64
5.2	Bildung als das Ziel der Erziehung (verstanden als Fremd- und Selbsterziehung)	66
5.3	Die Auswahl der Bildungsinhalte und das „Bildungsideal"	67
5.4	Wolfgang Klafkis Theorie der kategorialen Bildung	73
5.4.1	Materiale Bildungstheorien und ihre Kritik	73
5.4.2	Formale Bildungstheorien und ihre Kritik	73
5.4.3	Überwindung der Scheidung von materialer und formaler Bildung	74
5.5	Revisionen/inhaltliche Neubestimmungen des Bildungsverständnisses nach 1945	76
5.5.1	Die Position Theodor Litts	76
5.5.2	Die Position Wolfgang Klafkis	77

6 Didaktische Theorie — 79

6.1	Eduard Spranger	79
6.2	Erich Weniger	80
6.2.1	Das Lehrgefüge	80
6.2.2	Der Lehrplan	82
6.3	Wilhelm Flitner	85
6.4	Wolfgang Klafki	86
6.4.1	Grundlegendes Verständnis von Didaktik	86

6.4.2	Das Postulat der Eigenständigkeit der Didaktik	87
6.4.3	Die didaktischen Prinzipien	88
6.4.4	Die „Didaktische Analyse"	89

7 Schultheorie — 93

7.1	Herman Nohl	93
7.2	Theodor Litt	95
7.2.1	Die Aufgaben der Schule	95
7.2.2	Unterricht und Erziehung	96
7.2.3	Einzelne Schularten	97
7.3	Eduard Spranger	100
7.3.1	Leitmotive der Bildungsideale und der Schulpolitik	100
7.3.2	Einzelne Schularten	100
7.4	Wilhelm Flitner	105
7.4.1	Allgemeines	105
7.4.2	Einzelne Schularten	107
7.5	Erich Weniger	113
7.5.1	Zur Genese und Aufgabenbestimmung von Schule	113
7.5.2	Grundlegung seines Verständnisses von Schule in der Weimarer Republik	113
7.5.3	Die Aufgabenbestimmung der Schule nach 1945	114
7.5.4	Die Konzeption der Volksschuloberstufe/Hauptschule	116

8 Theorie der Lehrerbildung — 118

8.1	Eduard Spranger	118
8.1.1	Die Ausbildung der Volksschullehrer	118
8.1.2	Die Ausbildung der höheren Lehrer	121
8.2	Theodor Litt	124
8.3	Herman Nohl	125
8.4	Erich Weniger	127
8.4.1	Die Ausbildung der Volksschullehrer	127
8.4.2	Die Ausbildung der höheren Lehrer/„Philologen"	129
8.5	Wilhelm Flitner	130

9 Theorie der Volksbildung/Erwachsenenbildung — 132

9.1	Herman Nohl	133
9.2	Wilhelm Flitner	136
9.2.1	„Laienbildung"	137
9.2.2	Weitere Schriften	143
9.3	Erich Weniger	145

| 10 | **Sozialpädagogische Theorie** | **148** |

10.1 Herman Nohl.. 149
10.1.1 Entstehungshintergründe und Kontroversen der Jugendwohlfahrtsarbeit............. 149
10.1.2 Die Ausbildung der Sozialpädagogen an der Universität..................................... 151
10.1.3 Die „neue Sozialpädagogik" 152

10.2 Erich Weniger.. 154
10.2.1 Der Paradigmenwechsel in der Jugendpflege und -hilfe...................................... 154
10.2.2 Die Auseinandersetzung mit der konfessionellen Fürsorgeerziehung................... 155
10.2.3 Die Überparteilichkeit des modernen Wohlfahrtsstaates
       in der Fürsorgeerziehung.. 156

10.3 Wilhelm Flitner.. 157

| 11 | **Theorie des Geschichtsunterrichts** | **158** |

11.1 Erich Wenigers „Grundlagen des Geschichtsunterrichts" (1926).......................... 158
11.2 Neue Akzentsetzungen Wenigers nach 1945... 160
11.3 Litts Position nach 1945... 163

| 12 | **Theorie der staatsbürgerlichen/politischen Erziehung** | **164** |

12.1 Eduard Spranger.. 165
12.1.1 Weimarer Republik 165
12.1.2 Nach 1945 166

12.2 Theodor Litt... 167
12.2.1 Weimarer Republik 167
12.2.2 Nach 1945 169

12.3 Erich Weniger.. 173
12.3.1 Weimarer Republik 173
12.3.2 Nach 1945 174

Dritter Teil: Rezeptionsgeschichtliche Zugänge — **181**

| 1 | **Entwicklungslinien seit den 60er-Jahren des 20. Jahrhunderts** | **183** |

1.1 Von den 60er-Jahren bis in die 80er-Jahre... 183
1.2 Exkurs zur Rezeption des Verhältnisses geisteswissenschaftliche Pädagogik
    und NS-Zeit.. 193
1.3 Von den 90er-Jahren bis in die Gegenwart.. 197

| 2 | **Kritische Würdigung der geisteswissenschaftlichen Pädagogik aus der Perspektive der Verfasserin – Sieben Thesen** | **202** |

Literaturverzeichnis 209

1 Primärliteratur 211

1.1 Flitner, Wilhelm 211
1.2 Klafki, Wolfgang 214
1.3 Litt, Theodor 215
1.4 Nohl, Herman 219
1.5 Spranger, Eduard 221
1.6 Weniger, Erich 224

2 Sekundärliteratur 228

2.1 Vor 1945 228
2.2 Nach 1945 229

Personenregister 243

Erster Teil:
Biographische Zugänge

Vorbemerkung

Zunächst werden Leben und pädagogisches Wirken der wichtigsten, einflussreichsten und bekanntesten Vertreter der geisteswissenschaftlichen Pädagogik, der Gründungsväter *Herman Nohl*, *Eduard Spranger* und *Theodor Litt*, aus der ersten Schüler-Generation von *Wilhelm Flitner* und *Erich Weniger* und aus der Enkel-Generation von *Wolfgang Klafki* im Überblick vorgestellt. Auch wenn sich die pädagogischen Theorien der geisteswissenschaftlichen Pädagogen nicht aus ihren Lebenswegen ableiten lassen, so gibt es doch Bezüge und Anstöße, die aus Lebenserfahrungen resultieren. Die politischen und pädagogischen Strömungen der Zeit finden sich im Werk der geisteswissenschaftlichen Pädagogik – in durchaus unterschiedlicher Weise – widergespiegelt.

Um die personalen Verflechtungen der geisteswissenschaftlichen Pädagogik und ihre starke Präsenz in der deutschen Erziehungswissenschaft über Generationen hinweg den Leserinnen und Lesern näherzubringen, kann ein ‚Stammbaum' der Geisteswissenschaftlichen Pädagogik (Klafki 1978a, ohne Seitenangabe; von der Verfasserin überarbeitet und erweitert; Stand: 2010), der aufgrund seiner Größe nicht im Buch abgebildet werden konnte, kostenfrei auf der Buchinformationsseite der Verlagswebsite unter „Zusatzmaterial" abgerufen werden:
http://www.oldenbourg-verlag.de/wissenschaftsverlag/geisteswissenschaftliche-paedagogik/9783486597929/

1 Herman Nohl[1]

Nohl wurde am 7. Oktober 1879 in Berlin geboren. Er war das älteste Kind des Gymnasiallehrers für Griechisch und Latein *Hermann*[2] *Nohl* (1850–1929) und seiner Frau *Gabriele* geb. *Doepke* (1857–1883). Er wuchs in Berlin auf und verbrachte dort auch seine ganze Studienzeit. Als *Nohl* drei Jahre alt war, starb seine Mutter im Alter von 26 Jahren. *Hermann Nohl* (sen.) holte daraufhin seine Schwester *Hermine* nach Berlin, die ihm sechs Jahre lang den Haushalt führte und sich um seine drei Kinder, neben *Hermann* jun. noch *Ella* (Jg. 1881)

---

[1] Die Ausführungen stützen sich auf folgende Literatur: Blochmann 1969; Geißler 1979; Matthes 1998, 1999a; Klika 2000; Klafki/Brockmann 2002; Klika 2003.

[2] Zur Abgrenzung von seinem Vater, der auch publizistisch tätig war, strich *Hermann Nohl* jun. das zweite n aus seinem Vornamen.

und *Albert Johann* (Jg. 1882), kümmerte. 1889 musste *Hermine* nach dem Tod der Mutter ins Elternhaus zurück und ihren Vater versorgen. Zwei Jahre lang führte *Hermann Nohl* daraufhin mit Hilfe eines Dienstmädchens allein den Haushalt und kümmerte sich um die Kinder, die intensiv zu Hausarbeiten mit herangezogen wurden. Für *Herman Nohl* war somit der Vater die wichtigste pädagogische Bezugsperson. 1891 heiratete dieser wieder; die Stiefmutter *Elise Simon* stellte jedoch für den inzwischen 12-Jährigen keinen Mutterersatz dar.

Die Familie *Nohl* lebte seit 1888 in einer 11-Zimmerwohnung auf dem Gelände des „Grauen Klosters", eines der anerkanntesten humanistischen Gymnasien in Preußen, an dem *Nohls* Vater unterrichtete und an dem *Nohl* Schüler war und das Abitur ablegte. Die Atmosphäre in *Nohls* Eltern- bzw. Vaterhaus war bildungsbürgerlich geprägt; Literatur und Musik hatten einen sehr hohen Stellenwert, Lesen und Musizieren waren die zentralen Freizeitbeschäftigungen.

Vom Sommersemester 1898 bis zum Frühjahr 1904 studierte *Nohl* an der Berliner Universität. Nach einem kurzen Versuch in der Medizin wechselte er zum Wintersemester 1898 zu den Geisteswissenschaften und widmete sich vor allem der Geschichte, der deutschen Literatur und der Philosophie und besuchte auch einige Veranstaltungen in der Psychologie. Zu seinen wichtigsten Lehrern wurden die Philosophen *Friedrich Paulsen* (1846–1908) und (seit 1901) – vor allem – *Wilhelm Dilthey* (1833–1911). Im Dezember 1901 wurde er studentischer Mitarbeiter bei *Dilthey*, wobei die Mitarbeit eine sehr umfassende war; er verbrachte täglich mehrere Stunden bei ihm und unterstützte ihn bei seinen wissenschaftlichen Arbeiten. Auf Anregung seines wissenschaftlichen Lehrers promovierte er über „Sokrates und die Ethik"; seine Promotion fand im Februar 1904 statt. 1905 heiratete *Nohl* die aus einer wohlhabenden Wiener Familie stammende *Bertha Oser* (1878–1936), die er über die Töchter *Diltheys* kennengelernt hatte. Er konnte nun, finanziell abgesichert, ruhig auf seine wissenschaftliche Laufbahn hinarbeiten. Im Herbst 1907 übersiedelten *Nohl*, seine Frau und die inzwischen geborene Tochter *Johanna* nach Jena. Dort habilitierte er sich 1908 bei dem Philosophen *Rudolf Eucken* (1846–1926) mit einer Arbeit über „Die Weltanschauungen der Malerei". Für den Wechsel nach Jena waren sowohl die Nähe *Euckens* zu *Dilthey* (der sich wohl als Habilitationsvater zu alt und krank fühlte) als vor allem auch die Begegnung mit dem Jenaer Verleger *Eugen Diederichs* (1867–1930) ausschlaggebend, der sich – wie *Nohl* – der Jugendbewegung und neuen künstlerischen Richtungen (zum Beispiel dem Jugendstil) verbunden fühlte. Um *Diederichs* herum bildete sich der sog. *Serakreis*, der gemeinsam Ausflüge machte und Sonnwendfeiern durchführte, dem auch *Nohl* zugehörte. Die Zeitschrift des *Serakreises* war „Die Tat", in der auch Aufsätze *Nohls* erschienen. 1911 starb *Dilthey*, und *Nohl* war bis zu seinem Tod – in enger Verbundenheit mit dem *Dilthey*-Schüler und -Schwiegersohn *Georg Misch* (1878–1965) – in der Herausgeberschaft der Gesammelten Schriften *Diltheys* führend tätig. Als Privatdozent hielt er an der Universität Jena Lehrveranstaltungen vor allem in Philosophie; auf Anfrage der Studierenden bot er auch einige Seminare in Psychologie und Pädagogik an. Ästhetischen Fragestellungen galt jedoch in dieser Zeit sein Hauptinteresse. Mit Studierenden pflegte er einen intensiven Austausch; er führte mit ihnen zum Beispiel Exkursionen zu reformpädagogischen Einrichtungen, etwa der Freien Schulgemeinde Wickersdorf, durch. Er hatte ein sehr offenes, gastfreundliches Haus und lud Studierende gerne auch zu sich nach Hause ein. Seine Familie war inzwischen sehr groß geworden: 1908 wurde seine Tochter *Clara*, 1909 *Marie*, 1911 *Barbara* und zuletzt 1916 –

bereits während des Ersten Weltkrieges – sein Sohn *Christian* geboren. Der Weltkrieg veränderte *Nohls* Leben und führte schließlich zu einer Veränderung seiner wissenschaftlichen Schwerpunkte. Im Sommer 1915 wurde er eingezogen und als Landsturmmann in der Kaserne in Weimar ausgebildet. Wegen gesundheitlicher Probleme verbrachte er die Kriegsjahre in der Besatzungsarmee in Gent. Hier lernte er viele einfache Soldaten kennen und erlebte die Sprachlosigkeit zwischen Offizieren und jenen. So reifte in ihm der Gedanke der Volksbildung. Der pädagogischen Theorie und Praxis wollte er fortan seine Schaffenskraft widmen. Im November 1918 kehrte *Nohl* nach Jena zurück und entwickelte die Idee der Gründung von Volkshochschulen, die die unterschiedlichen Volksschichten zusammen führen und die Volkseinheit voranbringen sollten. Er fand interessierte und engagierte Mitstreiter, so dass es im Februar 1919 in den Räumen der Firma *Carl Zeiss* zur Gründungssitzung der Volkshochschule Thüringen kam. Die Zahl der Volkshochschulen in Thüringen stieg in den nächsten Jahren rasant an. Für *Nohl* stand zu dieser Zeit die Entscheidung an, ob er sich vollständig der praktischen pädagogischen Arbeit widmen oder eine wissenschaftliche Karriere anstreben sollte. Noch war er ohne eigenen Verdienst. Im März 1919 wurde er in Jena zum außerordentlichen Professor, allerdings nach wie vor ohne Gehalt, ernannt. Sein Freund *Georg Misch*, der als Philosoph an der Universität Göttingen wirkte, kannte *Nohls* wissenschaftliche Qualitäten und setzte sich dafür ein, dass er einen Ruf an die Universität Göttingen bekam. Sein Einsatz war erfolgreich; *Nohl* erhielt zum 1. Januar 1910 den Ruf auf eine – besoldete! – außerordentliche Professur für praktische Philosophie mit besonderer Berücksichtigung der Pädagogik. 1922 wurde diese Stelle in einen Lehrstuhl für Pädagogik umgewandelt; *Nohl* wurde somit der *erste Lehrstuhlinhaber für Pädagogik* in Preußen. Er verstand dies als Aufgabe, die Pädagogik als mit den anderen Geisteswissenschaften gleichberechtigte Disziplin an der Universität zu etablieren. In diesem Kontext gründete er zusammen mit *Aloys Fischer* (1880–1937), *Theodor Litt*, *Eduard Spranger* und *Wilhelm Flitner*, der die Schriftleitung übernahm, die Fachzeitschrift „Die Erziehung. Monatsschrift für den Zusammenhang von Kultur und Erziehung in Wissenschaft und Leben", deren erste Nummer im Oktober 1925 erschien und die sich schnell zur führenden wissenschaftlichen Zeitschrift für Pädagogik in Deutschland entwickelte. Von 1928 bis 1933 gab *Nohl* mit *Ludwig Pallat* (1867–1946), dem Leiter des Zentralinstituts für Erziehung und Unterricht in Berlin, das fünfbändige „Handbuch der Pädagogik" heraus, an dem 75 Autoren beteiligt waren und das den aktuellen Stand der Pädagogik in Theorie und Praxis widerspiegeln sollte. Band I enthält Theorie und Entwicklung des Bildungswesens, Band II die biologischen, psychologischen und soziologischen Grundlagen der Pädagogik, Band III die Allgemeine Didaktik und Erziehungslehre, Band IV die Theorie der Schule und den Schulaufbau und Band V die Sozialpädagogik. *Nohl* selbst hat für das Handbuch drei Beiträge geschrieben: „Pädagogische Menschenkunde", „Die Pädagogische Bewegung in Deutschland" und – als Einleitung zu Band I und systematische Grundlegung des Handbuchs generell – „Die Theorie der Bildung". In dieser findet sich unter anderem *Nohls* Begründungsversuch der Pädagogik als einer eigenständigen Wissenschaft. 1935 wurden die beiden letztgenannten Beiträge unter dem Titel „Die pädagogische Bewegung in Deutschland und ihre Theorie" als selbständige Schrift veröffentlicht (mit Zugeständnissen an den Nationalsozialismus im Vor- und Nachwort).

Sein Interesse an der pädagogischen Praxis blieb auch in seiner Zeit als Göttinger Ordinarius (Lehrstuhlinhaber) für Pädagogik erhalten, wobei nun nicht mehr die Volkshochschulen (also die Erwachsenenbildung), sondern die sozialpädagogischen Aktivitäten und Entwicklungen im Zentrum standen. *Nohl* hatte über seine Schüler, zum Beispiel *Curt Bondy* (1894–1972), intensiven Kontakt zu sozialpädagogischen Einrichtungen; er ergriff eine Initiative zur universitären Ausbildung von Sozialpädagogen, er wurde 1923 Mitherausgeber der „Zeitschrift für Kinderforschung", und er hielt eine Vielzahl von Vorträgen vor sozialpädagogischen Praktikern. Ein Teil dieser Vorträge wurde 1927 in dem Buch „Jugendwohlfahrt" veröffentlicht.

Ebenfalls erhalten blieb sein großes Interesse an seinen Studierenden. Er forderte und förderte sie wissenschaftlich – für die Arbeiten seiner zahlreichen Doktoranden – darunter sehr viele Frauen! – gründete er die wissenschaftliche Publikationsreihe „Göttinger Studien zur Pädagogik" (seit 1923) – und pflegte Formen des geselligen Zusammenseins, zum Beispiel auf Exkursionen. Um die Gemeinschaft zwischen ihm und seinen Studierenden und unter denselben noch zu vertiefen, erwarb er 1929 in Lippoldsberg an der Weser das Verwalterhaus des ehemaligen Benediktinerinnenklosters und baute es mit seinen Mitarbeitern zu einem Landheim aus, das von dem zu diesem Zweck gegründeten Verein „Die Freunde des Göttinger pädagogischen Seminars" getragen wurde.

In der Endphase der Weimarer Republik konzentrierte sich *Nohls* Wirken auf seine – in der Forschung besonders umstrittene – pädagogische Konzeption einer Siedlungshilfe in Ostpreußen; er entwickelte ein Konzept, das volkswirtschaftliche und sozialpädagogische Intentionen miteinander verband, und er befürwortete auf dieser Basis im Sommer 1933 den Freiwilligen Arbeitsdienst, für den sich Göttinger Pädagoginnen als Siedlungshelferinnen zur Verfügung stellten.

Die nationalsozialistische Machtübernahme bedeutete für *Nohl* dennoch einen tiefen Einschnitt in seinem Wirken. Er stand dem Nationalsozialismus zwar zunächst ambivalent gegenüber, bemühte sich, auch positive Seiten zu sehen, unterschätzte gravierend dessen zutiefst menschenverachtende, rassistische Einstellung und ließ sich von dem Konzept der Volksgemeinschaft, einer nationalen Volkseinheit blenden. Besonders deutlich wird *Nohls* Bemühen um Übereinstimmung mit Teilen der nationalsozialistischen Denkweise in seiner Vorlesung „Die Grundlagen der nationalen Erziehung", die er im Wintersemester 1933/34 und nochmals im Wintersemester 1935/36 hielt.[3] Doch alle Annäherungsversuche *Nohls* an die Nationalsozialisten – nicht zuletzt auch dadurch hervorgerufen, um ihm und seinen Schülern weiterhin ihre wissenschaftliche bzw. praktisch-pädagogische Wirksamkeit zu sichern – verhinderten nicht, dass er und seine geisteswissenschaftliche Pädagogik – und damit auch viele seiner Schüler – ins Abseits gestellt wurden. Zu konträr waren dann doch zentrale Grundgedanken; eine humanistische Bildungstheorie hatte in einem NS-Staat keinen Platz mehr. Dies führte schließlich dazu, dass *Nohl* nach der ersten Vorlesungsstunde im Sommersemester 1937 über „Die Geistigkeit des deutschen Bürgers im 19. Jahrhundert" Vorlesungsverbot erhielt und unmittelbar danach zwangsemeritiert wurde. Da ein Abdruck seines Vorlesungstextes in der „Erziehung" seitens der Redaktion abgelehnt wurde, trat *Nohl* noch 1937

---

[3] Vgl. hierzu die ausführliche Interpretation von Klafki/Brockmann (2002), die m. E. generell die kenntnisreichste, quellengesättigste und abgewogenste Interpretation zu *Nohls* Verhältnis zum Nationalsozialismus vorgelegt haben.

als Mitherausgeber der „Erziehung" zurück. Das Leben war für ihn jetzt sehr verändert. Schon durch das Heiraten seiner Töchter und die Auswanderung dreier seiner Kinder, vollends aber durch den frühzeitigen Tod seiner Frau im Januar 1936 war es in seinem Haus still geworden. Durch die Zwangsemeritierung und das Ende des Mitwirkens an der „Erziehung" geriet er noch deutlich stärker in die Isolation. Umso bedeutender in dieser Zeit war für ihn deshalb der Briefwechsel mit Freunden und Schülern und das Zusammentreffen mit (einigen von) ihnen in Lippoldsberg. Die Zeit nach der Zwangsemeritierung nutzte er vor allem für die Fertigstellung mehrerer Publikationsprojekte. So erschienen – nachdem er in der NS-Zeit bereits die „Einführung in die Philosophie" (1935a) und „Die ästhetische Wirklichkeit" (1935b) veröffentlichen konnte – „Charakter und Schicksal. Eine pädagogische Menschenkunde" (1938) sowie „Die sittlichen Grunderfahrungen. Eine Einführung in die Ethik" (1939) – die genannten Werke zeigen keine Anpassung an die NS-Ideologie. Während des Krieges (1943) wurde er – inzwischen 64-jährig – als einziger der Göttinger Professoren zur Arbeit in einer Schraubenfabrik eingezogen, die er neun Monate verrichten musste.

Das Kriegsende brachte *Nohl* auf seinen Lehrstuhl zurück. Nun begann für ihn, der bereits 66 Jahre alt war, eine Zeit höchster Aktivität. Er hatte das Vertrauen der englischen Militärregierung und das der neuen Behörden – vor allem des ersten niedersächsischen Kultusministers *Adolf Grimme* (1889–1963). Er engagierte sich für die schnelle Wiedereröffnung der Schulen und der Göttinger Universität, die bereits am 17. September 1945 ihre Arbeit wieder aufnehmen konnte. Er organisierte das Vorstudium für Kriegsheimkehrer und agierte 1946/47 als Dekan der Philosophischen Fakultät. Außerdem wirkte er maßgeblich an der Gründung einer Pädagogischen Hochschule (zur Ausbildung der Volksschullehrer) in Göttingen mit, die 1946 unter der Leitung seines Schülers *Erich Weniger* ihre Arbeit aufnahm.

Einen zentralen Platz innerhalb seines Wirkens nahm die 1945 von ihm gegründete Zeitschrift „Die Sammlung" (heute: „Neue Sammlung") ein, die er in Gemeinschaft mit seinen Schülern *Otto Friedrich Bollnow* (1903–1991), *Wilhelm Flitner* und *Erich Weniger* herausgab und bis zu seinem Tod redigierte. Die Zeitschrift erreichte bereits im Oktober 1945 eine sehr hohe Auflage und wurde auch außerhalb der Pädagogik rezipiert.

Wie vor 1933 fand er auch bei der neuen Studentengeneration starken Widerhall. Seine Vorlesungen waren wieder überfüllt, und es entstanden in wenigen Jahren nochmals 13 Dissertationen. Auch publizistisch war er selbst noch tätig (zum Beispiel in der „Sammlung"), wobei eine selbstkritische Auseinandersetzung mit seiner Rolle/seinem Selbstverständnis in der NS-Zeit fehlt.

Als Publikationen sind hier vor allem noch die beiden Aufsatzsammlungen „Pädagogik aus dreißig Jahren" (1949) und „Erziehergestalten" (1958) zu erwähnen.

1949 wurde *Nohl* emeritiert, doch versah er seinen Lehrstuhl weiter, bis es ihm zwei Jahre später gelungen war, *Erich Weniger* als seinen Nachfolger durchzusetzen. In seinen letzten Lebensjahren konzentrierte er sich auf die „Sammlung".

Mit vielfachen Ehrungen ausgestattet (unter anderem dem Großen Bundesverdienstkreuz der Bundesrepublik Deutschland, 1953, und der Ehrenbürgerschaft von Göttingen, 1953) starb er mit fast 81 Jahren am 27. September 1960 in Göttingen.

2 Theodor Litt[4]

Litt wurde am 27. Dezember 1880 in Düsseldorf als einziges Kind des Oberlehrers und späteren Professors an der Oberrealschule Düsseldorf, Dr. *Ferdinand Litt* (1848–1918), und seiner Ehefrau *Maria* geb. *Dimmers* (1855–1926), geboren. Sein Elternhaus war bildungsbürgerlich geprägt; Gelehrsamkeit hatte in ihm einen hohen Stellenwert. Man orientierte sich an der höheren Lehrerschaft (bereits *Litts* Großvater war „Großherzoglicher Reallehrer") und dem universitären Milieu; von „niedrigeren" sozialen Kreisen grenzte man sich ab. Literatur und Musik waren die zentralen Freizeitbeschäftigungen. Von 1890 bis 1899 besuchte *Litt* das hochangesehene humanistische „Gymnasium an der Klosterstaße" (heutiges Humboldt-Gymnasium) in Düsseldorf. Nach bestandener Reifeprüfung Ostern 1899 studierte er 10 Semester alte Sprachen, Geschichte und Philosophie an der Universität Bonn (mit einer einsemestrigen Unterbrechung in Berlin). Unter seinen akademischen Lehrern beeinflusste ihn vor allem der Philosoph *Benno Erdmann* (1851–1921), der mit Arbeiten zur Interpretation *Kants*, zur Denkpsychologie, Logik und Philosophiegeschichte hervortrat. Im Herbst 1903 legte er das Staatsexamen für das höhere Lehramt ab, im Frühjahr 1904 promovierte er mit einer altphilologischen, lateinisch geschriebenen Dissertation. Seine Liebe zur Musik und zur Geselligkeit führte ihn während seiner Bonner Studienjahre in die musikalische Studentenverbindung *Makaria*.

Litt trat dann in das höhere Lehramt ein, verbrachte seine Ausbildungsjahre an den Gymnasien in Bonn und Kreuznach und wurde 1906 als Oberlehrer für alte Sprachen und Geschichte an das humanistische Friedrich-Wilhelms-Gymnasium in Köln berufen. Diesem gehörte er bis Ostern 1919 an. Mit dem in der Praxis sich entwickelnden Interesse an Fragen der pädagogischen Theorie verband sich unter den Eindrücken des Weltkrieges eine ständig wachsende Teilnahme an den Problemen der Kultur-, Sozial- und Geschichtsphilosophie. Einen wichtigen Hintergrund für *Litts* Überlegungen stellten die Werke von *Wilhelm Dilthey* (1833–1911), *Georg Simmel* (1858–1918) und *Ernst Troeltsch* (1865–1923) dar. Nach seiner Dissertation und kleineren altphilologischen Arbeiten trat er 1916 und 1917 erstmals mit zwei pädagogischen Aufsätzen hervor – „Geschichtsunterricht und Sprachunterricht"; „Von der Erziehung zum historisch begründeten Verständnis der Gegenwart" –, in denen er sich mehrmals auf die Kulturphilosophen *Simmel* und *Troeltsch* bezog. Letzterer äußerte sich in einem Aufsatz „Humanismus und Nationalismus in unserem Bildungswesen" aus dem Jahre 1916 sehr positiv über *Litts* Aufsatz „Geschichtsunterricht und Sprachunterricht" (Troeltsch 1925, S. 238, Fußnote 1). Dies war wohl der Hintergrund dafür, dass *Litt* zu der maßgeblich von jenem initiierten Pädagogischen Konferenz im Preußischen Ministerium der geistlichen und Unterrichts-Angelegenheiten im Mai 1917 eingeladen wurde, an der 13 Universitätslehrer und 10 „Schulmänner" (Vertreter der Schulverwaltung, Gymnasialdirektoren und Oberlehrer) teilnahmen. Im Zentrum der Konferenz standen der Wissenschaftscharakter der Pädagogik und ihre Stellung innerhalb der Philosophischen Fakultät. Als Folge seines eindrücklichen

---

[4] Die Ausführungen stützen sich auf folgende Literatur: Klafki 1979; 1982; Müller 1985; Nay-Gebhard 1990; Matthes 1998; 2003.

Auftretens auf der Konferenz wurde *Litt* für ein knappes halbes Jahr als „wissenschaftlicher Hilfsarbeiter" in das Preußische Kultusministerium nach Berlin berufen, um an der Ausarbeitung von neuen gymnasialen Lehrplänen mitzuwirken. Die Konferenz wirkte auch insofern nach, als sich *Litt* nun der Aufgabe verpflichtet fühlte, eine Kulturpädagogik zu entwickeln. Erstes Ergebnis seiner Bemühungen war seine Veröffentlichung „Eine Neugestaltung der Pädagogik" im Deutschen Philologenblatt 1918 (1918a). Da er in der Zwischenzeit auch noch eine pädagogische Buchpublikation vorgelegt hatte – „Geschichte und Leben. Von den Bildungsaufgaben geschichtlichen und sprachlichen Unterrichts" (1918b) – wurde er im September 1918 zum – unbesoldeten – außerordentlichen Professor für Pädagogik an der Universität Bonn ernannt. Kurz darauf legte er sein erstes, große Aufmerksamkeit erregendes philosophisches Hauptwerk „Individuum und Gemeinschaft" (1919a) vor und erhielt einen Ruf an die Universität Leipzig als Nachfolger *Sprangers*, der an die Humboldt-Universität Berlin ging. Zum 1. Oktober 1920 wurde *Litt* zum ordentlichen Professor der Philosophie und Pädagogik an der Philosophischen Fakultät der Universität Leipzig ernannt und zum Direktor des Instituts für Erziehung, Unterricht und Jugendkunde und des philosophisch-pädagogischen Seminars bestellt.

Er zog mit seiner Familie – 1910 hatte er *Anna Schöller* (1888–1961) geheiratet, 1912 war der Sohn *Alfred*, 1914 die Tochter *Irene* geboren – nach Leipzig.

Litt entwickelte sich in kurzer Zeit zu einem Wissenschaftler, der nicht nur das Bild der Universität Leipzig in jenem Zeitraum entscheidend prägte, sondern die Entwicklung der Pädagogik als Wissenschaft sowie vor allem der deutschen Kultur- und Sozialphilosophie nachhaltig bestimmte. Sein Werk „Individuum und Gemeinschaft" erfuhr in den 20er-Jahren drei weitere Auflagen. Sein pädagogisches Wirken war zum einen auf den Ausbau der Kulturpädagogik gerichtet, zum anderen durch die direkte Auseinandersetzung mit den herrschenden pädagogischen Strömungen seiner Zeit geprägt. Einen großen Bekanntheitsgrad innerhalb der Pädagogik erzielte *Litt* – neben der Vielzahl seiner öffentlichen Vorträge – auch durch die zusammen mit seinen Kollegen *Aloys Fischer, Herman Nohl, Eduard Spranger* und *Wilhelm Flitner* (Schriftleiter) seit 1925 herausgegebene Zeitschrift „Die Erziehung".

Dem reformpädagogischen Enthusiasmus der ersten Hälfte der 20er-Jahre stand *Litt* mit Skepsis gegenüber. Einen Höhepunkt der kritischen Stellungnahme stellte sein – im Anschluss zu einer größeren Veröffentlichung ausgebauter – Vortrag „Die gegenwärtige Lage der Pädagogik und ihre Forderungen" auf dem ca. 800 Teilnehmer zählenden Pädagogischen Kongress in Weimar im Oktober 1926 dar, in dem er die Pädagogik zur Selbstbescheidung aufrief und alle Omnipotenzansprüche gegenüber den anderen kulturellen Mächten zurückwies. Sein Referat löste heftiges Echo, Zustimmung, aber auch scharfe Kritik aus. Als Reaktion hierauf bemühte er sich nochmals um eine Klarstellung seiner Position und schuf sein wohl bekanntestes, bis heute breit rezipiertes, vielfach aufgelegtes pädagogisches Werk „‚Führen' oder ‚Wachsenlassen'" (1927).

Weitere Reibungsflächen vorrangig mit der (sächsischen) Volksschullehrerschaft, aber auch mit dem sächsischen Kultusministerium boten *Litts* bildungspolitische Positionen. Er trat als entschiedener Kämpfer gegen die Einheitsschule hervor; er stand fest auf Seiten der höheren Schulen – seine engagierte Parteinahme galt vor allem dem humanistischen Gymnasium – und ihrer Lehrerschaft. Mit letzteren und seinen Kollegen an der Philosophischen Fakultät setzte er sich gegen eine Integration der Volksschullehrerausbildung an die Philosophische Fakultät ein. Die in Sachsen durchgeführte Akademisierung der Volksschullehrerausbildung führte in Leipzig – quasi als Kompromisslösung – zur Gründung eines „Pädagogischen Instituts Leipzig".

Litt legte in den nächsten Jahren erneut wichtige Veröffentlichungen vor: das erkenntnistheoretische Werk „Wissenschaft, Bildung, Weltanschauung" (1928) und das aus seinen *Kant*- und *Herder*-Studien hervorgegangene Werk „Kant und Herder als Deuter der geistigen Welt" (1930).

1930 erlitt er durch den Tod seiner Tochter *Irene* einen schweren Schicksalsschlag; fortan sollte die Arbeit häufig ein Mittel der Kompensation für persönliches Leid werden.

Für die Amtszeit 1931/32 wurde *Litt* zum Rektor der Universität Leipzig gewählt und trat in dieser Funktion allen Störungen und Provokationen durch die bereits dominierenden nationalsozialistischen Studentengruppen entschieden entgegen.

Er war einer der ganz wenigen deutschen Hochschullehrer, die von Anfang an in klare Distanz zum Nationalsozialismus gingen und sich mit ihm offensiv auseinandersetzten. Durch sein Auftreten während seines Rektorats hatte er sich bereits nationalsozialistische Gegnerschaft zugezogen. Daneben war er aber ein über Deutschland hinaus anerkannter Wissenschaftler, geschätzter Kollege, weder jüdischer Abstammung, noch der SPD oder gar der KPD nahestehend, vielmehr ein national denkender Mensch. So lag den Nationalsozialisten 1933 nichts daran, ihn aus seinem Amt zu entfernen; sie wollten jedoch seine Systemkonformität erreichen. Das Verhalten ihm gegenüber war deshalb durchaus ambivalent; allerdings blieben von Anfang an rüde Angriffe auf ihn nicht aus. Er machte von Beginn an deutlich, dass er sich nicht vereinnahmen lassen, aber auch nicht kampflos das Feld räumen würde. Nachdem er bereits eine Reihe von Konflikten mit dem NS-System hinter sich hatte, trat er im Oktober 1936 eine – in letzter Minute genehmigte – Vortragsreise nach Graz, Maribor, Wien und Brünn an. Er hatte bereits je einen Vortrag in Graz, Maribor und Wien absolviert und wollte am 26. Oktober einen Vortrag „Der Mensch und das Schicksal" im Österreichischen Rundfunk (Ravag) halten. Kurzfristig erfuhr *Litt*, dass dieser zu unterbleiben habe und auch seine weiteren noch ausstehenden Vorträge „nicht erwünscht" seien. Der Ravag sollte er einen privaten Hinderungsgrund vortäuschen. Dies verweigerte er. Am 27. Oktober reiste er nach Deutschland zurück, am 28. Oktober bat er in einem Schreiben an das Ministerium für Erziehung, Wissenschaft und Volksbildung in Berlin angesichts des für ihn inakzeptablen Vorgangs um seine Emeritierung. Nach langem Warten und mehrfachem Antrag auf Entscheidung wurde die Emeritierung am 30. Juli 1937 zum 1. Oktober desselben Jahres ausgesprochen. Im selben Jahr zog er auch noch einen anderen Schlussstrich: Er trat als Mitherausgeber der Zeitschrift „Die Erziehung" zurück, nachdem sein Manuskript „Das Verhältnis der Generationen als sittliches Problem" – und das unter 1. bereits erwähnte Manuskript *Herman Nohls* – von der Redaktion, konkret: vom Schriftleiter *Fritz Blättner* (1891–1981) abgelehnt worden war.

Nach seiner Emeritierung fühlte sich *Litt* noch freier für die geistige Auseinandersetzung mit dem Nationalsozialismus. In diesem Kontext entstand sein 1938 im Leopold Klotz Verlag Leipzig veröffentlichtes Buch „Der deutsche Geist und das Christentum. Vom Wesen geschichtlicher Begegnung", das eine explizite Auseinandersetzung mit dem Buch „Der Mythus des 20. Jahrhunderts" des nationalsozialistischen Chefideologen *Alfred Rosenberg* (1893−1946) enthält.

Nach weiteren NS-kritischen Vorträgen wurde *Litt* am 19. Dezember 1941 durch die Geheime Staatspolizei Leipzig das über ihn verhängte Redeverbot für Sachsen mitgeteilt.

Kurz einzugehen ist noch auf *Litts* Verhältnis zu dem Leipziger Oberbürgermeister *Carl Goerdeler* (1884−hingerichtet 1945), der kurze Zeit nach *Litts* Emeritierungsgesuch seinen Rücktritt erklärt hatte und in den Folgejahren zu einer der führenden Gestalten des antinationalsozialistischen Widerstandes wurde. Schon während *Litts* Rektorat war eine freundschaftliche Beziehung zu der Familie *Goerdeler* entstanden, die sich während der NS-Zeit noch vertiefte. *Litt* fungierte bei *Goerdeler* als Berater in allen Fragen einer Gestaltung der zukünftigen Hochschulen. In die konkreten Umsturzpläne war *Litt* allerdings nicht eingeweiht. Nach der Verhaftung *Goerdelers* und seiner engsten Angehörigen kümmerte sich *Litt* um die Mutter von Frau *Goerdeler* und andere nicht verhaftete Verwandte.

Nach seiner Emeritierung entstanden zwei grundlegende Werke, die erst nach 1945 im Druck erschienen: „Mensch und Welt − Grundlinien einer Philosophie des Geistes" (1948a), sowie „Staatsgewalt und Sittlichkeit" (1948b).

Litt war während des Krieges tief deprimiert; er ließ sich auch von der deutschen Siegeseuphorie 1940 nicht anstecken; ein möglicher deutscher Sieg bedrückte ihn angesichts der Machthaber noch mehr als eine Niederlage. Der Krieg zeigte harte persönliche Folgen in der Familie *Litt*, sein Sohn *Alfred* blieb vermisst, sein jüngerer Sohn *Rudolf* trug eine schwere Armverletzung mit Lähmung der Hand davon.

Nach der bedingungslosen Kapitulation gingen Vertreter der amerikanischen Besatzungsmacht bei *Litt* ein und aus, weil er ganz oben auf der vom US-Geheimdienst erstellten „Weißen Liste" der Nicht-Nazis für Leipzig und Sachsen stand. Mehrere Emigranten, die man gefragt hatte, hatten sich für ihn verbürgt. *Litt* lehnte zwar das ihm angetragene Rektorat ab, aber er übernahm − 65-jährig − wieder sein Ordinariat für Philosophie und Pädagogik an der Universität Leipzig, ließ sich in den Senat wählen und engagierte sich dort für den Erhalt bzw. die Wiedergewinnung der Freiheit von Forschung und Lehre gegen erneute Einschränkungsversuche. Seiner tiefen Genugtuung über den Zusammenbruch der nationalsozialistischen Herrschaft entsprach seine Bereitschaft zur Mithilfe beim Aufbau einer demokratischen Ordnung, aber auch sein tiefes Misstrauen gegenüber den Zielsetzungen der Sowjetunion und ihren Erfüllungsgehilfen in der Sowjetisch Besetzten Zone (SBZ). Von dieser doppelten Perspektive waren seine öffentlichen Vorträge bestimmt; er nahm erneut kein Blatt vor den Mund. Die Machthabenden in der SBZ verhielten sich ihm gegenüber ambivalent: Zum einen wollten sie ihn als bekannten Gegner des Nationalsozialismus und als renommierten Wissenschaftler an der Universität Leipzig halten, zum anderen wollten sie ihn auf Linie bringen − bestimmte Parallelen zur NS-Zeit drängten sich auf.

Im Jahre 1946 spitzten sich die Konflikte *Litts* in der SBZ zu: Im April − nur zwei Monate nach Wiedereröffnung der Universität − erhielt er von der sowjetischen Besatzungsmacht Vorlesungsverbot. Es wurde zum nächsten Semester nicht zuletzt auf die Intervention des

Rektors *Hans-Georg Gadamer* (1900–2002) hin allerdings wieder aufgehoben (vgl. Gadamer 1995, S. 129). *Litt* wusste jedoch um die *grundsätzlichen Diskrepanzen*, die früher oder später erneut zum Konflikt führen würden. Den Ruf der Universität Bonn auf ein Ordinariat für Philosophie und Pädagogik zum 1. Oktober 1947 nahm er deshalb konsequenterweise an. Er wurde zum Direktor des von ihm neu errichteten Instituts für Erziehungswissenschaft, verschaffte sich schnell den Respekt unter den Kollegen und gewann eine große, von seiner Eloquenz und Scharfsinnigkeit begeisterte Hörerschaft. Auch nach seiner Emeritierung im Jahr 1952 setzte er seine Vorlesungstätigkeit bis 1962 fort. Da er aber nach wie vor nicht zuletzt auch öffentlich wirksam sein wollte und sein Rat sehr gefragt war, hielt er außerdem eine sehr große Zahl von – oft auch anschließend publizierten – Vorträgen vor Lehrern, vor Industrieverbänden, vor der Gewerkschaft der Polizei, vor Bundeswehrsoldaten, vor kulturellen Vereinigungen, auf internationalen Kongressen und Tagungen sowie im Rundfunk. Einen Höhepunkt hierunter stellte die Rede des 76-Jährigen zum 17. Juni 1957 beim Staatsakt am „Tag der deutschen Einheit" dar, in der er die Menschen in der Bundesrepublik zum Einsatz für den Erhalt der Freiheit aufforderte und den Respekt vor den „Helden des 17. Juni" beschwor. Sein Interesse an dem anderen Teil Deutschlands blieb bis zu seinem Tode ungebrochen; die Wiedervereinigung in Freiheit war für ihn ersehntes Ziel. Die DDR betrachtete er als zweite deutsche Diktatur in unserem Jahrhundert, der er ideologisch unversöhnlich gegenüberstand. Eine Vielzahl seiner Veröffentlichungen in den 50er-Jahren verfolgte die Intention, die Unterschiede zwischen freiheitlich-demokratischem und sozialistischem System herauszuarbeiten, und er wurde nicht müde, vor einer verharmlosenden Fehleinschätzung des Sozialismus zu warnen. Er war in seinen letzten Lebensjahrzehnten zum kämpferischen Streiter für die freiheitlich-pluralistische Demokratie geworden; seine neu erarbeitete Konzeption einer politischen Erziehung für die Demokratie fand in der Bundesrepublik weite Verbreitung.

Trotz seines vielfältigen Engagements fand er auch noch die Zeit und Kraft zur Erstellung von Monographien: So legte er eine kritische Auseinandersetzung mit dem Bildungsideal der deutschen Klassik angesichts der Herausforderungen der modernen Arbeitswelt vor (1955a) und präsentierte seine jahrzehntelange Auseinandersetzung mit *Hegel* in einer Monographie entsprechenden Titels (1953a). Zu seinem Vermächtniswerk wurde „Freiheit und Lebensordnung. Zur Philosophie und Pädagogik der Demokratie" (1962a).

Er starb am 16. Juli 1962 hochgeehrt (unter anderem Aufnahme in die Friedensklasse des Ordens Pour le Mérite, 1952, und Großes Bundesverdienstkreuz der Bundesrepublik Deutschland, 1960) in Bonn.

3 Eduard Spranger[5]

Spranger wurde am 27. Juni 1882 in Berlin als außerehelicher Sohn des Eigentümers eines Spielwarenladens *Franz Spranger* (1839–1922) und der bei ihm angestellten Verkäuferin *Henriette Schönenbeck* (1847–1909) geboren. Nach dem Tod seiner Ehefrau heiratete *Franz Spranger* am 3. Januar 1884 *Henriette* und erkannte *Eduard* als sein Kind an. Er blieb ihr einziges Kind. *Sprangers* Verhältnis zu seiner Mutter war sehr intensiv, er pflegte sie in den Wochen vor ihrem Tod.

Das Verhältnis mit seinem Vater war spannungsreich; unter anderem deshalb, weil diesem für *Eduard* ein kaufmännischer Beruf vorschwebte und er – anders als seine Frau – die akademische Laufbahn seines Sohnes nicht befürwortete. Nach der Geschäftsaufgabe des Vaters 1899 kamen zudem beständige finanzielle Ansprüche des Vaters gegenüber dem Sohn hinzu.

Spranger besuchte zunächst von 1888 bis 1894 die Vorschule und dann das Dorotheenstädtische Realgymnasium in Berlin. Er erzielte sehr gute Noten, was seinen Klassen- und Lateinlehrer dazu veranlasste, einen Wechsel *Eduard Sprangers* an das renommierte humanistische Gymnasium zum Grauen Kloster vorzuschlagen (welches – wegen seiner bildungsbürgerlichen Herkunft und einem Vater als Philologen mit ganz anderer Selbstverständlichkeit – auch *Herman Nohl* besuchte; s. Kap. 1). *Sprangers* Eltern akzeptierten diesen Vorschlag und so legte er schließlich Ostern 1900 dort das Abitur ab. Nach demselben schwankte er, der ein begabter Pianist war, zwischen einer Musikerkarriere und der Gelehrtenlaufbahn, entschied sich dann aber für letztere und begann im Sommersemester 1900 an der Berliner Universität Philosophie im Hauptfach zu studieren; zusätzlich besuchte er Veranstaltungen in Psychologie, Pädagogik, Geschichte, Nationalökonomie, Jura, Theologie, Germanistik, Mathematik und Musiktheorie. Im Sommersemester 1901 erhielt er in seinem dritten Semester von *Wilhelm Dilthey* das Dissertationsthema: „Die Entwicklungsgeschichte F. H. Jacobis" angeboten. *Spranger* war davon überfordert, bekam nicht genügend Unterstützung und scheiterte. Im Frühsommer 1903 gab er das Thema an *Dilthey* zurück. Aufgrund von Überarbeitung gesundheitlich stark angeschlagen, trat er eine mehrwöchige Sommerreise durch Süddeutschland an, bei der er auch *Käthe Hadlich* traf, mit der er 57 Jahre lang eine enge Freundschaft und regen geistigen Austausch pflegte, wie deren umfangreichem Briefwechsel zu entnehmen ist. Zurück in Berlin wandte sich *Spranger* nun *Friedrich Paulsen* zu und promovierte 1905 nun bei ihm mit dem Thema „Die erkenntnistheoretischen und psychologischen Grundlagen der Geschichtswissenschaft". Durch wissenschaftliche Gelegenheitsarbeiten sowie durch seine unterrichtliche Tätigkeit an zwei Berliner Privatschulen – der Höheren Mädchenschule *Rudolf Knauers* und der Höheren Töchterschule mit Lehrerinnenseminar *Willy Böhms* – finanzierte er seine weitere wissenschaftliche Arbeit. Im Sommer 1909 habilitierte sich *Spranger* an der Berliner Universität mit einer Arbeit über „Wilhelm von Humboldt und die Humanitätsidee" für Philosophie und Pädagogik. Im Vorfeld war es zur Aussöhnung mit

---

[5] Die Ausführungen stützen sich auf folgende Literatur: Löffelholz 1979; Matthes 1998; Martinsen/Sacher 2002; Ofenbach 2002, S. 103–113; Tenorth 2002; Drewek 2003; Schraut 2007.

Dilthey gekommen, nachdem *Spranger* dessen Haus fünf Jahre lang nicht mehr betreten hatte. *Dilthey* leistete dann auch entscheidende Unterstützung bei der Habilitation. Vom Sommersemester 1909 bis zum Sommersemester 1911 wirkte Spranger an der Universität Berlin als Privatdozent und legte 1910 nach intensiven Archivstudien sein zweites großes *Humboldt*-Werk „Wilhelm von Humboldt und die Reform des Bildungswesens" vor. Zum Wintersemester 1911 folgte er einem Ruf an die Universität Leipzig als planmäßiger (d. h. besoldeter) außerordentlicher Professor für Philosophie und Pädagogik als Nachfolger auf den Lehrstuhl, den der experimentelle Pädagoge *Ernst Meumann* (1862–1915) innegehabt hatte, der nach Hamburg gegangen war. Am 21. August 1912 – gerade einmal 30 Jahre alt – wurde *Spranger* zum ordentlichen Professor (Ordinarius) ernannt. In den folgenden Jahren beschäftigte er sich programmatisch mit dem Status der Pädagogik als Universitätsdisziplin. Im Sommer 1915 legte er dem Preußischen Minister der geistlichen und Unterrichts-Angelegenheiten *August von Trott zu Solz* (1855–1938) eine Denkschrift „Das pädagogische Studium an der Universität" vor, in der er die Pädagogik als Kulturwissenschaft begründete. Deshalb wurde *Spranger* auch – wie *Litt* (s. 2.) – zu der „Pädagogischen Konferenz" 1917 des Preußischen Kultusministeriums eingeladen und konnte dort seine entsprechende Position vertreten. Als Reaktion auf die Konferenz forcierte das Kultusministerium *Sprangers* Berufung an die Berliner Universität. Im August 1919 erhielt er den Ruf auf ein Ordinariat für Philosophie und Pädagogik, am 14. November 1919 wurde er ernannt und gleichzeitig zum Direktor eines eigenständigen Pädagogischen Seminars bestellt; außerdem wurde er enger Berater des Preußischen Kultusministeriums. Sein Nachfolger in Leipzig wurde *Theodor Litt* (s. 2.), mit dem *Spranger* bis zu dessen Tod – trotz mancher inhaltlicher Differenzen – eine tiefe Freundschaft verband.

In Berlin begann *Sprangers* glanzvollste Zeit. Seine beiden rasch hintereinander erschienenen Hauptwerke „Lebensformen" (zweite, grundsätzlich überarbeitete Aufl. 1921; erste Aufl. 1914) und „Psychologie des Jugendalters" (1924) erlebten zahlreiche Auflagen – die „Psychologie des Jugendalters" etwa von 1924 bis 1979 29 Auflagen! – und wurden in eine Vielzahl europäischer und außereuropäischer Sprachen übersetzt. Sie brachten ihm internationales Renommee ein. Sein Selbstverständnis einer Kulturpädagogik kam in seinem Sammelband „Kultur und Erziehung" (4. Aufl. 1928) zum Ausdruck, wobei vor allem sein Grundsatzbeitrag „Die Bedeutung der wissenschaftlichen Pädagogik für das Volksleben" hervorzuheben ist, den er 1920 zur Eröffnung der Arbeit des „Zentralinstituts für Erziehung und Unterricht" in Berlin hielt – unter seinen Zuhörern saß der Staatspräsident *Friedrich Ebert* (1871–1925). Angesichts seiner wissenschaftlichen Erfolge wurde er 1925 ordentliches Mitglied der Preußischen Akademie der Wissenschaften, in späteren Jahren Mitglied weiterer Akademien. Er hatte großen Einfluss auf die preußische Schulpolitik, zum Beispiel auf die Reform der Volksschullehrerbildung, der er durch seine 1920 erschienene Schrift „Gedanken über Lehrerbildung" (1970b)[6] wichtige Anstöße gab. Daneben nahm er durch Gutachten,

---

[6] Die Jahre in Klammern beziehen sich auf die Veröffentlichung des jeweiligen Textes in den Gesammelten Schriften *Sprangers*.

Generell werden bei allen in diesem Band thematisierten geisteswissenschaftlichen Pädagogen deren Texte, soweit Gesammelte Schriften oder später veröffentlichte Sammelwerke vorliegen, in diesen angegeben oder zitiert.

Vorträge und Publikationen teil an der öffentlichen bildungspolitischen Diskussion zu Fragen der Berufsschule – seine Position in diesem Bereich war vor allem durch seine Freundschaft mit dem (Berufsschul-)Pädagogen *Georg Kerschensteiner* (1854–1932) geprägt –, der Einheitsschule, der Heimatkunde, der konfessionellen Gestaltung der Schulen und der Verlängerung der Schulpflicht. 1925 gründete er zusammen mit *Aloys Fischer, Herman Nohl, Theodor Litt* und *Wilhelm Flitner* die Zeitschrift „Die Erziehung". Generell publizierte er viel und war ein gefragter Vortragsredner. So übertrug ihm z. B. die Universität Zürich im *Pestalozzi*-Gedenkjahr die Festrede zum 100. Todestag *Pestalozzis*, dessen kritische Werkausgabe er zusammen mit *Artur Buchenau* und *Hans Stettbacher* seit 1927 besorgte.

Seine Haltung gegenüber der Weimarer Republik war ablehnend. Der nationalsozialistischen Machtübernahme stand er vor diesem Hintergrund ambivalent gegenüber, er sympathisierte mit einer Regierung der nationalen Einheit, gleichwohl wendete er sich gegen alle parteipolitischen Einflussnahmen auf die deutsche Universität. Als 1933 der Nationalsozialistische Deutsche Studentenbund eine Hetzkampagne gegen jüdische Dozenten veranstaltete und – an *Spranger* vorbei – ein Ordinariat für Politische Pädagogik an der Universität Berlin geschaffen und mit dem NS-Chefideologen *Alfred Baeumler* (1887–1968) besetzt wurde, reichte *Spranger* am 25. April 1933 ein Rücktrittsgesuch ein. Im Juni 1933 nahm er dieses jedoch auf Drängen Vieler und – nach eigener Aussage – wegen mangelnder Unterstützung durch Kollegen wieder zurück. Mit dem Rücktrittsgesuch hatte er das Misstrauen der neuen Machthaber geweckt, aber man ließ – angesichts *Sprangers* internationaler Reputation – seine akademische Wirksamkeit in einem eingeschränkten Maße weiterhin zu. Die Einschränkung zeigte sich etwa daran, dass die Festrede bei der großen Feier aus Anlass der 100. Wiederkehr des Todestages *Wilhelm von Humboldts* am 8. April 1935 nicht *Spranger* als bekannter Humboldtforscher halten durfte, sondern sein unmittelbarer Gegenspieler *Alfred Baeumler*.

Auch privat ergab sich eine Veränderung in *Sprangers* Leben: Im August 1934 – kurz nachdem sie den Schuldienst quittiert hatte – heiratete er *Susanne Conrad* (1890–1963), die er bereits seit 1913 kannte und mit der er über die Jahre eine immer engere Freundschaft pflegte.

Begleitet von seiner Frau lehrte *Spranger* von November 1936 bis Oktober 1937 als deutscher Gast- und Austauschprofessor in Japan und bekleidete gleichzeitig das Amt des „Direktors des Kulturinstituts Tokio". Er hielt dort über 70 Vorträge. Wie stark die Anpassung *Sprangers* an das NS-System in dieser Zeit ging, anders formuliert: wie stark er als Repräsentant desselben auftrat, ist in der Forschung umstritten.

Erwähnenswert ist auch noch, dass *Spranger* die Zeitschrift „Die Erziehung" – nach den Rücktritten von *Nohl, Litt* (s. Kap. 1. u. 2.) und *Flitner* (s. Kap. 4.) – noch bis zu ihrer Einstellung im Februar 1943 herausgab.

Anfang September 1944 wurde er – wie andere Mitglieder der seit 1863 bestehenden Berliner Mittwochsgesellschaft, der „Freien Gesellschaft für Wissenschaftliche Unterhaltung" – in Folge des *Stauffenberg*-Attentates auf *Hitler* (20. Juli 1944) verhaftet und im Gefängnis Moabit inhaftiert. Er gehörte der an jedem zweiten Mittwoch tagenden Gesellschaft, die jeweils 16 der in Berlin ansässigen renommiertesten Persönlichkeiten des wissenschaftlichen und kulturellen Lebens ihrer Zeit umfasste, seit 1934 an. Politisch war die Zusammensetzung sehr heterogen; allerdings waren auch Vertreter des aktiven Widerstands gegen die Nationalsozialisten ihre Mitglieder (zum Beispiel Generaloberst *Beck*). Das geplante Attentat auf *Hitler* war kein Thema der Mittwochsgesellschaft gewesen, *Spranger* wusste davon nichts. Die Gründe für seine Verhaftung sind nicht restlos aufzuklären; allerdings zeigt diese das andauernde Misstrauen der nationalsozialistischen Machthaber gegenüber *Spranger*. Durch das Engagement seiner Frau *Susanne* beim japanischen Botschafter kam er durch dessen Intervention beim Auswärtigen Amt am 14. November 1944 wieder frei.

Im April 1945 – kurz vor der bedingungslosen Kapitulation Deutschlands – wurde *Spranger* von Professoren der Berliner Universität gebeten, die Führung der Geschäfte des Rektors der Berliner Universität zu übernehmen. Im Juni wurde er von der zuständigen Besatzungsbehörde als kommissarischer Rektor der Universität anerkannt. Sein Versuch, die Universität unter Viermächtekontrolle zu bringen, damit sie nicht unter die Herrschaft der sowjetischen Besatzungsmacht – die ihm als überzeugtem Antikommunisten höchst suspekt war – fiele, scheiterte. Im Juli 1945 wurde er für eine Woche von der amerikanischen Militärbehörde im Gefängnis Wannsee inhaftiert; die Hintergründe hierfür liegen im Dunkeln. Im Oktober 1945 wurde er als Rektor der Berliner Universität amtsenthoben. In den nächsten Monaten erhielt er Rufe an fünf westdeutsche Universitäten (Göttingen, Hamburg, Köln, München, Tübingen) und an die Pädagogische Hochschule Mainz. Im Januar 1946 wurde die Universität in Berlin unter Hoheit der sowjetischen Besatzungsmacht wiedereröffnet. Im Juli 1946 nahm *Spranger* den Ruf der Tübinger Universität an. Im September 1946 – 64-jährig – wurde er zum Ordinarius für Philosophie an der Universität Tübingen im französisch besetzten Gebiet Württembergs und Hohenzollern ernannt. Obwohl sein Lehrstuhl nicht mehr die Denomination (Benennung) Pädagogik trug, veröffentlichte er in den kommenden Jahren eine Vielzahl bedeutender und breit rezipierter pädagogischer Monographien, so etwa „Grundstile der Erziehung" (1969f), „Der Eigengeist der Volksschule" (1970h), „Gedanken zur staatsbürgerlichen Erziehung" (1970i), „Der geborene Erzieher" (1969h) und „Das Gesetz der ungewollten Nebenwirkungen in der Erziehung" (1969i).

1952 wurde *Spranger* emeritiert, hielt jedoch noch bis Ende der 50er-Jahre Vorlesungen, Oberseminare und öffentliche Vorträge. Er setzte sich intensiv, allerdings wenig selbstkritisch, mit der NS-Zeit auseinander.

Auch bildungs- und wissenschaftspolitisch war *Spranger* in den 50er-Jahren noch aktiv. Als Berater vor allem in Fragen der Lehrerbildung wurde er von mehreren Länderkultusministerien herangezogen. Durch eine Reihe von Gutachten und Korrespondenzen beeinflusste er die Errichtung von Pädagogischen Hochschulen. 1957 wirkte er noch in einer Kommission des Baden-Württembergischen Kultusministeriums zur Frage des neunten Schuljahres mit. Von 1951 bis 1954 war er der Vizepräsident der Deutschen Forschungsgemeinschaft (DFG).

In die breite Öffentlichkeit, vor allem in Lehrerkreise, wirkte er – auch über den Rundfunk – als Kulturkritiker und Mahner zum Christentum. Auch bei der bundesdeutschen *Adenauer*-Regierung war er, wenngleich parteilos, hoch angesehen. Am 12. September 1953 hielt er im Deutschen Bundestag zum 2. Jahrestag der Bundesrepublik die Festrede über „Deutschland und Europa". 1955 wurde er durch den Bundesinnenminister in eine Parteienrechtskommission berufen.

Die wissenschaftliche Anerkennung, die er erfuhr, zeigte sich unter anderem auch daran, dass er bis zu seinem Lebensende sieben Ehrendoktorwürden der Universitäten Athen, Berlin, Budapest, Köln, Mannheim, Padua und Tokio erhalten hatte.

Er starb hochgeehrt (unter anderem Aufnahme in die Friedensklasse des Ordens Pour le Mérite, 1952, Großes Verdienstkreuz der Bundesrepublik Deutschland mit Stern und Schulterband, 1952) am 17. September 1963 in Tübingen.

Initiiert von seinem Nachlassverwalter *Hans Walter Bähr* wurden von ihm zusammen mit *Otto Friedrich Bollnow, Otto Dürr, Walter Eisermann, Ludwig Englert, Andreas Flitner, Hermann Josef Meyer* und *Hans Wenke*, allesamt ehemalige Mitarbeiter bzw. Schüler *Sprangers*, von 1969 bis 1980 die 11-bändigen Gesammelten Schriften herausgegeben.

4 Wilhelm Flitner[7]

Flitner wurde am 20. August 1889 in Berka bei Weimar als erster Sohn des Eisenbahnbeamten *Wilhelm Hugo Flitner* (1860–1942) und seiner Frau *Margarete* geb. *Stötzer* (1864–1898) geboren. Da sein Vater zunächst immer wieder von Bahnhof zu Bahnhof versetzt wurde, verbrachte *Wilhelm* seine ersten Lebensjahre an verschiedenen Orten, zunächst an einem ganz kleinen abgelegenen Ort, dann in der Kleinstadt Blankenhain. Die Wohnung befand sich jeweils im Bahnhof. 1895 wurde der Vater nach Weimar versetzt, seit 1896 besuchte *Flitner* vier Jahre die „Erste Bürgerschule" (und nicht die dreijährige Vorschule einer höheren Schule wie etwa *Spranger* oder *Nohl*). Literatur und Musik spielten im Elternhaus eine große Rolle; der Vater spielte Klavier und *Wilhelm* lernte es früh. Am 29. November 1898, kurz nach der Geburt seines zweiten Bruders, gab es einen großen Einschnitt: *Wilhelm Flitners* Mutter starb an einem Gehirnschlag. Zunächst versorgten die Schwestern des Vaters, dann eine Haushälterin den Haushalt und die Kinder, 1900 heiratete der Vater erneut. 1901 wurde ein weiterer Sohn geboren. Nach dem Tod der Mutter fühlte sich *Flitner* besonders stark zu seinem nächstjüngeren Bruder *Kurt* und zu seinem Großvater mütterlicherseits hingezogen. Sie verbrachten viel Zeit bei ihm in der Waldstadt Friedrichroda.

Ostern 1909 trat *Flitner* ins Weimarer Realgymnasium ein. Die Anregungen durch die Schule, aber mehr noch durch die Stadt, die vor dem Ersten Weltkrieg mit glanzvollen Namen aus allen Regionen eines sich im Aufbruch fühlenden Geisteslebens verbunden war, trugen dazu bei, bei *Flitner* vielerlei philosophische und künstlerische Interessen entstehen zu lassen. Als Berufsziel schwebte ihm der höhere Lehrerberuf vor; er begann im Sommer 1909 zusammen mit zwei seiner Thüringer Schulfreunde sein Studium an der Universität München, wo ihn

---

[7] Die Ausführungen stützen sich auf folgende Literatur: Flitner, W. 1976; Scheuerl 1979b; Flitner, W. 1986; Röhrs/Scheuerl 1989, S. 9–13; Matthes 1998.

nur die philosophischen Vorlesungen des Privatdozenten *Max Scheler* (1874–1928) beeindruckten. Schon ab dem zweiten Semester wechselte er an die Universität Jena und blieb da bis zu seiner Promotion im Wintersemester 1912/1913, in seinem 8. Semester. Er wurde vor allem durch den Privatdozenten *Herman Nohl* (s. Kap. 1) angeregt, dem er zeitweise assistierte und durch den er nicht nur in der Seminararbeit, sondern auch im geselligen Umgang und auf Wanderungen mit der *Dilthey*schen Philosophie und Geschichtsbetrachtung vertraut wurde. Seine kulturell-gesellige Heimat fand *Flitner* in der Jugendbewegung und im Serakreis (s. Kap. 1). Er engagierte sich für eine Reform des studentischen Lebens im Geiste der Jugendbewegung und der Lebensreform (keine schlagenden Verbindungen, Naturverbundenheit, gesunde Lebensführung u. ä.). In diesem Kontext beteiligte er sich auch an der Vorbereitung des Treffens der „Freideutschen Jugend" im Oktober 1913 auf dem Hohen Meißner bei Kassel, an dem er zusammen mit dem Serakreis teilnahm. Außerdem weckte *Nohl* sein Interesse an reformpädagogischen Erziehungseinrichtungen.

Nach der – von *Nohl* betreuten und von dem Philosophen *Bruno Bauch* (1877–1942) angenommenen – philosophischen Promotion über „August Ludwig Hülsen und den Bund der Freien Männer" im November 1912, entschied sich *Flitner* für einen Studienwechsel nach Berlin, um sich nun auf sein Staatsexamen vorzubereiten. Zurückgekehrt nach Jena, bestand er dort im Februar 1914 das Staatsexamen für das höhere Lehramt in Deutsch, Geschichte und Anglistik. Zu Ostern 1914 trat er in das Seminar am Realgymnasium Brandenburg ein.

Als im Sommer der Krieg ausbrach, meldete er sich als Freiwilliger zur Artillerie. Er verlor in diesem Krieg einige seiner besten Freunde. Während des Weihnachtsurlaubs 1917 heiratete er *Elisabeth Czapski* (1894–1988) aus Jena, die Schwester eines Schulkameraden, in dessen geistig regem Elternhaus er in seinen Studienjahren verkehrt hatte. *Czapski* studierte Staatswissenschaften und Sozialpolitik und arbeitete an ihrer Dissertation, die sie 1924 abschließen konnte (sie hatte inzwischen bereits zwei Kinder: *Anne*, geb. 1919, *Andreas*, geb. 1922; zwei weitere Kinder *Roswitha*, 1925 und *Wilhelm Hugbert*, 1928, kamen in den nächsten Jahren noch hinzu).

Nach dem Ende des Krieges beendete *Flitner* sein Referendariat in dem Gymnasium in Jena. Ostern 1919 war es abgeschlossen und er bekam eine Stelle als Hilfslehrer, später als Studienrat an der städtischen Oberrealschule. Er verkehrte erneut in „freideutschen" (lebensreformorientierten) Kreisen. Im Austausch mit seinen Lehrern, dem evangelischen Theologen *Heinrich Weinel* (1874–1936), *Herman Nohl* sowie mit dem Verleger und Gründer des Serakreises *Eugen Diederichs* entwickelte er den Plan, eine neuartige Freie Volksbildung aufzubauen. Die Volkshochschule Thüringen wurde gegründet, die Abendvolkshochschule Jena, mit deren Leitung *Flitner* betraut wurde, am 1. April 1919 eröffnet. Sieben Jahre lang übte er deren Lehr- und Organisationstätigkeit ehrenamtlich aus, zunächst neben seinem Beruf als Studienrat, später neben seiner Privatdozentur. Seine Position zur Volksbildung stellte er durch seine viel diskutierte und auch kritisierte Schrift „Laienbildung" (1921; Verlag Eugen Diederichs) zur öffentlichen Diskussion. 1923 gründete er zusammen mit anderen Vertretern der Volksbildung bei einem Treffen in Hohenrodt im Schwarzwald den „Hohenrodter Bund", dessen Mitglieder sich regelmäßig über theoretische und praktische Fragen der Volksbildung aussprachen.

Im selben Jahr habilitierte sich *Flitner* in Jena bei dem Pädagogen *Wilhelm Rein* (1847–1929) zum Problem des Lehrgefüges der Schulen und bekam die Lehrbefugnis für Philosophie und Pädagogik. Seine Antrittsvorlesung als Privatdozent behandelte das Problem der Erwachsenenbildung.

1925 wurde *Flitner* Mitherausgeber und erster Schriftleiter der (in den vorangegangenen Kapiteln) bereits mehrfach erwähnten Zeitschrift „Die Erziehung".

1926 erhielt er einen Ruf an die Pädagogische Akademie in Kiel, eine der Neugründungen des Preußischen Kultusministers *Carl Heinrich Becker* (1876–1933) im Zuge der Akademisierung der Volksschullehrerbildung. Dies war für *Flitner* ein neues Tätigkeitsfeld: Er musste sich nun in Theorie und Praxis der Lehrerbildung einarbeiten. Er konnte den Reformpädagogen *Adolf Reichwein* (1898–hingerichtet 1944) für seine Nachfolge an der Volkshochschule Jena gewinnen und nahm den Ruf an. Bei seiner Lehre an der Akademie konzentrierte er sich auf die Reformpädagogik und auf *Johann Heinrich Pestalozzi* (1746–1827). Er arbeitete Verbesserungsvorschläge für die Pädagogischen Akademien aus, die von *Becker* berücksichtigt wurden.

1928 erhielt *Flitner* den Ruf auf einen neuerrichteten Lehrstuhl für Erziehungswissenschaft an der Universität Hamburg, wo die Volksschullehrerbildung als Studium innerhalb der Universität eingerichtet war. Er nahm den Ruf an und im Sommersemester 1929 seine Lehrtätigkeit an der Universität Hamburg auf. In einem Zyklus von Hauptvorlesungen, die sich mit den reformpädagogischen Bestrebungen der Gegenwart, mit der Geschichte der Erziehung und des Bildungswesens, mit der Theoriegeschichte der Erziehung und mit pädagogischer Anthropologie und Erziehungsphilosophie befassten, baute er nun nach und nach einen pädagogischen Grundgedankengang auf, dessen Struktur und Zusammenhang er erstmals in seiner Schrift „Systematische Pädagogik" von 1933 konzentriert darstellte.

Flitner behielt seinen Lehrstuhl an der Universität Hamburg die NS-Zeit über, blieb aber in Distanz zu den nationalsozialistischen Machthabern und bemühte sich, den Studierenden aus der europäischen Geistesgeschichte heraus in verklausulierter, indirekter Form Denkalternativen zur NS-Ideologie zu bieten. Er hielt Vorlesungen über und bot Seminare an zu *Pestalozzi*, *Herder*, *Goethe*, zur Geschichte der Philosophie und zur Rechtsphilosophie. In der Hamburger Erziehungswissenschaft war sein Lehrstuhlkollege *Gustav Deuchler* (1883–1955) sein unmittelbarer Gegenspieler, der nach dem März 1933 im Seminar in SS-Uniform erschien. Er versuchte *Flitners* Einfluss an der Universität zurückzudrängen; ab 1937 gelang *Deuchler* in Absprache mit dem Rektor der Hamburger Universität zu erreichen, dass *Flitner* wegen politischer Unzuverlässigkeit nicht mehr turnusgemäß zum Geschäftsführenden Direktor des pädagogischen Seminars bestimmt wurde. Auch bildungspolitisch war *Flitners* Rat nicht mehr gefragt; er verlor gegenüber der Weimarer Republik immens an Einfluss.

Seine Publikationsmöglichkeiten während der NS-Zeit wurden immer geringer; naheliegendstes Publikationsorgan war für ihn noch „Die Erziehung", deren Schriftleiter er ja noch war. In dieser Funktion stand er sehr unter Druck, da er Beiträge von jüdischen Kollegen publizierte und den Beitritt der Zeitschrift zur neugegründeten Reichsschrifttumskammer verweigerte. Doch auch NS-konforme Beiträge wagte er nicht immer zu verweigern. Als der Beitritt zur Reichsschrifttumskammer 1935 kategorisch gefordert wurde, legte *Flitner* von den Querelen zermürbt sein Amt als Schriftleiter nieder (wie er es schon 1933 beabsichtigte, aber auf Bitten der anderen Herausgeber dann doch noch weiterführte). Mit Beginn des XI. Jahrganges der Zeitschrift übernahm *Flitners* Assistent *Fritz Blättner* (1891–1981) die Schriftleitung. Im September erfolgte dann zusammen mit *Aloys Fischer*, *Herman Nohl* und *Theodor Litt* sein Rücktritt als Mitherausgeber.

Einen hohen Stellenwert maß *Flitner* während der NS-Zeit den Kontakten zu Gleichgesinnten innerhalb und außerhalb der Universität bei. In Privaträumen gab es Zusammenkünfte, bei denen offen geredet werden konnte. *Flitner* gehörte zum „Musenkabinett", einer Verbindung NS-kritischer Hamburger Wissenschaftler und Künstler, deren Treffen oft im Hause der Familie *Flitner* stattfanden. Er versammelte auch eine kleine Schar NS-kritischer Studierender um sich, die Mitglieder der Hamburger Gruppe der „Weißen Rose" waren und sich mit ihm gesinnungsmäßig in Übereinstimmung befanden.

Als eine geistige Oase empfand *Flitner* die Übernahme des Vorsitzes der Hamburger Goethegesellschaft; als ein Ergebnis seiner intensiven Beschäftigung mit Goethe konnte er 1947 sein Buch „Goethe im Spätwerk" (1983b) vorlegen. Seine Vorlesungen zur europäischen Geistesgeschichte publizierte er ebenfalls nach dem Krieg unter dem Titel „Europäische Gesittung" (1961a).

Die bedingungslose Kapitulation Deutschlands am 8. Mai 1945 erlebte *Flitner* als Befreiung. Er besaß das Vertrauen der englischen Besatzungsmacht, und sein bildungstheoretisches Denken wie seine bildungspolitische Beratung waren nun wieder stark gefragt. So wurde er sogleich herangezogen zu Beratungen der Hamburger Schulbehörde über die weitere Organisation des Bildungswesens. Auf Einladung der englischen Besatzungsmacht unternahm *Flitner* eine Studienreise nach England, besonders um die Teacher Training Colleges kennenzulernen. Lehrerbildung war auch an der Universität Hamburg fortan wieder seine Aufgabe. Nachdem die Volksschullehrerbildung während der NS-Zeit anderen Einrichtungen übertragen worden war, wurde sie 1945 wieder der Universität eingegliedert und für die schulpraktischen und didaktischen Ausbildungsbelange mit einem Pädagogischen Institut ausgestattet, dessen Aufbau und Direktion für die ersten Jahre bei *Flitner* lagen. In den 50er-Jahren wurde er zu einem der am meisten beachteten Gesprächspartner sowohl der Kultusministerkonferenz als auch anderer schul- und hochschulpolitischer Gremien. Zehn Jahre lang leitete er den Schulausschuss der „Westdeutschen [Hochschul-]Rektorenkonferenz", engagierte sich als Anreger und Verhandlungspartner der „Tübinger Gespräche" über die Reform des Gymnasialunterrichts (1951) und führte (seit 1958) die „Tutzinger Gespräche" mit den Fachvertretern der Kultusministerien und der Hochschulen über Fragen der allgemeinen Hochschulreife.

1955 gründete er mit *Otto Friedrich Bollnow*, *Erich Weniger* und anderen die einflussreiche „Zeitschrift für Pädagogik".

Er trat nach 1945 mit einer Vielzahl zentraler pädagogischer Publikationen hervor. Erwähnt werden soll zunächst, dass seine erste Veröffentlichung nach dem Ende der NS-Diktatur in der Zeitschrift „Die Sammlung" (s. Kap. 1) veröffentlicht wurde und den Titel trägt: „Erwachsenenbildung heute". Fragen der Erwachsenenbildung ließen ihn nicht los, weitere Veröffentlichungen zu diesem pädagogischen Handlungsfeld folgten. 1950 legte er seine

1933 veröffentlichte „Systematische Pädagogik" (1983a) in umgearbeiteter Form unter dem Titel „Allgemeine Pädagogik" (1983c) vor, die zu einem Standardwerk der Erziehungswissenschaft wurde. Als sich in der ersten Hälfte der 50er-Jahre in den Fakultäten gegen die Errichtung pädagogischer Lehrstühle Widerstand regte, und als in Philosophenkreisen die Behauptung kursierte, der Wissensbereich der Pädagogik sei eigentlich gar nicht inhaltsreich genug, entwarf er auf einer Konferenz der Universitätspädagogen in Hamburg eine Skizze der Funktionenvielfalt und der Forschungsdesiderate der Erziehungswissenschaft. Daraus entwickelte er in den folgenden Jahren seine breit rezipierte wissenschaftstheoretische Grundlagenschrift „Das Selbstverständnis der Erziehungswissenschaft in der Gegenwart" (1989d).

Seine nach wie vor bestehende Verbundenheit mit den reformpädagogischen Strömungen der 20er-Jahre kam in der Herausgabe eines zweibändigen Quellenbandes über die deutsche Reformpädagogik (1961b, zusammen mit *Gerhard Kudritzki*) zum Ausdruck.

Ein weiterer Publikationsschwerpunkt lag auf seinen Schriften zur Entwicklung des Gymnasiums und der Bestimmung der allgemeinen Hochschulreife.

1958 wurde *Flitner* emeritiert; er blieb aber noch weit darüber hinaus durch eine vielfältige Vortrags- und Gutachtertätigkeit wissenschaftlich aktiv. Sein Leben unterzog er in – als Publikationen vorliegenden – autobiographischen Rückblicken einer Bewertung.

1963 erhielt *Flitner* – wie vor ihm etwa *Martin Buber* (1878–1965) und *Eduard Spranger* – den Hansischen Goethepreis für seinen geistigen Beitrag zu den europäischen Einigungsbestrebungen.

Er starb am 21. Januar 1990 hochbetagt im Alter von 100 Jahren in Tübingen.

Noch zu seinen Lebzeiten entschieden sich sein Sohn *Andreas Flitner* und die Erziehungswissenschaftler *Karl Erlinghagen* (1913–2003) und *Ulrich Herrmann* (geb. 1939) in Verbindung mit Schülern *Wilhelm Flitners*, dessen Gesammelte Schriften in 11 Bänden herauszugeben; der erste Band erschien 1982, zwei Bände stehen noch aus.

5 Erich Weniger[8]

Weniger wurde am 11. September 1894 in Steinhorst bei Hannover als ältestes Kind des protestantischen Pfarrers *Hermann Weniger* (1842–1924) und seiner Frau *Clara Johanna Friederike* geb. *Barnstedt* geboren. Die ersten Jahre seiner Kindheit verbrachte er im ländlichen Dassel am Solling, 1901 zog die Familie nach Hannover, wo sein Vater Pfarrer der

---

[8] Die Ausführungen stützen sich auf folgende Literatur: Schwenk 1968; Gaßen 1990, S. 413–435; Beutler 1995; Matthes 1998; Klafki/Brockmann 2002.

Markus-Gemeinde war. Als *Weniger* 10 Jahre alt war, starb seine Mutter. 1908 heiratete der Vater ein zweites Mal; *Weniger* entwickelte zur Stiefmutter jedoch keine enge Beziehung. Der in seinem Elternhaus herrschende Geist des protestantischen Christentums blieb eine der Grundlagen seiner Persönlichkeit. Dies zeigte sich nicht allein in der zeitlebens bewahrten Liebe für den evangelischen Kirchenchoral und die geistliche Musik *Johann Sebastian Bachs*, sondern auch an seinem tiefen Interesse an theologischen Fragen und dem immer wieder aufgenommenen Gespräch zwischen Pädagogik und Theologie.

Weniger besuchte die vierjährige Bürgerschule und anschließend das humanistische Kaiser-Wilhelm-Gymnasium in Hannover. Dort wurde er stark von seinem jugendbewegten Lehrer *Hans Freytag* geprägt; dieser führte ihn auch an den Dichter *Wilhelm Raabe* (1831–1910) heran, der *Wenigers* Bildungsverständnis stark beeinflusste.

Im Frühjahr 1913 machte er das Abitur; im Anschluss ging er nach Tübingen, um vom Sommersemester 1913 bis zum Sommersemester 1914 Geschichte und Philosophie zu studieren. Besonders beeindruckt war er von dem Historiker *Johannes Haller* (1865–1947). Er wurde Mitglied der nichtschlagenden Verbindung Nicaria im Schwarzburgbund, die der Jugendbewegung nahestand. Im Oktober 1913 nahm er an dem Treffen der Freideutschen Jugend auf dem Hohen Meißner teil und zeigte sich davon tief beeindruckt.

Im August 1914 meldete er sich als Kriegsfreiwilliger zur Artillerie. Die Kriegsjahre verbrachte er an der Westfront, in Flandern und im Artois. Bei Kriegsende war er Leutnant. Nach dem Krieg nahm er sein Studium wieder auf, nun in Göttingen. Er unterbrach allerdings dieses bereits nach einigen Monaten wieder, um sich freiwillig als Leutnant der Reichswehr aktivieren zu lassen, um an den Kämpfen gegen die kommunistischen Spartakisten in Berlin teilzunehmen. Im Oktober 1919 setzte er dann sein Studium in Göttingen fort. Seine wichtigsten akademischen Lehrer waren in der Geschichte *Karl Brandi* (1868–1946) und in der Philosophie *Georg Misch* und *Herman Nohl*. Insbesondere dieser beeindruckte *Weniger* tief. Er weckte in ihm nicht nur das pädagogische Problembewusstsein, sondern übte durch seine *Dilthey*-Vermittlung und eine lebenslange freundschaftliche Beziehung nachhaltigen Einfluss auf *Wenigers* philosophisches und pädagogisches Denken aus. Bereits 1920 machte *Nohl Weniger* – quasi als Nebentätigkeit zu seinem Studium und dann zu seinem Referendariat – zum Leiter der von jenem gegründeten Jugendvolkshochschule in Göttingen; diese Aufgabe übte *Weniger* bis 1924 aus. Im November 1921 legte er die wissenschaftliche Prüfung für das Lehramt an höheren Schulen ab mit Geschichte und Deutsch im Hauptfach, Latein im Nebenfach, am 14. Dezember 1921 promovierte er mit dem Thema „Rehberg und Stein" bei dem Historiker *Karl Brandi*. Unmittelbar nach seinem Assessorexamen wurde er von *Nohl* am 1. Januar 1923 als sein Assistent im Pädagogischen Seminar eingestellt. Im April desselben Jahres heiratete er *Elisabeth Schmidt* (1894–1962), die ebenfalls aus einem evangelischen Pfarrhaus stammte; die Ehe blieb kinderlos.

Unter dem Eindruck der gesellschaftlichen Situation und unter dem Einfluss der einschlägigen Arbeiten seines Lehrers *Nohl* war die sozialpädagogische Problemstellung für *Weniger* ein Arbeitsschwerpunkt. Er zählte zu den Mitbegründern der 1925 ins Leben gerufenen „Gilde soziale Arbeit" – einem lockeren Zusammenschluss von Sozialarbeitern und im sozialpädagogischen Feld Tätigen. 1928 erhielt er einen Lehrauftrag für Sozialpädagogik an der Universität Göttingen.

Außerdem interessierte sich *Weniger* auch für Fragen der Erwachsenenbildung und arbeitete im „Hohenrodter Bund" (s. Kap. 4.) mit.

Neben Sozialpädagogik und Volksbildung stand für *Weniger* vor allem die didaktische Problemstellung im Zentrum seines Interesses. 1926 habilitierte er sich mit einer Arbeit über „Die Grundlagen des Geschichtsunterrichts. Untersuchungen zur geisteswissenschaftlichen Didaktik". Die allgemeindidaktischen Grundlagen stellte er 1930 in seinem Beitrag „Die Theorie des Bildungsinhalts" (1930a) zum *Nohl-Pallat*schen Handbuch der Pädagogik (s. Kap. 1) dar. Die Abhandlung wurde 1952 in neuer Fassung als selbständige Schrift herausgebracht unter dem Titel „Theorie der Bildungsinhalte und des Lehrplans" (1990n). Als zweiter Teil dieser „Didaktik als Bildungslehre" erschien 1960 die Schrift „Didaktische Voraussetzungen der Methode in der Schule" (1990u).

1929 wurde *Weniger* – als Nachfolger *Flitners* (s. Kap. 4) – an die Pädagogische Akademie Kiel als Professor für Pädagogik und Philosophie berufen. 1930 wurde er durch den damaligen Preußischen Kultusminister *Becker* zum Direktor der neugegründeten Pädagogischen Akademie Altona ernannt, und er ging diese Aufgabe sehr engagiert an. Nach deren durch die Sparmaßnahmen des Reichskanzlers *Heinrich Brüning* (1885–1970) verursachten baldigen Schließung, die *Weniger* als gewaltigen Rückschlag für die Volksschullehrerbildung ansah, versetzte das Ministerium ihn 1932 an die Pädagogische Akademie Frankfurt/M., wo die Stelle des Direktors neu besetzt werden sollte.

Weniger setzte sich in der Weimarer Republik öffentlich für die Demokratie ein; die Reichsverfassung war ihm zentraler Orientierungspunkt. Vor diesem Hintergrund wurde er nach der nationalsozialistischen Machtübernahme auf der Grundlage des am 7. April in Kraft getretenen „Gesetzes zur Wiederherstellung des Berufsbeamtenturms" von den Nationalsozialisten wegen „politischer Unzuverlässigkeit" im Mai 1933 zwangsweise beurlaubt und am 21. September ohne Bezüge entlassen. Unmittelbar nach der Zwangsbeurlaubung reichte er in einer ausführlich argumentierenden Eingabe an den mit der Geschäftsführung des preußischen Ministeriums für Wissenschaft, Kunst und Volksbildung beauftragten *Bernhard Rust* (1883–1945) seinen Widerspruch gegen die ministerielle Verfügung und die Bitte um Rücknahme ein. In dieser Eingabe finden sich weitgehende Zugeständnisse an die „nationale Revolution" und Wohlverhaltensversprechungen gegenüber dem neuen Staat. Diesem ersten Einspruch *Wenigers* wurde nicht stattgegeben; nach einer zweiten Eingabe erreichte er mit Wirkung vom 17. Januar 1934 die Wiedereinstellung als Beamter, aber unter Versetzung in eine Studienratsstelle an einem Frankfurter Gymnasium, wenn auch unter Beibehaltung seiner früheren Bezüge und des Professorentitels. Da am Frankfurter Lessing-Gymnasium, an das er versetzt wurde, keine Planstelle frei war, konnte er sich zunächst auf Publikationstätigkeiten konzentrieren. Er widmete sich der Mitarbeit an der Herausgabe der Gesammelten Schriften *Diltheys* und veröffentlichte einige kurze Zeitungsartikel und Rezensionen, teilweise unter Rücksicht auf die Zeitungsherausgeber der „Frankfurter Zeitung" unter dem Pseudonym *Lorenz Steinhorst*. *Weniger* wollte – aus nicht offen liegenden Gründen – nicht in die Schule; er sah sich nach einem anderen Wirkungsfeld um, wobei ihm ein militärpädagogischer Arbeitsbereich vorschwebte. Als Ende 1935 eine Studienratsstelle frei wurde, erreichte er unter Einschaltung des Reichskriegsministeriums, zu dem er inzwischen Arbeitskontakte hatte, eine Beurlaubung für wissenschaftliche Arbeiten, musste allerdings den Studienassessor, den die Schulbehörde statt seiner einstellte, selbst bezahlen. Diese Beurlaubung wurde mehrfach verlängert und endete erst im April 1938. Ab 6. April 1938 unterrichtete er am Frankfurter Lessing-Gymnasium, allerdings nur mit Unterbrechungen durch mehrmonatige Reserveübungen, bei denen er wiederum für wissenschaftliche Arbeiten weitgehend freigestellt wurde.

In Frankfurt hielt er Kontakt zu Personen und Kreisen, die dem NS-System gegenüber kritisch eingestellt waren, so etwa zur Frankfurter Gruppe der Hohenrodter, in der auch einige Mitglieder der Gilde Soziale Arbeit mitwirkten und in deren Mittelpunkt der jüdische Sozialphilosoph *Martin Buber* stand.

Seit Beginn des Zweiten Weltkriegs war *Weniger* zunächst im Rang eines Hauptmanns der Reserve, ab 1. Dezember 1942 als Major der Reserve als Wehrmacht-Betreuungsoffizier unter anderem in Paris im Stabe des Generals *Heinrich von Stülpnagel* (1886–hingerichtet 1944), der zum militärischen Widerstand gehörte, tätig. *Weniger* traf da zwar auf in der Opposition zum NS-System Gleichgesinnte, gehörte jedoch nach eigenen Aussagen nicht zum engsten Vertrautenkreis *Stülpnagels*, war also an den Attentats- und Umsturzplänen nicht beteiligt. Im September 1944 wurde *Weniger* zur Führungsoffiziersreserve nach Göttingen versetzt, nachdem ein Kriegsgerichtsverfahren gegen ihn mit der Räumung von Paris niedergeschlagen worden sei. Bei der Einnahme Göttingens durch die Amerikaner geriet er in Kriegsgefangenschaft, aus der er jedoch bereits am 18. Juni 1945 entlassen wurde.

Seine militärpädagogischen Studien während der NS-Zeit führten zu mehreren Publikationen, dem Hauptwerk „Wehrmachtserziehung und Kriegserfahrung" (1938), „Goethe und die Generale" (1942) sowie kleineren Beiträgen über Soldatenerziehung, wobei er vor allem für seine Publikation „Die Erziehung des deutschen Soldaten" aus dem Jahr 1944 in der Forschung teilweise heftig kritisiert wird, da sie deutliche Übereinstimmungen mit NS-Denken aufweist; *Weniger* wies allerdings in seinem späteren Entnazifizierungsverfahren darauf hin, dass sich in der Schrift nicht von ihm stammende Einfügungen fänden.

Generell ist *Wenigers* Stellung in der NS-Zeit in der Forschung sehr umstritten.

Nach der NS-Zeit war es für *Weniger* ein zentrales Anliegen, die Leistungen des militärischen Widerstandes im Gedächtnis der Öffentlichkeit zu verankern. Deshalb schrieb er gleich im Sommer 1945 den Artikel „Zur Vorgeschichte des 20. Juli 1944. Heinrich von Stülpnagel", der jedoch wegen der Zensurschwierigkeiten durch die Alliierten (die den militärischen Widerstand zunächst nicht zu würdigen vermochten) erst 1949 in der „Sammlung" veröffentlicht wurde. Weitere Veröffentlichungen zum militärischen Widerstand, aber auch zu anderen antinationalsozialistischen Widerstandsgruppen folgten.

1946 wurde *Weniger* mit Unterstützung *Nohls* Direktor der neugegründeten Pädagogischen Hochschule in Göttingen. Entsprechend lag auch der Schwerpunkt seiner Tätigkeit wie seiner Veröffentlichungen bis zu Beginn der 50er-Jahre im Bereich der Lehrerbildung.

Wegen seiner Tätigkeiten bei der Wehrmacht und der bereits genannten NS-affinen Publikation „Die Erziehung des Soldaten" kam es im Frühjahr 1947 zu einem langwierigen Entnazifizierungsverfahren, das sich bis in den Herbst des folgenden Jahres hinzog. Am 9. September 1948 wurde er in die Kategorie des Entlasteten eingestuft. Nach Abschluss des Entnazifizierungsverfahrens konnte *Weniger* 1949 als Nachfolger *Nohls* (s. Kap. 1) auf den Lehrstuhl für Pädagogik der Universität Göttingen berufen werden. Er entfaltete in den 50er-Jahren inneruniversitär und bildungspolitisch eine Vielzahl von Aktivitäten. Neben dem Publikationsschwerpunkt zu Fragen der Lehrerbildung – Anfang der 50er-Jahre legte er einen Sammelband seiner einschlägigen Schriften seit der Weimarer Zeit mit dem Titel „Die Eigenständigkeit der Erziehung in Theorie und Praxis. Probleme der akademischen Lehrerbildung" vor (1952h) – traten schon seit Mitte der 40er-Jahre wichtige Texte zum Geschichtsunterricht und – seit dem 1951 erfolgten Wiederabdruck seiner Schrift „Zur Frage der staatsbürgerlichen Erziehung" aus dem Jahre 1929 mit neuem Nachwort – zur politischen Bildung. Erziehung zur Demokratie war ihm ein zentrales Anliegen.

Auch der Bereich der Militärpädagogik blieb im Fokus seines Interesses. Er leistete durch Gutachten, Tagungsbeiträge und Publikationen engagierte Mitarbeit an der Grundlegung und Entwicklung eines Konzeptes der „Inneren Führung" in enger Kooperation mit *Wolf Graf von Baudissin* (1907–1993), der den Begriff „Staatsbürger in Uniform" prägte. Seit 1955 war *Weniger* Mitglied des Personalgutachterausschusses für die Streitkräfte, der anfänglich über die Bewerbungen für die höheren Offiziersstellen entschied, und seit 1958 Mitglied des Beirats für Innere Führung der Bundeswehr.

Ein weiteres zentrales Wirkungsfeld *Wenigers* in den 50er-Jahren war seine Mitarbeit im 1953 gegründeten „Deutschen Ausschuss für das Erziehungs- und Bildungswesen", einem überparteilichen, länderübergreifenden bildungspolitischem Beratergremium. Er hatte maßgeblichen Anteil an der Ausarbeitung der Gutachten zur politischen Bildung, zur Ausbildung der Lehrer an den Volksschulen, zum Ausbau der Volksschulen, zur Aufgabe und Situation der Erwachsenenbildung sowie an der Formulierung des vieldiskutierten „Rahmenplans zur Umgestaltung und Vereinheitlichung des allgemeinbildenden öffentlichen Schulwesens" (1959).

1955/56 war *Weniger* Dekan der Philosophischen Fakultät. Er nutzte dieses Amt auch für einen hochschulpolitischen Einsatz für die Demokratie. 1955 war der rechtsradikal eingestellte Göttinger Verleger *Leonhard Schlüter* zum niedersächsischen Kultusminister ernannt worden. *Weniger* mobilisierte Kollegen und Studenten, um *Schlüters* Rücktritt zu bewirken, was auch gelang.

Durch seinen frühen Tod am 2. Mai 1961 in Göttingen wurde er noch mitten aus seinem Schaffen an der Universität und im Deutschen Ausschuss herausgerissen.

Einen guten Überblick über sein Werk enthält man in der zweibändigen Ausgabe von Schriften *Wenigers* (1990), ausgewählt und kommentiert von *Helmut Gaßen*.

6 Wolfgang Klafki[9]

Klafki wurde am 1. September 1927 in der 10.000 Einwohner zählenden ostpreußischen Kreisstadt Angerburg geboren. Sein älterer Bruder war damals fast vier Jahre alt, 1935 kam ein zweiter Bruder hinzu. Seine Eltern, die beide aus Familien mittlerer städtischer oder staatlicher Angestellter bzw. Beamter stammten, waren 1922 nach Angerburg gezogen. Sein Vater hatte an den Universitäten Königsberg, Greifswald und Berlin die Fächer Deutsch, Geschichte und Erdkunde studiert und 1922 in Angerburg seine erste feste Anstellung als Studienassessor erhalten. 1926 wurde er dort zum Studienrat und 1943 zum Oberstudienrat ernannt. *Klafkis* Elternhaus war bildungsbürgerlich geprägt.

1934 trat *Klafki* in die Angerburger Grundschule ein; nach nur drei Jahren durfte er wegen seiner überdurchschnittlichen Schulleistungen in die dortige Oberschule wechseln. Er ging sehr gerne zur Schule. Besonderes Interesse zeigte er an den Fächern Deutsch, Geschichte und Erdkunde, das im Unterricht Gelernte erweiterte er – mit Unterstützung seines Vaters – durch private Lektüre zu Hause. Er entwickelte den Berufswunsch, Lehrer zu werden. Seine Einstellung zum NS-System war ambivalent, seine Eltern waren keine Nazis, aber auch keine dezidierten NS-Gegner. 1936 trat er ins „Jungvolk" ein, 1941 in die Flieger-HJ. Bei Ausbruch des Krieges identifizierte er sich mit der Wehrmacht und den deutschen Soldaten. Er ging davon aus, dass die Deutschen einen Verteidigungskrieg führten. Im Herbst 1943, mit Beginn der 7. Oberschulklasse, wurde er zum Luftwaffenhelferdienst im Großraum Hamburg eingezogen. Er und seine mit eingezogenen Klassenkameraden blieben formell weiterhin Schüler der Angerburger Oberschule und erhielten durch einige abgeordnete Lehrer Unterricht mit stark reduzierter Fächer- und Stundenzahl. Nach der Versetzung in die Klasse 8 und mit der Einberufung zum Reichsarbeitsdienst im September 1944 bekamen sie den sog. ‚Reifevermerk'. Der einjährigen Luftwaffenhelferzeit schloss sich ab September 1944 die Arbeitsdienstpflicht in Ostpreußen an. Ihr folgten Anfang Januar 1945 die Einberufung zum Wehrdienst, nach kurzen Ausbildungswochen strapaziöse Rückzugsmärsche quer durch Ostpreußen, der Fronteinsatz in den Kesseln von Danzig/Gotenhafen und im Samland, dort im April 1945 – im Alter von 17½ Jahren – die Verwundung und, im Unterdeck eines der letzten, total überfüllt auslaufenden Frachtschiffe, der Transport in ein Lazarett in Dänemark. Nach einigen Monaten erfolgte die Verlegung in ein Lazarett ins südliche Niedersachsen. Nach seiner Ausheilung zu Beginn des Jahres 1946 war *Klafki* zusammen mit seinem Vater als Bauhilfsarbeiter tätig, bevor er im April des Jahres 1946 zum zweijährigen Volksschullehrerstudium an der Pädagogischen Hochschule Hannover zugelassen wurde. Sehr schnell nach 1945 habe er das Verbrecherische des NS-Systems erkannt und sein pädagogisches Wirken auch als Aufklärungsarbeit nutzen wollen.

Während seines Studiums wurde er durch seine Dozenten mit den Ideen der Reformpädagogik vertraut und nahm wichtige Impulse für seinen von 1948 bis 1952 währenden Unterricht an ländlichen Volksschulen in Schaumburg-Lippe mit. Außerdem stieß er während seines

---

[9] Die Ausführungen stützen sich auf folgende Literatur: Klafki 1988; Matthes 1992; Klafki/Braun 2007.

Studiums in Hannover auf Schriften *Litts* und war von diesen fasziniert. Es entstand sein Wunsch, später bei *Litt* selbst zu studieren. Da er sein zweites Lehrerexamen mit Bravour bestand, erhielt er für sein geplantes Zweitstudium ein Adolf-Grimme-Stipendium. 1952 bis 1957 absolvierte er jenes mit dem Hauptfach Pädagogik und den Nebenfächern Philosophie und Germanistik an der Universität Göttingen. Sein wichtigster pädagogischer Lehrer in diesem Zeitraum war *Erich Weniger*; in seinem zweisemestrigen Studium in Bonn studierte *Klafki* bei *Theodor Litt* Pädagogik und Philosophie. Letztere studierte er außerdem vor allem bei *Helmuth Plessner* (1892–1985) und *Josef König* (1893–1974), Germanistik vorrangig bei *Wolfgang Kayser* (1906–1960). Ergänzend studierte er Geschichte, Kunstgeschichte, Psychologie und Soziologie.

Seit 1956 war *Klafki* bereits als Assistent des Philosophen und Pädagogen *Gustav Heckmann* (1898–1996) und kurz darauf als außerplanmäßiger Dozent an der Pädagogischen Hochschule Hannover tätig. 1957 promovierte er bei *Weniger* in Göttingen mit einer Arbeit über *Das pädagogische Problem des Elementaren und die Theorie der kategorialen Bildung* (1959), mit der er sich sofort innerhalb der Erziehungswissenschaft einen Namen machte. Sichtbares Zeichen der Anerkennung war der ihm verliehene Fakultätspreis. 1958 legte er mit seiner bildungstheoretisch fundierten „Didaktischen Analyse" ein für die Praxis wegweisendes Unterrichtsvorbereitungskonzept vor (1958a).

Von 1961 bis 1963 war er Assistent und Oberassistent bei dem geisteswissenschaftlichen Pädagogen *Ernst Lichtenstein* (1900–1971) an der Universität Münster. 1962 erlebte er mit dem von ihm gehaltenen Grundsatzreferat über das „Problem der Didaktik" auf dem 5. Pädagogischen Hochschultag in Trier einen ersten Höhepunkt seines pädagogischen Wirkens (1963f). Von 1963 bis zu seiner Emeritierung 1992 war er Professor für Erziehungswissenschaft an der Universität Marburg, für die er sich alternativ zu Tübingen und 1969 noch einmal anlässlich eines Rufes an die Universität Göttingen entschied. Ebenfalls 1963 erschien eine erstmalige Zusammenfassung wichtiger Arbeiten *Klafkis* in den breit rezipierten und auch in andere Sprachen übersetzten *Studien zur Bildungstheorie und Didaktik* (1963e). Von 1967–1969 war er Vorsitzender der Lehrplankommission für Hauptschulen in Nordrhein-Westfalen, die vom nordrhein-westfälischen Kultusministerium ins Leben gerufen worden war. Von 1968–1971 leitete er die vom hessischen Kultusministerium eingesetzte Kommission zur Revision der hessischen Lehrpläne von 1956, eine Zusammenarbeit, die vom Ministerium zur Verärgerung *Klafkis* 1971 abrupt beendet wurde; in der Regie des Ministeriums erschienen dann in kürzester Zeit die – heftig umstrittenen – „Hessischen Rahmenrichtlinien".

Von 1968 bis 1970 leitete er die Vorbereitung und die Sendung des – im Anschluss auch publizierten – *Funk-Kollegs Erziehungswissenschaft*, das auf einer Neukonzeption der von ihm an seinem Lehrstuhl angebotenen Einführungsvorlesung in die Pädagogik basiert (1970a, 1970c, 1971a). Es stieß auf breite Resonanz, was sich auch daran zeigt, dass es sogar ins Japanische übersetzt und im japanischen Rundfunk gesendet wurde. *Klafkis* Beiträge hierzu lassen die Veränderung sichtbar werden, die er – auf dem Hintergrund der „68er-Bewegung" und der Rezeption der Kritischen Theorie der „Frankfurter Schule" – vom geisteswissenschaftlichen Pädagogen zum kritisch-konstruktiven Erziehungswissenschaftler vollzog. In dem 1976 erschienenen Sammelband *Aspekte kritisch-konstruktiver Erziehungswissenschaft* präzisierte er seine veränderte Position.

Seit 1980 liegt ein neues Konzept der Unterrichtungsplanung von ihm vor, welches auf der Basis einer kritisch-konstruktiven Didaktik entwickelt wurde (1980). Hinzuweisen ist auch auf *Klafkis* 1982 erschienene „kritische Vergegenwärtigung" der Pädagogik *Theodor Litts*, die auf einer kenntnisreichen, kritischen Auseinandersetzung mit dem pädagogischen Gesamtwerk eines seiner wissenschaftlichen Lehrer beruht. Eine Zusammenfassung wichtiger jüngerer Arbeiten stellen die erstmals 1985 erschienenen *Neuen Studien zur Bildungstheorie und Didaktik* dar, wobei in diesem Zusammenhang vor allem auf *Klafkis* neues Allgemeinbildungskonzept zu verweisen ist, das eine immense Rezeption in vielen Teilen der Welt erfuhr. In den darauffolgenden Jahren hat sich *Klafki* außerdem der Erforschung seiner Kindheit und Jugend im Nationalsozialismus unter erziehungswissenschaftlicher Fragestellung gewidmet. Von großer Wichtigkeit sind auch seine Beiträge zum Verhältnis geisteswissenschaftliche Pädagogik und Nationalsozialismus.

Klafki ist seit 1963 Mitglied der Deutschen Gesellschaft für Erziehungswissenschaft, von 1986 bis 1988 war er ihr Vorsitzender, seit 1996 ist er ihr Ehrenmitglied. Von 1965 bis 2001 war er Mitherausgeber der „Zeitschrift für Pädagogik". Er hat angesichts seiner großen Verdienste um die Entwicklung der Pädagogik als Wissenschaft drei Ehrendoktorwürden der Universitäten Kassel, Osnabrück und der Pädagogischen Universität Kopenhagen erhalten.

Zweiter Teil:
Thematische Zugänge

1 Die Begründung der Pädagogik als Geisteswissenschaft

1.1 Allgemeine Hintergründe

1.1.1 Die Dominanz des naturwissenschaftlichen Denkens

Seit Mitte des 19. Jahrhunderts bestand auch im deutschen wissenschaftlichen Diskurs die Tendenz, die *naturwissenschaftliche Methode zur Methode überhaupt* zu erklären. Eine Grundlage hierfür war die breite Rezeption des englischen und französischen *Positivismus*, eines Wissenschaftsverständnisses, welches auf metaphysische Spekulationen verzichten und sich nur auf „positive", d. h. durch die Erfahrung belegbare Tatsachen stützen wollte. Einer der wichtigsten Vertreter dieses Denkens war *Auguste Comte* (1798–1857), der das den Naturwissenschaften zugrunde liegende Prinzip der technischen Weltbeherrschung auch auf andere Lebensgebiete anzuwenden suchte und damit für alle gesellschaftlichen Bereiche einen dem naturwissenschaftlich-technischen Bereich analogen Fortschritt bewerkstelligen wollte. Die Grundlage hierfür sollten *exakt formulierte Gesetze* liefern, mit deren Hilfe die Herrschaft über die geschichtlich-politische Welt ebenso möglich werden sollte wie die über die Natur. Eine zweite Grundlage war die *immense Erfolgsgeschichte der Physik* seit den 40er-Jahren des 19. Jahrhunderts; aus jener entwickelten sich – mit ebenfalls beeindruckenden Ergebnissen – seit der Jahrhundertmitte die anwendungsbezogenen, streng mathematisierten *technischen Wissenschaften*. Auch die anderen Naturwissenschaften (Chemie, Astrophysik, Geologie, Biologie) schrieben Erfolgsgeschichte. Entscheidend war nun, dass es diesen Wissenschaften gelang, sich zu einem *einheitlichen Theorie- und Methodenkomplex* zusammenzuschließen: Die *Hypothese* und das prüfende *Experiment* oder die von ihr geleitete Suche nach *Tatsachen* traten in einen dauerhaften wechselseitigen Zusammenhang, daraus ergaben sich die großen Theorien, Modelle und *Gesetze* (vgl. Nipperdey 1998/1, S. 602–654). Sichtbarer Ausdruck dieses Zusammenschlusses der Naturwissenschaften war die Ausgliederung jener aus der Philosophischen Fakultät durch die Gründung eigenständiger Naturwissenschaftlicher Fakultäten, in die sehr viel staatliches Geld floss.

Manche Wissenschaften vom Menschen ließen sich vom Erfolg der Naturwissenschaften dazu (ver-)führen, deren Denkweisen und Methoden auf ihre Gegenstände zu übertragen; Beispiele finden sich in der Soziologie, der Nationalökonomie und – nicht zuletzt – der Psychologie, aber auch in der Pädagogik (vgl. Blankertz 1982, S. 216).

1.1.2 Diltheys Antwort: Die theoretisch-methodische Fundierung der Geisteswissenschaften als eigenständige Gruppe von Wissenschaften[10]

Wilhelm Dilthey lebte von 1833–1911. Er studierte in den 50er-Jahren des 19. Jahrhunderts in Heidelberg und Berlin Theologie und Philosophie sowie Literaturwissenschaft und Geschichte. Nach dem theologischen und dem philologischen Staatsexamen war er 1856–1858 als Lehrer in Berlin tätig. Nach der Promotion in Philosophie (über die „Ethik" *Friedrich Daniel Ernst Schleiermachers*) und der Habilitation (1864) war er Privatdozent für Philosophie und später Professor in Basel, Kiel und Breslau. Von 1882 bis 1911 lehrte er als Professor für Philosophie an der Universität Berlin.

In Abgrenzung zur positivistischen Wissenschaftstheorie, die – wie bereits dargestellt – das Modell exakt-naturwissenschaftlicher Erkenntnis zum Grundmuster aller objektiven menschlichen Erkenntnis erklärte, betont *Dilthey* die *Selbständigkeit der Geisteswissenschaften* (der Literaturwissenschaft, der Geschichte, der Psychologie, der Pädagogik usw.). Seine Theorie der Geisteswissenschaften lässt sich wie folgt ganz knapp zusammenfassen: Als zentrale Unterschiede zwischen Natur- und Geisteswissenschaften sieht er zum einen das Verhältnis zwischen Erkenntnissubjekt (Forscher) und Erkenntnisgegenstand. Der *Natur erforschende Mensch* als Erkenntnissubjekt und die *nicht vom Menschen hervorgebrachte Natur* als Erkenntnisobjekt sind *qualitativ prinzipiell verschieden*. Der *die geistigen Schöpfungen erforschende Mensch* als Erkenntnissubjekt und die *vom Menschen geschaffene geistig-geschichtliche Welt* als Erkenntnisobjekt sind *qualitativ prinzipiell gleich*. Zum zweiten unterscheiden sich Erkenntnisziel und Erkenntnisverfahren der Natur- und Geisteswissenschaften. Die *Naturwissenschaften* streben danach, *Natur* zu *erklären*, d. h. *gesetzmäßige Zusammenhänge* zwischen verschiedenen Naturelementen zu ermitteln und allgemeingültig, nach Möglichkeit mathematisch zu formulieren. In den Geisteswissenschaften hingegen geht es darum, die geistig-geschichtliche Welt zu *verstehen*. Verstehen als die zentrale Methode und das Erkenntnisziel der Geisteswissenschaften richtet sich auf das *Herausarbeiten von Bedeutungs- bzw. Sinnzusammenhängen* der durch menschliches Handeln entstandenen geistig-geschichtlichen Welt. Diese Handlungszusammenhänge sind nicht gesetzmäßiger, sondern symbolischer Art, also mit Sinn und Bedeutung unterlegt; diese gilt es im jeweiligen historisch-kulturellen Kontext zu erschließen. Dem Prozess des Verstehens zugänglich werden diese Handlungszusammenhänge nur dann, wenn sie zum manifesten Ausdruck geworden sind, wenn sie sich objektiviert haben. Solche *Objektivationen des menschlichen Geistes* sind zum Beispiel Texte und Bilder aller Art, Bauwerke, Musikstücke, aber etwa auch Kinderspielzeug.

Zum wissenschaftlichen Verstehen der Bedeutungsgehalte der geistigen Objektivationen entwickelt *Dilthey* in Weiterführung der Arbeiten des Theologen und Philosophen *Friedrich Daniel Ernst Schleiermachers* (1768–1843) ein Interpretationsverfahren, die *Hermeneutik*. Zwei Zusammenhänge sieht er in diesem Kontext als zentral an: das Verhältnis von Ganzem

---

[10] Vgl. v. a. Dilthey 1961 u. 1962; Herrmann 1971; Klafki 1978a u. 1978b.

1 Die Begründung der Pädagogik als Geisteswissenschaft

und Teil (Moment) und das Verhältnis zwischen dem Vorverständnis des Erkennenden und seinem Erkenntnisresultat. Mit *Schleiermacher* spricht *Dilthey* in diesem Kontext vom *„hermeneutischen Zirkel"*: Das Einzelne und das jeweils Ganze erhellen sich im geisteswissenschaftlichen Erkenntnisprozess jeweils wechselseitig und das Vorverständnis ändert sich im Verstehensprozess.

Zudem wird der Hermeneutik die Aufgabe zugeschrieben, im Prozess des Verstehens der geistig-geschichtlichen Welt ein *System von Grundbegriffen*, zentralen *Kategorien* herauszuarbeiten, die in jener angelegt seien, aber durch die Hermeneutik präzisiert und in einen systematischen Zusammenhang gebracht werden müssen. Das kann *zum Beispiel* die Kategorie des Elementaren oder des pädagogischen Verhältnisses oder des Erlebnisses oder der Bildsamkeit sein.

In dieser Bestimmung des Selbstverständnisses der Geisteswissenschaften klingt bereits eine zweite Grundlage des philosophischen Denkens *Diltheys* an, die *lebensphilosophische Deutung* des geistigen Lebens. Diese lässt sich knapp in vier zentralen Merkmalen fassen: *(1)* das philosophische Nachdenken hat seinen Ort im Leben selbst, d. h. das Leben selbst wirft philosophische Fragestellungen auf, die von der wissenschaftlichen Philosophie aufgegriffen und einer Systematisierung und Klärung zuzuführen sind; *(2)* das philosophische Nachdenken geschieht nicht um seiner selbst willen, sondern es wirkt auf die Lebenspraxis zurück, um dieser zu einer größeren Klarheit und Bewusstheit ihres Tuns zu verhelfen; *(3)* die Lebensphilosophie kennt keine Kategorien a priori (also vor jeder Erfahrung), etwa wie bei dem Aufklärungsphilosophen *Kant* aus der menschlichen Vernunft stammend, sondern sie sieht jene vielmehr in der Lebenspraxis / in dem erfahrenen Leben jeweils schon als Grundtendenzen angelegt, die durch die Wissenschaft nur bewusst gemacht und in systematische Zusammenhänge gebracht werden; *(4)* die Lebenspraxis ist immer eine historische, dem Wandel unterworfene; dem korrespondiert die Geschichtlichkeit der philosophischen Aussagen. *Klafki* fasst die vier Merkmale ganz knapp zusammen als *„Ursprung aus dem Leben", „Rückwirkung auf das Leben", „Weltlichkeitsprinzip"* und *„Geschichtlichkeit"* (1978a, S. 116).

Diltheys Denkansätze wurden durch direkte Einflüsse – *Frischeisen-Köhler* (1878–1923) und *Nohl* waren akademische Schüler *Diltheys*, *Spranger* studierte mehrere Semester bei ihm (vgl. auch den Ersten Teil dieses Buches) – und indirekt, durch seine Schriften, für die geisteswissenschaftlichen Pädagogen bedeutsam. Der *Einfluss* zeigt sich *besonders* bei der *Begründung der Pädagogik als Wissenschaft*, bei der *historisch-systematischen Forschungsweise* und bei der *Bestimmung des Verhältnisses von Theorie und Praxis*.

1.2 Fachspezifischer Hintergrund: Die Expansion der „experimentellen Pädagogik"

Naturwissenschaftliche Denkweisen und Methoden fanden auch Eingang in das Nachdenken über Erziehung; es entstand die „experimentelle Pädagogik", die ihren Anfang im Jahr 1896 nahm, als in München auf dem „Dritten Internationalen Congreß für Psychologie" über jene erstmals vorgetragen wurde. *Ludwig Stein* fasste deren Anspruch folgendermaßen zusammen: „Waren die pädagogischen Theorien bisher vielfach entweder aus methodisch mangelhafter Schulerfahrung oder aus apriorischer Construction von vager Allgemeinheit erwachsen, aus denen alsdann die pädagogischen Regeln deductiv abgeleitet worden sind, so soll sich eine künftige experimentelle Pädagogik aus statistisch ermittelten oder experimentell erforschten Thatsachen inductiv aufbauen. Erst dann können an die Stelle der heute gültigen pädagogischen Normen und Regeln [...] objectiv geltende biologisch-pädagogische Thatsachen und weiterhin Gesetze treten" (1896, S. 241f.).

Die große Bedeutung, die der experimentellen Pädagogik um die Wende vom 19. zum 20. Jahrhundert zugeschrieben wurde, war ein Resultat des durch die Reformpädagogik bedingten Interesses an der Entwicklung des Kindes/Jugendlichen und der von der experimentellen Pädagogik ausgehenden Verlockung von deren *objektiver Erforschung*. Vor allem die Lehrerbewegung, die vom Herbartianismus[11] enttäuscht war und ihn als ein anachronistisches, unwissenschaftliches Denkmodell ansah, erhoffte sich von der experimentellen Pädagogik ein *gesetzmäßiges Wissen* über die Entwicklung von Kindern und Jugendlichen und deren Lernvoraussetzungen und -möglichkeiten. Auf dieser Basis sollte dann eine reformorientierte Schularbeit aufbauen und eine grundlegende Verbesserung des Bildungssystems durch dessen kindgemäße Gestaltung bringen (vgl. Hopf 2004).

Diesem Bedürfnis der reformorientierten Lehrerschaft kam einer der wichtigsten Vertreter der experimentellen Pädagogik, *Ernst Meumann* (1862–1915), Schüler des experimentellen Psychologen *Wilhelm Wundt* (1832–1920), entgegen, wenn er formulierte: „in der Vielseitigkeit sich oft widersprechender Reformvorschläge" wachse „immer mehr *das Bedürfnis nach einer objektiven Instanz*, die frei von den politischen, sozialen und religiösen Nebeneinflüssen im Geiste reiner Wahrheitsforschung das Zweckmäßige, Wertvolle und Brauchbare in den ‚modernen Ideen' der Erziehungsreform zu scheiden sucht von dem Unzweckmäßigen und Wertlosen. Eine solche Instanz haben wir in den Versuchen zu *wissenschaftlicher Begründung* der pädagogischen Reformvorschläge, und diese wird um so mehr den Charakter objektiver unparteilicher Entscheidung tragen, als sie *auf empirischer Tatsachenforschung beruht, und mit den Mitteln exakter Forschung arbeitet*" (1914, S. 3).

Eine Etablierung einer *selbständigen* experimentellen Pädagogik an den Universitäten war zwar zu Beginn des 20. Jahrhunderts nicht in Sicht, allerdings zeigen Auswertungen von Vorlesungsverzeichnissen (vgl. Drewek 1996), dass es an den Universitäten eine „hohe Zahl von Veranstaltungen zur ‚experimentellen Pädagogik' im Überschneidungsbereich von Pädagogik, Psychologie und Medizin" gab (S. 305). Außerdem entstanden Institute, Verbände und Publikationsorgane zur Förderung der neuen Forschung. Zwischen 1880 und 1914 waren in Deutschland 21 neue Zeitschriften und 28 Vereinigungen für Kinderpsychologie und Pädagogik gegründet worden; um 1912 gab es 25 Zeitschriften, acht monographische Reihen und 37 Einrichtungen und Vereinigungen für empirische Kinder- und Jugendforschung (vgl. Depaepe 1993, S. 73).

---

[11] Zu den Leistungen und Grenzen der Herbartianer (also der direkten oder indirekten Schüler *Johann Friedrich Herbarts*) für die Lehrerbildung vgl. Coriand/Winkler 1998.

1 Die Begründung der Pädagogik als Geisteswissenschaft

1.3 Die „Pädagogische Konferenz" von 1917 als Gegenbewegung zur experimentellen Pädagogik und als Geburtsstunde der „Kulturpädagogik" (später genannt: „Geisteswissenschaftliche Pädagogik")

Die „Pädagogische Konferenz" wurde vom Preußischen Ministerium der geistlichen und Unterrichtsangelegenheiten am 24. und 25. Mai 1917 in Berlin einberufen. Auf dieser Konferenz wurde, im Zusammenhang mit der geplanten Neuorganisation der Ausbildung der Lehrer für das Höhere Lehramt, über die Vertretung des Faches Pädagogik und dessen spezifische Gestalt an den Universitäten verhandelt. An der Konferenz nahmen „Schulmänner" (Vertreter der Schulverwaltung, Gymnasialdirektoren oder Oberlehrer), unter anderen auch *Theodor Litt*, und Universitätsprofessoren, unter anderen auch *Eduard Spranger*, teil.

Tonangebende Figur auf der Konferenz war der an der Philosophischen Fakultät der Berliner Universität lehrende renommierte Religionsphilosoph und Kulturhistoriker *Ernst Troeltsch*. Dieser vertrat folgendes Verständnis von der Pädagogik als Universitätsdisziplin, die er als „selbständige, neue und umfassende Wissenschaft" verstanden wissen wollte (Pädagogische Konferenz 1917, S. 6):

Sie müsse eine „rein theoretische Wissenschaft" (S. 5) und „auf philosophischer Grundlage, d. h. auf der von der Philosophie her entwickelten und begründeten Geschichts- und Kulturphilosophie oder Ethik, begründet sein oder selber sich eine solche Synthese philosophisch erwerben" (ebd.). Sie dürfe sich nicht an die Psychologie anschließen – eine deutliche *Spitze gegen die experimentelle Pädagogik* –, da sich ansonsten „für die Pädagogik lediglich technische Hilfsmittel, aber kein Bild der staatlichen Gesellschaft und des ethisch-kulturphilosophischen Unterrichtszieles [...] ergeben" (S. 6).[12] Ihre Inhalte seien die Geschichte und die Ziele des gesamten Schulwesens (vgl. ebd.). „Das bedeutet eine Zusammenfassung verschiedener und weitverzweigter empirischer Kenntnisse mit einer philosophisch geklärten und begründeten Anschauung vom Wesen unseres geistigen Besitzes, soweit er von der Schule jeder Art realisiert werden kann. Das ist dann zugleich eine wissenschaftliche Unterlage für die Lehrer-Seminare, eine Information für die Schulpolitik und eine Zusammenfassung des praktischen Zweckes der Philosophischen Fakultät, an der es bisher sehr gefehlt hat, schließ-

---

[12] Da in der Diskussion von seiten einiger Schulmänner Sympathie für die (experimentelle) Psychologie geäußert wurde (vgl. Pädagogische Konferenz 1917, S. 21), fühlte sich *Troeltsch* genötigt, nun deutlicher – und politischer! – als in seinem Eröffnungsreferat gegen diese Stellung zu beziehen: „Von der Psychologie aus kann weder das gegebene Unterrichtswesen erfaßt werden, das vielmehr eine historisch-politische Tatsache ist, noch das Bildungsziel und Kulturideal. Das werden die Herren zugeben müssen. Wo aber das doch geschieht und die moderne Psychologie, verbündet mit Biologie und Soziologie, sich an die Aufgabe macht, da entstehen Auffassungen des staatlichen Unterrichtswesens und seiner Ziele, die schwerlich den Beifall der Herren haben würden. Da wird vielmehr das Unterrichtswesen in den Dienst eines angeblich soziologisch und sozialpsychologisch begründeten Fortschritts gestellt, der die Gleichartigkeit der Bildung aller und eine wesentlich utilitarische Hebung der Massen erstrebt" (S. 24).

lich eine Einführung der Studenten in Ideale und Ethik des Lehrerberufes" (ebd.). *Troeltsch ging es – wie auch dem damaligen Preußischen Kultusminister Trott zu Solz* – um eine nationalpädagogische Zielsetzung: Nach dem Ende des Ersten Weltkriegs sollte die Pädagogik federführend an der Entwicklung eines *einheitlichen nationalen Bildungsideals* beteiligt sein, das den Zusammenhalt des Volkes sichern und revolutionären Tendenzen entgegenwirken sollte.

1.4 Theodor Litts zentrale Begründungsargumente der Pädagogik als Kulturpädagogik

Zunächst ist darauf hinzuweisen, dass *Litt* sich sehr *deutlich von der experimentellen Psychologie und Pädagogik abgrenzt*. In seiner 1921 erschienenen Skizze „Pädagogik" heißt es hierzu: „Diejenige *Psychologie*, die mit den Methoden der Naturwissenschaft arbeitet und insbesondere durch Anwendung des Experiments der exakt-gesetzlichen Bestimmung seelischer Vorgänge zustrebt, scheint nicht wenigen die Aussicht zu eröffnen, daß einmal die pädagogische Praxis in allen ihren Vornahmen sich auf Erkenntnisse stützen könne, so sicher und allgemeingültig wie diejenigen, auf denen die angewandten Wissenschaften fußen. Besonnenere freilich haben längst erkannt, daß diese Richtung der Seelenforschung sichere, sozusagen technisch verwendbare Ergebnisse nur im Bereich der elementaren, verhältnismäßig leicht isolierbaren und ihres peripheren Charakters wegen auch leicht faßbaren seelischen Vorgänge verspreche, daß sie hingegen um so mehr ihr Recht und ihre Anwendbarkeit verliere, je mehr es von den Elementen zum *Ganzen* vorzudringen gelte – wobei unter diesem Ganzen ebensowohl die Lebenseinheit der Einzelpersönlichkeit wie die Lebenseinheit der kulturellen Gesamtwelt zu verstehen ist" (1965b, S. 14f.).[13]

Wie begründet er demgegenüber die Pädagogik als Kulturpädagogik?

Erziehung sei immer in ein *kulturelles Ganzes eingebettet*; die Erziehungswirklichkeit der Gegenwart – der Text stammt aus dem Jahre 1918 – zeige sich *zersplittert,* die Einzelbestre-

---

[13] Besonders ausführlich und differenziert setzt sich der *Dilthey-Schüler Max Frischeisen-Köhler* mit den „Grenzen der experimentellen Methode" (vgl. 1962, S. 110–150) als einer „Schöpfung des naturwissenschaftlichen Geistes" (S. 148) auseinander und *warnt vor einer Überschätzung der experimentellen Pädagogik.* Da es die Aufgabe der Pädagogik sei, „den Menschen, wie er als ein bloßes Naturwesen geboren wird, in die geistesgeschichtliche Welt" hineinzubilden, „wird sie zwar allenthalben an die Naturgegebenheiten anzuknüpfen haben; aber ihre entscheidenden, Ziele und Methoden zugleich bestimmenden Gesichtspunkte empfängt sie aus jener geistesgeschichtlichen Welt und ihren Idealen. Wenn die experimentelle Pädagogik auch keineswegs den Bezug auf diese ausschließt, so tritt schon in der Namengebung, die auf das Experiment als ihr stärkstes Hilfsmittel hinweist, die Vorherrschaft der naturwissenschaftlichen Betrachtungsweise hervor. Niemand wird verkennen dürfen, was ein Durchgang durch diese für den Pädagogen bedeutet. Von allen positiven Kenntnissen abgesehen, verleiht sie ihm eine Schulung und eine Unbefangenheit in der Würdigung der Tatsachen, die nicht mehr verloren gehen kann. Aber eine dauernde und ausschließlich naturwissenschaftliche Einstellung kann auch zu einer Gefahr für den praktischen wie für den theoretischen Erzieher werden, wenn darüber die Seiten der Sache, die nicht mit exakter Methodik erfaßt werden können, gar zu sehr zurücktreten. Sie verführt vielleicht dazu, den Schein der naturwissenschaftlichen Exaktheit noch dort aufrecht zu erhalten, wo die Voraussetzungen der naturwissenschaftlichen Erfahrung bereits längst aufgegeben sind" (S. 149). Entscheidend sei, dass die Pädagogik „Kulturwissenschaft ist und bleiben wird" (S. 150).

bungen müssten zu einer *inneren Einheit* geführt werden; hierfür sei eine Betrachtung der gesamtkulturellen Entwicklung in *philosophischer Perspektive* unverzichtbar, um Leitideen für die Zukunft herauszuarbeiten; die Kultur*pädagogik* müsse diese Leitideen für das Erziehungs- und Bildungssystem entwickeln, wobei jene mit den für die Kultur insgesamt herausgearbeiteten Leitideen korrespondieren sollen. Damit es zu den mit Gestaltungswillen verbundenen Leitideen kommen könne, bedürfe es der *synthetischen Kraft* des Wissenschaftlers. Seine entsprechenden Erkenntnisse dienten als Grundlage für das *Ethos des Erziehers* (vgl. 1965a, S. 7ff.).

In einem deutlich späteren, nach dem zweiten Weltkrieg verfassten Text nimmt *Litt* den Faden wieder auf, wenn er als die Aufgabe der pädagogischen Theorie benennt, dass sie dem praktischen Pädagogen die „Einordnung in das vielgestaltige Leben der Zeit sichtbar" mache und ihm zu einem *„geschichtliche[n] Standortbewußtsein"* verhelfe (1960c, S. 119).

1.5 Eduard Sprangers zentrale Begründungsargumente der Pädagogik als Kulturpädagogik

Spranger ist – in Übereinstimmung mit den anderen geisteswissenschaftlichen Pädagogen (vgl. etwa Litt 1960a; Nohl 1988, S. 144f.; Flitner 1983a, S. 17) – der Auffassung, dass der Mensch keine Maschine, die Erziehung somit keine Technik und die *pädagogische Wissenschaft* somit *keine angewandte Wissenschaft* – analog zu der auf den Naturwissenschaften basierenden Technologie – sei.

Ihre Grundlage habe die pädagogische Wissenschaft in der gegebenen *Kulturwirklichkeit*. Diese zeige sich in einer Pluralität, *verwirrenden Vielgestaltigkeit* und in einem *Kampf der Weltanschauungen*. Die pädagogische Wissenschaft habe die Aufgabe, die erzieherischen und bildnerischen Tendenzen der Zeit zu sichten, sinnverstehend zu beschreiben – also einer *hermeneutischen Analyse zu unterziehen* – und durch das Anlegen der sich herausbildenden zentralen *Kategorien* zu ordnen. Als diese nennt *Spranger* das *„Bildungsideal"*, die *„Bildsamkeit"*, den *„Bildner"* und die *„Bildungsgemeinschaft"* (1973b, S. 271). Außerdem habe die Kulturpädagogik das Recht und die Pflicht, auf der Basis der erkannten zentralen Tendenzen der Kulturwirklichkeit und korrespondierend mit den erzielten *Synthesen*, *Werte* für die zukünftige Entwicklung zu *begründen* und damit den im Bildungssystem praktisch Verantwortlichen die notwendige *Orientierungshilfe* zu geben.[14]

---

[14] Wohl herausgefordert durch die immensen weltanschaulichen Disparitäten in der Weimarer Republik, halten *Litt* und *Spranger* zwar weiterhin an der Aufgabe der Besinnung und der Überschau für die Wissenschaft fest, fordern beide jedoch auch nachdrücklich die Anerkennung von weltanschaulich bedingten Unterschieden und verstehen als Einheit die dialektische Verschränkung der Besonderungen (vgl. Litt 1930, S. 77ff. u. Spranger 1929).

1.6 Herman Nohls zentrale Begründungsargumente der Pädagogik als Kulturpädagogik[15]

Auch *Nohl* setzt sich deutlich von der experimentellen Psychologie und Pädagogik ab: „Wie die Naturwissenschaft die Natur bezwungen hat, so soll jetzt auch das seelische Leben in seinen gesetzlichen Zusammenhängen aufgedeckt werden, was uns ermöglichen würde, auch hier durch die Wissenschaft das Leben zu leiten. Parallel zur Technik und ihrer Begründung in den physikalischen und chemischen Gesetzen wird so die pädagogische Technik entwickelt" (Nohl 1988, S. 145). Wie *Litt* (vgl. etwa 1960a) weist *Nohl* nun aber darauf hin, dass sich Zweck und Mittel beim Menschen nicht trennen ließen. „Ein erkannter Kausalzusammenhang wird erst ein Mittel, wenn ich einen Zweck will, lasse ich den Zweck zunächst unberücksichtigt, so bin ich auch nicht in der Lage, die Mittel pädagogisch allgemeingültig zu bestimmen" (Nohl 1988, S. 147). Der Mensch sei immer in ein kulturelles Ganzes eingeordnet, die *geistige Wirklichkeit des Kindes* sei immer eine *kulturell-historisch bestimmte*. „Darum ist Erziehen keine Technik, sondern eine geschichtliche Kulturhandlung" (S. 148).

Die Pädagogik als Wissenschaft habe vor diesem Hintergrund ihren Ausgangspunkt von der „Erziehungswirklichkeit als eine(m) sinnvollen Ganzen" zu nehmen (S. 150) und diese in ihrem historischen Gewordensein und ihrer Verschränkung mit den anderen Kultursystemen sinnverstehend zu interpretieren. Die Analyse erfolge mit Hilfe von „systematischen Kategorien, die doch nur gewonnen sind in der Besinnung des Lebens und seiner Entwicklung" (S. 152). Als entsprechende Kategorien nennt *Nohl* – nahezu identisch mit *Spranger* – den Zögling und seine Bildsamkeit, den Erzieher, die Bildungsgemeinschaft, das Bildungsideal und die Bildungsmittel (S. 152f.). Mit diesen Kategorien lasse sich für alle Zeiten und Völker die *Grundstruktur des Erziehungslebens in ihren historisch-kulturellen Besonderungen* erfassen. Dieses kategoriengeleitete, systematische Durchdenken der Erziehungswirklichkeit führe schließlich auch dazu, Kriterien der Kritik zur Beurteilung bestehender Bildungssysteme zu entwickeln und zu neuen *Synthesen* zu kommen, die wiederum für alle am Bildungsprozess Beteiligten als *Orientierungshilfe* dienen sollen.

Nachdrücklich betont *Nohl* die *„Autonomie" der pädagogischen Wissenschaft*, wobei er unter „Autonomie" die „relative Selbständigkeit des Eigenwesentlichen" versteht (S. 156f.). Es gehe hierbei um „die Bestimmung der selbständigen Stellung der erzieherischen Arbeit und Lebensform im Zusammenhang der Kultur, de[n] Aufweis ihres eigentümlichen Wesens und ihrer Leistung für das Ganze" (S. 156).

---

[15] Auch wenn *Nohl* selbst den Begriff der Kulturpädagogik nicht explizit verwendet, finden sich doch weitreichende Parallelen in seinem Begründungsversuch der Pädagogik als Wissenschaft, die dieselbe Begriffswahl wie bei *Litt* und *Spranger* erlauben, ja, nahelegen.

> **Zwischenfazit**
> Zentral ist für alle geisteswissenschaftlichen Pädagogen, dass sie die Pädagogik als eigenständige Wissenschaft begründen, deren Fragestellungen weder von der Psychologie noch von der Philosophie vertreten werden können, wenngleich sie die Nähe zwischen Kulturphilosophie und Pädagogik betonen. Die Kulturphilosophie – *Dilthey* nennt sie Lebensphilosophie – ist eine Richtung der Philosophie, die eine Deduktion ihrer zentralen Erkenntnisse und Ideen aus metaphysischen Systemen ablehnt, jene vielmehr aus der hermeneutischen Analyse der Kultur/Lebenswirklichkeit gewinnt. Die pädagogische Praxis wird allerdings als ein so zentraler kultureller Bereich angesehen, dass sie eine eigenständige Vertretung an den Universitäten, ein speziell ihr gewidmetes wissenschaftliches Nachdenken verdient, die (Kultur-)Pädagogik soll somit neben die Kulturphilosophie treten.

1.7 Wilhelm Flitners Begründungsversuch der Pädagogik als „hermeneutisch-pragmatische" Disziplin

Nach dem Zweiten Weltkrieg gelang es der geisteswissenschaftlichen Pädagogik, in der alten Bundesrepublik zu der dominanten pädagogischen Theorie zu werden. In seiner Schrift mit dem entsprechend allgemeinen Titel „Das Selbstverständnis der Erziehungswissenschaft in der Gegenwart" aus dem Jahr 1957 beschreibt *Wilhelm Flitner* das wissenschaftstheoretisch-methodologische Selbstverständnis der geisteswissenschaftlichen Pädagogik als „hermeneutisch-pragmatischer" Disziplin: Sie sei weder empirische noch normative Wissenschaft, sie reihe weder empirisch ermittelte „Tatsachen" aneinander noch stülpe sie der Erziehungswirklichkeit theologische Glaubenssätze, philosophische Theoreme oder politisch-gesellschaftliche Leitlinien über, um sie dadurch zu determinieren. Sie denke vielmehr *ausgehend von der Erziehungswirklichkeit Tatsachenermittlung und Sinnvergewisserung zusammen.* „Der empirischen Tatsachenforschung[16] müssen Untersuchungen vorausgehen, in denen sich der Begriff der pädagogischen Tatsache erst ergibt. Die normativ gegebenen Entscheidungen andererseits können nicht ohne weiteres in pädagogische Anweisungen für die Praxis verwandelt werden: sie müssen erst im pädagogischen Felde konkretisiert aufgesucht und dort

---

[16] Hervorzuheben ist in diesem Kontext, dass sich *Flitner* in seiner „Systematischen Pädagogik" von 1933 noch wesentlich skeptischer bzw. zurückhaltender gegenüber der Empirie äußert (vgl. 1983a, S. 16) als in seiner „Allgemeinen Pädagogik" aus dem Jahr 1950, in der er formuliert: Die „gesamte Tatsächlichkeit und Bezugsfülle von innen her zu verstehen und von außen her zu beschreiben, wird wünschenswert und liefert jenem Philosophieren [in der praktischen erzieherischen Situation; E. M.] den Stoff. So ist es durchaus berechtigt, daß auch eine deskriptive Methode in der pädagogischen Forschung gefordert und verwendet wird. Auch das Experiment hat darin seine allerdings sehr begrenzte Bedeutung. Aber die Einengung der pädagogischen Forschungsmethoden auf die Deskription oder ein anderes einseitiges Verfahren entspricht nicht dem Gegenstand und der Aufgabe dieser Wissenschaft" (1983c, S. 132).

in ihrem Beziehungs- und Wirkungsgefüge verstanden werden.[17] Zwischen den Tatbeständen, auf welche die Empiriker blicken, und jenen, die durch die Wertphilosophie oder durch theologische oder politische Normierung gestützt scheinen, befindet sich eine *Zwischenwelt*, in der das erzieherische Geschehen mit seiner Verantwortung liegt. An dieser Stelle beginnt die selbständige Besinnung und Forschung der wissenschaftlichen Pädagogik" (1989d, S. 334f.). *Flitner* plädiert also für eine *sinnverstehende* („hermeneutische") *Erfahrungswissenschaft* im Selbstverständnis einer *„réflexion engagée"* (S. 328), einer sich der *pädagogischen Praxis* („pragmatisch") *verpflichtet* und *verantwortlich* fühlenden wissenschaftlichen Reflexion.

Wenngleich *Flitner* mit dieser Ortsbestimmung der geisteswissenschaftlichen Pädagogik einen Grad der Differenziertheit erreicht hat, der bei den ersten Begründungsversuchen nach dem ersten Weltkrieg noch nicht gegeben war, so zeigen sich doch auch *Kontinuitätslinien* bis in die Wortwahl hinein, etwa wenn es bei *Flitner* heißt: „Die wissenschaftliche Pädagogik bleibt immer darauf angewiesen, daß sie den Sinngehalt einer historisch gegebenen Wirklichkeit gewahr" werde (S. 336), und dass sie über die damit verbundenen Herausforderungen für das Erziehungs- und Bildungswesen „Übereinkunft", also eine Einigung, in der Öffentlichkeit herstelle (ebd.; vgl. auch S. 346ff.).

Bereits in seiner „Systematischen Pädagogik" aus dem Jahr 1933 (vgl. 1983a, v. a. S. 11ff.) und seiner „Allgemeinen Pädagogik" aus dem Jahr 1950 (vgl. 1983c, v. a. S. 128ff.) klingt sein Verständnis einer „hermeneutisch-pragmatischen" Pädagogik an, und er nimmt auch den für die geisteswissenschaftliche Pädagogik in Anlehnung an *Dilthey* zentralen Begriff der „Kategorien" auf: Die Pädagogik „soll das erzieherische Phänomen als solches klären, sie soll die erzieherischen Grundgedanken, die einzelnen Seiten des Phänomens, seine ‚Kategorien' herauszuheben und isoliert zu zeigen wissen. In diesem Versuch wird sie dann immer das Bewußtsein behalten, daß ihr Ausgangspunkt eine bestimmte geschichtliche Erziehungslage bleibt. Sie wird diesen Ausgangspunkt benutzen und das ganze positive [= empirische; E. M.] Wissen um die erzieherischen Tatbestände, das jedesmal einem bestimmten geschichtlichen Raum entstammt, sogar[18] aufnehmen müssen. Aber dadurch nur wird sie den Horizont des Erziehers erweitern [die pragmatische Perspektive; E. M.], daß sie dieses geschichtlich Gegebene auf den Menschen als solchen und seine Situation überhaupt bezieht" [hermeneutische Perspektive; E. M.] (1983a, S. 24/1983c, S. 136).

Auch *Flitner* benennt die Kategorien, er spricht von einem *aus der Praxis erwachsenden „Gefüge der pädagogischen Kategorien"*, die *durch die wissenschaftliche Theorie* zu einer

---

[17] Dieselben Gedanken finden sich allerdings auch bereits in *Theodor Litts* Abhandlung „Die Methodik ...", später „Das Wesen des pädagogischen Denkens" (1921): „Das *Sein* der Erziehung kann überhaupt erst im Ausblick auf ihr *Sollen* erfaßt werden. Das will nicht heißen, daß die Möglichkeit, Erziehung als Tatsache zu erfassen, gebunden sei an das Bekenntnis zu einem bestimmten, inhaltlich im einzelnen ausgeführten Ideal des erzieherischen Tuns – es besagt nur dies, daß eine gewisse allgemeine Grundauffassung vom kulturellen Beruf der Erziehung überhaupt [...] notwendige Voraussetzung für das Erfassen der Erziehung als Tatsache ist. Und nun umgekehrt: so wenig es möglich ist, das Sein der Erziehung auch nur im allgemeinsten Sinne unabhängig von einer bestimmten Auffassung ihres Sollens zu ergreifen, so wenig kann ein Vorgehen in Frage kommen, das über das Sollen der Erziehung entscheiden wollte, ohne die Wirklichkeitszusammenhänge ins Auge zu fassen, die für die Realisierungsmöglichkeiten jedes erzieherischen Ideals bestimmend sind" (1960a, S. 103f.).

[18] Hier klingen wohl eine anhaltende Skepsis, gewisse fortbestehende Berührungsängste gegenüber der Empirie an.

Klarheit und *Systematik* gebracht würden, und führt als jene – unter Rückbezug auf *Eduard Spranger* – an: die „Erziehungsgemeinschaft", die "Bildsamkeit", den „Sachgehalt der Bildung", die „erziehende Sozialordnung", „Bildung als Werk der Erziehung" und den „Bildungsprozeß" (1983c, S. 182).[19]

> **Fazit**
> Die geisteswissenschaftlichen Pädagogen betrachten die pädagogische Wissenschaft als Orientierungswissenschaft, die das pädagogische Geschehen nicht isoliert, sondern immer im Kontext der Kulturentwicklung und ihres Sinn-/Bedeutungsgehalts interpretiert und die Ergebnisse ihrer wissenschaftlichen Analysen der Praxis zur Verfügung stellt. Die Allgemeingültigkeit der pädagogischen Wissenschaft sehen sie in ihrer – historisch-systematisch gewonnenen – Erkenntnis der kategorial zu beschreibenden Grundstruktur der Erziehungswirklichkeit, die allerdings nur in ihrer historisch-kulturellen Besonderung in Erscheinung tritt. Die geisteswissenschaftliche Pädagogik versteht sich als hermeneutisch-pragmatische Disziplin.

2 Das „historisch-systematische Verfahren"

Wie bereits im vorangegangenen Fazit angedeutet, ist ein zentrales Anliegen der geisteswissenschaftlichen Pädagogik, die *Struktur*, das *Wesen der Erziehung* bzw. der sie prägenden Momente als zu erarbeitende *Kategorien* zu *erfassen*. Um zu dieser Struktur-/Wesenserkenntnis zu gelangen, nennt *Nohl* zwei miteinander verknüpfte Wege: das eigene pädagogische Erleben, die eigene pädagogische Erfahrung und das Studium der Erziehung in ihrem historischen Gewordensein. Die Geschichte der Pädagogik bekomme somit eine ganz spezifische Bedeutung: „sie ist nicht eine Sammlung von pädagogischen Kuriositäten oder ein interessantes Bekanntmachen mit allerhand großen Pädagogen: sondern sie stellt die Kontinuität der pädagogischen Idee dar in ihrer Entfaltung" (Nohl 1988, S. 151). *Geschichte wird also nicht um der Geschichte willen betrieben, sondern in systematischer Perspektive, um die überzeitliche Idee von Erziehung in ihrer Grundstruktur zu erschauen, ihrer ansichtig zu werden.* Die Beschränktheit der aus dem eigenen Erleben gewonnenen Perspektive werde somit überwunden: „Was Erziehung eigentlich ist, verstehen wir […] nur aus solcher systematischen Analyse ihrer Geschichte" (ebd.). In jede historische Analyse gingen zwar bereits

---

[19] In seiner „Systematischen Pädagogik" nennt er folgende „Kategorientafel": die „Erziehungsgemeinschaft", den „erzieherischen Bezug", die „Erziehungssitte", das „Erziehungssystem", die „Erziehungsmächte", die „Bildungsgehalte", die „Bildsamkeit", die „erzieherische Intention", den „Bildungsprozeß", den „pädagogischen Weg und die Methode", „Bildung als innere Gestalt" und die „Zielsetzung" des Erziehers (1983a, S. 55f.).

aus dem bisher Erlebten und Durchdachten gewonnene systematische Kategorien ein, diese würden jedoch durch die historischen Studien verändert und erweitert und verhülfen zu klareren Erkenntnissen (vgl. S. 152). Mit Hilfe dieser Kategorien ließe sich die *zeit- und kulturübergreifende Grundstruktur* von Erziehung/Bildung beschreiben; diese Beschreibung sei somit *allgemeingültig*. „So ist eine allgemeingültige Theorie der Bildung möglich, die für alle Zeiten und alle Völker gilt, weil sie nur die in sich variable Struktur der Erziehungslebens aufzeigt, aus der sich dann alle ihre geschichtlichen Formen verständlich machen und herleiten lassen" (S. 153). Die Struktur trete also nur in ihrer historischen Besonderung in Erscheinung; die historische Besonderung sei jedoch nur erkennbar und – zum Beispiel – in ihren Einseitigkeiten beschreibbar, wenn man die Struktur erfasst habe (vgl. ebd.). *Nohl* führt folgendes Beispiel an: „Die Doppelseitigkeit des Verhältnisses von Erzieher und Zögling und ihre Spannung kann in keiner Pädagogik aufgehoben werden, denn sie liegt im Wesen der Sache, aber die Betonung der beiden Faktoren dieses Verhältnisses kann sehr verschieden sein, und die Geschichte der Erziehung zeigt, wie die Entwicklung von einer Erzieherpädagogik allmählich bis zu dem Extrem einer Zöglingspädagogik [hier meint *Nohl* das Erziehungsverständnis der reformpädagogischen Vertreter einer ‚Pädagogik vom Kinde aus'; E. M.] fortgeschritten ist" (S. 154). *Strukturerkenntnis ist somit nach Nohl ein entscheidendes Kriterium der Kritik, ein Maßstab des bestehenden, historisch je konkreten Erziehungsdenkens und -handelns.*[20]

Die von *Nohl* herausgegebenen „Göttinger Studien zur Pädagogik" enthalten eine Reihe einschlägiger historisch-systematischer Untersuchungen im Bereich von Erziehung und Bildung; drei davon sollen der Anschaulichkeit halber erwähnt werden: Eine Studie untersucht den Begriff der „Formalbildung" (*Erich Lehmensick*, 1926), eine weitere den des „Klassischen" (*Wolfgang Döring*, 1934), eine dritte den des „Erlebnisses" (*Waltraut Neubert*, 1932). Den größten Bekanntheitsgrad hat die historisch-systematische Methode jedoch durch die von *Erich Weniger* betreute, breit rezipierte, 1959 erstmals erschienene, mehrfach aufgelegte Dissertation von *Wolfgang Klafki* „*Das pädagogische Problem des Elementaren und die Theorie der kategorialen Bildung*" erhalten.[21]

Zu dem Grund der weiten Verbreitung kam noch hinzu, dass in einer Rezension der Arbeit in der Zeitschrift „Die Deutsche Schule" *Peter-Martin Roeder* sich sehr kritisch mit der historisch-systematischen Methode auseinandersetzte (vgl. 1961)[22] und *Klafki* in einer – sich

---

[20] Eine knappe Zusammenfassung des historisch-systematischen Verfahrens findet sich auch bei *Wilhelm Flitner* in seiner Abhandlung über „Das Selbstverständnis der Erziehungswissenschaft in der Gegenwart" (1989d, S. 339f.).

[21] *Klafki* skizziert in seiner Arbeit die Behandlung des Problems des Elementaren von *Pestalozzi* bis in die Gegenwart der geisteswissenschaftlichen Pädagogik und verarbeitet die in diesem problemgeschichtlichen Durchgang gewonnenen Erkenntnisse zu systematischen Ergebnissen. Das Elementare als a) das „Fundamentale", b) das „Übergeschichtlich-Elementare" und c) das „Geschichtlich-Elementare" (1959, S. 307ff.) ist für *Klafki* das Auswahlkriterium für Inhalte, mit denen eine wechselseitige Erschließung von Ich und Welt, eine „kategoriale Bildung", gelingen könne (zur „kategorialen Bildung" *Klafkis* vgl. ausführlicher Kap. 4).

[22] Zum besseren Verständnis sollen hier die zentralen Kritikpunkte *Roeders* genannt werden: (1) Er bestreitet, dass es eine übergeschichtliche Grundstruktur von Erziehung/Bildung gebe (vgl. 1961, S. 574); (2) er geht davon aus, dass im historisch-systematischen Verfahren das herausgefunden werde, was vorher bereits gedacht worden sei (vgl. S. 577), dieses aber keinen Wahrheitsgehalt beanspruchen könne (vgl. 1962, S. 40). Sein Schlüsselar-

gleich anschließenden – Replik diese Methode nochmals in ihren Grundzügen erläuterte (vgl. 1961b) – die Nähe zu Überlegungen *Nohls* ist hierbei offensichtlich. Die zentralen Aussagen *Klafkis* sollen hier zusammenfassend wiedergegeben werden: Ausgangspunkt historisch-systematischer Forschungen seien „Programme, Formeln, Begriffe, Fragestellungen, Kontroversen, die die pädagogische Diskussion der Gegenwart des betr. [sic!] Forschers bewegen" (S. 584). Von jenen werde angenommen, dass sie eine Geschichte hätten und die Kenntnis dieser Geschichte das Verständnis jener erweitern könne. „In diesem Sinne wenden sich historisch-systematische Untersuchungen also der Geschichte (ihres Problems) ‚in systematischer Absicht' zu. Ihr Sinn erfüllt sich erst, wenn der Ertrag der (Problem-) Geschichte als ‚systematischer' Zusammenhang von Aussagen formuliert wird, und zwar zugleich in ‚pragmatischer Absicht', d. h. um der hier und heute zu verantwortenden erzieherischen Entscheidungen willen" (ebd.). Das historisch-systematische Verfahren mache nur Sinn, wenn „bestimmte Fragestellungen, Prinzipien, Ideen im historischen Wandel und durch ihn hindurch ‚gleichsinnig' bleiben, d. h. in die gleiche Denkrichtung weisen, auf ein Gemeinsames, auf eine strukturell gleiche Aufgabe oder Möglichkeit hindeuten" (S. 585). (Auch) *Klafki betont den Unterschied zwischen der kategorial zu beschreibenden übergeschichtlichen Struktur der Erziehung und ihren jeweiligen historischen Besonderungen.* „Diese sind je-einmalig, konkret, unwiederholbar, jene Begriffe und Kategorien aber sind nicht-einmalig, nicht-konkret, nicht unwiederholbar. Sie sind ‚Grundbegriffe', ‚Kategorien' nur, insofern sie die Je-Einmaligkeit übersteigen" (S. 588). „Die ‚Geschichte' der Kategorien ist etwas anderes als *die* Geschichte, die mit Hilfe dieser Kategorien verstanden werden soll" (S. 589). Wie *Nohl* geht auch *Klafki* davon aus, dass in den Forschungsprozess bereits kategoriale Vorstellungen eingehen, sich aber „in einem dauernden Wechselspiel" mit den aus der Geschichte herangezogenen Objektivationen veränderten (S. 586). Auch zur Frage des „Maßstabs" äußert er sich: Dieser werde in seiner „wie in anderen historisch-systematischen Untersuchungen nicht ‚postuliert' oder ‚jenseits der Geschichte' gefunden, sondern er ergibt sich in der Problemgeschichte selbst und durch sie. Dieser ‚Maßstab' ist ja nichts anderes als der aus der Problemgeschichte herausgearbeitete systematische Entwurf selbst" (S. 587). Dieser Maßstab könne an aktuelle Problemstellungen angelegt werden und zu ihrer Klärung beitragen (vgl. S. 584).

---

gument lautet: „Die Kategorien, mit denen wir das Vergangene reflektierend ordnen, sind wie diese selbst nicht außerhalb konkreter Situationen gegeben" (1961, S. 575).
Auch wenn *Klafki Roeders* Kritik weitestgehend zurückweist (vgl. 1961), so bleibt sie doch nicht ohne Wirkung: In der zweiten, überarbeiteten Auflage seiner Dissertation spricht *Klafki* nicht mehr vom „Übergeschichtlich-Elementaren", sondern von „kategorialen Voraussetzungen geistiger Aneignung und Bewältigung" (1963, S. 341), da er den Begriff „übergeschichtlich" nun für missverständlich hält. Bereits in seiner Replik auf *Roeder* räumt er ein, dass die Grundkategorien „ursprünglich ‚Entdeckungen' in bestimmten Zeitpunkten der Geschichte [...] des geschichtlichen Denkens gewesen sind und daß sie ständiger Kontrolle, Korrektur, Differenzierung unterliegen" (1961, S. 588). Dennoch lägen sie auf einer anderen Ebene als das historisch je Besondere (vgl. ebd.).

3 Wissenschaftliche Pädagogik und pädagogische Praxis

3.1 Die Entstehung wissenschaftlicher Pädagogik aus der Praxis

Die geisteswissenschaftlichen Pädagogen stimmen darin überein, dass die *pädagogische Praxis kein theoriefreier Raum* sei, sie vielmehr selbst von theoretischen Überlegungen durchzogen sei. *Nohl* drückt dies knapp und abstrakt so aus: Die „systematische Besinnung, Erinnerung und Phantasiebild der Zukunft" seien „dem Leben und Tun immanent", „jede Bestimmung oder Entscheidung der Praxis" sei „selbst eine Resultante einer individuellen Anschauung und allgemeiner Einsichten" (1988, S. 155). Bei dem *Nohl*-Schüler *Wilhelm Flitner* findet dieser Gedanke folgende Akzentuierung: Er betont, dass die „vorwissenschaftliche Basis der Pädagogik [...] in den Erziehungslehren bestimmter Erfahrungskreise" liege, „in denen die Ideale, Normen und Regeln bestimmter historischer Lebensformen gelten, und wo eine erziehende Praxis [...] sich ausgebildet" habe. „Wenn solche Lebensformen und Praktiken nicht schon gestiftet und noch in Geltung sind, wenn sie ihre Weisheit nicht bereits in praktischen Erziehungslehren niedergelegt und zu einem ersten Bewußtsein gebracht haben, läßt sich keine theoretische Pädagogik aufbauen" (1989d, S. 325).

Der *Nohl*-Schüler *Erich Weniger* hat eine genauere Bestimmung *der in der Praxis angelegten Theorien* vorgelegt. Er unterscheidet bei diesen *„Theorien ersten und zweiten Grades"*. Unter „Theorie ersten Grades" versteht er die weltanschauliche und pädagogische Grundeinstellung des Praktikers, die diesem häufig nicht bewusst sei, deren Versprachlichung schwer falle (vgl. 1990d, S. 38f.). Unter „Theorie zweiten Grades" versteht er „alles, was auf irgendeine Art formuliert im Besitz des Praktikers vorgefunden und von ihm benutzt wird, in Lehrsätzen, in Erfahrungssätzen, in Lebensregeln, in Schlagworten und Sprichwörtern [...]" (S. 39). Auch diese Theorie sei nicht selten unbewusst handlungsleitend, ihre Versprachlichung sei aber bei Besinnung jeder Zeit möglich (vgl. ebd.). Einer „echten Theorie des Praktikers" ist nach *Weniger* „abzuverlangen, daß in ihr, was wir Theorie ersten und zweiten Grades nannten, richtig zueinander steht. Daß also die ausdrücklichen, sprachlich gestalteten ‚Erfahrungssätze', über die der Praktiker verfügt, nicht sich in Widerspruch befinden zu den ursprünglichen Theorien, die er [...] an sich besitzt. Seine Erfahrungssätze müssen Ausdruck der Weltstellung und der Grundhaltung des Erziehers sein" (S. 39).[23]

Die Aufgabe der „Theorie des Theoretikers", der „Theorie 3. Grades", der wissenschaftlichen Theorie ist es, die in der Praxis angelegten Theorien aufzugreifen und diese einer historisch untermauerten „systematische[n] Besinnung" (S. 41), einer „Läuterung" (S. 42), einer kriti-

---

[23] Etwa, wenn eine pädagogische Strafe mit einem kinderfreundlichen Erfahrungssatz begründet wird, der eigentliche Grund für diese Aktion (die „Theorie ersten Grades") jedoch Macht- oder Geltungstrieb des Erziehers war. *Weniger* spricht in diesem Kontext auch vom „ideologischen Überbau" der Theorie (1990d, S. 37).

schen Befragung bezüglich ihrer Zeitgemäßheit (vgl. S. 36) und ihres eventuellen ideologischen Überbaus (vgl. S. 37) zu unterziehen. Die „Theorie der pädagogischen Wissenschaft setzt ganz einfach und schlicht die Praxis, ihrerseits mit Theorie geladen wie sie ist, voraus" (S. 42).

Auch der geisteswissenschaftliche Pädagoge *Wolfgang Klafki* sieht den Ausgangspunkt der wissenschaftlichen Theorie in der Erziehungswirklichkeit. Diese gelte es mit Hilfe einer hermeneutischen Vorgehensweise verstehend zu erschließen. Der „pädagogische Sinnzusammenhang" solle die Grundlage aller Reflexion bilden, ein Verständnis des „Pädagogisch-Eigentlichen" ermöglichen und jede Fremdbestimmung des pädagogischen Feldes durch von außen kommende, also von anderen Sinnzusammenhängen deduzierte „ethische", „anthropologische", „religiöse" Gedanken verhindern. Es gelte vielmehr – aus der Analyse der Erziehungswirklichkeit heraus –, jene Gedanken danach zu bemessen, was sie jeweils „zur Deutung und Gestaltung der Erziehungswirklichkeit" beitrügen, welcher Stellenwert ihnen innerhalb des pädagogischen Sinnzusammenhanges zukomme (1958b, S. 360).

In seinem Beitrag „Die Stufen des pädagogischen Denkens" aus dem Jahre 1954 greift er die Gedanken seines Lehrers *Erich Weniger* auf und macht deutlich, dass die pädagogische Praxis aus sich heraus die Reflexion vorantreibe, Praxis also mit Theorie verwoben, eine reine Scheidung von Theorie und Praxis nicht vorstellbar sei. Bereits im „unmittelbaren" erzieherischen Verhältnis zwischen Mutter/Vater und Kind sei es wahrscheinlich, „daß Gewohnheit, Sitte und Brauchtum, eigene Erziehung, übernommene Idealvorstellungen usw. schon den Auffassungsakt wesentlich bestimmen und die entscheidenden Momente des erzieherischen Denkens und Verhaltens ausmachen" (1964a, S. 149). Durch im Erziehungsprozess auftretende Schwierigkeiten würden stufenweise bisherige Selbstverständlichkeiten in den Reflexionshorizont aufgenommen – zunächst ginge es um den richtigen Weg, auf der nächsthöheren Abstraktionsstufe um das richtige Ziel (vgl. S. 149–162) –, so dass die Pädagogik als Wissenschaft auf diese mit der Praxis verwobenen Theorien zurückgreifen könne, um sie zu erhellen, zu systematisieren, in einen größeren geschichtlichen Zusammenhang zu stellen und sie über sich selbst aufzuklären. *Dies dürfe nicht um der Theorie der Theoretiker willen geschehen, sondern um befruchtend, klärend, helfend, jedoch nicht normierend auf Praxis einzuwirken* (vgl. S. 176).

3.2 Die Leistung wissenschaftlicher Pädagogik für die Praxis

Die *geisteswissenschaftlichen Pädagogen stimmen darin überein*, dass die pädagogische Wissenschaft eine *Handlungswissenschaft* ist, die auf die *Verbesserung der pädagogischen Praxis* zielt.

Wenn sich jemand mit den Erkenntnissen wissenschaftlicher Pädagogik gründlich auseinandergesetzt habe, dann verfüge er über die „klare Einsicht in die Struktur der pädagogischen Arbeit, den Zusammenhang ihrer Begriffe und Methoden, ihre Stellung in dem Ganzen der Kultur und zu den andern Systemen und Gemeinschaften" (Nohl 1988, S. 153). Dies verhelfe ihm in der Praxis „erst zu bewußter und sich begründender Leistung", erhebe „über Sektiererei und Fanatismus" und gebe „die Grundlage für eine Gemeinschaft der Arbeit" – modern gesprochen: für ein *professionelles Berufsbewusstsein* und „für einen reinen Stil der pädagogischen Lebensform", also für ein *pädagogisches Ethos* (S. 153). Die Wissenschaft liefere die rationale Erhellung der pädagogischen Praxis. Die Wissenschaft stelle dem Praktiker Kategorien der Einordnung und der Bewertung des eigenen Handelns und der aktuellen Erziehungssituation zur Verfügung (vgl. S. 154). Da in der wissenschaftlichen Theorie immer ein „konstruktives Moment" stecke (S. 155), strebe sie nach Veränderung der Praxis; da aber „das Allgemeine die individuellen Anschauungen nie ganz aufzulösen" vermöge, bleibe immer eine „Spannung zwischen Theorie und Praxis" bestehen, „in der Pädagogik wie auf allen andern Gebieten des schöpferischen Lebens" (ebd.). Ganz ähnliche Gedanken finden sich auch bei dem *Nohl*-Schüler *Erich Weniger*, der schreibt, dass die wissenschaftliche Theorie, die er – wie bereits erläutert – als „Theorie dritten Grades" bezeichnet, die Praxis „bewußter und systematischer" machen, ihr „Rationalität und klare Einsicht vermitteln" und „die Zufälligkeit des Handelns ausschalten" möchte (1990d, S. 42). Die wissenschaftliche Theorie erweise sich „als notwendig durch die zunehmende Kompliziertheit und Unübersichtlichkeit der erzieherischen Probleme, aus dem Mangel an Zeit, Ruhe und Übersicht" des Praktikers sowie „aus der Hintergründigkeit der Probleme". Das Ziel der wissenschaftlichen Theorie sei – neben der sie bereits legitimierenden Strukturanalyse um der Erkenntnis willen (vgl. S. 41) – „eine geläuterte Praxis für jeden einzelnen" (S. 43). *Weniger* ist sich darüber im Klaren, dass der Theorie immer ein konstruktives Element innewohne und dass Zeiten kommen können, in denen die wissenschaftliche Theorie der Praxis „voranschreitend neue Wege sucht" (ebd.). Er betont allerdings: „Dieser zeitweilige Primat der Theorie hat aber einen anderen Sinn als in einer normativen Theorie mit ihrem Anspruch auf absolute Gültigkeit und auf Beherrschung der Praxis" (ebd.).

In einem Text *Wenigers* aus dem Jahre 1952 – „Die Hilfe der pädagogischen Theorie im Streit um die Schulreform" – wird erneut deutlich, dass nicht die Strukturanalyse um der Erkenntnis willen im Zentrum seines Interesses steht, sondern die Hilfen für die Praxis: Die pädagogische Wissenschaft könne „gegenüber dem Geschehen der Gegenwart aus ihrer erzieherischen Verantwortung heraus nicht neutral bleiben. Sie nimmt Stellung; der Vertreter der Erziehungswissenschaft entscheidet sich, weil er sich für das richtige pädagogische Handeln mitverantwortlich weiß" (1990o, S. 157f.). Wie schon 1929 (vgl. 1990d, S. 43) spricht er erneut von der „Befangenheit der pädagogischen Theorie an die Wirklichkeit" (1990o, S. 158) und sieht darin keinen Verlust an Wissenschaftlichkeit. „Die Objektivität in den Geisteswissenschaften liegt darin, daß Forschung und Lehre die Voraussetzungen, unter denen gefragt wird, die Bedingtheiten, unter denen Forscher und Lehrer stehen, den eigenen Standpunkt also, immer sichtbar und damit nachprüfbar machen" (ebd.). 1929 hatte er noch radikaler formuliert: „erst die Befangenheit an die Sache[24] ermöglicht die wahre wissenschaftliche Objektivität" (1990d, S. 43) und dies folgendermaßen begründet: „Einem nicht selbst pädagogisch gerichteten Menschen [...] bleibt die pädagogische Einsicht letztlich verschlossen, aller Gelehrsamkeit zum Trotz" (ebd.).

---

[24] *Wilhelm Flitner* spricht in diesem Kontext vom „Denken [der pädagogischen Wissenschaft; E. M.] vom Standort verantwortlicher Erzieher aus" (1989d, S. 329), kurz: von der *„réflexion engagée"* (S. 328).

Wilhelm Flitner fügt zum Theorie-Praxis-Verhältnis noch folgenden Gedanken hinzu: die pädagogische Wissenschaft könne der pädagogischen Praxis zweierlei geben: *„Einzelwissen"* und *„pädagogische Bildung"* (1983a, S. 18). Unter „Einzelwissen" versteht er die pädagogische Verwertung der medizinischen, psychologischen und soziologischen Erkenntnisse (S. 18f.), unter „pädagogischer Bildung" die „Erkenntnis des Zusammenhangs, des Ganzen pädagogischer Besinnung im existenziellen Zusammenhang der Fragen mit dem Leben" (S. 19).

> **Fazit**
> Die geisteswissenschaftliche Pädagogik versteht sich als Theorie aus der Praxis für die Praxis. Sie will die häufig anzutreffende strenge Scheidung zwischen pädagogischer Praxis und wissenschaftlicher Pädagogik dadurch überwinden, dass sie betont, dass es keine Praxis ohne Theorie gibt. Die Aufgabe der wissenschaftlichen Pädagogik wird in der Klärung und Systematisierung der in der Praxis angelegten Theorien gesehen. Die wissenschaftliche Theorie will der pädagogischen Praxis somit zwar keinen Weg aufzwingen, aber ihr durchaus neue Wege weisen bzw. zur Verbesserung der vorhandenen beitragen. Die konkrete Verbesserung kann allerdings nur die pädagogische Praxis selbst leisten.

4 Erziehungstheorie

4.1 Die Dimensionen der Erziehung und ihre anthropologischen Grundlagen

Nohl spricht in seiner „Theorie der Bildung" von der „dreifache[n] Aufgabe der Erziehung", die mit dem „vertikale[n] Aufbau der Seele" korrespondiere (1988, S. 202). In Anlehnung an *Platos* Ausführungen in „Der Staat" unterscheidet *Nohl* „die Triebschicht als Schicht der Begierden, die Schicht des Thymos, der spontanen Willensenergie [...] und die Schicht des Nus, der freien Geistigkeit" (ebd.). Zentral sei hierbei nun, das „jede Schicht ihre eigene Erziehung finden muß"; „daß in einer wohlgeordneten Seele jede Schicht ihr Recht bekommen, zugleich aber die richtige Rangordnung eingehalten werden muß"; „daß alle Verwahrlosung der Seele immer von oben nach unten geht [...] Nicht die Begierden vergewaltigen die Seele, sondern die Schwäche des Zentrums ist immer der Grund für den Verfall" (S. 203). Im Blick auf die Triebschicht stelle sich für die Erziehung die Aufgabe des „Wahren[s] der biologischen Grundlage" und des „Organisieren[s] der mechanischen Prozesse in uns, der körperlichen wie der seelischen, damit sie gehorsame Diener des geistigen Lebens werden, also Ausbildung der Fertigkeiten wie Disziplinierung und Gewöhnung jeder Art" (S. 199). Der zweiten Schicht korrespondiere eine Willenserziehung, die auf Kraftanstrengung und Bereitschaft zur und Freude an Tätigkeit ziele. Hiermit müsse einhergehen „die Einsicht in die Abhängigkeit des Kraftgefühls von der Möglichkeit, unsere Aufgaben zu bewältigen, und der Erfahrung des Gelingens. Der Wille muß Widerstand erfahren, um seine Kraft zu spüren, aber wir dürfen auf die Dauer nichts von ihm verlangen, was über die Kraft geht. Die Theorie vom Brechen des Willens ist heute abgekommen, wir wissen, daß die meisten Menschen und insbesondere die jugendlichen Rechtsbrecher eher an Willensschwäche leiden" (S. 207f.). Die dritte Schicht verlange „das Erwecken des produktiven geistigen Lebens" (S. 199) durch die Konfrontation mit Bildungsgehalten. Wo es gelinge, ein „höheres Interesse wachzurufen, da ist das egoistische Leben erweicht und jene eigentümliche Wendung zur Sache erfolgt, die die Grundlage alles höheren Daseins ist. Diese Interessen können nur ‚geweckt' werden, und vor allem: ihre Entwicklung geschieht nicht zunächst durch die Lehre, die immer sekundär ist, sondern durch das Leben in Tat und Gemeinschaft. Das gilt für das religiöse Interesse so gut wie für das wissenschaftliche oder künstlerische, berufliche oder soziale" (1927a, S. 108). In seinem Vortrag „Die Pädagogik der Verwahrlosten" (1924) weist *Nohl* darauf hin, dass *Plato* an einigen Stellen seiner Schriften noch eine vierte Schicht der Seele angesprochen, allerdings begrifflich nicht klar von der dritten Schicht unterschieden habe. Diese vierte Schicht bezeichnet *Nohl* als *„zentrale Einheit des Ich"*, man könnte sagen: als Identität. Sie sei „ohne Zweifel die letzte Instanz: Es gibt in uns einen festen Punkt, von dem aus wir ein geordnetes, geregeltes Leben aufbauen, von dem aus wir ja und nein sagen können, in dem unsere Freiheit gelegen ist, kurz das, was wir die ‚Person' in uns nennen. Aber diese Einheit ist nun zunächst etwas rein Formales. Sie setzt immer schon ein Leben in Trieben und geistigen Grundrichtungen und eine gesunde Willensenergie voraus, die sie nur regelt. Und das Gesetz, nach dem sie regelt, muß aus der Sache […] stammen, darf nicht bloß als äußere Regel, Disziplin, Ordnung und Schema aufgenötigt werden, sonst bleibt alles tot." Entscheidend sei ein *„inhaltliche[r] Halt"* (1927a, S. 109f.).

Um das „Phänomen der Erziehung" wissenschaftlich aufzuklären, bedarf es auch nach *Flitner* – wie er in seiner „Systematischen Pädagogik" (1933) und dann noch ausführlicher in seiner „Allgemeinen Pädagogik" (1950) ausführt – „mehrerer Betrachtungsweisen" (1983c, S. 140; vgl. auch 1983a, S. 34ff.). Er unterscheidet „vier Sichtweisen des Menschen und der Erziehung" (1983c, S. 140ff.). In der *ersten, „anthropobiologischen"* Sichtweise lasse sich das Phänomen der Erziehung bestimmen „als der Prozeß *des Wachsens und Reifens der Jungen, verbunden mit den gesamten Vorgängen, durch welche die Erwachsenen jenen Prozeß schützen und unterstützen"* (S. 142). Der Mensch unterscheide sich hierbei vom Tier einerseits durch *besondere Hilfsbedürftigkeit*, andererseits durch seine *spezifische Plastizität*. Dadurch sei er auf seine Mitwelt im besonderen Maße angewiesen. Dies führt zur *zweiten*, der *„geschichtlich-gesellschaftliche[n]"* Betrachtungsweise des Menschen und der Erziehung (S. 145). *Die geschichtlich gewordenen Erzeugnisse des menschlichen Geistes bedürften der Tradierung an die nachwachsende Generation*; deren Mitglieder wiederum strebten nach Eingliederung in die geschichtlich-gesellschaftliche Welt. Allerdings: „Bleibt die Betrachtung in diesem Rahmen, und meint sie, das Erzieherische erschöpfend beschreiben zu können, so entsteht eine soziologisch-historische Erziehungstheorie, die einseitig ist" (S. 151). Folglich nennt er die nun folgenden Betrachtungsweise die des *„Eigentlich-Menschlichen"* (ebd.). In der *dritten Betrachtungsweise* wird *Erziehung* verstanden als *Hinführung zum Sinn- und Wertverstehen*. Es werde hierbei „unterschieden zwischen dem Ich, welches das Ideelle sieht und von ihm sich bestimmen läßt, und dem natürlichen, dem gewöhnlich-geschichtlichen Ich der konventionellen Lebensordnungen" (S. 157). *Flitner* spricht in diesem Kontext von Erziehung als „*geistiger Erweckung*" (S. 159). In der *vierten Betrachtungsweise* schließlich wird Erziehung bestimmt als „*Erweckung des Gewissens und Glaubens*" (S. 164), um *dem Einzelnen zu seinem Personsein zu verhelfen*. „Das Entscheidende am Personbegriff ist, daß das Ich in seinen Zuständen sich identisch setzt, daß es auch den anderen Menschen als eine solche Person ansieht, daß es sich dem anderen verantwortlich weiß und daß es diese Verantwortung einem transzendenten göttlichen Anspruch gegenüber trägt" (S. 161). *Diese vier Betrachtungsweisen seien unverzichtbar, um das Phänomen Erziehung zu verstehen,* „aber ihre Wichtigkeit steigt in der Reihenfolge, in der sie hier entwickelt worden sind" (S. 170).

In seiner Tübinger Vorlesung aus dem Jahr 1948 „Philosophische Grundlegung der Pädagogik" *unterscheidet auch Spranger verschiedene Dimensionen der Erziehung*. Zum einen die biologische Dimension: „Erziehung ist biologisch so weit erforderlich, als sich die zum Lebenkönnen nötigen psychophysischen Fähigkeiten (Leistungsdispositionen) nicht gebrauchsfertig vererben" (1973d, S. 64). Zum zweiten die „geistig-kulturelle" Dimension der Erziehung (S. 65). Hier sei unter Erziehung die „Weitergabe des Kulturbesitzes von der elterlichen Generation an die Nachkommen" zu verstehen (S. 66). Zum dritten die zentrale Dimension der Erziehung, die „Erweckung geistigen Lebens". Hierbei gehe es um die „Entbindung sinngebender Akte" (S. 67). In vielen seiner Texte nach 1945 setzt sich *Spranger* zudem mit der Gewissenserziehung auseinander (vgl. Matthes 1998a, S. 109f.).

Fazit
Der Begriff der „Erweckung" wird also von allen drei Pädagogen gewählt; sie stimmen darin überein, dass die Unterstützung der Sinnfindung durch die individuelle konstruktive Verarbeitung der kulturellen Inhalte die zentrale Aufgabe der Erziehung darstellt, die quasi noch überwölbt werde durch die Beförderung einer personalen Identität, eines individuellen Gewissens.

4.2 Das „Wesen" des erzieherischen Verhältnisses/Der „Pädagogische Bezug"

Herman Nohl hat – in Anlehnung an ein *phänomenologisches Verständnis der „Wesensschau", also der Suche nach den unwandelbaren Strukturen eines Seins* – das „Wesen" des erzieherischen Verhältnisses als „Pädagogischen Bezug" (im Folgenden PB) bezeichnet, worunter er zusammenfassend Folgendes versteht (vgl. 1988, S. 159ff.).

Der PB meint ein *spezifisches Verhältnis*, ein „*geistiges Verhältnis selbständiger Art*" (S. 169), das nicht mit Liebes- oder Freundschaftsverhältnissen verwechselt werden darf. Mit ihm wird die *Struktur einer Beziehung zwischen Erzieher, „Zögling"/Zu-Erziehendem und Sache* beschrieben. Die vielfältigen Schöpfungen der Kultur gelte es den Zöglingen nahezubringen, so dass sie in Auseinandersetzung mit jenen zu ihrer eigenen Form, ihrer eigenen personalen Identität, einem „einheitlichen geistigen Leben" (S. 167) gelangen könnten. Hierbei komme es zwangsläufig zwischen Erzieher und Zu-Erziehendem zu einem *Gefälle*, das sich *nicht* auf die *Wertigkeit der beiden Personen*, sondern auf Kenntnisse/Fertigkeiten/Haltungen – also auf das Strukturelement „Sache" – beziehe; aus diesem strukturell bedingten Gefälle ergäben sich für den PB mehrere Konsequenzen:

a) Er werde in seiner Wechselseitigkeit bestimmt von *Liebe* und *Autorität* auf der Seite des Erziehers und von *Liebe* und *Gehorsam* auf der Seite des Zöglings. Die *inhaltliche Ausgestaltung* dieser Merkmale sei *geschichts- und kulturabhängig*. *Nohl* trägt reformpädagogischen Entwicklungen Rechnung, indem er die Notwendigkeit der *auf Vertrauen basierenden Autorität*, die nicht mit einem gewaltförmigen Verhältnis gleichzusetzen ist, betont und ebenso „aktiven" von „passivem", aus Unterdrückung resultierendem Gehorsam unterscheidet. „Wo ich vertraue, handle ich selbst besser, wo mir vertraut wird, fühle ich mich gebunden und bekomme Kräfte über mein Maß. Auf dieser Liebe gründet dann aber weiter die Konzentration durch den Gehorsam gegenüber der Autorität, die nichts anderes ist als das Gewissen jenes höheren Lebens und das Vorbild jener höheren Form, dem die Seele [durch die Erziehung; E. M.] zugeführt werden soll." *Gehorsam* heiße somit nicht „aus Angst tun oder blind folgen, sondern [...] freie Aufnahme des Erwachsenenwillens in den eigenen Willen und spontane Unterordnung als Ausdruck eines inneren Willensverhältnisses, das gegründet ist in der überzeugten Hingabe an die Forderungen des höheren Lebens, die der Erzieher vertritt" (S. 175). Die *Liebe*, die der Erzieher dem Zögling entgegenbringe, sei „die hebende und nicht die begehrende"; daraus resultiere die Liebe des Zöglings zum Erzieher (S. 171).

b) Der PB werde eingegangen, um das *Gefälle* in einem Prozess *aufzuheben*; er habe somit die Aufgabe, „sich selbst überflüssig zu machen" (S. 166), er sei *auf sein Ende hin angelegt* und ende da, „wo der Mensch mündig wird" (ebd.). Dann gehe Erziehung in „Selbsterziehung" über, bei der es sich darum handele, dass das „höhere Selbst" im Menschen die Leitung seines Handelns übernehme (ebd.).

c) Im PB wird von dem *gegenwärtigen geistigen und seelischen Zustand* des Zu-Erziehenden *ausgegangen*, aber mit der Zielsetzung, ihn seinen Möglichkeiten entsprechend darüber hinauszuführen, also auch seine *potentielle Zukunft in den Blick zu nehmen*. „Das Verhältnis des Erziehers zum Kind ist immer doppelt bestimmt: von der Liebe zu ihm in seiner Wirklichkeit und von der Liebe zu seinem Ziel, dem Ideal des Kindes [...] die pädagogische Liebe zum Kinde ist die Liebe zu *seinem* Ideal: Es soll ihm nichts Fremdes eingebildet werden, sondern die Lebensform, zu der sie führen will, muß die Lösung *seines* Lebens sein. So fordert die pädagogische Liebe Einfühlung in das Kind und seine Anlagen, in die Möglichkeiten seiner Bildsamkeit, immer im Hinblick auf sein vollendetes Leben" (S. 171). *Nohl* spricht von der notwendigen Verbindung von „realistische[m] Sehen und idealistische[m] Wollen" (ebd.).

Beim PB kommt dem *Erzieher* eine *Schlüsselrolle* zu: Zum einen habe er die inhaltlichen Anforderungen darauf hin zu befragen, ob sie für die Erziehung des Zöglings tauglich seien, ob sie also zu seiner Weiterentwicklung einen Beitrag zu leisten vermöchten. Der *Erzieher* sei also nicht der Erfüllungsgehilfe von kulturellen Ansprüchen, er sei vielmehr „*verantwortlich für das Subjekt*" (S. 161) – auch an dieser Stelle integriert *Nohl* Ideen der Reformpädagogik in seine Erziehungstheorie. Die Schlüsselrolle des Erziehers bestehe zum zweiten darin, dass die *Inhalte durch ihn repräsentiert werden müssten*, um ihre Wirkung entfalten zu können, dass sie ohne auswählende und systematisierende Vermittlung durch ihn wirkungslos blieben. Zudem müsse der *Erzieher als Person überzeugen*, ja, quasi sein gesamtes Menschsein in den Dienst des erzieherischen Verhältnisses stellen.

Mit seiner spezifischen Akzentsetzung, etwa zur Rolle des Erziehers, geht *Nohl* über eine (historisch-systematische) *Strukturanalyse des erzieherischen Verhältnisses* deutlich hinaus, er entwickelt gleichzeitig ein seinen Grundauffassungen entsprechendes *Ideal des erzieherischen Verhältnisses*.[25]

Wilhelm Flitner nimmt sowohl in seiner „Systematischen Pädagogik" (1933) als auch in seiner „Allgemeinen Pädagogik" (1950) den Begriff „Pädagogischer Bezug" als eine *zentrale pädagogische Kategorie* auf (vgl. 1983a, S. 56/1983c, S. 183ff.): Als „Urphänomen der Erziehungsgemeinschaft" bezeichnet *Flitner* die Intention, dass „dem anderen, als einem Werdenden, verholfen werde zu einer größeren Kraft der Lebensbemeisterung, zu höherem geistigen Verständnis und höherer Wertgestaltung, zur tieferen sittlichen und existenziellen Entwicklung. Der eine, der die Situation des andern besser überblickt, setzt sich ein, um beim anderen die Entwicklung zur Reife zu fördern, soviel an ihm liegt" (1983a, S. 57f./1983c, S. 184). 1933 fährt *Flitner* fort: Ist diese Intention „echt, so entsteht der *erzieherische Bezug*" (1983a, S. 58); 1950 formuliert er: Findet diese Intention „Erwiderung, so entsteht der *erzieherische Bezug*" (1983c, S. 184). In seinen weiteren Ausführungen greift *Flitner* viele Gedanken *Nohls* zum Pädagogischen Bezug auf, etwa zur pädagogischen Autorität, die er „durch die pädagogische Situation als solche und nicht aufgrund von Willkür oder Anmaßung" (1983a, S. 64/1983c, S. 190) gegeben sieht: „Indem sich der Erzieher selbst unter die Forderung des echten erziehenden Gehalts stellt, repräsentiert er ihn und wird echte Autorität." Hierfür müsse der Erzieher nicht perfekt sein; „wer sich nicht anerkennend, leidend und kämpfend unter den Inhalt seiner Forderungen und Ansprüche selber stellt", verlöre allerdings seinen Autoritätsanspruch (S. 65f./S. 192). Ebenso beschäftigt er sich auch mit der *„pädagogischen Liebe"* als einer „Sonderart der Liebe": „Das Werk, das diese Liebe erschafft, ist die ‚Entfaltung' von Wertempfänglichkeit und Wertgestaltungsfähigkeit im andern, aus dessen Innerem heraus" (S. 62/S. 188).

Folgende wichtige Ergänzungen zu *Nohls* Ausführungen nimmt *Flitner* vor: er weist zum einen darauf hin, dass es *unterschiedliche Typen von pädagogischen Bezügen* gibt und unterscheidet „*natürliche und künstliche* (organisierte) Erziehungsgemeinschaften" (S. 59/S. 185); als *klassisches Beispiel* für eine *natürliche Erziehungsgemeinschaft* nennt er die *Familie*, als *Beispiele* für die *organisierten Erziehungsgemeinschaften* etwa die *Schule* oder die *Berufsausbildung* (vgl. S. 59/S. 185). Als Besonderheit der organisierten Erziehungsgemeinschaft hebt er die erzieherische Macht der Einrichtung selbst, ihrer Sitten, Gebräuche und ihrer spezifischen Regeln hervor (vgl. S. 72f./S. 197f.).

Zum zweiten unterscheidet *Flitner* „*langdauernde und vorübergehende* (episodische)" pädagogische Bezüge (S. 59/S. 185): „Ein pädagogischer Bezug, der das ganze Leben umfaßt, ist nur in den natürlichen Grundverhältnissen da – zwischen Eltern und Kindern. Auch er wird

---

[25] *Peter-Martin Roeder* (s. Kap. 2) würde argumentieren, dass die Strukturanalyse in Wirklichkeit die der Geschichte übergestülpte Idealvorstellung *Nohls* zum pädagogischen Verhältnis widerspiegelt.

mehr und mehr episodisch; je selbständiger die Kinder mit der Zeit werden. Alle anderen Beziehungen sind zeitlich und sachlich oder funktionell begrenzt" (S. 59/S. 185f.).

Schließlich führt er noch eine dritte Unterscheidung an: Manche pädagogischen Bezüge „sind auf die Erziehung in ihrer Fülle gerichtet", dies seien *„totale"* pädagogische Bezüge, z. B. in der Familie. „Anderen Lebensbeziehungen ist eigen, daß sie erzieherisch nicht aufs Ganze gehen, sondern nur in den Inhalten erziehen, die dieser Lebensbeziehung eigen sind", dies seien *„partielle"* pädagogische Bezüge (S. 60/S. 186). Als Beispiele für letztere nennt er u. a. Korporationen und Genossenschaften, die neuen Mitgliedern gegenüber dann erzieherisch tätig würden, wenn diese gegen überkommene Sitten und Konventionen verstießen (vgl. ebd.).

Theodor Litt hat sich vorrangig in seiner Schrift „Die Bedeutung der pädagogischen Theorie für die Ausbildung des Lehrers" (1946) über das Wesen des erzieherischen Verhältnisses geäußert. Er betont *zum einen*, dass es sich hierbei immer um ein *Verhältnis der Wechselseitigkeit* handeln müsse. Auf der Basis eines wertbesetzten Erziehungsbegriffes formuliert er, dass man nur dann vom erzieherischen Verhältnis sprechen dürfe, wenn dieses „dem Mitmenschen *um seiner selbst willen*" diene (1960c, S. 113). Dieses Verhältnis der „unbedingten Gegenseitigkeit" bleibe auch dann bestehen, „wenn die eine Seite an Alter, Erfahrung, Gewicht, Wissen und Können hinter der anderen weit zurückbleibt. Für den wirklichen Erzieher ist der Zögling von vornherein die potentielle ‚Person', die zur ‚Freiheit', zur ‚Persönlichkeit', zur selbstverantwortlichen Gestaltung des eigenen Daseins emporzuentwickeln das eigentliche Geschäft der Erziehung ausmacht" (ebd.). Der Erzieher könne somit den Edukandus nicht ‚machen', nicht wie ein Techniker ‚herstellen', nicht wie ein Bildhauer nach seinen Wünschen formen; der Erzieher habe es mit einem lebendigen ‚Du', nicht mit einem Objekt zu tun (vgl. S. 114). *Zum zweiten* weist *Litt* darauf hin, dass das pädagogische Verhältnis nicht im „luftleeren Raum" stattfinde, sondern von der jeweils geistig-geschichtlichen Lage geprägt und das ‚Was' der Vermittlung dadurch bestimmt sei (S. 117).

4.3 Die „relative Autonomie"/„Eigenständigkeit" der Erziehung

Eine zusammenfassende Darstellung findet sich in *Herman Nohls* „Theorie der Bildung" von 1933: „Jede Kulturfunktion hat sich langsam aus den Bindungen von Kirche, Staat und Stand befreien und das Recht ihres eigenen Wesens erkämpfen müssen." Der Erziehung „ist diese Befreiung am spätesten gelungen, und sie muß auch heute [Ende der 20er-Jahre des 20. Jahrhunderts; E. M.] noch um solche Anerkennung ihres eigenen Charakters und die Feststellung ihres Wesens ringen, ohne die sie doch hilflos dem Druck der anderen Mächte ausgeliefert ist, die sie alle für sich in Dienst nehmen wollen […] Der Erzieher ist dann einseitig der subalterne Beauftragte der Kirche oder des Staates oder gar einer Partei" (1988, S. 156). Die Erziehung habe die Aufgabe, *den Menschen zu ihrem höheren geistigen Selbst, zu ihrer Bildung zu verhelfen, ihnen Mündigkeit zu ermöglichen* – das sei sozusagen das pädagogische Credo seit der *Aufklärung*. „In dieser *Einstellung auf das subjektive Leben des Zöglings* liegt das pädagogische Kriterium: was immer an *Ansprüchen aus der objektiven Kultur* und den sozialen Bezügen an das Kind herantreten mag, es muß sich eine *Umformung* gefallen lassen, die aus der Frage hervorgeht: welchen Sinn bekommt diese Forderung im Zusammenhang des Lebens dieses Kindes für seinen Aufbau und die Steigerung seiner Kräfte, und welche Mittel hat dieses Kind, um sie zu bewältigen?" (S. 160; Hervorh. E. M.). Der Erzieher sei in seinem Handeln allerdings nicht nur dem *Pol des Kindes/Jugendlichen* verpflichtet, vielmehr müsse auch der *andere Pol, die kulturellen Gehalte,* aber auch *die beruflichen und die gesellschaftlichen Anforderungen* Berücksichtigung finden. Jene seien nicht nur „Bildungsmittel für die individuelle Gestalt, sondern haben einen eigenen Wert" (S. 161). Allerdings müsse die Verpflichtung gegenüber den kulturellen Gehalten und den sonstigen von außen an den Zögling herangetragenen Anforderungen immer davon geprägt sein, dass der Erzieher „*verantwortlich (ist) für das Subjekt*" (ebd.), womit wieder die oben bereits erwähnte „*Umformung*" unverzichtbar wird. Die *Autonomie* des Erziehers ist somit eine *relative, keine absolute*. Aus der relativen Autonomie ergebe sich die „Überparteilichkeit des wahren Erziehers". „So sollen auch wir, welcher Konfession wir auch angehören mögen, bewußt nur den einen Willen haben, Pädagogen zu sein, und die innige Sehnsucht, nicht Parteiler, sondern Menschen aus ihnen [den Edukandi; E. M.] zu bilden" (S. 194f.).

Bereits 1929 hatte *Nohls* Schüler *Erich Weniger* analog zu jenem die Entwicklung zu autonomen Kulturgebieten im Kontext der Aufklärung und die *Aufgabe der pädagogischen Autonomie* beschrieben. Sie sei „im Bereich der Diesseitigkeit das äußerste Mittel, um die Freiheit und Würde des Menschen zu bewahren vor den absolutistischen Machtansprüchen der autonom gewordenen Kulturgebiete und vor dem Durcheinander ihrer gleichzeitigen Ansprüche an den Menschen. Sie relativiert sie, indem sie ihnen gegenüber einen eigenen Anspruch und einen eigenen Maßstab durchzusetzen versucht" (1990c, S. 12f, vgl. auch S. 22). Auch er weist darauf hin, dass es sich um eine „*relative*" Autonomie handele: „Die Autonomie der Pädagogik vermag kein reales Verhältnis der Erziehungswirklichkeit und des pädagogischen Denkens zu den geistigen Mächten, zu Kirche und Staat und dahinter zu den letzten Stellungnahmen der Menschen von sich aus aufzuheben, wohl aber vermag sie dieses Verhältnis in eine neue, die pädagogische Beziehung zu setzen" (S. 15). Sie trete als „Wächter des Tores auf und verlangt von allen Mächten, die Erziehungsforderungen stellen, einen Verzicht auf ihren Machtanspruch, sie verlangt ihnen ihren ‚Bildungsgehalt' ab" (S. 22).

Weniger beschreibt außerdem, wie sich die *pädagogische Autonomie im pädagogischen Handeln konkret niederschlägt*: a) in der „Sicherung des Erziehungsvorganges auch unter Hemmungen und Schwierigkeiten" (S. 18); b) in der „Parteinahme des Erziehers für den ihm anvertrauten Menschen, auch wenn dieser von überpersönlichen Gesichtspunkten aus unbrauchbar oder gar verloren ist" (ebd.); c) in der „Unbedingtheit auf Herstellung des pädagogischen Bezugs vor jeder noch so anderen berechtigten Forderung" (ebd.); d) im „interesselose[n] Interesse des Erziehers", d. h. in seinem Interessiertsein an dem Edukanden ohne Eigenzweck, ohne daraus eigenen Nutzen ziehen zu wollen; e) in der „Bescheidung auf eine vorläufige Arbeit gegenüber allen absoluten und zukünftigen Zielen, eine Freude am Gelingen der pädagogischen Bemühung in der kleinen momentanen Erfüllung" (ebd.; vgl. auch Flitner 1989a, S. 243).

Weniger weist zudem darauf hin, dass sich die Herausforderung der Autonomie „auf drei Gebieten" zeige: „im pädagogischen Verhalten selbst (hier ist der Kern), in den pädagogischen Institutionen und der Selbständigkeit des Erzieherstandes und schließlich auf dem Gebiet der wissenschaftlichen Pädagogik" (1990c, S. 15). Diese drei Bereiche stünden zwar „in einem inneren Zusammenhang, die Selbständigkeit der Pädagogik als Wissenschaft ist mitbedingt durch die Tatsache der Existenz einer Autonomie des erzieherischen Verhaltens" (S. 15f.), d. h., wenn es keinen eigenständigen Bereich der Erziehung innerhalb des kulturellen Ganzen gäbe, machte eine eigenständige pädagogische Wissenschaft keinen Sinn. Allerdings zum einen: „die Autonomie des pädagogischen Verhaltens ist nicht etwa abhängig von der Lage der Pädagogik als Wissenschaft, sie wird nur gefördert oder gehemmt durch sie", d. h. je eigenständiger die Pädagogik als Wissenschaft ist, desto mehr kann sie die pädagogische Praxis in ihren Ansprüchen auf relative Autonomie unterstützen und umgekehrt. Zum zweiten: „[D]ie pädagogische Autonomie ist auch notwendig und möglich trotz institutioneller Unfreiheit des Erziehungswesens und der Erzieher" (S. 16f.), sie werde allerdings tendenziell durch entsprechende institutionelle Freisetzungen zu eigenständiger pädagogischer Verantwortlichkeit einfacher umsetzbar (vgl. ebd.).

Die *relative Autonomie der Erziehung* galt es in den 20er-Jahren des 20. Jahrhunderts *vorrangig gegenüber den Kirchen und ihren Vertretern zu behaupten*. Diese sahen eine Verbindung zwischen der Forderung nach Gemeinschaftsschulen (und der Aufhebung der Konfessionsschulen) und dem Prinzip der pädagogischen Autonomie; sie verbanden mit diesem Prinzip Allmachtsansprüche der Pädagogik, fürchteten aber auch ganz konkret den Verlust ihres Einflusses auf das Schulwesen. Vor diesem Hintergrund fand etwa zwischen dem evangelischen Theologen *Friedrich Delekat* und dem Pädagogen *Wilhelm Flitner* eine publizistisch dokumentierte Kontroverse statt. Um dem Vorwurf der Allmachtsansprüche zu begegnen, spricht *Flitner* in seiner Antwort auf *Delekat* ganz bewusst von einer „begrenzte(n) Autonomie" (1989a, S. 237) und betont, dass die erzieherische Arbeit immer eine kulturell geprägte sei. Wie *Nohl* und *Weniger* weist *Flitner* jedoch auch nachdrücklich darauf hin, dass der Erzieher, im *Konfliktfall*, wenn die Anforderungen der anderen kulturellen Mächte/Bereiche (also zum Beispiel Wirtschaft oder Politik oder Kirchen) die erzieherischen Bemühungen konterkarierten, als „Anwalt des Kindes" fungieren müsse (S. 244). Er spricht vom notwendigen „Widerstand gegen die Entartungserscheinungen in jenen Mächten, die Sklaven, Mitläufer, bloße heteronome Gliedschaft verlangen" (ebd.). Der Staat müsse durch seine Gesetze die rechtlichen Grundlagen für die begrenzte Autonomie schaffen, ihre konkrete Umsetzung könne sie immer nur in der konkreten Situation erfahren (vgl. S. 245). Auch wenn der Erzieher nicht neutral und objektiv, über den Parteien stehend sein könne, so verbiete es ihm die begrenzte pädagogische Autonomie und die damit korrespondierende pädagogische Verantwortlichkeit für den Edukandus, das erzieherische Handeln in politisches Handeln zu überführen; vielmehr müssten die politischen Gegensätze in der Erziehung in ihrem jeweiligen ideellen Gehalt dargestellt werden (vgl. S. 247 u. S. 255). *Wie von der politischen Handlungsform, so grenzt Flitner die erzieherische Handlungsform auch von der religiös/weltanschaulich missionierenden ab bzw. weist auf die Unterschiede zwischen beiden hin* (vgl. S. 250). „Der Erzieher kann sich bis zu einem gewissen Grade, ohne den er im Konfliktfall versagt, von seiner Glaubensbestimmtheit freimachen, auch andere Überzeugungen, andere Idealität und Glaubenskraft relativ anerkennen, neben sich wirken sehen; er

4 Erziehungstheorie

kann mit anders strukturierter Glaubensbestimmtheit zusammenwirken, seine Verantwortung mit Erziehern anderer Richtung teilen, und vor allem kann er die Glaubensstellung des Zöglings, die sich spontan oder durch Bildung und Schicksal allmählich aufbaut, auch dann positiv nehmen, entwickeln, ja lieben und sichern, wenn sie von der seinen abweicht, ja ihr entgegengerichtet ist" (S. 250f.). Die erzieherische Handlungsform ziele also auf die „Freiheit des Zöglings" (S. 254).

In seiner „Systematischen Pädagogik" aus dem Jahr 1933 wendet sich *Flitner* nochmals gegen das *Missverständnis, dass mit pädagogischer Autonomie gemeint sei, dass der Erzieher unabhängig von den anderen Kulturbereichen die Bildungsinhalte für die Edukandi bestimme* oder diese aus den Wünschen der Zöglinge abgeleitet werden sollten. Allerdings müssten die Anforderungen der anderen Kulturbereiche zum einen auf ihre Echtheit und nicht bloße Konventionalität, zum anderen auf ihren bildenden Wert, auf ihre Bedeutsamkeit für die Edukandi hin befragt bzw. entsprechend transformiert werden (vgl. 1983a, S. 93ff.). Dass der Erzieher *Anwalt des Zöglings* sei, ergänzt *Flitner* nun noch durch die Aussage, dass der Erzieher auch *Anwalt der kulturellen Mächte* und ihrer „echten Gehalte" sei (S. 95).

Mit *diesem Grundverständnis der relativen pädagogischen Autonomie* geht auch *Litt konform*, der in einem Vortrag aus dem Jahre 1926 über „Die gegenwärtige Lage der Pädagogik und ihre Forderungen" davor gewarnt hatte – und sich hierbei vor allem von reformpädagogischen Ansprüchen abgrenzte –, dass „hinter der Forderung der Autonomie […] der Anspruch auf *universale Herrschaft* [der Erziehung; E. M.] sichtbar" werde (1965d, S. 60), sie sich alle anderen Kulturbereiche unterwerfen wolle. *Gegenüber diesem absoluten Autonomieanspruch* betont *Litt*, dass die Erziehung „in allem und jedem auf eine inhaltliche Erfüllung [er meint wohl: „Füllung"; E. M.] und Konkretisierung durch *nicht* originär pädagogische Gehalte angewiesen" sei (ebd.).[26] In einem Vortrag zum 100-jährigen Bestehen des Dresdner Lehrervereins am 12. Februar 1933 – kurz nach der nationalsozialistischen Machtübernahme! – spricht sich *Litt* – Gedanken aus seinem Vortrag von 1926 durchaus aufneh-

---

[26] Diesen Gedanken hat *Eduard Spranger* in seiner Akademieabhandlung „Die wissenschaftlichen Grundlagen der Schulverfassungslehre und Schulpolitik" aus dem Jahr 1928 besonders hervorgehoben: „[D]ie Autonomie der Lebens- und Sachgebiete, *für* die und in deren Sinn erzogen wird, greift in das ganze Erziehungsgebiet über. Eben deshalb kann von einer *vollen* Autonomie des Erziehungsgebietes selbst bei isolierender Betrachtung nicht die Rede sein. Denn die Erziehung wird notwendig weithin beherrscht von dem Eigenrecht der Wissenschaft in der Wissensbildung, der Kunst in der Kunsterziehung, der Technik in der Schulung der technischen Fertigkeiten, der religiösen Sinngehalte in der religiösen Erziehung" (1969e, S. 136). Er räumt allerdings eins ein: „Trotzdem gehen Erziehung und Bildung nicht einfach in den Sondergebieten auf, denen sie ihre Inhalte entnehmen. Sondern es bleibt ein spezifischer Rest [den *Spranger* allerdings nicht näher benennt!; E. M.], der allerdings keinen angebbaren Sinn hätte, wenn nicht jene eigentümlichen Sinngebilde vorausgesetzt würden und mitgedacht würden. Insofern kann hier nur von einer *sekundären Autonomie* die Rede sein" (ebd.). Eine Autonomie könne einem Kulturgebiet nur zugeschrieben werden, wenn es durch eine „spezifische Wertidee konstituiert" werde. Dies treffe etwa auf die Wissenschaft und die Kunst, nicht aber auf die Erziehung zu (vgl. ebd.). – Der *Nohl*-Schüler *Georg Geißler* übt in seiner Abhandlung „Die Autonomie der Pädagogik" (1929) an diesen Aussagen *Sprangers* Kritik: „Geht man […] von der Erkenntnis aus, daß Ausgangs- und Zielpunkt der Pädagogik immer das Subjekt, der Mensch, ist und daß in der Erziehung alle Kulturgehalte im Dienste der Bildung dieses Menschen stehen, dann wird leicht deutlich, daß die pädagogische Autonomie genau so primär ist, wie die der anderen Lebensgebiete. Die Erziehung hat freilich auch – genau wie die anderen Gebiete – ihre Grenze, und zwar da, wo sie das autonome Recht der anderen berührt. Ihre Autonomie ist also relativ wie bei allen anderen Formen von Bezügen, in denen ein Mensch zu einem andern oder zu einer Sache, bzw. einem Wert steht, aber sie ist niemals sekundär" (S. 102).

mend – *entschieden für eine relative pädagogische Autonomie aus*, wenn er formuliert: „Wir können nicht die politische Sphäre pädagogisieren, wie Illusionisten der Nachkriegszeit [nach dem Ersten Weltkrieg; E. M.] glaubten. Aber wir sollen uns auch nicht blind dem Politiker zu Vorspanndiensten ergeben. Unser pädagogischer Realismus gibt sich nicht dem Wahne hin, durch die Kraft des pädagogischen Gedankens könnten Wirklichkeitsbezüge wie Wissenschaft, Wirtschaft, Politik annektiert werden. Aber keine dieser Gegebenheiten soll umgekehrt für unsere Pädagogik das letzte Wort bedeuten. Heute droht von allen Seiten her dem Erzieher die Gefahr der Überwältigung und Dienstbarmachung. Er wird die eigentümliche Welt seines Wirkens nicht überrennen lassen von erziehungsfremden Mächten" (1933, S. 180f.: i. Orig. Kleinschreibung). *Litt richtet sich gegen jegliche Parteilichkeit des Erziehers* – im Februar 1933 im Sinne der nationalsozialistischen Ideologie: „[…] Sendung und Mission der Erzieher ist, als Gegenmacht gegenüber der Glut des Hasses und der Verhärtung der politischen Meinungen aufzutreten. Sie stehen dem Leben als verantwortliche Menschen gegenüber und sollten eher sagen: nicht mit zu hassen, mit zu lieben bin ich da: ich darf nicht noch mehr in die Flammen blasen, darf nicht die Unmündigen bereits mit Haßkomplexen vergiften, darf nicht ihr Menschentum vernichten helfen" (ebd.).

Während der NS-Zeit wird dem Gedanken an eine relative pädagogische Autonomie seitens des Staates eine klare Absage erteilt; die geisteswissenschaftliche Pädagogik wird dementsprechend marginalisiert.

Nach 1945 wird die Diskussion um die relative Autonomie seitens der geisteswissenschaftlichen Pädagogen wieder aufgegriffen.

Litt spricht sich in seinem Vortrag „Die Bedeutung der pädagogischen Theorie für die Ausbildung des Lehrers" (1946) – nun gegen kommunistische, klare Parteilichkeit fordernde Tendenzen in der SBZ – dafür aus, die „relative Autonomie" der Erziehung zu beachten: „Erziehen heißt nicht das Gebot der überpersönlichen Mächte gehorsam ausführen: es heißt aus eigener Einsicht und Verantwortung an dem Walten dieser Mächte teilnehmen" (1960c, S. 122f.). Der Lehrer müsse „den Gehalten des geistigen Lebens mit sichtendem und richtendem Urteil" gegenübertreten (S. 125), wobei das *„eigentliche Geschäft der Erziehung"*, den Zögling *„zur ‚Freiheit', zur ‚Persönlichkeit', zur selbstverantwortlichen Gestaltung des eigenen Daseins emporzuentwickeln"* (S. 113; Hervorh. E. M.), *die Grundlage, die Richtschnur bilde*. *Litt* ist der Überzeugung, dass sich die Haltung des Pädagogen, der sich dem Grundsatz der relativen pädagogischen Autonomie verpflichtet wisse, so äußere, dass er in seinem pädagogischen Tun „eine Stellung *oberhalb* des Getriebes, in das er als tätiger Mensch einbezogen ist", einnehme (S. 125). An *Flitners* Ausführungen zum Verhältnis von Politik und Erziehung erinnernd, betont *Litt*: „Es besteht in der Tat die Möglichkeit, die großen Lebensfragen, von denen die Gemeinschaft im Innersten bewegt wird, in einer Höhenlage aufzusuchen, die über den Streit der – im weitesten Sinne verstandenen – Parteien hinausliegt. Es besteht die Möglichkeit, von Staat und Gesellschaft, von Kunst und Wissenschaft, von Sittlichkeit und Religion, von Erziehung und Bildung so zu handeln, daß das Wesen dieser ewigen Menschheitsanliegen deutlich zur Sprache kommt und trotzdem jedes Eintreten in den Kampf der Meinungen, der sich an diesen Anliegen immer von neuem entzündet, unterlassen wird. Wer das für unmöglich hält oder sich nicht die Selbstzucht zutraut […], der soll eben nicht Lehrer werden, sondern sich einem der Berufe zuwenden, die es ihrem Träger freistellen, sich der Leidenschaft parteiischen Wollens ohne jede Reserve hinzugeben" (S. 125f.).

Weniger greift das Thema der relativen Autonomie auf einer Tagung der Schulräte im Bereich der Landeskirche Hannover in der Evangelischen Akademie Hermannsburg im Jahr 1950 wieder auf. Um erneuten Missverständnissen entgegen zu wirken, betont er, dass „die Eigenständigkeit, die Autonomie, nur eine relative sein" könne: „Denn einmal ist die Erziehung eingebettet in den Gesamtzusammenhang der geistig-geschichtlichen Welt, zum anderen steht sie, wie alles Menschenwerk, unter dem Gesetz der Unvollendbarkeit und Unvollkommenheit und unter dem Gericht" (1990k, S. 138f.). Als relative Autonomie definiert *Weniger* den „Anspruch auf Sicherung der Bedingungen der Möglichkeit erzieherischen Handelns", wobei er *nach der Erfahrung der NS-Zeit das pädagogische Wächteramt offensiver und vor allem konkreter als in den 20er-Jahren formuliert*: Es könne sich ergeben, dass „bestimmte weltanschauliche Positionen pädagogisch unmöglich sind, weil sich aus ihnen keine zulängliche erzieherische Arbeit entwickeln läßt. Das gilt beispielsweise von Weltanschauungen, die so pessimistisch oder so nihilistisch sind, daß sie Freiheit und Würde des Menschen leugnen. Auch von politisch oder wirtschaftlich totalitären Systemen gilt, daß sie keine echte Erziehung, sondern nur Gewalt, Dressur und Propaganda zulassen. Damit sind sie für das pädagogische Gewissen gerichtet. Man darf sich als Erzieher nicht mit ihnen einlassen" (S. 138).

Wie wichtig ihm die Idee der relativen pädagogischen Autonomie ist, wie sehr sie sein pädagogisches Denken prägt, wird auch daran deutlich, dass *Weniger* seinem 1952 oder 1953[27] erschienenen, eine Vielzahl von eigenen Beiträgen seit den 20er-Jahren enthaltenden Sammelband den Titel „Die Eigenständigkeit der Erziehung in Theorie und Praxis" gibt und betont: „Daß überall die Notwendigkeit einer hochschulmäßigen [pädagogischen; E. M.] Ausbildung [von Lehrern; E. M.] sichtbar geworden ist, ist ein Zeichen für die Eigenständigkeit der Erziehung, wie sie sich in den letzten Jahrhunderten herausgebildet hat, eine Eigenständigkeit freilich, die nicht Unabhängigkeit oder gar Willkür bedeuten darf, vielmehr die Verantwortung für alle Lebensbereiche, in denen Erziehung stattfindet, einschließt" (1952, Vorwort).

Auch *Wenigers* Schüler *Wolfgang Klafki* setzt sich in mehreren Beiträgen mit der relativen Autonomie der Erziehung auseinander. In seiner Abhandlung „Die Erziehung im Spannungsfeld von Vergangenheit, Gegenwart und Zukunft" aus dem Jahr 1958 bestimmt er den „eigenständigen Sinnmittelpunkt der Erziehung" als Hilfe für die „ihr anvertrauten jungen Menschen zur freien, menschlichen, geistigen und sittlichen Bewältigung und Gestaltung ihres Lebens" (1958c, S. 459). *Dies sei die „regulative Idee" der Pädagogik, wie sie sich seit der europäischen Aufklärung entwickelt habe.*

---

[27] Der Band ist ohne Jahresangabe erschienen. Das darin enthaltene Vorwort *Wenigers* stammt vom 30. Oktober 1952. Der Band wird im Folgenden unter 1952 angeführt.

4.4 Die dialektische Verschränkung von Führen und Wachsenlassen als erzieherische Handlungsform

4.4.1 Die Entstehungsgeschichte von Litts „,Führen' oder ,Wachsenlassen'"

Der 1915 als Dachorganisation für pädagogische Verbände auf Anregung des „Bundes für Schulreform" gegründete, bis 1933 wirkende „Deutsche Ausschuß für Erziehung und Unterricht" berief für den 7.–9. Oktober 1926 einen – ca. 800 Teilnehmer zählenden – *Pädagogischen Kongress* nach *Weimar* ein mit dem Rahmenthema: „Die moderne Kultur und das Bildungsgut der deutschen Schule". Als Hauptreferenten wurden *Georg Kerschensteiner* und *Theodor Litt* eingeladen. *Litt* überschrieb seinen Vortrag mit „Die gegenwärtige pädagogische Lage und ihre Forderungen". Er konstatiert das *Ausschwingen einer Welle des pädagogischen Enthusiasmus* und bewertet dies im Sinne einer *notwendigen Selbstbescheidung der Pädagogik* positiv. Nachdrücklich warnt er die Pädagogik vor einem allumfassenden Herrschaftsanspruch, aus dem heraus sie sich zur Heilsbringerin für alle Übel der Zeit auf allen Gebieten empfiehlt; alle Omnipotenzansprüche gegenüber den anderen kulturellen Mächten seien verhängnisvoll und führten im Letzten dazu, dass die angestrebte Pädagogisierung eines Kulturbereichs zur Durchdringung der Pädagogik durch die je eigenen Denkweisen der scheinbar eroberten Kulturgebiete führe. Die *Pädagogik* habe sich vielmehr *auf ihre je spezifischen Möglichkeiten und Grenzen zu besinnen*; ihr zentrales Anliegen müsse das „Eigenrecht des werdenden Geschlechts" sein, das seine *eigene Zukunft zu gestalten* habe, dazu allerdings der *angeleiteten Auseinandersetzung mit Welt* bedürfe (vgl. Litt 1926a u. v. a. 1927, S. 1–11).

Litts Referat löste heftiges Echo, manche Zustimmung, vor allem aber auch scharfe Kritik aus (vgl. Dudek 1999, S. 124ff.; Klafki 1982, S. 161f.). In seinem Schlusswort in Weimar suchte er einige Einwände zu widerlegen (vgl. Litt 1927, S. 73–76), doch dies gelang nur begrenzt. Auch eine ausführlichere Fassung seines Kongressvortrages, veröffentlicht im gleichen Jahr in seinem Sammelband „Möglichkeiten und Grenzen der Pädagogik" (1926), brachte keine Klärung der Standpunkte; die Auseinandersetzung setzte sich in Zeitschriften fort. Dies veranlasste ihn, sich nochmals grundsätzlich zu den aufgeworfenen Fragen zu äußern. Zu diesem Zweck schrieb er sein Buch „,Führen' oder ,Wachsenlassen'", dem er den Untertitel gab: „Eine Erörterung des pädagogischen Grundproblems". Er verfolgt damit die Absicht, wie er im Vorwort zur ersten Auflage 1927 schreibt, bei aller Anerkennung der „wirklich in die Tiefe gehenden Gegensätze" einen „Nebel von Schlagworten, halbgeklärten Begriffen […], undurchdachten Imperativen […], ein Heer von Mißverständnissen" durch Besinnung zu klären, da somit viel Kraft für die praktische pädagogische Arbeit freigesetzt werden könne. Es gehe ihm also bei der nachfolgenden Besinnung nicht nur um reine Theorie. Dass seine Überlegungen die gewünschte Wirkung zeitigten, bedürfe allerdings einer „unerlässlichen Voraussetzung": „daß man sie, sich befreiend von vorgefaßten Meinungen und dogmatisch verhärteten Werturteilen, rein aus sich heraus, in ihrem deutlich ausgesprochenen eigenen Sinn, zu verstehen bereit sei".

4.4.2 Skizzierung der zentralen Gedanken der Schrift

Zunächst zur Großgliederung: Der Einleitung, die die Problemstellung umreißt, folgen vier Hauptkapitel:

I. Der Erzieherwille und die Zukunft
II. Der Erzieherwille im Verhältnis zu Gegenwart und Vergangenheit
III. Der gute Sinn des „Wachsenlassens"
IV. Der gute Sinn des „Führens"

Der Schluss fasst die Hauptresultate präzise zusammen.

Ich werde bei meiner Skizzierung der zentralen Gedanken dieses *klassischen pädagogischen Textes*, anders formuliert: *dieser pädagogischen Grundschrift* der Gliederung folgen.

In der Einleitung macht *Litt* deutlich, dass es ihm um die Klärung der beiden Begriffe „Führen" und „Wachsenlassen" gehe. Eine „knappe Definition" sei hierzu keinesfalls ausreichend, die Begriffe müssten vielmehr „in den Zusammenhang der Gesamtanschauung hinein(ge)stellt werden, in der sie ihre Stelle haben", da „gerade das, was unausgesprochen im Hintergrund" liege, „ihnen sinnhafte Erfüllung" verleihe (1960b, S. 15).

In dem *ersten Kapitel* „Der Erzieherwille und die Zukunft" arbeitet *Litt* zunächst heraus, dass die *pädagogische Forderung des „Wachsenlassens" eine Frontstellung einnehme gegenüber der Gegenwart und der Vergangenheit*. „Die pädagogische Reform glaubt das werdende Leben vergewaltigt durch den fort und fort unternommenen Versuch, mit den Mitteln erzieherischer Beeinflussung der heranwachsenden Generation Lebensform und Wesensrichtung der bereits herangewachsenen aufzuprägen" (S. 18f.). Die „Freiheit des Wachstums" werde für die Zukunft gefordert, „die, keimhaft als Möglichkeit und Anlage in den Seelen des jungen Volkes schlummernd, demnächst den Lebensraum besetzen" solle (S. 19). Die pädagogischen „Anwälte der *Zukunft*" seien davon überzeugt, dass das Alte von Besserem, Vollkommenerem abgelöst werde: *Diesem Neuen zum Durchbruch zu verhelfen, sei in deren Augen die Aufgabe der jungen Generation, wozu die Erzieher sie ermuntern wollten.* Dies ist nach Meinung *Litts* die Stelle, „an der die Pädagogik des ‚Wachsenlassens' in jenes Pathos umschlägt, dessen gesammelter Ausdruck der – *Führer*wille ist" (S. 20). Die Vertreter dieser Position sähen dies freilich anders: ihre Intentionen seien „mit dem Willen der Zukunft *identisch*; auf sie die Jugend hinleiten, heiße nichts anderes, als dem nach Verwirklichung drängenden Sinn der Gesamtentwicklung […] die gebotenen Helferdienste leisten" (S. 21f.).

Die *Vertreter einer Pädagogik des „Wachsenlassens"* machten jedoch folgenden Denkfehler: „*jeder* Entwurf, *jedes* Ideal, *jeder* Entschluß, mit dem das Denken und Wollen der Lebenden sich der Zukunft entgegenstreckt, ist und bleibt doch eben – Gegenwart, Geist von ihrem Geist, gebunden an die Bedingungen, festgehalten in den Grenzen, abhängig von den Vorurteilen, die den Horizont dieser Gegenwart ausmachen" (S. 24). Sie *versuchten somit also, die Jugend auf ihre Ziele hin festzulegen.* Das pädagogische Ethos schließe jedoch den „Willen zur *eigenen* Durchsetzung" aus (S. 26). „[…] es heißt doch dem Wachstum werdender Seelen offenkundigste Gewalt antun, wenn man die flüchtigen Einfälle einer höchst partikularen Phantasie als verpflichtende Werdeziele einem Alter aufsuggeriert, dem jede Möglichkeit selbständiger Kritik abgeht" (S. 28). In diesem Kontext teilt *Litt* auch der Idee des „Bildungsideals" eine Absage, wenn damit „eine im Bild vorweggenommene Form lebendigtätigen Menschentums" gemeint sei (S. 36). Er fordert von den Erziehern „einsichtige Selbstbegrenzung" (S. 25) sowie „ehrfürchtige Bescheidenheit gegenüber dem Walten des lebendigen Geistes" (S. 25; S. 36). In dem Verhältnis des Erziehers zur Zukunft, so resümiert er, scheinen sich seine Überlegungen „durchaus mit dem Prinzip des ‚Wachsenlassens' solidarisch zu erklären", da sie „dem Eifer des Erzieher-Führers" die Mahnung entgegenhielten, er möge jenes Leben [der Jugend; E. M.] seinem „eigenen Wachstum überlassen, dem seine Geschäftigkeit Weg und Ziel vorschreiben möchte" (S. 36).

In seinem *zweiten Kapitel*, überschrieben mit „Der Erzieherwille im Verhältnis zu Gegenwart und Vergangenheit", geht *Litt* auf diejenige Denkrichtung ein, die für den Erzieher das „Führen" im Blick auf die Zukunft nachdrücklich ablehnte, aber für ihn als „den Anwalt des Heute, des Gestern" (S. 38) ausdrücklich bejahte. Der Erzieher solle „führen", „aber er soll es tun im Sinne und aus den Impulsen dessen, was war und ist" (S. 38). Das *Recht der Zukunft* werde dabei übersehen. Hier sei die Überzeugung vorherrschend, „die Erziehung habe einfach den gerade vorliegenden Zustand des Lebens mit allen ihm eingewachsenen Gepflogenheiten, Einrichtungen, Überzeugungen, Wertungen unverändert auf die junge Generation zu übertragen" (S. 38). In der deutschen Gegenwart sei jedoch die „Unbefangenheit", mit der Gegenwärtiges und Vergangenes in eins gefasst worden sei, erschüttert (S. 39). Der Blick sei häufig rückwärtsgewandt, es herrsche die Überzeugung, es gelte die Jugend zu einer besseren vergangenen Lebensform zurückzuführen (vgl. S. 40). Diese „Vergangenheitspädagogen" hätten mit den „Zukunftspädagogen" Wesentliches gemeinsam: „Der eine wie der andere glaubt sich befugt, ja beauftragt, eine bestimmte Form lebendigen Daseins an die werdende Seele heranzubringen; und der eine wie der andere beruhigt sich über alle Zweifel, die aus einem empfindlichen pädagogischen Gewissen aufsteigen könnten, mit der Erwägung: es sei eben doch nicht eine von außen herangeholte Form, die dem bildsamen Material der Seele aufgeprägt werde, sondern sie werde demjenigen zugeführt, wonach ihre geheimste Sehnsucht, ihr innerstes, um sich selbst nicht wissendes Trachten recht eigentlich verlange" (S. 40). Auf dem Hintergrund des skizzierten Gedankenganges setzt sich *Litt* auf den folgenden Seiten (S. 43–47) kritisch mit der „deutschkundlichen Bewegung" auseinander (vgl. hierzu auch Litt 1965d).

Im *dritten Kapitel* beschäftigt er sich mit dem „guten Sinn des ‚Wachsenlassens'". Er hebt hier zunächst hervor, dass sich *Bildung an den geistigen Objektivationen vollziehe* und exemplifiziert dies am Beispiel des Spracherwerbs. Dies sei in der Geschichte des Menschengeschlechts zunächst im Lebensvollzug geschehen. „Nun kann es freilich im Verlauf des Menschenschicksals nicht bei der Absichtslosigkeit bleiben, mit der der objektive Geist als Bildungsgehalt sich in die jungen Seelen hineindrängt. Hat dieser Geist eine bestimmte Fülle und Gliederung erreicht, so ist seine Fortdauer auf absichtsvolle und planmäßige Lehre und Übertragung angewiesen" (S. 52). Dies sei jedoch alles andere als die Forderung eines Bildungsideals als eines „bestimmten, bildhaft zu fassenden Ideals der Menschenformung" (S. 52). Auch ohne Bildungsideal würde die Erziehung nicht „substanz- und richtungslos" (S. 55). Die erzieherische Arbeit gestalte sich vielmehr folgendermaßen: „Ich bringe [...] von den in ihrer Selbstwertigkeit anerkannten Gütern des Geistes, die mir zur Verfügung stehen, sowie von den Stoffen und Funktionen, deren Pflege das Lebensinteresse der Gemeinschaft fordert, dasjenige mit der noch unerprobten Seele zusammen, wovon ich vermuten kann, daß es in ihrer Reichweite liegen mag; und wo immer ein Stück dieses Besitzes verstehende Aufnahme findet, da setze ich mein bildendes Bemühen in volle Tätigkeit, auf daß die Einigung zwischen idealem Gehalt und werdender Gestalt eine möglichst innige werde" (S. 58).

Mit diesen letzten Überlegungen ist *Litt* auch schon beim „guten Sinn des ‚Führens'" – und damit bei seinem *vierten Kapitel* – gedanklich angekommen. Die Aufgabe der Erzieher bestehe darin, „aus der Fülle der Kulturgüter das Notwendige und vor anderem Wünschbare auszuwählen, es der kindlichen und jugendlichen Seelenverfassung anzupassen, im Stufengang von Lehre, Übung und Zucht planmäßig in die nachwachsende Generation hineinzubilden" (S. 63f.). Die Grundlinien seines geistigen Wachstums seien dem Kind *nicht* wie organischen Wesen eingeboren (S. 64), die Vorstellung sei also irrig, „daß die Erziehung nichts weiter zu tun habe, als dies in ihm [dem Kind; E. M.] Vorgezeichnete ohne jede Störung und Ablenkung sich ‚auswickeln' zu lassen" (S. 64). „Eine Erziehung, die allen Ernstes nichts weiter täte, als den Neigungen und Bedürfnissen des Kindes nachgehen, den Fragen des Kindes Antwort geben, den Beschäftigungen des Kindes Unterstützung leisten, wäre in ihren Konsequenzen nichts Geringeres als der Rückfall in die Barbarei. Gegenüber dieser Pädagogik weichlichster Sentimentalität stabilisieren wir Recht und Pflicht des Erziehers, zu *handeln* – zu handeln auch da, wo nicht das Verlangen des Kindes ihn ruft" (S. 65). *Der Erziehung sei es also um die Zusammenführung von – je einzelnem!* (s. S. 75ff.) – *Kind/Jugendlichen und geistigen Gehalten zu tun.* Da sie „des Geistes, den sie der werdenden Seele zuführen will, nicht anders als in der tradierten Form habhaft werden" könne, eigne „der Erziehung *als* Erziehung ein konservativer Zug" (S. 69). Dennoch sei *recht verstandene Erziehung nicht rückwärtsgewandt.* Sie ziele darauf, an den geistigen Objektivationen gerade das zur Wirkung zu bringen, „was die Weihe des Überzeitlichen, Ewigen, Gültigen" trage (S. 70). Er ist sich allerdings sehr wohl darüber im Klaren, wie schwierig dessen Festlegung im Einzelnen ist. Trotz der damit verbundenen *Probleme der Auswahl* zeige die *Suche nach den klassischen Gehalten* – wie *Litt* sie in Anlehnung an *Spranger* nennt – „die Grundrichtung des Wertens und Wählens, mit der echte Erziehung steht und fällt" (S. 74). „Nur wenn es ein Zeitüberlegenes gibt, an dem der Geist wachsen kann, ohne sich in ihm zu verlieren, nur dann ist ein Einfluß auf werdende Seelen denkbar, der sie auf den Geist verpflichtet und doch zugleich in Freiheit ihr Schicksal wählen läßt" (S. 74). Hier wie an folgender Aussage *Litts* wird das *Miteinander von Führen und Wachsenlassen im Sinne der Einführung in die Kultur* besonders deutlich: „Ein auf *Ein*führung bedachter Erziehungswille [...] wird mit der höchsten und angespanntesten Aktivität den tiefen Respekt *vor* dem Recht des Wachsenden zu vereinen keine Mühe haben; denn die Schätze geformten Geistes, die seinem einführenden Bemühen das Material geben, entheben ihn der Notwendigkeit und der Versuchung, *sich selbst* mit seinem zeitgebundenen Wollen in den Prozeß des Werdens hineinzudrängen" (S. 72).

Im *Schluss* formuliert *Litt*, dass es ihm bei seinen Erörterungen darum gegangen sei, „den ewigen Sinn der Erziehung aus dem Nebel der Übertreibungen und Mißverständnisse hervor[zu]holen" (S. 80) und *die dialektische Verschränkung, das Aufeinanderbezogensein von Führen und Wachsenlassen in der Erziehung herauszuarbeiten und somit jeder Absolutsetzung des einen oder anderen Moments entgegenzuwirken. Mit dieser Schrift liegt somit eine klassische dialektische Argumentationsweise vor, die über These und Antithese zu einer Synthese – hier der „Einführung in die Kultur" – führt.*

4.5 Die Grundstile der Erziehung nach Eduard Spranger

Unter den „Grundstilen" versteht *Spranger* „Idealtypen" der Erziehung (1969f, S. 210). „Sie sind ideal im Sinne von *gedanklicher* Isolierung, und sie sind konstruiert als äußerste reine Fälle, die nur als methodische Hilfsmittel zur schärferen Herausarbeitung wirklich vorkommender Fälle dienen" (ebd.). Idealtypen kommen also in der Wirklichkeit nicht in Reinform vor. Sehr wichtig für das richtige Verständnis ist auch, dass *mit Idealtypen keine Wertungen verbunden* sind: „Sie dienen rein methodischen Zwecken und haben mit dem ethischen Ideal oder anderen Wertbeurteilungen der Sache selbst nichts zu tun" (ebd.). *Spranger* entwickelt nun *einander polar entgegengesetzte Idealtypen*; dies habe den Vorteil, „daß man sozusagen gleitend von dem einen zum anderen Extrem übergehen kann, indem man dem einen Prinzip immer mehr von dem anderen beimischt." Jede der im Folgenden vorgestellten „idealtypischen Möglichkeiten" enthalte einen Wahrheitskern, bringe „aber auch die Nachteile ihres eigentümlichen Ausgangspunktes" mit sich (ebd.).

Spranger unterscheidet zwischen a) *„weltnahen"* und *„isolierenden (inselhaften)"* (1969f, S. 211; 1969i, S. 368), b) *„freie[n] (liberale[n])"* und *„gebundene[n]"* (1969f, S. 219; 1969i, S. 369), c) *„vorgreifende[n]"* und *„entwicklungstreue[n] (entwicklungsgemäße[n])"* (1969f, S. 227) und d) *„uniforme[n]"* und *„individualisierende[n]"* (1969i, S. 373; vgl. auch 1969f, S. 225) Grundstilen der Erziehung.[28]

Zu a): Der *weltnahe Grundstil der Erziehung* meine, dass die *Erziehung mitten im Leben* und bezogen auf die Herausforderungen des Lebens stattfinde, um *Weltfremdheit zu vermeiden*. Der *isolierende Grundstil* bedeute, dass den jungen Menschen ein *Schonraum* zugestanden werde, dass sie zunächst *abseits vom Getriebe der Welt* erzogen würden, um sich *nicht in der Welt zu verlieren* (vgl. 1969f, S. 211ff., u. 1969i, S. 368f.). Als *klassisches Beispiel* für den *inselhaft-isolierenden Stil* führt *Spranger* Rousseaus Erziehungsverständnis in seinem Erziehungsroman *„Emile"* an (1969f, S. 212). „[...] es entstand im Weiterwirken daraus ein sehr wesentlicher Erziehungsgedanke, nämlich der, daß Erziehung mehr zu leisten habe als nur die sinngemäße Einfügung in die gegebene Kultur. Das heißt aber, daß man die *Idee* der echten Kultur höher stellt als die reibungslose *Anpassung* an das, was die betreffende Epoche Kultur nennt" (S. 213). Außerdem weist *Spranger* darauf hin, dass traditionell „Schule eine

---

[28] Ausführungen *Sprangers* zu den Grundstilen der Erziehung finden sich in zwei Texten: In „Grundstile der Erziehung" aus dem Jahre 1951 (1969f) und in „Das Gesetz der ungewollten Nebenwirkungen in der Erziehung" aus dem Jahre 1962 (1969i). Die Problematik der Darstellung in den beiden Texten liegt darin, dass *Spranger* sich selbst nicht an seine bei der terminologischen Klärung der „Idealtypen" gemachten Äußerungen hält, dass es hierbei nicht um Wertungen ginge. Ich habe mich bei meiner Darstellung allerdings an dieses ursprüngliche Verständnis *Sprangers* gehalten und seine Bewertungen der einzelnen Grundstile der Erziehung (bzw. der einzelnen Beispiele hierzu) außen vor gelassen!

4 Erziehungstheorie

Veranstaltung ist, die die Jugend vor der frühzeitigen Berührung mit dem realen Leben behütet. Sie vermittelt Kenntnisse, die erst später tatsächlich angewandt werden, und sie schafft eine Art [...] Schonbereich" (S. 212). Als *klassisches Beispiel für den weltnahen Stil* führt *Spranger* die *Erziehung zum adligen „Weltmann" in den Ritterakademien des 17. und 18. Jahrhunderts* an: „In solchen Akademien findet man denn auch Französisch im Vorrange vor Latein, gegenwartsbezogene Lehrstoffe bis zum Zeitungskolleg hin, und viele Leibesübungen, teils militärischer, teils gesellschaftlicher Art" (S. 216).

Zu b): Der *freie, liberale Grundstil* meine: „Erziehung ist nur im *Element der Freiheitsgewährung* möglich, die zur Selbstbeherrschung führt" (S. 220; Hervorh. E. M.). Der *gebundene Stil* bedeute: „Erziehung ist nur möglich im *Geiste der Strenge*, die erst zur echten Freiheit reifen läßt" (ebd.; Hervorh. E. M.). Als *klassisches Beispiel* für den *freien Stil* führt *Spranger* die *Universität des 19. Jahrhunderts* an, auf der „weder eine Kontrolle der Lebensführung noch eine Beaufsichtigung des wissenschaftlichen Studiums" stattgefunden habe (S. 221). „Der Einzelne sollte sich selbst durchbeißen, an seinen Irrtümern lernen, den nicht geringen Versuchungen völliger Freiheit hinsichtlich der Lebensgestaltung ausgesetzt sein. Wer dieser Probe nicht standhielt, mochte Schiffbruch leiden oder am Wege liegen bleiben". Hiermit sollte auch „der jeweiligen Individualität und dem noch jugendlichen Lebensrhythmus Spielraum gegeben werden" (S. 222). Als *klassisches Beispiel* für den *gebundenen Stil* führt *Spranger* die *Heereserziehung des 19. Jahrhunderts* an. Ziel sei hier gewesen, „daß man den eigenen Willen aufgab und sich einem größeren Willensganzen unterordnete" mit dem Ziel der Freiheit des Dienstes (ebd.).

Zu c): Der *entwicklungsgemäße Grundstil* bedeute, mit erzieherischen Anforderungen abzuwarten, „bis der [bei dem jungen Menschen; E. M.] jeweils erforderliche Reifezustand eintritt und nur Antworten" zu geben, „die einem spontanen Fragen entgegenkommen" (1969i, S. 373). Zeitverlust werde hierbei in Kauf genommen (vgl. ebd.). Der *vorgreifende Stil* meine die „künstliche Beschleunigung des Lerntempos", des gezielten Eingriffs in die „spontane Entwicklung" zugunsten der „Forderungen einer hochentwickelten Kultur" (S. 372). Als *klassisches Beispiel* für den *entwicklungsgemäßen Stil* führt *Spranger* die *Reformpädagogik zu Beginn des 20. Jahrhunderts* an (vgl. 1969f, S. 228), als *klassisches Beispiel* für den *vorgreifenden Stil* den *Unterricht in den höheren Schulen seit dem Mittelalter* (vgl. ebd.).

Zu d): Der *uniforme Grundstil* meine, „alle gleich [zu] behandeln und von allen Gleiches [zu] fordern" (1969i, S. 373). Die „Anforderungen an jeden Zögling müßten [also; E. M.] gleich sein, und die Individualität müsse selbst zusehen, wie sie sich durch dies allgemein Verbindliche hindurchkämpfe" (1969f, S. 225). Der *individualisierende Grundstil* bedeute, *auf individuelle Besonderheiten Rücksicht zu nehmen*, der „Individualität des Kindes Spielraum" zu lassen (S. 225). Für den *uniformen Grundstil* nennt *Spranger* kein *klassisches Beispiel*, weist aber darauf hin, dass *in der Schule die Tendenz zum uniformen Stil* bestünde: „Bei der öffentlichen Schulerziehung ist es schon sehr fraglich, ob man das Eigentümliche jeder Natur ausreichend erkennt, noch fraglicher, wie man ihm in der Praxis gerecht werden kann. Alles Individualisieren bringt leicht den Schein von Bevorzugungen mit sich. Alle sollen am gleichen Maß gemessen werden" (S. 226). Allerdings sei Individualisierung auch in der Schule möglich; *Spranger* selbst bringt als *Beispiel für einen individualisierenden Stil* die – Ende der 50er-Jahre begonnene und mit der *Reform der gymnasialen Oberstufe* Anfang der 70er-Jahre konsequent umgesetzte – „Wahlfreiheit auf der Oberstufe der höheren Schulen" (1969i, S. 374).

> **Fazit**
>
> Die geisteswissenschaftlichen Pädagogen stimmen darin überein, dass die Erziehung eine Kulturhandlung, eine zentrale kulturelle Praxis darstellt, mit der der kulturelle Besitz der vorangegangenen Generationen für die nachfolgende aneigenbar wird. Die Aneignung wird nicht als Anpassung an das Vorgegebene, sondern als dessen produktive Weiterentwicklung gedacht. Als Voraussetzung hierfür wird gesehen, dass dem pädagogischen Handeln eine relative Autonomie zugestanden wird, um nicht den Übergriffen anderer kultureller Praxen, zum Beispiel der Ökonomie, zu erliegen. Die Erziehung soll dem Einzelnen ermöglichen, geistige Interessen auszubilden und nicht Sklave seiner Triebe und Bedürfnisse zu sein. Der Erzogene soll auf der Basis eines eigenen Wertestandpunktes sich innerhalb seiner Kultur verorten. Die geistigen Interessen und der feste Wertestandpunkt machen in ihrer Kombination die Bildung des Menschen als Ziel der Erziehung, deren Voraussetzung wiederum die Bildsamkeit ist, aus – hiervon handelt das nächste Kapitel.

5 Bildungstheorie

5.1 Bildsamkeit als Voraussetzung von Erziehung

Eduard Spranger hat sich vorrangig in seiner Schrift „Gedanken über Lehrerbildung" (1920) mit dem Thema der „Bildsamkeit" auseinandergesetzt. Er definiert sie als „die auf psychologischen Gesetzen beruhenden Eigenschaften (Umbildungsmöglichkeiten) der sich entwickelnden Einzelseele, vermöge deren durch Erlebnisse, Fremderziehung oder Selbsterziehung Bildung als ein persönlich und kulturell wertvoller Besitz [...] in ihr erzeugt werden kann" (1970b, S. 40f.). *Spranger* unterscheidet nun verschiedene „Gesetze" der Bildsamkeit: zum einen die „gesetzliche Folge der Bildungsepochen" (S. 43), also altersbedingte Phasen der bildnerischen Ansprechbarkeit; zum zweiten „das individualisierte Formprinzip der Einzelseele" (S. 43). „Dadurch vollzieht sich ganz automatisch eine subjektiv bedingte Auslese unter den Bildungswerten, eine neue Einengung der Werte, die überhaupt assimiliert und in persönliches Leben verwandelt werden können [...] Für den Bildner entsteht daraus die Aufgabe, neben allgemeinen psychologischen Einsichten auch eine Ahnungsfähigkeit für die Individualität [die individuellen Anlagen; E. M.] in sich zu entwickeln" (ebd.). Es genüge allerdings noch nicht, „das allgemeine und individuelle Entwicklungsgesetz und die daraus folgenden Bildungsmöglichkeiten zu kennen, sondern man muß auch die einzelnen Bahnen und Mittel der bildenden Einwirkung untersuchen, die *Hebel*, durch die die Erziehung eine

Bewegung in dem werdenden Menschen einleitet" (S. 44). *Der Bildsamkeit weist Spranger somit in der Pädagogik eine Schlüsselstellung zu* (vgl. S. 45).

Herman Nohl weist in seiner „Theorie der Bildung" ebenfalls darauf hin, dass die Bildsamkeit des Edukandus „die entscheidende Voraussetzung" für die Arbeit des Erziehers sei (1988, S. 196). Denn: Damit Erziehung überhaupt möglich werde, müsse es „einen Ansatzpunkt für die Einwirkung des Erziehers in der Seele des Zöglings geben" (ebd.), eine *Offenheit, eine Ansprechbarkeit des Edukandus, sich bei seiner Entwicklung helfen zu lassen.*

Die *Nohl*-Schüler *Wilhelm Flitner* und *Erich Weniger* haben *das Konzept der Bildsamkeit ausdifferenziert. Flitner* weist in seiner „Systematischen" sowie „Allgemeinen Pädagogik" zunächst darauf hin, dass *die Bildsamkeit des Zöglings in der Praxis vom Erzieher jeweils neu zu erfassen sei* (vgl. 1983a, S. 74/1983c, S. 200). Hierfür sei eine „intuitive Beurteilung des konkreten Falles" unverzichtbar (S. 200). Die *Theorie der Bildsamkeit könne hierfür allerdings eine bedeutende Grundlage geben:* „Die Theorie der Bildsamkeit versucht die allgemeinen Erscheinungen am Zögling aufzuklären, aus denen sich die Entwicklungsfähigkeit im konkreten Fall verstehen läßt – vorausgesetzt freilich, daß ein intuitives Verständnis des Zöglings in seiner bestimmten Situation hinzukommt. Das Verstehen im individuellen Fall ist daher keine Anwendung von Ergebnissen der Bildsamkeitstheorie, diese verhelfen nur zu einer allgemeinen Aufklärung der Situation" (ebd.; vgl. auch 1983a, S. 75) – hier kommt erneut das Theorie-Praxis-Verständnis der geisteswissenschaftlichen Pädagogik zum Tragen.

Die Bildsamkeitstheorie der geisteswissenschaftlichen Pädagogen grenzt sich ab von Auffassungen, die von einer Allmacht oder Ohnmacht der Erziehung ausgehen, da hierbei „aufweisbare Tatbestände falsch verallgemeinert" würden (1983c, S. 201; vgl. auch Nohl 1988, S. 196f.). *Begrenzungen der Bildsamkeit ergäben sich aus dem Individuum selbst wie aus der Gesellschaft/Kultur.* Somit sei *zwischen allgemeiner und konkreter Bildsamkeit zu unterscheiden.* „Die allgemeine Bildsamkeit bezieht sich auf die Fähigkeit des Menschen als solchen, in seiner Entwicklung den intentionalen erziehenden Einflüssen gegenüber sich plastisch zu verhalten. Konkrete Bildsamkeit dagegen heißt diejenige, die in einem bestimmten Zögling zu einem bestimmten Zeitpunkt und innerhalb einer bestimmten Situation angetroffen wird" (1983c, S. 202; vgl. auch 1983a, S. 75f.).

Für die *Überwindung der Polarität Allmacht oder Ohnmacht der Erziehung* hat *Weniger* eine treffende Formulierung gefunden: „Die Pädagogik glaubt nicht an die absolute Güte und Vervollkommnung des Menschen, sie glaubt auch nicht, daß sie mit dem Menschen alles, sondern nur, daß sie mit ihm etwas machen kann, daß sie den werdenden Menschen über seinen gegenwärtigen Zustand hinaus zu einer größeren Reife und zu sinnvollerem Tun führen kann" (1990k, S. 148).

Weniger bringt das Verständnis der geisteswissenschaftlichen Pädagogik von Bildsamkeit auf den Punkt, wenn er formuliert: „Bildsamkeit ist keine bloß psychologische Tatsache, die sich aus Anlage und bisheriger Entwicklung der Jugendlichen ergibt, sondern sie erwächst erst in ihren konkreten Möglichkeiten aus der erzieherischen Begegnung selbst, die immer im Hinblick auf einen Entwurf der Zukunft geschieht und in die der Erzieher seine Überzeugungen und Lebensdeutungen, seinen inhaltlichen Besitz hineinbringt" (S. 147). *Bildsamkeit ist also sozusagen kein Selbstläufer, bedarf vielmehr der Wechselbeziehung mit anderen, die wiederum als Vermittler von Inhalten fungieren.*

5.2 Bildung als das Ziel der Erziehung (verstanden als Fremd- und Selbsterziehung)

Was ist unter *Bildung* zu verstehen? Hören wir hierzu *verschiedene Definitionen geisteswissenschaftlicher Pädagogen*, die diese in *Auseinandersetzung mit dem Bildungsverständnis der Antike und des Neuhumanismus* (vor allem *Wilhelm von Humboldts*) und *vor dem Hintergrund der Kulturkritik*[29] entwickelt haben. *Spranger* versteht Bildung als „Einheit in der Vielheit, innere Aneignung, Beseelung und Durchdringung des zunächst nur von außen heranwogenden Lebensstoffes, beherrschtes Gleichgewicht im Spiel der Kräfte [...] innere Form" (1969d, S. 87). *Weniger* definiert Bildung in seinem entsprechenden Lexikonartikel folgendermaßen: „Bildung ist die innere Form des Menschen [...] ist Entfaltung aller höheren geistigen und seelischen Kräfte in dem Menschen an den Gegebenheiten der Welt und des Lebens" (1930b, S. 166); in einem späteren Artikel aus dem Jahr 1951 spricht er von der „Geformtheit individuellen Lebens" (1952g, S. 124). Bei *Nohl* heißt es: „Bildung ist die subjektive Seinsweise der Kultur, die innere Form und geistige Haltung der Seele, die alles, was von draußen an sie herankommt, mit eigenen Kräften zu einheitlichem Leben in sich aufzunehmen und jede Äußerung und Handlung aus diesem einheitlichen Leben zu gestalten vermag [...] Unabhängig von den Ansprüchen, die der Beruf oder sonst irgendwelche objektiven Mächte an uns stellen, soll hier das Menschliche sich erfüllen" (1988, S. 177f.). *Litt* versteht unter Bildung „die lebendige, die ‚innere' Form, zu der das [...] Subjekt in der Zwiesprache mit der Welt, im Ringen mit der Forderung der Sache, in der Hingabe an das zu gestaltende Werk heranwächst. Und ‚innere Form' verdient hinwiederum die so entstehende Seelenhaltung nur dann zu heißen, wenn sie dem zu ihr Durchgedrungenen einen festen Stand verleiht in den Stürmen des Daseins, wenn sie ihm den klaren Blick gibt für Wert und Unwert, wenn sie ihn stark macht, sich gegen äußere und innere Anfechtungen im sicheren Besitz seiner selbst zu behaupten" (1958a, S. 13). *Wilhelm Flitner* beschreibt Bildung als „innere ‚Gestalt'", als „Formgewinnen des einzelnen unter dem Einfluß der begegnenden Inhalte des gemeinschaftlichen Lebens in der Zeit der Jugend oder eines späteren inneren

---

[29] In der Kulturkritik wurde die intellektualistische Verengung des Bildungsverständnisses, sein enzyklopädischer, auf zusammenhangloses Wissen reduzierter Charakter angeprangert (vgl. etwa zusammenfassend Skiera 2003, S. 45ff.). Entsprechende Kritikpunkte nahmen die geisteswissenschaftlichen Pädagogen auf und grenzten sich von einem entsprechenden Bildungsverständnis ab. Besonders deutlich kommt dies in folgender Aussage *Wenigers* zum Ausdruck: „Sicher ist uns heute [...], daß ‚Bildung nicht ein Wissen, sondern ein Sein' ist (Scheler), damit ist gegeben die Front gegen die Gleichsetzung von Bildung und Wissenserwerb, wie sie das 19. Jahrhundert vornahm, die den Stoffenzyklopädismus, die Uferlosigkeit der Wissensanforderungen, die Überschätzung des Gedächtnisses, des Stoffes, der Gelehrsamkeit zur Folge hatte. Dieser [...] Satz richtet sich aber auch gegen die weit verbreitete Auffassung, die Bildung von dem Können her bewertet und etwa mit Tüchtigkeit gleichsetzt. So berechtigt die hohe Einschätzung des Könnens und der Leistung in jedem Bildungszusammenhang ist, so gefährlich ist der Vorgang, der zur Veräußerlichung, Werkgerechtigkeit, Dressur und zu so grotesken Folgerungen führt wie ‚gebildet ist, wer sich in zwei Sprachen ausdrücken kann', oder ‚gebildet ist, wer Fremdwörter versteht'" (1930b, S. 165; vgl. auch Nohl 1988, S. 178ff.; Spranger 1969a, S. 8f.).

Werdens" (1983c, S. 247). *Klafki* versteht unter Bildung jene „dynamische Gesamtverfassung [...], zu der der junge Mensch sich durch die Aneignung und personale Verlebendigung bestimmter Motivationen, Erkenntnisse, Erfahrungen, Fertigkeiten stufenweise durcharbeiten und die er dann in einem Prozeß der Integration immer neuer Erfahrungen produktiv ausbauen und bewähren soll" (1963c, S. 91f.).

Was ist dem Bildungsverständnis der geisteswissenschaftlichen Pädagogen gemeinsam? a) Bildung setzt die Auseinandersetzung mit der kulturellen Wirklichkeit voraus, sie bedarf dieser als inhaltlicher Substanz und in ausgewählter, aneignbar gemachter Art und Weise (vgl. hierzu 5.3); b) Der von allen (mit Ausnahme Klafkis) verwendete Schlüsselbegriff ist die „innere Form"; Bildung wird somit als Identität einer zur Mündigkeit, zum eigenen Wertestandpunkt befähigten Person verstanden.

Eine *wichtige Fragestellung* der geisteswissenschaftlichen Pädagogen war die nach dem *Verhältnis von Bildung und Beruf*. *Nohl* äußert sich in seiner „Theorie der Bildung" (1933) hierzu folgendermaßen: „Die *Berufserziehung* darf sich immer nur auf der Erziehung zu einem freien höheren geistigen Leben aufbauen, nicht umgekehrt, und sie bekommt ihren pädagogischen Sinn erst dadurch, daß solches einheitliches freies geistiges Leben schließlich nur durch die Konzentration auf einen Beruf und den Dienst an einer Sache gelingt" (1988, S. 179) – mit der letzten Aussage wird der Berufs- oder Fachbildung ein hoher Stellenwert beigemessen. Diese Position findet sich identisch bei *Spranger* in einem erstmals 1918 erschienenen Beitrag (vgl. 1969a, S. 7ff.; v. a. S. 9).

Litt wendet sich dieser Thematik ausführlich nach 1945 zu. Folgende in einem Vortrag von 1958 geäußerte *These trifft*, wie wir sahen, auf seine Kollegen der geisteswissenschaftlichen *Pädagogik nicht zu*: „Bei uns ist man gewohnt, spezialistische Fachbildung und allgemeine Menschenbildung nicht als sich ergänzende Teilaufgaben, sondern als *gegensätzliche*, als miteinander konkurrierende Richtungen erzieherischen Bemühens anzusehen" (1958b, S. 48). Er nimmt bereits gehörte Gedanken auf, wenn er in einem Vortrag 1947 formuliert: Wenn „echte Bildung nur da erblühen kann, wo die Not unserer nationalen Existenzkrisis mit voller Bereitwilligkeit und klarer Einsicht aufgenommen und bestanden wird, dann ist der Beruf doch ganz sicher diejenige Lebensbetätigung, in deren Ausübung sich der Gehalt der Bildung in erster Linie entwickeln und bewähren muss [...] Gelingt es uns nicht, in der Sphäre der Berufsarbeit *selbst* die menschenbildenden Motive zu entdecken und zur Wirksamkeit zu bringen, so heißt es jeglicher Hoffnung auf Bildung zu entsagen" (1958a, S. 24).

5.3 Die Auswahl der Bildungsinhalte und das „Bildungsideal"

Entscheidendes Merkmal der geisteswissenschaftlichen Bildungstheorie ist, dass diese Bildung nicht als im Inneren des Menschen automatisch ablaufenden Entwicklungsprozess deutet, sondern für jene eine von außen kommende inhaltliche Substanz, die angeeignet wird, für unerlässlich hält. Nohl formuliert dies in seiner „Theorie der Bildung" folgendermaßen: „Die Bildung geht auf Weckung und Gestaltung des Innern, aber sie bedarf dazu eines geistigen Inhalts, der nicht bloß Mittel ist, sondern Selbstwert hat, sie ist auf eine Form des geistigen Lebens gerichtet, aber diese Form kommt nur durch Assimilation eines Gehaltes zustande, sie will Entwicklung von Kräften, die doch nur an einer unbeugsamen Gegenständlichkeit sich wahrhaft entwickeln" (1988, S. 181). Damit die *geistigen/kulturellen Inhalte zum subjektiven Besitz des Individuums werden* könnten, müssten jene auf ihre Entstehungskontexte, auf ihre *Genese zurückgeführt* werden; dies würde die Genese dieser Inhalte im Individuum erleichtern (vgl. S. 182; vgl. auch Spranger 1970b, S. 33). Hiermit gibt *Nohl* eine Antwort darauf, *auf welche Weise* die Inhalte dargeboten werden sollen; auf die Frage, *welche Inhalte* es sein sollen, findet sich der Hinweis auf die *„Grundrichtungen unseres geistigen Daseins"* (S. 264), womit *Nohl* die politischen, rechtlichen, religiösen, ästhetischen, natur- und geisteswissenschaftlichen sowie gesellschaftlichen Denkweisen meint und somit die Vielfalt der Welt im Bildungsprozess repräsentiert sehen möchte (vgl. S. 264f.). Diese bedürften allerdings – man erinnere sich an die entsprechenden Ausführungen im Kapitel zur „relativen Autonomie der Pädagogik" – einer Umformung in den Horizont des Edukandus.

Bereits in seiner Skizze „Pädagogik" aus dem Jahre 1921 hat sich *Litt* über die *Auswahl der Bildungsinhalte* grundlegende Gedanken gemacht. Er weist darauf hin, dass sich die Pädagogik zunächst mit einer *„Mannigfaltigkeit von Kulturgebieten"* (1921a, S. 290) konfrontiert sehe, die sie auf ihren Wertgehalt befrage. Keines von ihnen könne einen Anspruch auf Allgemeingültigkeit erheben; entscheidendes Kriterium ihrer Bedeutsamkeit sei der „konkrete Lebenszusammenhang der Kultur" (S. 291). Aufgabe der Pädagogik sei es, sich „vom Ganzen der konkreten Kulturlage her [...] den einzelnen Kulturgebieten und den durch sie hervorgebrachten Kulturgütern" (S. 292) zuzuwenden, um zunächst zu einer „Rangordnung der Kulturgebiete und Kulturgüter" (ebd.) zu gelangen. Allerdings: „Ein Kulturgut mag dem Betrachtenden und Genießenden die höchsten Wertqualitäten offenbaren, damit ist noch nichts über die Frage ausgemacht, was es für den Prozeß der Bildung bedeutet" (S. 293). Kultur- und Bildungsgut/-inhalt fielen also nicht zusammen. Folgende Ansprüche seien an Kulturinhalte zu stellen, um sich als Bildungsinhalte zu erweisen: Sie müssten sich zum einen in die „innere Bewegung des lebendigen Ganzen einfügen" (ebd.), d. h., sie müssten nach wie vor lebensbedeutsam sein, und sie müssten sich zum zweiten in Beziehung setzen lassen „zu dem Ganzen der *jugendlichen Seelenentwicklung*" (S. 294), also der spezifischen Seins-, Empfindens- und Denkweise der jungen Menschen adäquat sein. Die so ausgewählten Bildungsgüter müssten nun in einem letzten Schritt konkretisiert werden für die einzelnen Individuen (vgl. S. 296f.) bzw. bestimmte Gruppen von Individuen, „Typen", mit ähnlicher geistiger Struktur (vgl. S. 299f.).

Spranger macht den Vorschlag, dass *die Kulturinhalte Bildungsinhalte werden können/sollen, die klassischen Charakter* haben. Als klassisch bezeichnet er Inhalte, die zum einen *einfache Strukturen* widerspiegeln, sozusagen *elementar, leicht verständlich und nachvollziehbar* sind, zum zweiten solche, die *zeitüberlegene Wertvorstellungen* transportieren, und zum dritten solche, die vielseitig sind, *verschiedenste Dimensionen des Menschseins* umfassen (vgl. 1969c, S. 76ff.). Folgende weitere Merkmale führt er noch an: „Alles Klassische ist unter individuellen [konkreten historisch-kulturellen; E. M.] Bedingungen des Lebens, aber nach allgemeinen Gesetzen des Lebens erkämpfte *Formung* des Menschentums"

(S. 79). Das Klassische sei sozusagen nicht kulturneutral. Es müsse ein „genetisch-historischer Zusammenhang, eine Art Abstammungsverhältnis zu diesem Klassischen gegeben sein". Dies heiße, „daß jedes Volk, das eine eigene Geistesgeschichte von genügender Ausweitung und Höhe besitzt, notwendigerweise auch seinen eigenen Klassizismus haben wird" (S. 80).

In seiner 1927 erstmals veröffentlichten Schrift „,Führen' oder ,Wachsenlassen'" unterstreicht *Litt* das von *Spranger* angeführte *Merkmal des Klassischen als zwar schwieriges, aber unverzichtbares Auswahlkriterium für Bildungsinhalte*: „Nur wenn es ein Zeitüberlegenes gibt, an dem der Geist wachsen kann, ohne sich in ihm zu verlieren, nur dann ist ein Einfluß auf werdende Seelen denkbar, der sie auf den Geist verpflichtet und doch zugleich in Freiheit ihr Schicksal erwählen heißt" (1960b, S. 74).

In *Wilhelm Flitners* „Systematischer Pädagogik" (1933) lesen wir: „Was Bildungsgehalt ist und in welchem Zusammenhang, wird durch die Tradition bestimmt und läßt sich nur in Grenzen vom einzelnen umbestimmen" (1983a, S. 88, vgl. auch 1983c, S. 217). Er wird allerdings durchaus konkreter: „Der Bildungsgehalt einer Gesamttradition, in der die Erziehungsgemeinschaft steht, gliedert sich nach den verschiedenen Stufen und Dimensionen des Daseins" (S. 89).[30] Bildungsgehalte seien somit „*Verhaltensweisen* des leiblichen Daseins", die, „sobald sie sich mit Techniken verbinden", geübt werden müßten; „*Techniken*" und „*Künste*"; „*Sitten und Rechtsnormen*", die für einen Lebenskreis gelten; die Hinterlassenschaften der Wissenschaften und der schönen Künste, wobei grundlegend seien: „die *Erinnerung* an die frühere Geistestätigkeit, soweit sie uns Heutige noch fördert, festgehalten im *Schrifttum*; dann die *Methoden der Wissenschaften*, die mathematisch-naturwissenschaftlichen, und die Interpretation menschlicher Dokumente; ferner die *Werkregeln* der schönen Künste" (S. 90) sowie religiöse Lehren (vgl. ebd.; vgl. auch 1983c, S. 218ff.).

Das von *Spranger* und *Litt* bemühte *Auswahlkriterium des Klassischen stößt innerhalb der geisteswissenschaftlichen Pädagogik selbst auf Kritik*. *Weniger* stellt in seiner „Theorie des Bildungsinhalts" aus dem Jahr 1930 sowie in seiner überarbeiteten Fassung des Textes aus dem Jahr 1952 (wiederabgedruckt 1990) die Frage, „welche Instanz" feststelle, „was als klassisch zu gelten habe" (1930a, S. 15/1990n, S. 246). „Jeder Versuch der Festsetzung eines Gültigen und Klassischen außerhalb der konkreten Situation und außerhalb des Lebensraumes, in dem die Bildung jeweils stattfindet, ist hoffnungslos, weil er eine metaphysische Einung voraussetzt, deren Fehlen alle unsere Überlegungen über die Auswahl und Konzentration der Bildungsinhalte gerade erst hervorgerufen hat" (ebd./S. 247). Auch die Berufung auf die Tradition kritisiert *Weniger*: „Die Glaubwürdigkeit der Bildungsinhalte kann seit der Kulturkritik nicht mehr auf der Tatsache ihrer bis jetzt ununterbrochenen Tradition gründen. Sie wird heute immer in die Kraft und Wirkung der bildenden Begegnung selbst gestellt werden müssen" (S. 16/S. 248). An anderer Stelle formuliert er pointiert: „Man sollte am

---

[30] In seiner „Allgemeinen Pädagogik" drückt er denselben Sachverhalt folgendermaßen aus: „Dieser *Sachgehalt der Bildung* oder ,Bildungsgehalt' hat in jeder geschichtlichen Überlieferung der Hochkulturen eine wiederkehrende Struktur, die aus folgenden Bauteilen besteht" (1983a, S. 218). – Die „Bauteile" werden im laufenden Text nach der „Systematischen Pädagogik" genannt, weil sie dort knapper und klarer dargestellt sind als in der „Allgemeinen Pädagogik".

besten überhaupt nicht von Tradition und Kulturgut sprechen, weil das allzu substanzielle Vorstellungen erweckt. Nicht das Kulturgut soll tradiert werden, sondern die geistige Welt soll lebendig bleiben, und der Fortgang des Lebens und der geistig-geschichtlich-gesellschaftlichen Welt soll gesichert werden" (1990n, S. 264).

Die *Auswahl der Bildungsinhalte* müsse vor diesem Hintergrund *auf der Basis eines Bildungsideals*, einer „existentiellen Konzentration" (S. 53/S. 290) erfolgen. „Das Bildungsideal ist keine Abstraktion, es lebt nur in der Bezogenheit auf konkrete Aufgaben und auf die gegebene Wirklichkeit [...] Es enthält seinem Wesen nach in einem Bilde die anschauliche Vorwegnahme der Zukunft, wie sie gewünscht wird von erfahrenen Aufgaben und von dem Bestand an Kräften und Strebungen in der Gegenwart aus" (S. 34f./S. 260). Es beziehe sich „auf die menschliche Haltung, die der erkannten Aufgabe gegenüber gefordert ist" (S. 35/ebd.).[31] *In diesem Kontext habe dann auch das Klassische als Auswahlkriterium seine Berechtigung:* „Aus der Fülle der überzeitlichen Leistungen des Menschengeschlechts wird das als das Klassische für die gegenwärtige Bildungsaufgabe ausgewählt, in dem aus der zum Vorbild genommenen menschlichen Haltung heraus die der unseren verwandte Aufgabe wirklich bewältigt wird, in einem vollendeten Werk, in einer geschlossenen, in sich ruhenden Form" (S. 36/S. 262f.). Das Klassische werde hierbei „nicht eigentlich im Rückgang gewonnen, es erweist sich als inhaltlicher Bestandteil unseres Ideals, unserer Aufgabe und unserer Mittel. Aber damit ist dann auch seine Grenze gegeben, denn für viele Aufgaben, die unserer Zeit gestellt sind, gibt es keine Klassik, weil die Aufgaben ganz neu sind, ohne Vorgang und ohne Grundlagen in irgendeiner Vergangenheit und ohne Anhalt an irgendeiner der bisherigen menschlichen Verhaltungsweisen und Lebensformen" (ebd./S. 263). Die Bildungsinhalte dürften nun allerdings nicht nur durch das „Bildungsideal", die „existentielle Konzentration"[32], die Zukunftsorientierung bestimmt sein, sondern sie müssten auch die *„geistigen Grundrichtungen"* (S. 45/S. 272)[33] und die in der jeweiligen Gegenwart präsente Vergangenheit (vgl. S. 47f./S. 274ff.) widerspiegeln. Hier sei ein zweiter Ort für das Klassische als Auswahlkriterium gegeben, in dem zum Beispiel Religionsführer, Entdecker, Forscher, Künstler oder auch einzelne große Werke „als vollendeter Ausdruck der philosophischen, ästhetischen oder religiösen Geisteshaltung" (S. 46/S. 273) präsentiert würden. Allerdings sei auch diese Auswahl unter dem Primat des Bildungsideals, der existenziellen Konzentration, zu treffen (vgl. ebd.).

Auch bei *Nohl* spielt der Begriff des *Bildungsideals* eine wichtige Rolle. In seiner „Theorie der Bildung" finden wir folgende Definition: „Den Geist und die Haltung [...] des *Ganzen der Bildung* nennen wir *Bildungsideal*"; dieses sei „das Idealbild einer einheitlichen körperlich-seelisch-geistigen Verfassung" (1988, S. 186). „Es ist die letzte Bedingung aller pädago-

---

[31] In seinem Lexikonartikel aus dem Jahr 1930 formuliert *Weniger*: Bildung „ist die Anordnung von Subjektivem und Objektivem im Ich, die von uns, von einer Zeit, einem Volk, einer Menschengruppe gewünscht wird und sich als notwendig erweist gegenüber den Aufgaben, die diesen gestellt sind. Und zwar bezieht sich das Bildungsideal immer auf die menschliche Form, den Stil, die einheitliche Darstellung solcher Ordnung" (1930b, S. 165).

[32] 1929 spricht *Wenigers* Lehrer *Nohl* von dem Fehlen der „existentiellen Bedeutung unserer Bildung" (1949, S. 115).

[33] Vgl. die oben angeführten Ausführungen zu *Nohl*.

gischen Arbeit, ohne die sie zerfahren, zufällig und äußerlich zusammengefaßt erscheinen müßte" (S. 186f.).

Spranger überschreibt eine damals viel beachtete Aufsatzreihe in der von ihm zusammen mit *Nohl*, *Litt*, *Aloys Fischer* und *Flitner* herausgegebenen Zeitschrift „Die Erziehung" mit „Das deutsche Bildungsideal der Gegenwart in geschichtsphilosophischer Beleuchtung" (1969d) und versteht darin das „Bildungsideal" als ein über den Parteien stehendes „absolutes Sollen", das Richtschnur für den einzelnen wie für das Volk sei (S. 31).

Auch nach 1945 hält er an der Unverzichtbarkeit eines Bildungsideals fest; so formuliert er etwa in seiner Schrift „Der geborene Erzieher" aus dem Jahr 1958, dass „jedem Volk, das noch kräftig ist, ein Idealtypus vom Menschen vorschwebt", der die Richtung des pädagogischen Wirkens vorgebe (1969h, Bd. I, S. 306).

Deutliche *Kritik am Bildungsideal* äußert *Litt*, der dieses für ein *harmonistisches Konzept* hält, *das der Mannigfaltigkeit menschlicher Geistesausprägungen nicht gerecht* werde (vgl. 1930, v. a. S. 77ff.). Im Blick auf die Auswahl von Bildungsinhalten findet sich folgende aufschlussreiche Formulierung: „Selbst wenn völlige Übereinstimmung herrschte hinsichtlich der allgemeinen Grundsätze, in denen diese Einheit niedergelegt ist, wäre damit auch nur das Geringste ausgemacht über die besondere Gestalt der Inhalte, an und in denen diese Grundsätze sich auszuwirken hätten? Offengelassen wäre durch sie doch immer noch der *konkrete Gehalt* der Ideale, denen man dient, der Gemeinschaft, der man sich ergibt, der Werte, die man anerkennt, der Bildungsgüter, die man pflegt [...] Die Einheit eines Bildungsideals zu behaupten, dazu würde [...] doch erst dann Recht und Anlaß gegeben sein, wenn diese Einheit auch in der inhaltlichen Erfüllung jener allgemeinen Grundsätze zutage träte, wenn eine allerseits übereinstimmend anerkannte Konkretisierung zu der Billigung jener Grundsätze hinzukäme" (S. 77). In seiner Schrift „‚Führen' oder ‚Wachsenlassen'" aus dem Jahr 1927 nimmt *Litt* die Kritik am Bildungsideal wieder auf: Bildungsideale könne man nicht künstlich schaffen, sie seien zwar in traditionellen Gesellschaften gegeben, in modernen, pluralistischen, zukunftsoffenen Gesellschaften hingegen obsolet geworden. *Eine Restitution von Bildungsidealen sei eine unzulässige Einschränkung der individuellen Freiheit.* Seine Ablehnung gelte einem Verständnis von Bildungsideal, das dieses als „eine im Bild vorweggenommene *Form lebendig-tätigen Menschentums*" begreife, „die in dem heranwachsenden Geschlecht durch pädagogische Einwirkungen zu verwirklichen" sei (1960, S. 36). „Daß [...] die Erziehung ohne ein durchgeformtes ‚Bildungsideal' substanz- und richtungslos sein müsse, diese Befürchtung wird entkräftet durch die Fülle von bildenden Energien, die die zu zeitloser Gestalt gediehenen Güter des Geistes [*Litt* rekurriert hier wieder auf sein Auswahlkriterium des Klassischen; E. M.] auch dann, ja dann erst recht ausströmen, wenn sie ohne jeden Seitenblick auf eine herauszugestaltende Form des Menschentums, in der idealen Reine und Eigenheit, gesucht und gepflegt werden" (S. 55). Interessanterweise nimmt *Litt Spranger* (uneingeschränkt) und *Nohl* (leicht eingeschränkt) aus seiner Kritik aus, indem er ihnen unterstellt, dass sie mit dem Bildungsideal nicht die Vorausbestimmung der *„lebendigen Gestalt"* (S. 60) der Jugend meinten (vgl. S. 60f.).[34]

Wilhelm Flitner greift in seiner „Systematischen Pädagogik" (1933) *Litts* Kritik auf. Er weist zunächst darauf hin, dass alle Bildungsvorgänge von Idealbildern geprägt seien, stimmt *Litt* jedoch insofern zu, dass es „eine Intellektualisierung dieser Vorgänge" sei, „wenn man dieses Schauen idealischer Bilder so versteht, als müßten sie verpflichtend formuliert werden als ‚Bildungsideale', zu denen man sich bewußt wählend entscheiden soll und aus denen man Erziehungsgehalte, Mittel und Wege zu deduzieren habe. Die scharfe Kritik an dieser Auffassung der Zielbilder hat in dieser Hinsicht recht" (1983a, S. 111).[35] Er fügt allerdings hinzu: „Die Kritik geht aber in die Irre, wenn sie die Bedeutung der idealischen Bilder für die Erziehung leugnet" (ebd.). Auch in seiner „Allgemeinen Pädagogik" (1950) setzt er sich mit dem „Bildungsideal" auseinander und rückt noch etwas näher an die Position *Litts* heran: „[…] weder der Erzieher noch der Zögling sind darauf angewiesen, über ein rechtes Bildungsideal nachzugrübeln, und es verriet ein Mißverstehen der pädagogischen Theorie, wenn in der öffentlichen Diskussion vorausgesetzt wurde, der Erzieher müsse ein Bildungsideal formulieren und sich daran binden, wenn er folgerecht wirken wolle. Solche Ideale werden weder bewußt konstruiert, noch kann ihre Gültigkeit wissenschaftlich nachgewiesen werden; die Kritik der neueren Pädagogik an diesem Verfahren besteht zu Recht, dieses muß als intellektualistisch und technizistisch zugleich gebrandmarkt werden" (1983c, S. 242).[36] Auch *Flitner* bemüht sich nun, der Pluralität Rechnung zu tragen: „Die Erziehung darf die Jugend nicht gleichförmig unter den Druck absoluter Ideale stellen, sie darf nicht ‚idealistisch' sein. Ihr Ziel ist, daß sich der wachsende Mensch selbst zu helfen wisse, um in seinem Leben das Eigentlich-Menschliche zu verstehen, es sich anzueignen und in der Situation der Existenz zu bestehen" (S. 243).

Eine überzeugende Antwort auf die Auswahlproblematik der Bildungsinhalte ist somit allerdings noch nicht gefunden; Wolfgang Klafki hat sich in seiner Dissertation und weiteren Veröffentlichungen dieser Aufgabe gestellt.

---

[34] *Nohl* fühlte sich wohl damit allerdings – m. E. zu Recht – nicht richtig interpretiert, übte er doch Kritik an *Litts* Absage an ein „Bildungsideal": Er sieht eine „bedenkliche Schwierigkeit" darin, dass die „objektiven Gehalte ja doch *höchst widerspruchsvoll zueinander sind*, kein ‚idealer Kosmos', wie er voraussetzt, und dass die Nötigung, ‚aus der Fülle der Kulturgüter das Notwendige und vor anderm Wünschbare auszuwählen', die er [Litt; E. M.] anerkennt, doch nur aus einem gestaltenden Kulturwillen stammen kann, der immer in die Zukunft greift" (1929b, S. 24f.).
Zwischen den Positionen *Nohls* und *Wenigers* auf der einen Seite und *Litts* auf der anderen Seite bleibt m. E. ein Spannungsverhältnis bestehen.

[35] *Flitner* erwähnt in der dazugehörigen Fußnote *Litts* Schrift „Die Philosophie der Gegenwart und ihr Einfluss auf das Bildungsideal" (1930).

[36] *Flitner* erwähnt in der dazugehörigen Fußnote erneut *Litts* Schrift „Die Philosophie der Gegenwart und ihr Einfluss auf das Bildungsideal". Erstaunlicher Weise bleibt *Litts* Kritik am „Bildungsideal" in seiner Schrift „‚Führen' oder ‚Wachsenlassen'" erneut unerwähnt.

5.4 Wolfgang Klafkis Theorie der kategorialen Bildung[37]

Da die *kategoriale Bildung auf die Überwindung der Scheidung von materialer und formaler Bildung gerichtet ist*, sollen zunächst diese Bildungstheorien einschließlich der an ihnen von *Klafki* geübten Kritik in ihren Grundzügen vorgestellt werden.

5.4.1 Materiale Bildungstheorien und ihre Kritik

Als *materiale Bildungstheorie* gilt zum einen der *„bildungstheoretische Objektivismus"*. „Bildung ist in dieser Sicht der Prozeß, in dem Kulturgüter [...] in ihrem objektiven So-Sein in eine menschliche Seele Eingang finden" (Klafki 1963a, S. 28). *Klafki* nennt drei Kritikpunkte am „bildungstheoretischen Objektivismus": Zum einen würden die Kulturinhalte verabsolutiert und aus ihrer Geschichtlichkeit herausgelöst, zum zweiten erfolge in seiner am weitesten verbreiteten Erscheinungsform, dem Scientismus, eine unkritische Gleichsetzung der wissenschaftlichen Erkenntnisse mit den Bildungsinhalten und zum dritten besitze der „bildungstheoretische Objektivismus" gegenüber der immensen Fülle von Kulturinhalten keine pädagogischen Auswahlkriterien.

Eine *zweite materiale Bildungstheorie* stellt die *Bildungstheorie des „Klassischen"* dar. Ihre Prämisse laute: „Nicht jeder Kulturinhalt als solcher ist schon dank seiner objektiven Werthaftigkeit Bildungsinhalt [...], wahrhaft bildend ist nur das *Klassische*." Als „klassisch" gelte, „was bestimmte menschliche Qualitäten überzeugend, aufrüttelnd und zur Nachfolge auffordernd transparent werden läßt [...] Bildung erscheint von der pädagogischen Theorie des Klassischen aus als der Vorgang bzw. als Ergebnis des Vorganges, in dem sich der junge Mensch in der Begegnung mit dem Klassischen das höhere geistige Leben, die Sinngebungen, Werte und Leitbilder seines Volkes oder Kulturkreises zu eigen macht und in diesen idealen Gehalten seine eigene geistige Existenz recht eigentlich erst gewinnt" (S. 30). Zurückgreifend auf *Weniger* (s. o.) formuliert *Klafki* zwei Kritikpunkte an der Bildungstheorie des „Klassischen": Zum einen gebe es keine einmütige Anerkennung bestimmter Werke, menschlicher Leistungen oder ganzer vergangener Kulturen als „klassisch" und es stelle sich somit die Frage des Auswahlkriteriums, zum zweiten gebe es für viele Aufgaben, die sich in unserer Zeit neu stellten, keine klassischen Lösungen (ebd., S. 31f.).

5.4.2 Formale Bildungstheorien und ihre Kritik

Den materialen Bildungstheorien stehen die formalen gegenüber, die dadurch gekennzeichnet sind, dass sie den Edukandus in das Zentrum ihres Interesses rücken.

---

[37] *Klafki* hat in seiner 1959 erschienenen Dissertation in einer breit angelegten historisch-systematischen Studie die Theorie der kategorialen Bildung ausführlich entfaltet. Eine knappe Zusammenfassung der zentralen Gedanken und Zielsetzungen einer kategorialen Bildung findet sich in seinen 1963 erstmals veröffentlichten „Studien zur Bildungstheorie und Didaktik" (1963e). Hierauf wird sich im Folgenden schwerpunktmäßig bezogen.

Eine *Variante* liegt in der *Theorie der funktionalen Bildung* vor, die mit der Leitformel „Bildung der Kräfte des Kindes" umschrieben werden kann. „Das Wesentliche der Bildung ist nicht Aufnahme und Aneignung von Inhalten, sondern Formung, Entwicklung, Reifung von körperlichen, seelischen und geistigen Kräften" (S. 33).

Klafki nennt an der funktionalen Bildungstheorie zusammenfassend zwei Kritikpunkte:

Erstens: Der junge Mensch erscheint in der funktionalistischen Bildungstheorie – in Anlehnung an biologistisch-dynamistische Modellvorstellungen – als Einheit von Kräften. Hierbei werde übersehen, dass „sich der ursprünglich an Möglichkeiten unbestimmbar reiche individuelle ‚Geist' erst in der Begegnung mit den Inhalten einer bestimmten geistigen Umwelt […] zu der mehr oder minder großen Fülle von Grundrichtungen, Betätigungs- und Erscheinungsweisen" gliedere (S. 35).

Zweitens: Die pädagogische Unzulänglichkeit der funktionalen Bildungstheorie zeige sich auch daran, dass bestimmte Fähigkeiten nicht auf andere Inhalte und Situationen übertragen werden könnten. *Klafki* führt zur Illustration hierzu etwa das Beispiel an, dass ein Schüler, der in der Mathematik die Fähigkeit zu beziehendem Denken beweise, diese Fähigkeit etwa im Bereich der Sprachen keinesfalls besitzen müsse (ebd.).

Eine *zweite Hauptform* der Theorie der formalen Bildung ist die der *methodischen Bildung*. Ihr Charakteristikum ist, dass sie den Blick auf den Vorgang richtet, in dem sich der junge Mensch die Bildung erwirbt. „Bildung bedeutet hier: Gewinnung und Beherrschung der Denkweisen, Gefühlskategorien. Wertmaßstäbe, kurz: der ‚Methoden', mit Hilfe derer sich der junge Mensch die Fülle der Inhalte zu eigen machen kann, wenn die späteren Lebenssituationen es erfordern" (S. 36).

Klafki erhebt gegen die Theorie der methodischen Bildung folgenden Einwand:

Methoden könnten nur an Inhalten erworben werden. „So wenig es nämlich ‚geistige Kräfte' des Individuums ohne Inhalte gibt, ebensowenig gibt es Methoden ohne oder vor den Inhalten, deren Bewältigung sie dienen sollen" (ebd., S. 37).

5.4.3 Überwindung der Scheidung von materialer und formaler Bildung

Im Anschluss an diese Ausführungen weist *Klafki* darauf hin, *dass in jedem dieser vier – kurz vorgestellten – Ansätze ein Wahrheitsmoment sichtbar werde, das auch in einer neuen Theorie der Bildung nicht fehlen dürfe*. Mit Nachdruck macht er nun jedoch deutlich, dass sein Bemühen *mit immer wieder anzutreffenden Versuchen einer „Synthese" von materialer und formaler Bildung nicht gleichzusetzen* sei, hielten diese Versuche doch im Grunde noch immer an der Vorstellung fest, „es gäbe so etwas wie z. B. eine ‚formale Bildung', funktional oder methodisch verstanden, die zwar an gewissen Inhalten gewonnen wird, die aber dann als solche doch etwas von aller Inhaltlichkeit gelöstes sei […] und eben deshalb müsse diese formale Bildung durch eine materiale ergänzt werden." Er hingegen strebe eine Bildungsauffassung an, „die von Anfang an jene in den besprochenen Theorien isolierten und verabsolutierten Ansätze als ‚Momente' im Sinne dialektischen Denkens begreift, d. h. als Bestim-

5 Bildungstheorie

mungen, die nur im ganzen und vom ganzen aller auftretenden Bestimmungen her ihre Wahrheit offenbaren und die zugleich selbst dieses Ganze mitbedingen und erhellen" (S. 39). *Klafki* kann hierbei an die Überlegungen anderer geisteswissenschaftlicher Pädagogen anknüpfen. So heißt es etwa bei *Nohl* in seiner „Theorie der Bildung" (1933). „Wir sind zum besten das, was wir glauben, sind unsere Überzeugung, unsere Weltanschauung, diese planvolle Inhaltlichkeit, in der die Kategorien begründet sind, mit denen wir denken, fühlen und schaffen [...] Alle formale Schulung ist nebensächlich gegenüber solcher Durcharbeitung unserer Inhaltlichkeit, die nicht nur Richtung für unsere Kraft gibt, sondern selber Kraft ist. Von hier aus werden die alten Gegensätze von Lernen und Denken, Gedächtnis und Urteilskraft, Aneignung und Verarbeitung, formaler und materialer Bildung überwunden oder doch unbedeutend. Zugleich ergibt sich von hier aus auch der Wert der Gedankenkreise, Gemütserfahrungen und Organisationsformen, die ich an das Kind heranbringe: es kommt überall nur auf den *kategorialen Wert* an, den sie für das Leben haben" (1988, S. 218f.; Hervorh. E. M.). Wegweisend ist für *Klafki* auch folgende Formulierung *Wilhelm Flitners*: „Die Bildung besteht darin, daß der Geist solche Grunderfahrungen und Verhaltensweisen besitzt, die an den fruchtbaren Punkten gewonnen sind und dann eine reiche Anwendung erlauben, so daß von diesem verstandenen und gekonnten Besitz aus der gebildete Mensch sich zu orientieren und auch das Neue sich mit Hilfe des Bekannten anzueignen weiß. Hierauf beruht die Lebendigkeit echter Bildung" (1983c, S. 232).

Die *Grundaussage von Klafkis Bildungstheorie* lautet vor diesem Hintergrund deshalb folgendermaßen: „Bildung ist Erschlossensein einer dinglichen und geistigen Wirklichkeit für einen Menschen – das ist der objektive oder materiale Aspekt; aber das heißt zugleich: Erschlossensein dieses Menschen für diese seine Wirklichkeit – das ist der subjektive oder formale Aspekt zugleich im ‚funktionalen' wie im ‚methodischen' Sinne [...] Diese doppelseitige Erschließung geschieht als Sichtbarwerden von allgemeinen, kategorial erhellenden Inhalten auf der objektiven Seite und als Aufgehen allgemeiner Einsichten, Erlebnisse, Erfahrungen auf der Seite des Subjekts" (S. 43). *Bildung vollziehe sich also in einem wechselseitigen Erhellungsprozess von „Ich" und „Welt", wobei der Struktur der Inhaltlichkeit eine besondere Bedeutung zukomme, da diese elementare Einsicht ermöglichen müsse.* Der Begriff des Elementaren meine „nichts anderes als den Inbegriff [...] solcher erschließender Inhalte; er deutet auf das Verhältnis der Bildungsinhalte zu der in ihnen repräsentierten Wirklichkeit hin; nur weil die Bildungsinhalte *relativ einfach* sind, vermögen sie dem Sich-Bildenden Wirklichkeit geistig aufzuschließen. *Das Elementare ist das doppelseitig Erschließende*" (1959, S. 304). *Klafki unterscheidet sieben Formen des Elementaren:* Das Elementare als (1) „Grunderfahrung und Grunderlebnis" bzw. als das „Fundamentale", als (2) das „Exemplarische", als (3) das „Typische", als (4) das „Klassische", als (5) das „Repräsentative", als (6) die „einfachen Zweckformen" und als (7) die „einfachen ästhetischen Formen" (1959, S. 383ff.).

Neben der Auswahl adäquater, geeigneter Inhalte seien darüber hinaus noch die Formulierung „echte[r] Fragen" und das Erkennen des „fruchtbaren Moments", des richtigen Augenblicks unerlässliche Anforderungen an den Bildner für einen Erfolg versprechenden Bildungsprozess (vgl. 1959, S. 357ff.).

5.5 Revisionen/inhaltliche Neubestimmungen des Bildungsverständnisses nach 1945

5.5.1 Die Position Theodor Litts

Litt ist nach der Erfahrung der NS-Herrschaft und der Anpassungsbereitschaft vieler „Gebildeter" desillusioniert. „Ist ihnen angesichts der Anfechtungen, denen sie ausgesetzt waren, ist ihnen gegenüber den Suggestionen, durch die sie seelisch überwältigt werden sollten, ihre Bildung der Talisman gewesen, der sie wider das Gaukelspiel der Lüge und die Verführung der Macht gefeit hätte? [...] wer da erwartet hatte, daß die Welt der ‚Bildung' Wall und Schutzwehr sein werde gegen den Andrang des äußeren und vor allem des inneren Verderbens, der ist bitterlich enttäuscht worden. Zu dem Heer der Vielzuvielen, die als kritiklos Gläubige und erfolgreich Hintergangene, aber auch als bereitwillige Gefolgsleute und Anbeter der zur Macht Aufgestiegenen, ja sogar als berechnende Nutznießer der verheißungsvollen Konjunktur in das Lager der Volksverderber übergegangen sind, haben die Vertreter der ‚Bildung' ein beschämend großes Kontingent gestellt" (1958a, S. 15f.).

Diese Fehlentwicklungen führt *Litt* auf ein *falsches Bildungsverständnis* zurück, das seine *Wurzeln in der Humboldtschen Bildungstheorie* habe. Der im Bildungsideal der deutschen Klassik angelegte Versuch, „der ‚Bildung' durch eine Zweiteilung der menschlichen Existenz ein Reservat im Inneren zu retten" (1955a, S. 116), habe bei großen Teilen der deutschen Bildungsschichten zum einen dazu geführt, *die Sphäre der unter Nützlichkeitsgesichtspunkten stehenden Arbeit von der der zweckfreien Geistestätigkeit scharf abzugrenzen*. Zum zweiten hätten sie sich *für die konstruktive Gestaltung und Weiterentwicklung des Gemeinwesens nicht verantwortlich gefühlt*, Politik vielmehr als „schmutziges Geschäft" betrachtet. Die unheilvolle Scheidung von „Kultur" auf der einen, „Zivilisation" auf der anderen Seite, gelte es zu überwinden.[38] Für die Gegenwart notwendig sei eine *Anpassung der Bildungsidee an die Anforderungen und Bedingungen der modernen industriellen Gesellschaft*, deren Entwicklungen er für unumkehrbar und im Kern positiv hält. Nur wenn die kulturkritischen Negationen und antimodernen, harmonistischen Einstellungen überwunden würden, könne die moderne Gesellschaft für ihre Mitglieder zu einer positiven Lebensgrundlage werden.

---

[38] Allerdings war *Litts* Kritik am neuhumanistischen Bildungsdenken in der geisteswissenschaftlichen Pädagogik nicht neu, wenn auch von ihm (erst) nach 1945 in besonderer Ausführlichkeit und Schärfe geäußert; besonders wegweisend ist die politische Wachheit, die er für ein revidiertes Bildungsverständnis für unerlässlich hält.
Bereits in *Nohls* Beitrag aus dem Jahr 1929 „Bildung und Alltag" heißt es: „Man müßte die ganze verwebte Geschichte entwirren, in der seit dem Anfang des 19. Jahrhunderts Idealismus und Romantik das bürgerliche Leben der Aufklärung, ihren großen Begriff von der Gemeinnützlichkeit der Bildung, vom erzieherischen Wert der Wirtschaftlichkeit und der fundamentalen Bedeutung der Arbeitswelt ablehnten und dafür ein Ideal von Bildung schufen, das den sonderbaren Gegensatz von Kultur und Zivilisation zur Voraussetzung hat" (1949c, S. 124; vgl. auch *Nohls* Beitrag „Schule und Alltag", ebenfalls aus dem Jahr 1929, 1949d, S. 113). „Man kann die Notwendigkeit dieser Entwicklung verstehen, sie schuf das freie Geistesleben unserer klassischen Zeit. Zudem war in dieser literarisch-ästhetischen Bildung die neue deutsche Nationalität gegründet. Aber es war doch auch etwas Krankhaftes in dieser Abscheidung des Geistes von der Wirklichkeit, die zur Folge hatte, daß diese Bildung immer blutleerer, instinktloser und kraftloser, *zugleich* aber unser Arbeits- und Alltagsleben immer selbstsüchtiger und geistleerer wurde" (1949c, S. 125).

Anders formuliert: Nur wer die modernen Lebensbedingungen grundsätzlich akzeptiere, könne die ihnen inhärenten Gefahren produktiv und verantwortlich bewältigen. *Zu einem modernen Bildungsverständnis gehöre somit ein reflektiertes Verständnis der Naturwissenschaften, der Technik und der modernen Arbeitswelt zwangsläufig hinzu* (vgl. Litt 1952, 1955a u. 1957a).

Vor diesem Hintergrund müssten *Allgemein- und Fachbildung eine Synthese eingehen.* Hierdurch könne der Gefahr entgangen werden, die Verbindungen zu übersehen, „die die scheinbar so eng umschränkte, so streng spezialisierte Sonderwelt des Berufs mit dem Gefüge des nationalen Gesamtdaseins, ja mit dem Lebensgang der ganzen Kulturwelt verknüpfen" (1958a, S. 29). Ins Positive gewendet: Nur wenn die spezialisierten Berufsaufgaben als unverzichtbarer Teil des Ganzen verstanden würden, könne wieder ein begrüßenswertes Berufsverständnis entwickelt werden, könne die Berufsarbeit dem jeweiligen Berufstätigen einen selbstbewussten Standort im Ganzen ermöglichen (vgl. S. 26ff.). Durch die oben erwähnte Synthese solle die Gefahr des Spezialistentums gebannt werden, das mit politischer Unmündigkeit einhergehe und die Verantwortung für die Gesamtzusammenhänge negiere (vgl. S. 27).

Für alle Bildungsinstitutionen fordert *Litt* als zentrale Aufgabe, den Menschen zu befähigen, in der modernen Arbeitswelt „mit Sachkenntnis und Hingabe tätig zu sein und dabei doch auch von ihr Abstand zu halten, daß er sich davor bewahrt, von ihr verschlungen", instrumentalisiert, um seine Humanität gebracht zu werden (1952b, S. 243).

5.5.2 Die Position Wolfgang Klafkis

Klafkis (Ende der 50er-Jahre vorgelegtes) Konzept der kategorialen Bildung konnte nicht verhindern, dass in den 60er-Jahren seitens der *lerntheoretischen Richtung* innerhalb der Pädagogik am „bildungsphilosophischen ‚Stratosphärendenken'" *heftige Kritik* geübt wurde (Heimann 1962, S. 410). *Trotz dieser Kritik hält Klafki am Bildungsbegriff als pädagogische Zielkategorie fest* (1963c, S. 91). Gegen den Vorwurf der Unschärfe und Vieldeutigkeit des Bildungsbegriffes führt er an, dass hiermit Schwierigkeiten angesprochen seien, denen sich *alle* abstrakten Begriffsbildungen – etwa Tugend, Sittlichkeit, Gerechtigkeit – gegenübersähen, ohne dass dies dazu führen dürfte, diese Begriffe aus der Diskussion zu nehmen. *Er spricht sich vielmehr für einen kritischen Umgang mit derartigen Begriffen aus, die auf ihre historische Entwicklung befragt und in ihrer geschichtlichen Wandelbarkeit verstanden werden müssten.* Wie wir bereits hörten, versteht *Klafki* unter Bildung „jene dynamische Gesamtverfassung [...], zu der sich der junge Mensch durch die Aneignung und personale Verlebendigung bestimmter Motivationen, Erkenntnisse, Erfahrungen, Fertigkeiten stufenweise durcharbeiten und die er dann in einem Prozeß der Integration immer neuer Erfahrungen produktiv ausbauen und bewähren soll" (1963c, S. 91f.). Bildung meine also einen bestimmten „Modus des Menschseins", „der als verbindliches, gleichwohl aber sich tausendfach individualisierendes Ziel der pädagogischen Bemühungen betrachtet werden kann" (S. 91f.). Speziell für den Bildungsbegriff spricht nach *Klafki*, dass es sich bei ihm um einen „einheimischen Begriff" (*Herbart*) handele, der wie kein zweiter „den Zusammenhang mit der Tradition des pädagogischen Denkens zu stiften vermag" (S. 92), da er „ein wesentliches Moment der internen Entwicklung des pädagogischen Denkens ist" (1965, S. 8). Er nennt den

Bildungsbegriff einen „bleibenden Gehalt" (1961a, S. 128). Aufbauend auf den Erkenntnissen der neueren Bildungstheorie – *Klafki* weist hier vor allem auf Arbeiten von *Weniger* und *Litt* hin, denen es gelungen sei, den Bildungsbegriff „zu entideologisieren und ihm damit für unsere Zeit und für unsere pädagogischen Aufgaben wieder einen klärenden und richtungweisenden Sinn zu geben" (1963c, S. 93) – bestimmt er einen „zeitgemäßen Bildungsbegriff" folgendermaßen (vgl. S. 94–98): *Erstens:* Bildung dürfe nicht individualistisch, sondern müsse auf die Mitmenschlichkeit und auch auf die politische Existenz des Menschen bezogen gedacht werden. *Zweitens:* Bildung sei immer auch auf Beruf bezogen, der konkrete Bildungsweg solle jedoch als Stufengang von grundlegender Bildung zu schrittweiser Spezialisierung angelegt sein. *Drittens:* Bildung müsse als eine Haltung verstanden und ermöglicht werden, die uns hilft, Lebensspannungen zu bewältigen. Mit der Einsicht in die Unvollendbarkeit des Menschen stoße die Bildung an ihre eigene Grenze und verweise „auf die Transzendenz, auf die Dimension des Glaubens und auf die Gnadenbedürftigkeit des Menschen" (1963c, S. 96). *Viertens:* Der sittlichen Dimension der menschlichen Existenz müsse auch im Raume der Bildung die zentrale Stellung zugesprochen werden. *Fünftens:* Bildung dürfe nicht mehr als sozialständische Kategorie verstanden werden, sie müsse – in jeweils individueller Konkretion – allen Bürgern eines demokratischen Staatswesens zugedacht werden. *Sechstens:* Bildung müsse weltoffen sein, es dürfe also keine Fixierung auf die nationale Kultur und Geschichte erfolgen. *Siebtens:* Bildung schließe Wandlungsfähigkeit und Offenheit ein, verlange jedoch auch die bewusste Aneignung übergreifender Wertprinzipien wie Treue, Gerechtigkeit, Hilfsbereitschaft, Tapferkeit, die jedoch der geschichtlichen Konkretisierung bedürften. Ergänzend muss noch hinzugefügt werden, dass *Klafkis* Betonung der sittlichen Dimension der Bildung *nicht als Absage* an die *Mehrdimensionalität der Bildung* verstanden werden darf (vgl. 1963c, S. 96). Neben der sittlichen bzw. ethischen Dimension, der er den *Vorrang* gegenüber den drei anderen weltlichen Dimensionen einräumt, nennt *Klafki* noch die ästhetische, die theoretische, die pragmatische und die religiöse Dimension (ebd. S. 118); mit der theoretischen Dimension meint er die „Sinnhaftigkeit des reinen Betrachtens, Schauens und Erkennens" (ebd., S. 118), mit der pragmatischen Dimension die Hilfe zur Bewältigung von Lebensproblemen. *Diese letztgenannte Dimension möchte er aufgewertet wissen.* Von der religiösen Dimension sagt er, dass diese gleichsam quer zu den anderen liege, da sie „in eine grundsätzlich andere, über die Welt hinausragende" Sphäre verweise (ebd., S. 119). In seiner Studie „Engagement und Reflexion im Bildungsprozeß" (1963b) fügt *Klafki* einem zeitgemäßen Bildungsverständnis noch ein weiteres konstitutives Moment hinzu. Bildung müsse jene Haltung in sich aufnehmen, die sich mit den Worten Verantwortungsbewusstsein und Verantwortungsbereitschaft bezeichnen lasse (S. 46).[39] Das erste angeführte Merkmal enthält dadurch eine genauere Kontur. Die Bereitschaft zum mitverantwortlichen Handeln in den unterschiedlichen Dimensionen menschlichen Lebens kann nach *Klafki* im Bildungsprozess nur erworben werden, wenn dem Jugendlichen durch die Schule Möglichkeiten des Engagements und der reflexiven Verarbeitung desselben eröffnet würden (vgl. S. 46–71).

---

[39] In seinem Beitrag „Bildung und Persönlichkeit" aus dem Jahr 1951 schreibt *Weniger*: „Bildung ist der Zustand, in dem man Verantwortung übernehmen kann" (1952e, S. 138).

> **Fazit**
> Bildung vollzieht sich nach Auffassung der geisteswissenschaftlichen Pädagogen als ein wechselseitiger Erschließungsprozess von Individuum und Welt, der dem Einzelnen dazu verhilft, seine eigene Form und Ausprägung auf der Basis eines kulturellen Fundaments zu gewinnen und sich in einem fortschreitenden Prozess immer weiter Kultur anzuverwandeln, wobei das „Anverwandeln" auch die eigene Veränderung mit sich bringt. Der Bildungsprozess vollzieht sich quasi als Aufbauprozess von Kategorien, die zur Aneignung von Welt dienlich sind (vgl. *Klafkis* kategoriale Bildung). Damit entsprechende Kategorien entstehen können, bedarf es einer überlegten Auswahl von Kulturinhalten; die Erörterung der Auswahl und der Beschaffenheit von Inhalten steht deshalb auch in den didaktischen Theorien der geisteswissenschaftlichen Pädagogik im Zentrum. Hiervon handelt das nächste Kapitel.

6 Didaktische Theorie

Maßgebliche Beiträge zur didaktischen Theorie finden sich bei *Erich Weniger, Wilhelm Flitner* und *Wolfgang Klafki*. *Eduard Spranger* wird insofern hinzugenommen, als er sich kontinuierlich mit dem *Problem der Elementarisierung von Inhalten* beschäftigte.

6.1 Eduard Spranger

Spranger hat intensiv darüber nachgedacht, *wie Inhalte beschaffen sein müssten, damit sie bildende Wirkung entfalten könnten*. Er bemüht sich in der Kontinuität seines Werkes um eine „Didaktik des ‚Verstehenlehrens'", z. B. in der Schrift „Der Eigengeist der Volksschule" aus dem Jahre 1955 (1970h, S. 313). In seiner frühen Abhandlung über „Das Problem der Bildsamkeit" (1916/17) führt er bereits aus, dass jedes Erkenntnisgebiet „seine eigene Struktur" und daher „seine eignen Aufbauelemente", die „mit elementaren Aufbauakten des Subjekts zusammenfallen", habe (1973a, Bd. 2, S. 248). Entscheidend sei, bei den Edukandi eine emotionale Verfasstheit, eine „Gefühlsdisposition", zu bewirken, die sie das Elementare erfahren, aufnehmen lasse (S. 250). Es gehe um eine „Hinlenkung" des Gefühls auf geistige Grundakte, „an denen das Ich sich seiner Kraft und seines aufbauenden Schaffens bewußt wird. Bildsamkeit und Selbsttätigkeit stehen daher nicht im Gegensatz zueinander, vielmehr ist alles Bilden ein Freimachen der Selbsttätigkeit, Herauslösung entscheidender Leistungen in ihrer elementaren spezifischen Gestalt" (S. 250f.). Wie gelangt man nun zu einer „Übersicht aller elementaren Leistungen", „aus denen sich die verwickelten Erkenntnisprozesse zusammensetzen"? (1970b, S. 33). Zu diesem Zweck müsse „das in einer Kultur fertig vorliegende Wissen in den Zustand des Werdens, in die Akte der Wissensproduktion, zurückverwandelt werden" (ebd.). Auch in seinem Vortrag „Der gegenwärtige Stand der Geisteswissenschaften und die Schule" aus dem Jahr 1922 fordert er eine Neubesinnung auf das Elementare (vgl. 1969b, S. 49ff.). In seiner Schrift über „Das deutsche Bildungsideal der Gegenwart in geschichtsphilosophischer Beleuchtung" (1926) taucht die Forderung nach Elementarisierung in folgender Gestalt auf: Es gelte, „die eigentlich *wirkenden* Bildungselemente aufzufinden, sie nach ihrer Eignung für ein jugendliches Alter zu sichten und dann in *festen* Zügen hinzuzeichnen, was zuletzt durch die Jahrgänge der verschiedenen Schulformen […] hindurchgehen soll. Noch aber fehlt uns der Sinn für das *Einfache*, für das *Elementare*, das in der jungen Seele Bildung wirkt" (vgl. 1969d, S. 98). Auch nach 1945 widmet sich *Spranger* wieder dem Thema der Elementarisierung. In seinem Beitrag „Die Fruchtbarkeit des Elementaren" (1948) formuliert er: „Es ist für jede Wissenschaft eine wesentliche Aufgabe, ihren Stoff im edelsten Sinne zu elementarisieren. Geschieht dies nicht, so tritt unvermeidlich der Augenblick ein, wo die unablässig anwachsende Stofffülle den menschlichen Geist erdrückt, statt ihn zu fruchtbaren Einsichten zu befreien" (1973e, S. 324f.). Daraus ergebe sich ein Auftrag an den Lehrer und Erzieher: Dieser müsse „unablässig darauf bedacht" sein, „die verwirrende Fülle geistig geformter Weltgehalte auf einfache und der jeweiligen seelischen Entwicklungsstufe des Werdenden zugängliche Modelle zurückzuführen. Die wegen ihres Bildungswertes ausgelesenen ‚Stoffe' können so leichter angeeignet werden, und es strahlt von den Grundphänomenen auch ein Licht auf strukturverwandte Gegenstände hinüber" (1969h, S. 295). Nirgendwo gehe es beim Lehren also „ohne das Vereinfachen". Allerdings weist *Spranger* auch darauf hin, dass das ‚Einfache' „auf jedem Unterrichtsgebiet etwas anderes" sei (S. 292).[40]

6.2 Erich Weniger

6.2.1 Das Lehrgefüge

Ein *didaktischer Schlüsselbegriff* für *Weniger* ist der des *Lehrgefüges*. Dieses sei „der konkrete Zusammenhang von Faktoren und Momenten, in dem die bildende Berührung zwischen den Heranwachsenden oder sonst irgendwie Lernenden, Aufnehmenden, sich Formenden und der Welt der Werte, des objektiven Geistes, der Gesellschaft, der Generation der Erwachsenen zustande kommt, und zwar gehört zum Begriff des Lehrgefüges der bewußte, dieses Lehrgefüge gestaltende Wille", kurz gesagt: das Lehrgefüge lässt sich beschreiben als die durch den Willen des Lehrenden herbeigeführte und geordnete Begegnung zwischen Lernenden und Welt (1990n, S. 199; ebenso 1930a, S. 8).[41] Außerdem bezeichnet er seine

---

[40] *Spranger* hat sich zum einen darum bemüht, das Konzept der Elementarbildung für die Volksschule zu entwickeln (vgl. 1970h). Zum zweiten hat er eine detaillierte Umsetzung jenes Konzepts für die staatsbürgerliche Erziehung vorgelegt (vgl. 1970i u. meine Ausführungen im Kap. 11 dieses Bandes). – Im Blick auf die unterschiedlichen Anforderungen der einzelnen Unterrichtsfächer vgl. die Unterscheidung der Formen des Elementaren bei *Klafki*.

[41] Grundlage der folgenden Ausführungen bildet *Wenigers* Schrift „Theorie der Bildungsinhalte und des Lehrplans" aus dem Jahr 1952, wieder abgedruckt in und hier zitiert nach: Weniger 1990n; die vielgelesene und rezipierte Schrift aus dem Jahr 1952 (1971 in neunter Auflage erschienen) basiert auf *Wenigers* Artikel „Die Theorie der Bildungsinhalte" im Handbuch der Pädagogik, Bd. III, aus dem Jahr 1930 (1930a). Den Artikel hat er

Didaktik als eine „geisteswissenschaftliche" (S. 200; ebenso 1930a, S. 8). „Das bedeutet: ihr *Ausgangspunkt* liegt in der *Gegebenheit des Lehrgefüges*, in der Bildungssituation, wie sie in der Erziehungswirklichkeit jeweils vorgefunden wird, und *nicht in der Theorie selbst oder in Prinzipien*. Der *Bedeutungs- und Wirkungszusammenhang*, den die Didaktik zu erfassen sucht, ist aber ein *geschichtlicher* [...]" (ebd.; Hervorh. E. M.; ebenso 1930a, S. 8). Hiermit benennt *Weniger drei* bereits dargestellte *Grundprinzipien der geisteswissenschaftlichen Pädagogik*, die sie aus der Lebensphilosophie übernommen hat (Ursprung aus dem Leben; Weltlichkeitsprinzip, also die Absage von Prinzipien a priori auszugehen, und Geschichtlichkeit; vgl. hierzu Kap. 1.1.2).

Weniger betont die *Schwierigkeit der didaktischen Theorie*, wofür zum einen die *Komplexität des Lehrgefüges* verantwortlich sei: „Das einfache Grundschema der Erziehungswirklichkeit, das sich freilich auch in der Didaktik vorfindet: Bildner, Zögling, Bildungsgut, Bildungsziel, reicht nicht aus, um diesem Geschehen gerecht zu werden. Denn es handelt sich in solcher bildenden Begegnung zwischen Lehrer und Schüler nicht nur um deren einfaches Miteinander. Vielmehr stehen sich in dieser Begegnung die Generationen gegenüber mit ihren Wünschen und Willensrichtungen, mit ihren Erfahrungen vom Leben und ihren Anforderungen an das Leben, mit ihren Vergangenheiten und ihren Erinnerungen an diese" (1990n, S. 201). Die Erwachsenen verkörperten zudem nicht nur ihre eigenen Vorstellungen und Erfahrungen und ihr jeweiliges „pädagogisches Wollen"; „durch sie hindurch suchen vielmehr [...] die großen Mächte des Lebens Wirkung. Sie sind zugleich die Mächte der Bildung. Staat und Kirche, Wirtschaft und Gesellschaft, Kunst und Wissenschaft, Recht und Sitte" (ebd.). Zur Schwierigkeit der didaktischen Theorie trage zum zweiten die *Geschichtlichkeit des Lehrgefüges* bei: „Die Bildungsaufgabe wechselt ständig im Zusammenhang der geistigen und gesellschaftlichen Entwicklung, aber auch im Fortgang der Entwicklung der Schüler selber" (ebd.). Zum dritten spielte für die Schwierigkeit eine Rolle, dass im *Zentrum des Lehrgefüges Menschen, nicht beherrschbare Maschinen* stünden: Alle „Einzelmomente des Bildungsvorganges" seien „bestimmt und veränderlich durch diese persönlichen Bezüge, durch die Individualitäten, die da wirksam sind und in ihrer Besonderheit eine spezifische Lagerung und Ordnung des Gefüges erzwingen" (S. 204). Menschen seien „frei, frei, zu tun und frei, zu unterlassen, zu hören oder nicht zu hören, frei, auszuwählen und frei, auch geistigen Gründen, neuen Ereignissen und Erlebnissen gegenüber gegen alle Erwartung, gegen ihre eigenen Voraussetzungen zu entscheiden, sich zu bekehren, sich zu verwandeln, zurückzutreten oder wie man diese Äußerungen der Freiheit bezeichnen vermag" (S. 206). Das Lehrgefüge in seiner ganzen Komplexität in Geschichte und Gegenwart zu analysieren und in seinen Sinnzusammenhängen zu verstehen, aber auch kritisch zu befragen, sei die zentrale Aufgabe der didaktischen Theorie. *Ihre Erkenntnisse möchte die didaktische Theorie dem Praktiker zur Verfügung stellen* (vgl. viertes Grundprinzip: Rückwirkung auf das Leben). Dieser könne ein Verständnis der Zusammenhänge nicht allein in seinem praktischen Tun gewinnen, vielmehr müsse eine „didaktische Besinnung schon vor dem Beginn der Erziehungstätigkeit einmal stattgefunden haben [...] Das alles gilt, obwohl die [geisteswissenschaftliche; E. M.] Didaktik sich von keiner vorgefaßten Theorie leiten läßt und nicht vor dem Leben mit dem Denken

---

1952 ausgebaut, die Grundgedanken jedoch beibehalten; in der folgenden Zitierweise mit den Verweisen auf *Wenigers* Beitrag aus dem Jahre 1930 soll dies für die Leserinnen und Leser deutlich werden.

anfängt, sondern von der Erziehungswirklichkeit ausgeht und mit ihrer Besinnung das Leben und die erzieherischen Bemühungen begleitet. Es wäre ein Mißverständnis, daß das pädagogische Tun von der Theorie bestimmt und vorgeschrieben werden könne. Ein solcher Eingriff liegt der Theorie durchaus fern. Es geht ihr darum, die Echtheit der persönlichen Entscheidung zu ermöglichen, die Mittel zur Entscheidung [also das entsprechende Hintergrundwissen; E. M.] umfassend zur Verfügung zu stellen und damit den wahren Ort der pädagogischen Freiheit des Lehrers zu bestimmen [dem Lehrer also seine Möglichkeiten und Grenzen vor Augen zu führen; E. M.]" (S. 208). Die *Rückwirkung der Theorie auf das Leben* bringt *Weniger* mit folgender Formulierung nochmals auf den Punkt: „Die Theorie ist hier wie überall ein Bestandteil der Praxis und zwar nicht nur so, daß sie in ihrer Fragestellung auf die Erziehungswirklichkeit bezogen ist, sondern auch in ihrem Willen, die Praxis vorwärtszutreiben, in ihrer finalen Energie [...]" (S. 210).

Von großer Bedeutung sind auch *Wenigers* Ausführungen zum *Verhältnis von Didaktik und Methodik des Lehrgefüges*. Der Didaktik gehe es um die Ziele und Inhalte, der Methodik um die Wege, diese umzusetzen, den Edukandi zu vermitteln. *Weniger* kritisiert die Verwischung der Unterschiede zwischen Didaktik und Methodik und die Absolutsetzung der Methodenfragen (vgl. S. 212ff.; vgl. auch 1930a, S. 21f.). „Wir beobachten den Rückgang auf die Methode immer entweder in Zeiten der Erstarrung und der Entleerung der Formen von geistigen Gehalten", also in Zeiten, in denen große inhaltliche Unsicherheit bzw. Orientierungslosigkeit herrscht, „oder umgekehrt in Epochen der Vernunftgläubigkeit und starrer Dogmatik auf irgendeinem Gebiet" (S. 213), so dass bestimmte Wege als die einzigen dem Menschen entsprechenden angesehen werden und sich von ihnen die Lösung aller Bildungsprobleme erhofft wird. Nach *Weniger* sollten hingegen „methodische Anordnungen immer erst getroffen, Regeln erst empfohlen werden, wenn die didaktischen Voraussetzungen geklärt und die didaktischen Fragen entschieden sind. So ist die Methode immer etwas Zweites und nur ein relativ, unter ganz bestimmten Bedingungen Gültiges; sie ist auch dem zeitlichen Wechsel unterworfen. Die Methode kann darum immer nur mit ihren didaktischen Voraussetzungen beschrieben und gelehrt werden" (S. 213f.).

6.2.2 Der Lehrplan

Breit rezipiert wird bis heute auch *Wenigers Lehrplantheorie*. *Lehrpläne* seien die *geistigen Objektivationen*, die das Lehrgefüge für die didaktische Theorie fassbar machten (vgl. S. 215; vgl. auch 1930a, S. 22). „Der Lehrplan gibt an, was im Unterricht gelten soll, und so muß jeder Faktor des geistigen Lebens, jede Gruppe der Gesellschaft, jede Anschauung, die dauernd und in der Breite auf die Jugend innerhalb von Lehre und Schule wirken will, versuchen, Anerkennung und Stellung in den geltenden Lehrplänen zu erhalten. Jede geistige Bewegung oder Richtung ist erst dadurch als Bildungsmacht auf die Dauer anerkannt und gesichert, daß ihren Bildungszielen und Bildungsmitteln eine Stellung im Lehrplan eingeräumt wird" (S. 216; ebenso 1930a, S. 22). *Aufgabe der didaktischen Theorie* sei es nun, „die Bedeutung der großen historischen Bildungsmächte für den Lehrplan, die Stellung der Wissenschaft, der Religion, des Staates, der Berufe im Unterricht [...] zu analysieren, und die wichtigste Frage ist die nach der rangobersten und beherrschenden Macht" (S. 218; ebenso 1930a, S. 23). Die „wichtigste Frage" lässt sich nach *Weniger* folgendermaßen beantworten:

„Träger des Lehrplans und regulierender Faktor ist, seit es Lehrpläne im modernen Sinn gibt und bis zur Gegenwart hin, der *Staat*" (S. 227; Hervorh. E. M.; vgl. 1930a, S. 23). „Durch Lehrplan und Schulordnung stellt der Staat in dem von ihm der Selbstbildung dargebotenen System von Bildungsanstalten die Einheit her, welche zuletzt *die* Einheit des geistigen Lebens überhaupt bedeutet [...] Der Staat versucht also seine *innere Form* innerhalb des Kultursystems von Schule und Bildung zur Darstellung zu bringen, und der begriffliche Niederschlag davon, Ausdruck und Anweisung zugleich, ist der Lehrplan" (S. 228; ebenso 1930a, S. 24). *Weniger* begrüßt diese *regulierende Funktion des Staates* insofern und insoweit, als sich dieser als die relative Autonomie der Pädagogik berücksichtigender, überparteilicher *„Erziehungsstaat"* (S. 257; Hervorh. E. M.; ebenso 1930a, S. 32) erweise: Somit dürfe er nicht nur mit Forderungen an das Bildungssystem herantreten, die sich „von seinen konkreten Staatsaufgaben aus" stellten – und auch diese Forderungen müssten erst „in bildungsgerechte Formen übertragen werden" (ebd.) –, sondern „der Staat muß sich aus den Bedingungen seiner Existenz heraus auf dem Felde der Erziehung auswirken gerade durch die lebendige Freiheit, die er der Erziehung läßt, und dadurch, daß er den lebendig bildenden Mächten Gelegenheit zur Einwirkung auf die Jugend gibt und in der Form der Lehrpläne sichert" (S. 256; ebenso 1930a, S. 32). Allerdings müsse er *Garant* dafür sein, *dass die gewünschten Inhalte nicht disparat, zusammenhanglos nebeneinander stünden*. „Im Lehrplan liegt immer eine Entscheidung für bestimmte Lösungen vor, die gegenüber der Vielseitigkeit der Aufgaben und Lösungsversuche, die auch dann bleiben müssen, ein überhöhendes Gemeinsames angibt. Der Ausdruck dieser Entscheidung für ein Gemeinsames ist das *Bildungsideal*, das die Einheit angibt, unter der alle Gehalte begriffen werden" (S. 260; ebenso 1930a, S. 34; vgl. hierzu auch Kap 5. 2).

Nach 1945 *wachsen Wenigers Zweifel, ob der Staat diese Aufgabe noch zu erfüllen vermag*. In einer Veröffentlichung aus dem Jahr 1953 schreibt er: „In meiner 1929 geschriebenen ersten Fassung der ‚Theorie der Bildungsinhalte'[42] habe ich noch geglaubt, dem Staat diese beherrschende Stellung im Lehrplan weiter erhalten zu können.[43] Sowohl der Mißbrauch dieser Möglichkeit durch den totalen Staat nach 1933, wie jetzt noch in der Ostzone, als auch der Charakter unseres heutigen Staatswesens als Parteien- und Länderstaat lassen es doch einigermaßen zweifelhaft erscheinen, ob er diesen seinen Auftrag, über die rechtliche und bloß organisatorische Ordnung hinaus inhaltlich auszugleichen, heute noch nach alter Weise erfüllen kann. Starke Tendenzen gehen doch dahin, einen solchen Ausgleich auf dem Felde der Erziehung selber durch eine genossenschaftliche, selbstverwaltende, kooperative Ordnung des Erziehungswesens so zu ermöglichen, daß deren Eigenständigkeit gerade in der Vielfalt der Machtansprüche gewahrt bleibt", also den Schulgemeinschaften eine deutlich stärkere Autonomie zuzugestehen (1990p, S. 102; vgl. auch 1990n, S. 230ff.). Dennoch sieht er den Staat nach wie vor in der Pflicht, für Interessensausgleich zu sorgen und sich um die „Wahrung der Einheit in der Mannigfaltigkeit" zu kümmern (vgl. 1990p, S. 104).

---

[42] Hiermit meint *Weniger* die im Handbuch der Pädagogik, Bd. III, *1930*, veröffentlichte Fassung.

[43] Diese Aussage *Wenigers* ist in *der* Hinsicht erstaunlich, dass er auch in der Textfassung von 1952 dem Staat die beherrschende Rolle im Lehrplan zuschreibt und nicht etwa auf die totalitären Machtansprüche des NS-Staates eingeht. Allerdings schreibt er in Bezug auf die DDR: „Faktische Herrschaft auch über den Lehrplan [...] hat ein neuer totaler Staat" (1990n, S. 235).

Als *weiteres zentrales Themenfeld der didaktischen Theorie* sieht *Weniger* die *Bestimmung des Verhältnisses von Wissenschaft und Lehrplaninhalten*. Er *widerlegt an historischen Beispielen, dass die Wissenschaften die regulierenden Faktoren des Lehrplans gewesen seien*. Die Entwicklung verschiedener Schulfächer zeige, dass *nicht die Wissenschaft den Anstoß zur Konstituierung eines Schulfaches gegeben habe, sondern jeweils gesellschaftliche Bedürfnisse und Ansprüche bestimmter gesellschaftlicher Mächte*; das werde besonders deutlich beim Religionsunterricht in seinem Verhältnis zur Kirche und beim Geschichtsunterricht in seinem Verhältnis zum Staat (vgl. 1990n, S. 218ff.; vgl. auch 1930a, S. 27ff.). Darüber hinaus zeige auch die Entwicklung des *Fächerkanons*, dass er das *Ergebnis eines geschichtlichen Prozesses* sei und *nicht das der Deduktion aus einem System der Wissenschaften*. Nur so sei zu verstehen, dass im Fächerkanon die Fächer der philosophischen Fakultät überrepräsentiert, die anderer Fakultäten aber kaum vertreten seien (vgl. S. 224ff.; vgl. auch 1930a, S. 30). Darüber hinaus hält *Weniger* in systematischer Perspektive vor dem Hintergrund der Aufgabe der Schule (im Verhältnis zum Staat) eine *Regulierung des Lehrplans durch die Wissenschaften für nicht zweckmäßig*. Die Schule sei darauf angewiesen, dass „in den einzelnen Fächern jedesmal ein in sich sinnvoller Zusammenhang und eine in sich geschlossene Zielsetzung zum Ausdruck kommt" (S. 218).

Als weitere Aufgabe der didaktischen Theorie sieht *Weniger* an, zwar *keine konkreten Aussagen zu den Lehrplaninhalten zu machen* – „die Inhalte der Konzentration im Heute und Hier anzugeben und Vorschläge für die Auswahl vorzunehmen, würde Rahmen und Kompetenz der Theorie überschreiten, die ja nicht im Dienst irgendwelcher Bildungsmächte steht" (S. 292; vgl. auch 1930a, S. 54) –, aber doch *die Dimensionen, „Schichten", zu benennen, die in jedem Lehrplan aufzufinden seien bzw. Berücksichtigung finden müssten*. Als *erste „Schicht"* nennt *Weniger* die „existentielle Konzentration", die die zentralen Lebensaufgaben der Gegenwart und der voraussehbaren Zukunft ins Zentrum rückt (vgl. S. 256ff. u. S. 289ff.; vgl. auch 1930a, S. 33ff. u. S. 53f.); als *zweite „Schicht"* nennt er „die geistigen Grundrichtungen und die Kunde" (S. 271; vgl. S. 271ff.; vgl. auch 1930a, S. 45ff.) und meint damit zum einen die vielfältigen menschlichen Erkenntnisweisen, zum anderen die in der Gegenwart lebendigen und diese prägenden Traditionen; als *dritte „Schicht"* führt er „Kenntnisse und Fertigkeiten" *„propädeutischen Charakters"* an, die zur Vorbereitung zentraler Verstehensprozesse und der Lebensbemeisterung unerlässlich seien, denen aber kein Eigenwert zukomme (S. 281; ebenso 1930a, S. 52; vgl. 1990n, S. 281f. und 1930a, S. 51f.). Wissen steht nach *Weniger* also im Dienst der Bildung.

Weniger hat sich nicht nur mit didaktischer, sondern auch mit methodischer Theorie beschäftigt und *diese Beschäftigung wiederum auch den angehenden Praktikern nahegelegt*. An dieser Stelle soll hierauf nicht mehr gesondert eingegangen werden – vielmehr soll im Anschluss noch *Flitners* ausdifferenzierte Theorie der pädagogischen Methoden dargestellt werden –, allerdings soll eine zentrale Aussage *Wenigers* aus seinem einschlägigen Text „Didaktische Voraussetzungen der Methode in der Schule" (1927/1960) noch angeführt werden: „Die Freiheit unseres methodischen Handelns gewinnen wir, indem wir die Bedingungen für das jeweilige methodische Handeln erkennen, die Voraussetzungen, unter denen die zur Wahl gestellten Methoden gelten, die Möglichkeiten, die mit dieser oder jener Methode mitgegeben sind, die ihr notwendig zugeordneten Grenzen, also um die *ihr innewohnende*

Reichweite, schließlich auch um die *Schwächen*, die ihr anhaften, die *Einseitigkeiten*, die mit der Wahl jeweils einer Methode unvermeidlich sind. So erkennen wir auch die notwendigen Ergänzungen. Dazu gehört dann, aber erst nach allem anderen, das Wissen um die Erfahrungen, die mit diesen Methoden gemacht worden sind, das Wissen um die technischen Bestandteile, die in den Methoden enthalten und insofern lehrbar sind, die Techniken als rationalisierbare und mechanisierbare Teile und Hilfsmittel der Methode. Zu lehren, sich dieser Techniken zu bedienen, ist dann die Aufgabe der späteren berufspraktischen Ausbildung" (1990u, S. 345; Hervorh. E. M.).

6.3 Wilhelm Flitner

Während sich *Erich Weniger* im 1930 erschienenen Band III des Handbuches der Pädagogik – wie oben ausgeführt – der „Theorie des Bildungsinhalts" gewidmet hat, so hat *Wilhelm Flitner* in diesem Handbuch erstmals eine „Theorie des pädagogischen Weges und Methodenlehre" entwickelt. In seiner „Systematischen Pädagogik" aus dem Jahr 1933 (1983a) streift er dieses Thema nur kurz, um es schließlich – gegenüber 1930 in den Kerngedanken unverändert – wieder ausführlich aufzugreifen in seiner „Allgemeinen Pädagogik" aus dem Jahr 1950. Hieraus sollen einige zentrale Gedanken dargestellt werden.

„Das methodische Problem hat zwei Seiten: einerseits gibt es *gebahnte Wege*, auf die der Zögling sich geführt, ja meist gedrängt sieht, was nicht ausschließt, daß er sich an den Verzweigungsstellen auch selbständig wählend verhalten kann; und zweitens gibt es das konkrete *Einwirken des Erziehers* auf den Zögling, der solche Wege geht – das Feld der methodischen Kleinarbeit" (1983c, S. 249f.). „Gebahnte Wege" seien bereits durch *„Sitten und Lebensordnungen"* und durch Erziehungseinrichtungen vorgegeben (S. 250). Dem Feld der „methodischen Kleinarbeit" wendet sich *Flitner* nun ausführlicher zu. In diesem Kontext spricht er auch von der *„erziehende[n] Führung und Hilfe"* (S. 255). Die entsprechenden erzieherischen Eingriffe/Hilfen könnten nun negativer/begrenzender/neinsagender oder positiver/unterstützender Art sein. *Flitner* bezieht sich hierfür auf *Friedrich Daniel Ernst Schleiermacher* (1768–1834), der zwischen den *negativen Maßnahmen des Behütens und Gegenwirkens* und den *positiven der Unterstützung* unterschied (vgl. ebd.). Die positiven Maßnahmen ergänzt *Flitner* noch um „jene Gruppe von Maßnahmen, die als solche der Anteilnahme oder der *Partnerschaft* bezeichnet werden könnte" (S. 255f.), wobei er unter letzterer das „dialogische Suchen nach Verständigung und Vernunft" versteht (S. 256). Anschließend setzt er sich mit der „Suche nach einem methodischen Prinzip" (S. 256) auseinander. Diese Suche würde vor allem immer dann betrieben, wenn die herrschenden Einwirkungsformen als missraten erschienen. Seit der Renaissance versuchten die Pädagogen nun, ihre *„Methode auf die Natur* [zu] *gründen"* (ebd.). Hieraus ließen sich einige Gedanken als Ertrag übernehmen:

Als „ersten methodischen Hauptsatz" formuliert *Flitner* die „Bindung an die Bildsamkeit": „die Bildsamkeit ist kein festes Datum. Dennoch ist sie real; jede Praxis stößt auf die Eigenart und den bereits vorhandenen Eigenwillen; die Persönlichkeit ist schon angesetzt, sie hat bereits eine Leitlinie, und wie viel oder wenig zu ihr die Anlage auch beigetragen haben mag, die Bildsamkeit ist als etwas Bestimmtes jeweils gegeben. Nicht gegen sie, sondern nur in ihr kann der Erzieher seine Wirkung suchen" (S. 257). Alles Lehren müsse deshalb „an das Interesse des Kindes anknüpfen" (S. 258), den „Lebensbezug" berücksichtigen, „der ein tieferes Interesse an dem Lehrgegenstand erzeugt" (ebd.). Zudem habe die „Einpassung der pädagogischen Methode in die Bildsamkeit" besonders auf die „Folge der Altersphasen" zu achten (S. 258); *das Leicht Verständliche müsse vor dem Schwer Verständlichen präsentiert werden*, dies könne über die Vermittlung des Fundamentalen geschehen. „Die erziehende Hilfe wird zur stufentreuen Führung und Unterstützung. Sie wünscht die Fundamente zu sichern und sodann die Inhalte, wenn ihr Grund gelegt ist, elementarisch zu entwickeln, sofern sie einen Aufbau haben, der einen Gang vom Einfachen zum Komplexen ermöglicht" (S. 259).

Als „zweiten methodischen Hauptsatz" führt *Flitner* die „Echtheit des Bildungsprozesses" an (S. 260) und rekurriert hierbei auf die Forderung *Jean Jacques Rousseaus* (1712–1778) vom *„Gleichgewicht zwischen Bedürfnissen und Kräften"* (ebd.). Er interpretiert ihn folgendermaßen: „Die Regel warnt vor der Überfüllung des Kindes mit Reizen, wenn diese nicht verarbeitet werden können, vor einer Unterbeanspruchung der selbständigen Kräfte, denen nicht genügend Raum zur Gestaltung und Wirkung gegeben wird" (S. 261). *Die pädagogische Methode müsse immer wieder ein vertretbares Maß finden zwischen der notwendigen Begrenzung von ausufernden, triebgesteuerten Bedürfnissen und der Förderung von Spontaneität und Selbstentfaltung* (vgl. S. 264).

Methoden müssten zudem immer einen *Gegenwartsbezug und mit zunehmendem Alter* auch einen *Zukunftsbezug* aufweisen: „Das Kriterium des echten Bildungsprozesses ist […] die *Gelöstheit der Seele*, die aus der Bewältigung der Aufgaben und der Befriedigung der Bedürfnisse des Augenblicks stammt" (S. 265). Mit zunehmendem Alter der Edukandi richte sich „die Spontaneität der Lebenstätigkeit im Moment selbst […] auf das Künftige", übe und lerne, „was es später brauchen will, womit es Aufgaben bewältigt, die noch keine Gegenwart für die Jugend haben" (ebd.). Allerdings könne es auch zu Konflikten kommen: „man muß den Zögling unter Umständen zwingen, zu tun, was er nicht mag, weil er nur durch Zwang die Möglichkeit hat, zu erfahren, was er kann. Allerdings muß der Zwang seine Fruchtbarkeit erweisen und darf die Würde des Aufwachsenden in keinem Fall verletzen, seine noch unsichere Persönlichkeit nicht kränken" (S. 266).

6.4 Wolfgang Klafki

6.4.1 Grundlegendes Verständnis von Didaktik

Aus der Vielzahl der nach 1945 gebräuchlichen inhaltlichen Füllungen des Begriffes Didaktik – Didaktik als Wissenschaft vom Lehren und Lernen; Didaktik als Wissenschaft vom Unterricht; Didaktik als Bildungslehre im umfassenden Sinn; Didaktik als Theorie der Steuerung von Lehr- und Lernprozessen (vgl. 1963c, S. 83; 1970b, S. 64–70) – entscheidet sich *Klafki* im Anschluss an seinen Lehrer *Erich Weniger* für eine *enge Definition*: Didaktik wird verstanden als „die Theorie der Bildungsaufgaben und Bildungsinhalte" (1963c, S. 84), wobei *Klafki* allerdings außerdem unterscheidet zwischen *Didaktik im weiteren Sinne (i. w. S.) und im engeren Sinne (i. e. S.)*. „Im weiteren Sinne" umfasse Didaktik außer der Theorie der

Bildungsinhalte auch noch die Methodik und die „Beschreibung und Analyse aller ungeplanten und unreflektierten Lehr- und Lernvollzüge" (1963c, S. 88). Seine Konzentration auf die Theorie der Bildungsinhalte begründet er damit, „die inhaltlichen Fragen der Bildung und Erziehung in den Mittelpunkt des pädagogischen Denkens zu rücken" (1963c, S. 85) und nennt hierfür drei zentrale Argumente (ebd., S. 86ff.):

a) Den Primat der Didaktik im engeren Sinne (i. e. S.) im Verhältnis zur Methodik

Da Methoden Wege zu bestimmten Zielen darstellten, müsse man zunächst eine Ziel- und Inhaltsentscheidung getroffen haben, bevor man über die Adäquatheit vor Methoden begründete Aussagen machen könne. „Methoden können nur entworfen und bewertet werden, wenn didaktische Vorentscheidungen gefallen sind, und umgekehrt: Jeder methodische Entwurf schließt immer schon – bewußt oder unbewußt – didaktische Voraussetzungen ein" (1963c, S. 86). Die These vom Primat der Didaktik im Verhältnis zur Methodik bedeute jedoch nicht, dass Methoden aus didaktischen Entscheidungen deduzierbar seien, dass jeder didaktischen Entscheidung nur eine bestimmte Methode zuzuordnen sei, zusätzlich müsse die spezifische Situation der Kinder und Jugendlichen berücksichtigt werden (vgl. ebd. u. 1961c, Sp. 623f.).

b) Die konstitutive Bedeutung der Inhalte im Bildungsgeschehen

Bereits in seiner Auseinandersetzung mit der Position *Döpp-Vorwalds* hat sich *Klafki* gegen die „Herabsetzung aller objektiven Inhaltlichkeit zum bloßen Mittel der Erziehung" gewandt und die Inhalte als ein konstitutives Moment im Bildungsprozess hervorgehoben. Der Menschwerdungsprozess könne sich nur in der Auseinandersetzung mit Inhalten vollziehen (1958b, S. 354f.). Dieser Vermittlungsprozess von „Ich und ,Welt' steht so auch im Mittelpunkt von *Klafkis* – bereits dargestellter – Theorie der kategorialen Bildung. Mit der Betonung der Inhalte und ihrer Auswahl geht es *Klafki* im Besonderen um eine „Reduktion der Theorie der formalen Bildung", da diese „den Aufgaben und Inhalten der Bildung letztlich doch immer nur die Funktion von ‚Mitteln' zu[erkennt]" (1963c, S. 87).

c) Die Notwendigkeit des Überdenkens traditioneller Inhalte

Didaktische Entscheidungen sind geschichtlicher Natur und müssen sich somit auch neuen geschichtlichen Herausforderungen stellen. *Klafki* spricht davon, dass „das Auftauchen ganz neuer [...] Entwicklungen, Möglichkeiten, Aufgaben und Gefahren in Wirtschaft, Gesellschaft, Politik, Wissenschaft und Kunst [...] zu einer radikalen, d. h. an die Wurzel gehenden Revision der Sinngebung und der Inhalte unserer Bildungseinrichtungen" zwingt (1963c, S. 87f.; vgl. auch 1961a, S. 122).

6.4.2 Das Postulat der Eigenständigkeit der Didaktik

Das von Klafki erhobene Postulat der Eigenständigkeit der Didaktik meint, dass in Verantwortung vor den heranwachsenden jungen Menschen unter einer spezifisch didaktischen Fragestellung die Sachgebiete und die Ergebnisse der einzelnen Fachwissenschaften befragt werden müssen. Anders gewendet, dass das, was der jungen Generation weitergegeben werden solle, sich nicht zwingend aus der Sache bzw. den Erkenntnissen der Fachwissenschaften ergebe, vielmehr ihnen unter Zuhilfenahme begründeter Kriterien – die ihren Ausgangspunkt bei der spezifischen Lebens-, Verstehens- und Empfindungsweise der jungen Menschen finden – „abgefragt" werden müsse (vgl. 1963c, S. 103ff.).

Im Zentrum stehe hierbei die *pädagogische Verantwortung vor dem und für den jungen Menschen, dem es zu seiner Mündigkeit/zu Bildung zu verhelfen gelte* (vgl. S. 101 u. 112). Alle Inhalte müssten also erst unter didaktischer Perspektive auf ihren bildenden Gehalt befragt und in die Verständnisebene des zu Bildenden gebracht werden (vgl. S. 113).

Von besonderem Interesse ist das *Verhältnis von Didaktik und Fachwissenschaft*. Mit folgenden Argumenten weist *Klafki* die Deduktion der Inhalte aus den Fachwissenschaften zurück (vgl. 1961a, S. 129f. u. 1963c, S. 110–114): Die Wissenschaften repräsentierten nicht die „einzig wahre Wirklichkeit"; die Fragestellungen und Methoden der Wissenschaften seien hochspezialisierte Ergebnisse der Wissenschaftsgeschichte; die unterschiedlichen Erlebnis- und Verstehensmöglichkeiten im Entwicklungsprozess der jungen Menschen verlangten eine Anpassung in der Auswahl und Aufbereitung der jeweiligen Inhalte an die entsprechende „Bildungsstufe" (vgl. 1963c, S. 106f.); die Zielsetzung der Schulfächer sei nicht Wissenschaftspropädeutik, vielmehr gehe es um eine grundlegende Allgemeinbildung – er spricht auch von „Leben lernen" (S. 111). Zwei Hinweise *Klafkis* sind noch zu erwähnen: Die Nähe und Ferne zwischen Fachwissenschaften und Schulfächern sei unterschiedlich und überdies hinaus geschichtlichem Wandel unterworfen (vgl. 1961a, S. 130; 1963c, S. 113); es dürften keine didaktischen Entscheidungen getroffen werden, die fachwissenschaftlich falsch seien (vgl. 1961a, S. 129).

6.4.3 Die didaktischen Prinzipien

Didaktische Prinzipien sollen der Lösung der inhaltlichen Auswahlproblematik dienen, wobei sie nach Klafki zwei Kriterien zu genügen haben: Sie müssen zu einer Verringerung der Stofffülle durch eine Konzentration der Bildungsarbeit beitragen und sie müssen eine inhaltliche Auswahl ermöglichen, die auf die gegenwärtige und zukünftige Existenz der jungen Menschen bezogen ist (vgl. 1961a, S. 121ff.).

Klafki weist – 1961 – darauf hin, dass seit 1945 drei Kernbegriffe die – viel ältere – Diskussion beherrschen: das Exemplarische, das Elementare und das Fundamentale. Das Exemplarische und das Elementare seien in dieser Diskussion keine Synonymbegriffe: „Die Begriffe ‚exemplarisch' bzw. ‚das Exemplarische' weisen nachdrücklich auf die Notwendigkeit einer ‚beispielhaften' Auswahl aus der Fülle möglicher Inhalte hin. Die Begriffe ‚das Elementare' und ‚das Fundamentale' enthalten diesen Sinn ebenfalls in sich, rücken aber darüber hinaus die weitere Aufgabe in den Blick, Exempla [...] aufzusuchen, die als solche dem jugendlichen Geist gemäß [...] sind, so daß die Zukunft des werdenden Menschen vorbereitet und zugleich die Gegenwart des Kindes oder des Jugendlichen erfüllt wird". Die letztere Sichtweise bezeichnet er als die „spezifisch didaktische" (1961a, S. 123).

Klafki konzentriert sich auf der Basis seines – oben dargestellten – Konzeptes der kategorialen Bildung auf die Ausarbeitung einer Theorie des Elementaren mit dem ihm zugeordneten Fundamentalen. Mit dem Fundamentalen sind die allgemeinsten Prinzipien, Kategorien, Grunderfahrungen, die „geistigen Grundrichtungen" gemeint, mit dem Elementaren die innerhalb dieser Grundrichtungen wesentlichen, zentralen, entscheidenden Einsichten, Zusammenhänge, Verfahren. „Die Elementaria eines Bereiches bauen sich also […] als ein gegliedertes Gefüge auf ihrem jeweiligen Fundament, dem Fundamentalen, auf" (ebd.).

Er arbeitet *vier Merkmale des Elementaren* heraus (vgl. S. 128–133):

- Das Elementare ist das doppelseitig Erschließende;
- das Elementare muss auf die gegenwärtige und zukünftige Situation der jungen Menschen bezogen sein;
- das Elementare ist das am Besonderen zu gewinnende oder im Besonderen erscheinende Allgemeine;
- das Elementare ist das Einfache und Prägnante.

6.4.4 Die „Didaktische Analyse"

Mit dem Entwurf seiner „Didaktischen Analyse" stellt sich Klafki der Herausforderung, seine bildungstheoretischen und didaktischen Erkenntnisse und Einsichten für die Praxis fruchtbar werden zu lassen. Dies geschieht auf der Basis seiner Grundüberzeugung, dass Theorie und Praxis ein Mischungsverhältnis aufweisen und die Pädagogik als Wissenschaft sich (mit-)verantwortlich fühlen müsse für die Praxis und deren Verbesserung. Wie auch die anderen geisteswissenschaftlichen Pädagogen misst *Klafki* der Theorie – also auch seiner „Didaktischen Analyse" – allerdings nur Beispielcharakter zu; die konkrete Gestaltung sei dem jeweils praktizierenden Pädagogen mit seiner situationsspezifischen pädagogischen Verantwortung auferlegt (vgl. 1963g, S. 126f; 1964b, S. 245; 1967, S. 135).

Die „Didaktische Analyse" ist als Modell der Unterrichtsvorbereitung der geisteswissenschaftlichen bzw. bildungstheoretischen Didaktik zu lesen und zu interpretieren. Ziel aller didaktischen Bemühungen soll sein, dem jungen Menschen über eine lebendige Auseinandersetzung mit geistigen Gehalten und durch deren produktive Aneignung zu einer dynamischen Gesamtverfassung zu verhelfen, die es ihm erlaubt, sich offen, geistig wach und verantwortungsbewusst den Herausforderungen seines zukünftigen individuellen und gesellschaftlichen Lebens zu stellen. Diese dynamische Gesamtverfassung wird mit dem Begriff „Bildung" zu erfassen versucht. Bildung als zentrale didaktische Kategorie ist der Maßstab, an dem alle didaktischen Entscheidungen sich zu bewähren haben (vgl. 1963c, S. 91f.). Ein gewisser Orientierungsrahmen für die Auswahl von Zielen und Inhalten sei damit gesteckt, jedoch sei die Kategorie der Bildung insofern ein „negatives Kriterium", da von ihr die Unterrichtsinhalte nicht deduziert werden könnten. Die verschiedenen gesellschaftlichen Mächte vielmehr seien es, die bestimmte Inhalte – mit denen sie bestimmte Zielvorstellungen verbinden – im Unterricht behandelt wissen möchten. Hier müsse nun die pädagogische Verantwortung der Lehrplangestalter einsetzen. „Es charakterisiert die Stoffe des Lehrplans wesensmäßig, daß sie von den Lehrplangestaltern als Bildungsinhalte gemeint sind". Mit Hilfe der „Didaktischen Analyse" soll nun der Praktiker „die in den Lehrplaninhalten verborgene pädagogische Vorentscheidung der Lehrplangestalter gleichsam noch einmal vollziehen" (ebd., S. 128). Den aufgrund dieser Aussage erhobenen Vorwurf eines konservativen Unterrichtsdenkens weist *Klafki* in späteren Veröffentlichungen zurück, indem er hervorhebt, dass die Fragen der „Didaktischen Analyse" so gemeint seien, daß sie „prinzipiell die Möglichkeit der Ausschaltung herkömmlicher Inhalte und der Wendung gegen den Lehrplan ermöglichen sollen" (1972, S. 139; vgl. auch 1964b u. 1967).

Die „Didaktische Analyse" stellt den Pädagogen vor die Aufgabe, mit Hilfe von fünf didaktischen Grundfragen den Bildungsgehalt der jeweiligen für den Unterricht vorgesehenen Inhalte zu ermitteln und sich so auch über die mit ihnen verbundenen Zielorientierungen Klarheit zu verschaffen (vgl. 1963g, S. 133). Jede dieser fünf Fragen stellt eine Konkretisierung der zentralen Frage nach dem Bildungsgehalt dar. Die negative Beantwortung einer Frage bedeutet, dass der analysierte Inhalt keinen Bildungsgehalt im Sinne des *Klafki*schen Verständnisses aufweist und somit als Bildungsinhalt nicht mehr in Frage kommt. Aus dem soeben Ausgeführten geht hervor, dass die Reihenfolge der Fragen für die Analyse nicht verbindlich ist, was auch daran deutlich wird, dass *Klafki* selbst die Reihenfolge verändert hat, indem er in den neueren Fassungen die Frage nach dem allgemeinen Problem, dem „allgemeinen Sinn- bzw. Sachzusammenhang", der durch den Inhalt vertreten oder aufgedeckt wird, an die erste Stelle gerückt hat, die in den älteren Fassungen von der Frage nach dem Gegenwartsbezug des Unterrichtsstoffes besetzt war. Die Frage nach der Repräsentativität erschien an vierter Stelle nach denen nach Gegenwarts-, Zukunftsbezug und Struktur (vgl. hierzu 1963g, S. 135, und 1964b, S. 246).

Die Frage nach der *Repräsentativität der Inhalte (1)* ziele auf das am Besonderen sichtbar werdende Allgemeine (1963g, S. 135). Ein besonderer Inhalt könne jedoch für mehrere allgemeine Gehalte stehen, so dass der Lehrer bei seiner Vorbereitung sich darüber klar werden müsse, welche Seite eines Gegenstandes herausgehoben werden solle. Die von *Klafki* aufgeführte erste Unterfrage, „wofür [...] das geplante Thema exemplarisch, repräsentativ, typisch sein" soll (ebd.), zielt darauf, dass sich *das Elementare in jedem Fachzusammenhang anders darstelle* und jeweils neu ermittelt werden müsse. Die zweite Unterfrage zielt auf die Einordnung des an einem Inhalt Gewinnbaren hinsichtlich seiner Fruchtbarkeit für späteren Unterricht.

Eine zweite Frage müsse sich auf den *Gegenwartsbezug des jeweiligen Inhalts (2)* richten (S. 136). Es sei also zu überlegen, *ob und wenn ja welche Anknüpfungspunkte es in der Lebenswelt der jungen Menschen für die Behandlung des ausgewählten Inhalts gebe*, ob er sich in irgendeiner Form auf die gegenwärtige Situation der jungen Menschen beziehen lasse, für sie bedeutsam sei. Hierbei sei es wichtig, den Fragehorizont und die spezifische Seinsweise der jungen Menschen zu beachten. Der Lehrer müsse versuchen, sich in die – auch außerschulische – Lebenswirklichkeit der Schüler hineinzuversetzen, um herauszufinden, was sie als relevant empfänden, was sie interessiere, was sie bewege, was sie beschäftige. In der Schule solle die Möglichkeit gegeben sein, außerschulische Erfahrungen zu besprechen und zu durchdenken, denn „die Schule [solle sich] als Ort der Klärung, Reinigung, Vertiefung, Erweiterung, Anregung verstehen" (ebd.). Vom Lehrer sei in diesem Zusammenhang eine gute Kenntnis seiner Schüler zu verlangen.

Neben dem Recht der jungen Menschen auf eine erfüllte Gegenwart dürfe jedoch auch die *Zukunftsperspektive (3)* nicht aus dem Blick geraten. Deshalb müsse man sich in einer dritten Frage der Zukunftsbedeutung des jeweiligen Inhalts zuwenden (S. 137). Dies verlange vom

Lehrer, die Perspektive des „gebildeten Laien"[44] einzunehmen und sich ein Bild zu machen über jene Kenntnisse, Fertigkeiten, Fähigkeiten, Einsichten, über die ein aufgeklärter Zeitgenosse, ein mündiger Bürger verfügen müsse, wenn er die in den verschiedenen gesellschaftlichen Bereichen – Familie, Kirche, Politik, Freizeit – auf ihn zukommenden Aufgaben verantwortlich bewältigen möchte. Mit dem Begriff des „Laien" ist *Klafki* darum bemüht, „die positiven Möglichkeiten jener Sinnhaltung" zu bezeichnen, „in der wir uns alle außerhalb unseres jeweiligen Spezialberufes in der Wirklichkeit zurechtzufinden versuchen, in jener Alltagswirklichkeit, die menschlich zu bewältigen eine zeitgemäße Allgemein- oder Grundbildung uns alle befähigen sollte" (S. 108). *Der Lehrer habe somit die Aufgabe, die im Lehrplan angebotenen Inhalte daraufhin zu befragen, ob sie für die Bewältigung späterer Lebenssituationen für die zu Erziehenden relevant sind,* und die Schüler auf die Bedeutung der jeweiligen Inhalte bzw. die an ihnen zu gewinnenden Grundkenntnisse und Grunderfahrungen für ihr weiteres Leben hinzuweisen. Die Perspektive des Laien verlange vom Lehrer ein waches Interesse für die geistig-gesellschaftliche Situation, so dass er auf die jungen Menschen zukommende Herausforderungen, die sich im Zusammenhang mit gesellschaftlichen Entwicklungstendenzen ergeben (könnten), zu erkennen vermöge. *Klafki* zielt auf eine dynamische, offene menschliche Haltung in Form einer grundlegenden Bildung. Wichtig sei die Berücksichtigung der verschiedenen Seinsweisen des Erwachsenen, auf die vorzubereiten sei (vgl. S. 137, Anm. 23).

Die von ihm formulierte vierte *Frage nach der spezifischen Struktur des jeweiligen Inhalts (4)* werde nur dann richtig verstanden, wenn sie nicht als vorpädagogische Sachanalyse missinterpretiert, sondern in ihrer Abhängigkeit von den ersten drei didaktischen Grundfragen begriffen *werde*. *Klafki* betont diesen Aspekt deshalb so sehr, weil er von einer *eigenständigen didaktischen Aufgabenstellung* ausgeht, *die die jeweilige Thematik in den Frage- und Verständnishorizont der Schüler rückt und eine bildende Wirkung der ausgewählten Inhalte ermöglichen soll* (vgl. S. 137f.).

Bei der letzten der fünf didaktischen Grundfragen nach der *Zugänglichkeit und Anschaulichkeit der ausgewählten Inhalte (5)* gehe es schließlich darum, den Inhalt so aufzubereiten, dass er aus der spezifischen Sichtweise der jungen Menschen heraus erfasst werden könne, und sie zu einer selbständigen Auseinandersetzung mit demselben in der Lage seien (vgl. S. 140ff.).

Auf einen wichtigen Punkt weist *Klafki* in diesem Zusammenhang noch besonders hin. Deute sich bei der letzten Grundfrage und ihren drei Teilfragen zwar der Übergang von der didaktischen Besinnung zur methodischen Vorbereitung bereits an, so sei doch nachdrücklich herauszustellen, dass es hierbei noch immer um *Probleme inhaltlicher Art* gehe. Es werde nach Situationen und Sachverhalten gefragt, die geeignet seien, den Bildungsinhalt in den selbständigen Fragehorizont des jungen Menschen zu bringen bzw. die produktive Anwendung des ersteren zu ermöglichen (vgl. S. 142).

---

[44] Dieser erstmals 1921 von *Wilhelm Flitner* in die Diskussion eingeführte Begriff (vgl. 1982b, S. 29–80 u. Kap. 8 in diesem Band) wird zwar von *Klafki* aufgenommen, er sieht jedoch die *Flitner*sche Auslegung für die uns heute gestellten Aufgaben als nicht mehr verbindlich an (vgl. 1963e, S. 108).

Als *notwendigen zweiten Vorbereitungsschritt* sieht *Klafki* die *methodische Besinnung* an, gibt jedoch nur einige wenige Hinweise auf deren Beschaffenheit. Vier Fragenkreise seien hierbei relevant: die Gliederung des Unterrichts, die Wahl der Unterrichtsformen, der Einsatz von Hilfsmitteln, die Sicherung der organisatorischen Voraussetzungen des Unterrichts (vgl. S. 143). Er rechtfertigt seine Schwerpunktsetzung damit, dass viele die Vorbereitung primär oder ausschließlich als eine methodische Aufgabe betrachten, was er als ein Missverständnis ansieht, dem es entgegenzuwirken gelte (S. 127).

Mit dem Entwurf seiner „Didaktischen Analyse" will Klafki also die zum Zeitpunkt ihres Entstehens vernachlässigte Dimension der Auswahl, Beschaffenheit und Struktur der Bildungsinhalte in den Mittelpunkt der Unterrichtsvorbereitung rücken, ohne die Bedeutung der methodischen Besinnung zu schmälern.

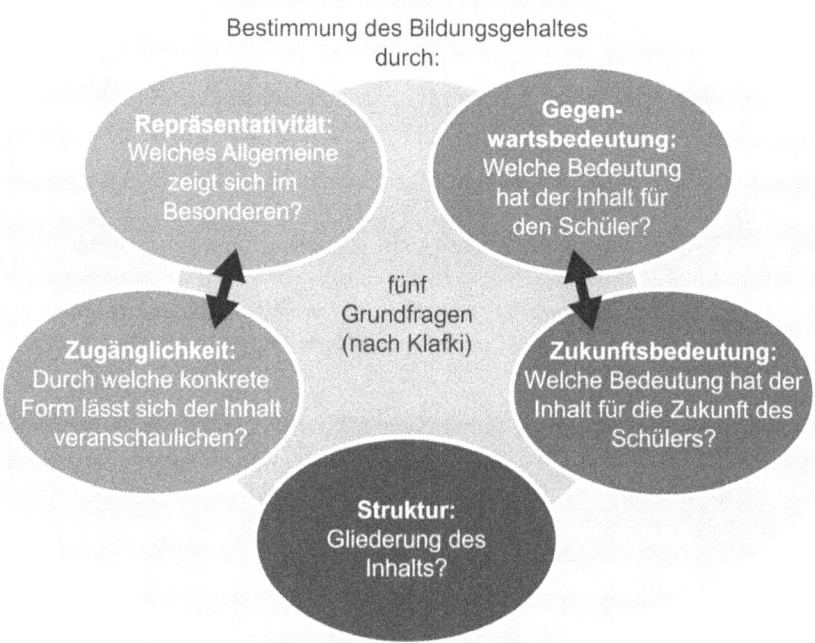

Abb.: Die Grundfragen der „Didaktischen Analyse" (Burkard/Weiß 2008, S. 208; begriffliche Modifikation durch die Autorin: „Exemplarität" ersetzt durch „Repräsentativität").

Fazit
Die geisteswissenschaftlichen Pädagogen stimmen zum einen darin überein, dass Entscheidungen über Ziele und Inhalte Vorrang haben müssten gegenüber methodischen Überlegungen; zum zweiten, dass die Auswahl von Inhalten dem Grundsatz der relativen pädagogischen Autonomie korrespondieren müsse, anders formuliert: dass die vielfältigen Inhalte, die etwa aus Politik, Kirche, Wirtschaft, Wissenschaft zur Tradierung angeboten werden, pädagogischen Kriterien entsprechen, also mit dem Ziel der Bildung des Menschen verträglich sein müssten. Bezüglich der Art der Inhalte findet sich die übereinstimmende Auffassung, dass diese fundamental bzw. elementar sein müssten, um wechselseitige Erschließungsprozesse zwischen Individuum und Welt in Gang bringen zu können.

7 Schultheorie

7.1 Herman Nohl

Sein wichtigster Beitrag zu einer geisteswissenschaftlichen Theorie der Schule findet sich konzentriert im zweiten Teil seines pädagogischen Hauptwerks „Die pädagogische Bewegung in Deutschland und ihre Theorie" (1933/1988). In die schultheoretisch wesentlichen Passagen dieses Werks sind Gedanken einer Reihe thematisch zugehöriger Aufsätze der 20er-Jahre eingegangen. Nach 1945 hat er einige neue Akzente gesetzt, vor allem den Lebensbezug der Schule noch stärker betont und ihre Aufgaben nüchterner als im Hauptwerk umrissen, ohne jedoch sein Grundkonzept entscheidend zu ändern.

Wichtig ist, *dass Nohls Schultheorie auf seinem Verständnis der relativen Autonomie des pädagogischen Handelns basiert* (vgl. Kap. 4.3) *und dass er sie als systematisches Ergebnis seiner Auseinandersetzung mit der Geschichte der Schule und ihrer jeweiligen Aufgabenbestimmung sieht,* also seine Schultheorie nicht empirisch, sondern *historisch-systematisch* fundiert. Im Besonderen sind auch reformpädagogische Entwicklungen und Ansprüche an die Schule in *Nohls* theoretischen Klärungsversuch eingegangen, wie ja sein Hauptwerk sich generell im zweiten Teil als systematische Besinnung reformpädagogischer Bestrebungen versteht.

Nohl unterscheidet fünf „Aufgaben"/"Funktionen" (1988, S. 249) der Schule, wobei die Reihenfolge keine Hierarchie bedeutet, die Aufgaben sind vielmehr aufeinander bezogen und miteinander vernetzt.

Als *erste Funktion* nennt er, *das Kind gesellschaftsfähig zu machen*: „Die *Schule* hat die große Aufgabe, das Kind aus der Gebundenheit in der Familie hinüberzuführen in die Willensform des öffentlichen Lebens und die Kräfte in ihm zu entwickeln, die alle Organisationen tragen" (ebd.). Alle Formen der Schülermitbestimmung seien auf diese Aufgabe, bei der es darum gehe, Verantwortungsbewusstsein für das Ganze zu gewinnen und Verantwortung für das Ganze (hier: die Organisation Schule) im Handeln zu zeigen, ausgerichtet (vgl. ebd.).

Als *zweite Funktion* der Schule führt er die *„Übung"* der Anstrengungsbereitschaft an (S. 254). Die Schule „ist ein Übergang, ist Spielplatz zugleich und Stätte der Arbeit, wo das Kind einen neuen Inhalt und eine neue Form des Lebens in sich aufnimmt, nämlich die Form der planvollen, von der augenblicklichen Neigung unabhängigen, durch einen Zweck gebundenen Tätigkeit" (ebd.). Die Befähigung zur Arbeit führe den einzelnen zu einer „höhere[n] Struktur des Lebens" (S. 256). Außerdem führe sie „zum Zusammenwirken" (ebd.). Die Schule müsse „dieses Berufsbewußtsein im Dienst der Gemeinschaft entwickeln"; das Mittel dazu sei „die Arbeitsgemeinschaft in der Schule und die Erfahrung, die sie gibt" (ebd.).

Die *dritte Funktion* der Schule sieht er darin, *dem Kind/Jugendlichen Methode zu geben*, also ihnen (Lern-)Wege aufzuzeigen, die ihnen einen konzentrierten und disziplinierten Zugriff auf die kulturellen Inhalte und ein systematisches, geregeltes Arbeiten ermöglichen. „Die Methode steigert die Kräfte des Menschen über sich selbst hinaus, und die Schule ist die Werkstätte der methodischen Entwicklung des Kindes, die das Ziel hat, im Kinde selbst den Sinn für die Methode, die Kraft und den Gehorsam der Methode zu entwickeln [...] Im höheren Sinn hat nur der arbeiten gelernt, der methodisch arbeiten kann" (S. 257). Die Methode schaffe Festigkeit und klare Linien; deshalb sei der Mensch auf ein methodisches Können/Vermögen angewiesen, und die Vermittlung desselben sei eine zentrale pädagogische Herausforderung, an der es trotz aller mit der Methode verbundenen Gefahren – „Mechanismus, Pedanterie, Formalismus und Methodenreiterei" (S. 258) – grundsätzlich festzuhalten gelte (vgl. ebd.).

Als *vierte Funktion* führt *Nohl* die *zweckfreie Besinnung* an: die Schule sei „der zweckfreie Ort, in dem der Mensch das höhere geistige Leben erfährt und ohne Rücksicht auf die Bedürfnisse des Alltags die freie Kraft des Geistes entfaltet" (S. 259). Dies ist jedoch nicht als eine Absage an den Lebensbezug der Schule misszuverstehen; dies wird besonders an *Nohls Kritik am Neuhumanismus* deutlich: dieser habe „über dieser Anerkennung der Kontemplation [...] das Eingreifen in die Wirklichkeit vergessen" (S. 260).[45]

In seiner *fünften* (und letzten) *Funktion* der Schule betont *Nohl* dann auch ihren *Lebensbezug*: In der Schule müsse eine zielgerichtete Energie vorhanden sein, die die Präsentation der gesamten Unterrichtsinhalte präge und diese auf die Weiterentwicklung der Kultur verpflichte; damit werde das Interesse der Schüler geweckt. „Das leidenschaftliche Interesse erwächst aus der *finalen Energie*, die den Unterricht durchdringt und eine Funktion jenes Kulturwillens ist, aus dem heraus der junge Mensch alles, was ihm begegnet, darauf ansieht, ob es hilft, das Leben zu gestalten" (S. 274). Die Schule sei somit der Ort, „an dem die Mannigfaltigkeit der Kultur zusammengefaßt wird zu der finalen Energie der Paideia" (S. 275), also der Bildung des Individuums und damit der Entwicklung seines kulturschöpferischen Gestaltungswillens. Die Schule sei somit an der Zukunft der Kultur konstitutiv beteiligt (vgl. ebd.).

---

[45] Eine ausführliche Kritik an dem Schulverständnis des Neuhumanismus findet sich in *Nohls* Aufsatz aus dem Jahr 1929 „Schule und Alltag" (1949d).

Der *Lebensbezug der Schule* rückt *nach 1945 ins Zentrum von Nohls Interesse*. Er plädiert für eine Aufhebung der Trennung von Bildung und Leben, die sich nur vollziehen könne, wenn die Schule „sich nicht mehr bloß als Unterrichtsanstalt betrachtet, sondern als Lebensgemeinschaft, die leben lehrt, und wenn sie sich ganz anders noch als bisher zu dem öffentlichen Leben in Beziehung bringt und am ökonomischen, ländlichen und industriellen Leben teilnimmt" (1950a, S. 521). Die „Unterrichtsschule" müsse zu einer Stätte gemeinsamen Arbeitens und Lebens werden. Das Kind solle erfahren, „daß die soziale Haltung wichtiger ist als sein Wissen, Kooperation mehr ist als bloßer Wetteifer, es soll *helfen lernen*" und somit auch ein neues Leistungsverständnis entwickeln (1949h, S. 16). Um diese Lernerfahrungen zu ermöglichen, müsse die Schule „entschlossen eine kopernikanische Wendung ihres Unterrichts vornehmen, darf nicht mehr von oben her, aus einer Abstraktion heraus lehren, sondern muß mit der Jugend leben und leben lehren mit dem Willen zur Gestaltung des Lebens" (1950b, S. 8). Neben dem *„Verstehenlehren"* müsse das *„Können"* eine viel stärkere Gewichtung erfahren (1949g, S. 287). *Schulorganisatorisch* hält *Nohl* in diesem Zusammenhang die *Ausgestaltung der öffentlichen Schulen zu Tagesheimschulen* für nötig. „Die Kinder wie die Lehrer sind acht Stunden in der Schule, ihr Lehrer hat weniger Unterricht zu geben, ist dafür aber als Erzieher tätig, treibt Sport mit den Kindern, musiziert mit ihnen, arbeitet mit ihnen in den Werkstätten, und die ganze Schule stellt einen lebendigen Gemeinschaftsorganismus dar, der das schulische Dasein zu einer Familie höheren Grades entwickelt" (1949f, S. 296). Im Blick auf den Unterricht fordert er 1952 eine Verstärkung des Gruppenunterrichts und eine „radikale Umstellung des Lehrers, die aus dem Pauker den Helfer macht" (1967, S. 90).

7.2   Theodor Litt

Die schultheoretischen Grundgedanken *Litts* finden sich konzentriert in zwei Aufsätzen: 1925 formulierte er „Leitsätze" zu einem Vortrag über „Das Recht und die Grenzen der Schule" (vgl. 1965c, S. 56f.); in diese Thesen sind in generalisierter Form Grundgedanken einer Reihe seiner frühen Aufsätze zu schulpolitischen Fragen eingegangen. 1926 erweiterte er die „Leitsätze" in einem Vortrag auf dem pädagogischen Kongress in Weimar unter dem Titel „Die gegenwärtige Lage der Pädagogik und ihre Forderungen" (vgl. 1965d, S. 58–98) zu einer generellen Bestimmung des Verhältnisses von Erziehung und Kultur; Schule gilt hier als eine Konkretisierung dieser Verhältnisbestimmung. Beide Texte verstand *Litt* zugleich als Auseinandersetzung mit wesentlichen Teilströmungen der Reformpädagogik, der er – im Vergleich zu *Nohl* und den *Nohl*-Schülern – besonders kritisch gegenüberstand. Auch zu *Nohls* Schultheorie lassen sich vor diesem Hintergrund Unterschiede erkennen.

7.2.1   Die Aufgaben der Schule

In Auseinandersetzung mit dem reformpädagogischen „Vorwurf der ‚Lebensferne' und ‚Künstlichkeit' der Schule" (1965c, S. 56) gelangt *Litt* zu einer *ersten Aufgabenbestimmung der Schule*. Sie müsse die Jugend mit der *„objektiven Kultur"* zusammenbringen (ebd.). Dies könne aber nur dann gelingen, wenn „im ‚lebensfernen' Schulraum der Jugend ein *didaktisch* *vereinfachtes und geordnetes Modell* der Kulturwirklichkeit" (ebd.) dargeboten werde. Nur so werde es dem jungen Menschen möglich, einen eigenen Standpunkt in der bestehenden Gesellschaft und Kultur zu gewinnen. „[…] bei dem Wegfall dieser ‚künstlichen' Überleitung würde er [der junge Mensch; E. M.] am wehrlosesten der Übergewalt des Vorhandenen, das er nicht geistig beherrschen gelernt hat, zum Opfer fallen" (S. 56f.).

Als *zweite Aufgabe* für die Schule fordert er, sich vom politischen Tagesstreit fernzuhalten und sich keinen gesellschaftlichen Zukunftsprogrammen zu verschreiben. Vielmehr müsse sie sich darum bemühen, „die geistigen und sittlichen Kräfte der Jugend mobil [zu] machen, auf die *jede* Gesellschaft und Kultur angewiesen ist" (S. 57). *Nach 1945* wird *Litt* hier konkreter: Er warnt zwar weiterhin vor jeglichem parteipolitischem Missbrauch der Schule, sieht nun jedoch als eine ihrer zentralen Aufgaben eine *engagierte Erziehung zur Demokratie* an (vgl. 1954a).

Generell hält *Litt* Kontinuität und Stetigkeit für unverzichtbare Merkmale einer produktiven schulischen Arbeit. *Die Schule solle bestrebt sein, einen gewissen Abstand zum jeweiligen „Zeitgeist" zu bewahren,* sie müsse die Vorstellung zurückweisen, „daß auf jedes politische, soziale, weltanschauliche Fernbeben der pädagogische Seismograph alsbald mit einem kräftigen Ausschlag antworten müsse" (1965d, S. 98).

Ausdrücklich rechnet er die Schule den „*konservierenden*" Mächten zu, da sie den „Bildungszusammenhang der *Generationen*" zu vermitteln und „Trägerin der Kontinuität im Wandel der Jahre und Tage" zu sein habe (ebd.).

7.2.2 Unterricht und Erziehung

Litt sieht Unterricht und Erziehung eng miteinander verzahnt und wendet sich gegen eine Auffassung, die „die erzieherische Mission der Schule gegen ihre unterrichtliche Zielsetzung" ausspielt (1965d, S. 90). Dem Unterricht als solchem wohne eine erziehende Wirkung inne, und dies gelte auch für jene unterrichtlichen Tätigkeiten, die von Teilen der pädagogischen Reformbewegung mit dem Begriff des „*Technischen*" belegt würden: Lesen und Schreiben, das Rechnen und die Werkarbeit, die deutsche Sprachübung und die fremdsprachliche Grammatik sowie Grundkenntnisse in verschiedenen Fachgebieten (vgl. ebd.). Er exemplifiziert diese erzieherische Wirkung für das Schreibenlernen folgendermaßen: „[…] der Respekt, die Gewissenhaftigkeit, die Hingabe, mit der das Kind in diesem Vorhof des Geistes das Seinige verrichten lernt, kann und soll ihm eine Vorschule der inneren Haltung sein, die die großen Gestaltungen des Geistes dereinst von ihm fordern werden. Ganz zu schweigen von den sonstigen Momenten der Willensbildung, der Erziehung zur Sachlichkeit, der Schulung von Auge und Hand usw. […]" (S. 91).

Die entscheidende erzieherische Wirkung eines soliden, stetigen Unterrichts bestehe in der *Erziehung zur Sachgerechtheit*, in Anstrengungsbereitschaft und verbindlicher Erfüllung von Pflichten. Hierdurch solle eine Haltung verhindert werden, die „in einer von keinerlei Sachkenntnis angekränkelten Keckheit des Behauptens und Bestreitens ihre Ehre sucht" (S. 93).

Vom „gesinnungsbildenden" Unterricht der *Herbartianer* setzt sich *Litt* ab: „Nicht dies ist die Meinung, daß der Lehrer den *sachlichen* Inhalt seines Unterrichtes mit Bedacht so zu wählen und zu gestalten habe, daß in ihm möglichst viel an sittlichen Motiven zur Behandlung gelange [...] Vielmehr ist hier diejenige sittlich stählende und charakterlich aufbauende Wirkung gemeint, die jede ernstliche und hingebende Bemühung um eine *Sache* [...] selbsttätig mit sich bringt" (S. 94).

Litt hält – anders als *Nohl!* – diese erzieherische Wirkung des Unterrichts für bleibender als die des Lehrers als Person, da die einzelnen Lehrer über eine sehr unterschiedliche erzieherische Ausstrahlungskraft verfügten (vgl. ebd.). Er hält es – in Abwehr „expressionistischer" Theorien der Erzieherpersönlichkeit – für einen Glücksfall des Bildungswesens, „daß es in Gestalt des ‚Unterrichtes' im weitesten Sinne, in Gestalt der sachgebundenen Bemühungen um eine zu bewältigende Gegenständlichkeit eine Arbeitssphäre besitzt, die es dem Lehrer erspart, ja auf weite Strecken hin verbietet, in unmittelbar menschlicher Einwirkung erziehen oder gar ‚führen' zu wollen" (ebd.). Hiermit solle verhindert werden, dass junge Menschen der Willkür einzelner Erzieher ausgeliefert, auf deren Vorstellungen eingeschworen würden (vgl. ebd.).

7.2.3 Einzelne Schularten

Zunächst ist darauf hinzuweisen, dass sich *Litt* in der Weimarer Republik – auf der Basis seiner *Überzeugung anlagebedingter intellektueller Begabungsunterschiede* (vgl. etwa 1918c u. 1921a, S. 306f.) – gegen alle Einheitsschulbestrebungen[46] für den *Erhalt des gegliederten Schulsystems* einsetzte. Er blieb bis zu seinem Tod ein Verfechter eines vertikal gegliederten Systems.[47]

Die höheren Schulen
Die *Aufgaben der höheren Schulen* bestimmte *Litt* folgendermaßen: Sie sollten für die wirklich theoretisch Begabten eine *qualitätsvolle Ausbildung auf hohem geistigen Niveau ermöglichen und den kulturellen Bestand sichern und weiterentwickeln helfen*. Er trat für eine höhere Schule ein, „die an dem neunjährigen Lehrgang festhält, die von Anfang an die planvolle Schulung des methodischen Denkens durch die dazu geeigneten Fächer als ihre Hauptaufgabe ansieht und der von vorneherein nur ein mit unnachsichtiger Schärfe gesichteter Schülerbestand zugeführt wird" (1919b, S. 292f.). Die höheren Schulen seien auf das wissenschaftliche Denken der Universitäten hin zu orientieren; das Ziel jener sei schließlich die „Hochschulreife" (vgl. S. 284).

Für das höhere Schulwesen empfahl *Litt* in der Weimarer Republik *organisatorisch* die Beibehaltung der überkommenen *drei Typen höherer Bildung* mit je spezifischer Schwerpunkt-

---

[46] *Litt* setzte sich in seinen Schriften explizit mit zwei Varianten des Einheitsschulgedankens auseinander: einerseits mit der Forderung nach genereller Verlängerung der Grundschule auf sechs Jahre, wie sie auf der Reichsschulkonferenz (1920) – mindestens im Sinne einer zuzulassenden Regelung – von *Johannes Tews* (1860–1937) und anderen Vertretern des Deutschen Lehrervereins gefordert wurde, andererseits auf die begrenztere Variante eines zweijährigen, gemeinsamen Unterbaus für Mittelschulen und höhere Schulen, wie sie *Karl Reinhardt* (1849–1923) 1919 in seiner Schrift „Die Neugestaltung des deutschen Schulwesens" entwickelte.

[47] Dies war einer der bildungspolitischen Gründe, warum er nicht in der Sowjetischen Besatzungszone (SBZ) bleiben wollte (vgl. Matthes 1999b).

setzung (vgl. 1919b).[48] Allerdings galt in den ersten beiden Jahrzehnten des 20. Jahrhunderts sein *besonderes Interesse* und seine besondere Sympathie dem *Humanistischen Gymnasium*.[49] In dem Aufsatz „Die Schicksalsstunde des Humanistischen Gymnasiums" (1921b) betonte er, dass diese Schulen zum damaligen Zeitpunkt offensichtlich beunruhigt den Rückgang der Schülerzahlen im Vergleich zu Realgymnasien und Oberrealschulen beobachteten und daraus den falschen Schluss zögen, diesen Schwund durch laxe Handhabung der Aufnahme- und Versetzungsmaßstäbe auszugleichen. Diese Praxis werde aber nicht gerade die leistungsfähigeren Schüler bzw. die auf anspruchsvollere Schulbildung ihrer Kinder bedachten Eltern, sondern die weniger Begabten und Arbeitsunwilligen anziehen. Nur durch hohe Ansprüche und scharfe Handhabung der Auslese- und Prüfungspraxis könne das Humanistische Gymnasium seinen einstigen Leistungsstand, seine Geltung und seine Bildungsfunktion wiedergewinnen. *Litt* verfocht also in den 20er-Jahren für die höheren Schulen insgesamt, insbesondere aber für das von ihm als Eliteschule verstandene Humanistische Gymnasium, die Gestaltung als Ausleseschulen für eine relativ kleine Zahl intellektuell besonders begabter und leistungswilliger Schüler.

Nach der Erfahrung der NS-Zeit entwickelte *Litt* eine *deutlich skeptischere Auffassung gegenüber den humanistischen Gymnasien.* In einem Brief vom 28. Dezember 1947 – kurz nach seinem Weggang aus der SBZ – schrieb *Litt* an *Spranger*: „In welchem Maße in den hinter uns liegenden Jahren die sog. ‚höhere' Bildung versagt hat, scheint den führenden Schulmännern noch nicht zum Bewußtsein gekommen zu sein. Anfangsunterricht im Lateinischen erscheint ihnen als Garantie geläuterten Menschentums. Ich bin heute nicht mehr imstande, in irgend einer Bildungsform das unbedingte Heil zu erblicken."[50] Derselbe Gedanke findet sich nochmals sehr deutlich in seinem am 19. Januar 1961 in der Frankfurter Allgemeinen Zeitung (FAZ) abgedruckten Leserbrief „Bewährung der Humanisten?", in dem er sich kritisch mit folgender Aussage Karl Korns in einem Artikel der FAZ vom 12. Januar 1961 auseinandersetzt. *Korn* schreibt u. a.: „Es ist nun einmal nicht wegzudiskutieren, daß der Unterricht an den Quellen der exemplarischen Antike jenen Typus Mensch erzieht, der sich nicht an alles anpassen läßt, weil ihm die Urerfahrung der geistigen und sittlichen Autonomie zuteil wurde". *Litt* hält dem entgegen: „Von der Überzeugung, die sich in diesem Satz

---

[48] Er trat also für den Erhalt des (Neu-)Humanistischen/Altsprachlichen Gymnasiums (Dominanz Latein und Griechisch), des Realgymnasiums (ohne Griechisch, aber mit Latein, aber auch Englisch) und der Oberrealschule (ohne Griechisch und Latein, mit entsprechend erhöhter Stundenzahl der modernen Sprachen und der Naturwissenschaften) ein. Vgl. zur Entwicklung und den Stundentafeln der Typen höherer Schule Jeismann 1987 u. Albisetti/Lundgreen 1991.

[49] Das ist auch aus *Litts* Biographie erklärbar (vgl. Teil I, Kapitel 2). Besonders deutlich kommt die Wertschätzung des altsprachlichen Unterrichts in *Litts* Buch „Geschichte und Leben. Probleme und Ziele kulturwissenschaftlicher Bildung" (2. Aufl. 1925) und darin besonders in dem angehängten Text „Von der Kunst des Verstehens" zum Ausdruck, in dem er nachdrücklich vor einer Zurückdrängung der Antike im Bildungskanon warnt: „Was mit allen Fibern unserer Seele verwachsen ist, das tilgen wir nicht aus, indem wir es zu sehen ablehnen. Innere Freiheit bedeutet für eine ausgereifte Kultur nach Art der unseren nicht den Bruch mit der Vergangenheit, sondern eine Selbstvergewisserung, die den Geist zur Klarheit über sich selbst, sein Werden und sein Sein, sein Vermögen und seine Schranken, kommen läßt. Solche Selbstbefreiung machen wir uns selbst unmöglich, wenn wir die Schätze einer Vergangenheit verschütten, die in uns lebt und ewig leben wird" (S. 222).

[50] Die Briefe *Litts* an *Spranger* befinden sich im *Spranger*-Nachlass im Bundesarchiv Koblenz, Signatur: Nachlass 182/317.

ausspricht, war auch ich durchdrungen, als ich noch am Gymnasium griechischen und lateinischen Unterricht erteilte." Die NS-Zeit habe seinem „Glauben an die charakterbildende Kraft des Umgangs mit der Antike einen Stoß versetzt", der nicht mehr rückgängig zu machen sei. „Das will nicht als Absage an die humanistische Bildung verstanden sein, wohl aber als Warnung an diejenigen, die sich ihre Verteidigung zu leicht machen, in dem sie ihr Wunderwirkungen nachsagen, die in entscheidender Stunde weithin ausgeblieben sind." (1961a)

Auf der Basis seines weiterentwickelten Bildungsverständnisses (vgl. Kap. 5.5.1) galt *Litts* besonderes Interesse nach 1945 einem „realistischen" Typus höherer Schule, der „seinen Unterrichtsstoffen nach der alten *Oberrealschule* entspricht" (1952b, S. 243). Dieser solle sich mit Entschiedenheit auf den Boden der modernen Welt stellen und in der „Besinnung auf das Wesen und die Lebensfunktion, die Größe und Gefährlichkeit von Naturwissenschaft, Technik, wirtschaftlicher Organisation" das Zentrum seiner Bildungsaufgaben sehen (ebd.). Diese Schule könne den Vorwurf, sie verkörpere keine humanistische Bildung, souverän zurückweisen. Zum einen, da sie zur Erkenntnis und Bewahrung des Humanen in der modernen Industriegesellschaft beitrage (vgl. ebd.), zum zweiten, da ihr „die Schätze der *deutschen*, der *englischen* und der *französischen* Kultur (von denen eine jede ihrerseits das Erbe der Antike in sich trägt) zur Verfügung" stünden, die ein nicht zu bezweifelndes Fundament für die „Pflege einer wahrhaft humanen Geisteshaltung" bildeten (ebd.).

Berufliche Schulen
Ebenfalls auf der Basis seiner Auseinandersetzung mit der NS-Zeit und seines weiterentwickelten Bildungsverständnisses entwickelte *Litt ein besonderes Engagement für die Bildungsaufgaben der Berufsschule* und schrieb in einem Beitrag aus dem Jahr 1947: „Kann man doch geradezu eine der wesentlichsten Wurzeln des Unheils […] bezeichnen mit der Formel: Der hervorragend ausgebildete Fachmann, dessen allgemeines Menschentum verkümmert oder mißbildet ist" (1958a, S. 27). Zentrale Aufgabe der Berufsschule müsse es deshalb sein, „alle die Fäden sichtbar zu machen, die die scheinbar so eng umschränkte, so streng spezialisierte Sonderwelt des Berufs mit dem Gefüge des nationalen Gesamtdaseins, ja mit dem Lebensgang der ganzen Kulturwelt verknüpfen" (S. 29). Die Berufsschule solle – ausgehend von den konkreten Problemen, Aufgaben und Organisationsformen der jeweiligen Berufswelt – geschichtliche und politische Orientierung ermöglichen (vgl. S. 34ff.) und zu einer Haltung der Toleranz und des gegenseitigen Respekts erziehen (vgl. ebd.). Sie habe somit „Anteil an einer umfassenden nationalpädagogischen Aufgabe" (S. 34). In besonderem Maße müsse sie bei den jungen Menschen eine Wachsamkeit gegenüber Technik und Wirtschaft erzielen. „Es ist zu begreifen, wenn in einer Zeit, da eine unaufhaltsam vordringende Technik und eine glänzend prosperierende Wirtschaft nichts als Segen zu spenden schienen, diese Seite der Erziehungsaufgabe nicht gesehen, geschweige denn durchdacht wurde. Aber heute [1947; E. M.], da die verstörte Menschheit sich mit der Frage abquält, wie sie sich selbst davor bewahren könne, den Tücken der ihren Schöpfer bedrohenden Technik[51] und

---

[51] *Litt* denkt sicher nicht zuletzt an den Atombombenabwurf in Hiroshima und Nagasaki im August 1945.

den Wirrnissen der dem Willen entgleitenden Wirtschaft zum Opfer zu fallen – heute dürfte der Hinweis auf diese erzieherische Pflicht schon eher auf Gehör rechnen dürfen" (S. 37).[52]

7.3 Eduard Spranger

7.3.1 Leitmotive der Bildungsideale und der Schulpolitik

Als Leitmotive der Bildungsideale und der Schulpolitik in Deutschland arbeitet *Spranger* 1921 „das Ideal der frei entfalteten *Individualität*", den *„Einheitsschulgedanken"* und das *„Gemeinschaftsideal"* heraus (1970i, S. 77), wobei er im recht verstandenen Letzteren die Weg weisende Perspektive sieht. Hiermit *grenzt* er *sich* – wie *Litt* – *von Einheitsschulbestrebungen* der Pädagogischen Reformbewegung *ab*. „Es ist ein Wahn zu glauben, die staatlich verordnete Einheitsschule könne den Gemeinschaftsgeist erzeugen. Umgekehrt: erst wenn dieser Geist da ist, ist die Einheitsschule in tieferer Bedeutung möglich. Dieser Geist entsteht aus der neuen Lebensrichtung der Jugend.[53] Schon in dieser Bewegung ist Individualität und Freiheit. Denn das Gemeinschaftserlebnis verlangt nicht Gleichheit der Glieder, sondern nur die Berührung in einem Tiefsten: im Willen zur Reinheit, Wahrheit, Echtheit des Innern und in der Bejahung des Willens zum echten Wert, den aber jeder nach seiner besonderen Art inhaltlich erleben und deuten mag. Aus diesem ethisch geläuterten Gesamtleben führen die Wege der Bildung in reicher Differenzierung hervor" (S. 89).

Somit tritt *Spranger* – wie *Litt* – für ein *gegliedertes Schulsystem* ein, dessen einzelne Schularten er in ihrer je konkreten Bestimmung ausführlich begründet. Gemeinsam ist seinen Begründungen, dass er keine Schulart auf einen Ort der Wissensvermittlung reduziert, sondern bei allen ihre werteerzieherische Dimension betont.

7.3.2 Einzelne Schularten

Die Volksschule
In seinem Beitrag „Grundlegende Bildung, Berufsbildung, Allgemeinbildung" aus dem Jahr 1918 bezeichnet *Spranger* als Aufgabe der Volksschule die *„grundlegende Bildung"* (1969a, S. 9; Hervorh. E. M.). „Ausgehend von der Heimat und der Kinderwelt […] führt sie in deutsche Sprache, deutsche Geschichte, deutsches Können, kurz in deutsche Kultur ein, nicht nur durch Belebung der Vorstellungswelt, sondern auch durch schaffende Arbeit, ästhetische Anregung und durch ein Schulleben, das selbst in den Grenzen der jugendlichen Welt ein Abbild deutscher Art und Sitte gibt. An diesem Grundcharakter würde es nichts ändern, wenn eine Fremdsprache allgemeinverbindlich eingeführt würde; denn auch sie nähme ihr Recht

---

[52] Eine Aussage, die *Litt* auch im Jahr 2009 angesichts aktueller technischer und wirtschaftlicher (Krisen-) Entwicklungen hätte formulieren können!

[53] Hiermit spielt *Spranger* auf die Jugendbewegung zu Beginn des 20. Jahrhunderts an. Zur Jugendbewegung vgl. etwa Skiera 2003, S. 68ff.

nur aus einer Beziehung her, die für die deutsche Kultur der Gegenwart entscheidend wäre" (ebd.).

In seiner Schrift „Der Eigengeist der Volksschule" (1955) und in seinem – in den mehrfach aufgelegten und in mehrere Sprachen übersetzten Band „Pädagogische Perspektiven" (Erstaufl. 1951, 9. Aufl. 1968) aufgenommenen – Beitrag „Die Volksschule in unserer Zeit" (1950) entfaltet *Spranger nach 1945* ausführlich sein Verständnis dieser Schulart. „Die Volksschule ist die pädagogische Brücke zwischen den Eigenwelten und der einen maßgebenden Kulturwirklichkeit. Es liegt im Wesen einer Brücke, daß man sie in zwei Richtungen beschreiten kann" (1970h, S. 265; im Orig. kursiv). Unter „Eigenwelten" sei zum einen die jedem Lebensalter zukommende „eigentümliche Seelenstruktur" zu verstehen (S. 268), zum zweiten das heimatliche Verwurzeltsein des Kindes/Jugendlichen (vgl. S. 272ff.). Beides gelte es durch die Bildungsarbeit in der Volksschule zu transzendieren, über sich hinauszuführen, ohne es allerdings dem Verlust preiszugeben (vgl. S. 283ff.). Welches sind nun die *spezifischen Prinzipien der Volksschulbildung*? *Spranger* nennt als *erstes* das *„heimatkundliche Prinzip"*[54] (1970e, S. 190; Hervorh. E. M.). Dies bedeute „das Bestreben, das enge seelische Verwachsensein des Kindes mit seiner nächsten Umgebung zu pflegen und zu vertiefen. Die ‚Lebensganzheit' greift über das leiblich-seelische Individuum hinüber in eine ihm unabtrennbar zugehörige Welt als ‚Erlebniswelt'" (ebd.). Diese bilde den Ausgangspunkt des Unterrichts, damit das Kind nicht nur oberflächlich angesprochen, sondern auch innerlich berührt werde. Ziel müsse es sein, „Außenweltkenntnis und Innenweltbezug immer gleichzeitig wachsen zu lassen" (S. 191). Der *Anfangsunterricht* müsse somit als *Gesamtunterricht* gedacht werden. „Später wird im eigentlichen Unterricht die Fächertrennung unvermeidlich. Aber auch dann noch sollten bestehen bleiben: 1. gewisse Gemütsbeziehungen zu den Dingen der Welt (man soll sie den Kindern ‚ans Herz legen'); 2. ursprüngliche und natürliche Gebrauchsbeziehungen, so daß nichts ganz fremd und neutral ‚draußen' bleibt, sondern das Gefühl obwaltet: ‚Das alles gehört zu mir; ist auch ein Stück von mir'; mit einem Worte: ‚Das ist *meine* Welt'" (ebd.).

Als *zweites* führt *Spranger* das *„Arbeitsprinzip"* an (ebd.). Dieses sei zum einen als „Grundsatz weitgehender Selbsttätigkeit des Schülers" zu verstehen (ebd.). Auf der Grundschulstufe meine dies das „tätige Sicheinfühlen in die Dinge" (S. 192), auf der Oberstufe den Wunsch etwas herzustellen, das Gegebene „technisch nach eigener Zielsetzung [zu] gestalten" (ebd.). Aber das Arbeitsprinzip sei noch weiter zu fassen im Sinne der Berücksichtigung der „Arbeitswelt des Volkes" (ebd.). „Denn für diese Welt soll doch die Jugend erzogen werden, und zwar in dem sittlich-humanen Geist, der die bloße Erwerbsgesinnung veredelt. Sodann ist dem Alter der Vorpubertät gerade das Nützliche im höchsten Grade interessant; man darf auf diesen naturgegebenen Hebel der Bildsamkeit nicht verzichten. Was man brauchen kann, wird nicht so leicht vergessen" (ebd.). Aufgabe der Volksschule sei somit eine *elementare Einführung in die Arbeitswelt* (vgl. ebd.). „Alles Verstehen geht vom Einfachsten, vom elementaren Sinnzusammenhang, aus; und nur, was *so* verstanden ist, wirkt in der Seele fruchtbar weiter" (S. 194; vgl. auch Kap. 6.1).

---

[54] Vgl. hierzu auch *Sprangers* Publikation „Der Bildungswert der Heimatkunde" aus dem Jahr 1923 (1973c).

Als *drittes Prinzip* nennt *Spranger* die „*Gemeinschaftserziehung*" (ebd.). „Der Schüler fühle sich ständig als Glied einer zusammenarbeitenden und zusammenlebenden Gemeinschaft, nicht bloß in einseitigem Bezug auf den Lehrer" (ebd.). In diesem Kontext müsse die Schule zur „Vorschule der Demokratie" werden (S. 196). „Auch hier, wie bei den ersten beiden Prinzipien, kommt er nur darauf an, daß die Schüler in ihrer Gemeinschaft die einfachsten *Urerlebnisse* erfahren, die man im kleinen Kreise gehabt haben muß, ehe man in größere Kreise eintritt und in den größten: das zum Staat geeinte Volk" (ebd.). Es gehe vor allem um erste Erkenntnisse über die *Notwendigkeit von Regeln für das Zusammenleben* (vgl. S. 195).

Als *viertes* und „entscheidendes" *Prinzip* führt *Spranger* die „*Innenwelterweckung*" an (S. 197). Hierbei gehe es darum, die „Werterlebnisfähigkeit des jungen Menschen [zu] erweitern und [zu] vertiefen" (ebd.) und – als Höchstes – *sein Gewissen als die Stimme Gottes im Menschen zu wecken* (vgl. 1970h, S. 316f., u. 1970e, S. 198).[55]

Die Berufsschule
Spranger hat sich zeit seines Lebens intensiv mit der Berufsschule und ihrer Bestimmung auseinandergesetzt. Das nahm seinen frühen Anfang 1918 mit seinem Aufsatz „Grundlegende Bildung, Berufsbildung, Allgemeinbildung" (vgl. 1969a, S. 7ff.) und mit seinem publizierten Vortrag „Allgemeinbildung und Berufsschule", den er auf dem XIII. Deutschen Fortbildungsschultag[56] in Dresden gehalten hat (vgl. 1970a, S. 7ff.). Die entscheidende Aussage *Sprangers* in den beiden Beiträgen ist, dass *die Ausrichtung auf den Beruf und Bildung keine Widersprüche darstellten*, dass sogar – wie er es 1918 pointiert formuliert – der „Weg zu der höheren Allgemeinbildung [...] nur über den Beruf" führe (1969a, S. 9).[57] „Wer für seinen Beruf ‚gebildet' wird, der wird zugleich zur Freiheit gegenüber allen Einzelleistungen in ihm erzogen, der lernt ihn in einem größeren Kulturzusammenhang auffassen und geistig über ihm stehen, statt von ihm verschlungen zu werden" (S. 12f.). *Berufsbildung* sei eine *persönliche*, eine *soziale* und eine *politische* Notwendigkeit. Eine persönliche, da der Beruf für den einzelnen den Ort der Bewährung und der individuellen Bestätigung darstelle (vgl. 1970a,

---

[55] Eine detaillierte Darstellung der Volksschultheorie *Sprangers* und der daran geübten Kritik findet sich bei Paffrath (1971).

[56] Seit Ende des 19. Jahrhunderts gab es eine Fortbildungsschulpflicht, die sechs oder acht Stunden in der Woche umfasste. Ab 1920 bürgerte sich der Begriff der Berufsschule ein. Die Volksschulpflicht bestand noch 1920 nur bis zum 14. Lebensjahr!

[57] Zu dieser Auffassung *Sprangers* meldet *Weniger* in seinem Beitrag über „Berufserziehung" im „Sachwörterbuch der Deutschkunde" (1930c) Bedenken an. Er referiert zunächst zusammenfassend *Sprangers* Position: „Nach einer ‚grundlegenden' Bildung, die in die elementaren Bezüge des Lebens einführt, soll alle weitere Bildungsarbeit auf die künftigen Lebensberufe bezogen und nach der Gliederung der Berufe aufgeteilt werden. Vom Beruf aus sollen dann die allgemeinen Zusammenhänge, in denen Bildung sich erfüllt, Volk, Staat, Gesellschaft, Kultur in das persönliche Leben aufgenommen und zum geistigen Besitz der Persönlichkeit gemacht werden" (S. 141f.). Danach folgt seine kritische Rückfrage: „Die Frage ist freilich, ob heute für die meisten Menschen die vorausgesetzte Zuordnung von Begabung, Neigung und Beruf in einer freien Berufswahl besteht, ob ferner wirklich noch alle Berufe die bildenden Kräfte enthalten, an denen der Mensch sich zu formen vermag, ob schließlich wirklich ein gegebener Zusammenhang zwischen den einzelnen Berufen und den wahren Anliegen von Staat und Kultur besteht, der es erlaubt, die B[erufserziehung]. zum Ansatzpunkt für Staats-, Volks- und Menschenerziehung zu machen. Vielleicht bedürfen umgekehrt die Berufe erst einer geistigen Legitimation durch eine dt. Allgemeinbildung, oder es muß gar eine dt. Bildung angestrebt werden, weil die Berufe heute in der Mehrzahl ohne Berufung sind" (S. 142).

S. 18); eine soziale, da jeder einzelne in seinem Beruf „mit seiner Arbeit einen Dienst am Volk leistet" (S. 19) und jeder Beruf auf den anderen angewiesen sei (vgl. ebd.); schließlich eine politische, da jede Volkswirtschaft auf „Qualitätsarbeiter" angewiesen sei (ebd.).[58]

Im Zentrum der Berufsschule sollten die „Berufsidee" und der „Berufstypus" stehen (S. 19). Bezogen auf die Inhalte nennt *Spranger* drei „Hauptgesichtspunkte", die bei jedem Berufsgebiet wiederkehren sollten (S. 22; vgl. auch 1969a, S. 15): der „erste und engste Kreis" sei die „Berufskunde". „Jeder Beruf hat […] eine wissenschaftliche und technische Seite, andererseits aber auch eine ökonomische Seite" (ebd.); „der zweite Kreis" sei die „Bürgerkunde" und die „Gesellschaftskunde". „Hier ist zu zeigen, wie jede wirtschaftliche Arbeit abhängig ist von der sozialen Struktur der Gesellschaft, wie diese Gesellschaft in bestimmte Rechtsformen gefaßt ist und wie der ganze Strom des wirtschaftlichen Lebens durch diese rechtlichen Normen kanalisiert und gelenkt wird" (S. 23); der „dritte Kreis" sei die „Lebenskunde", verstanden als „eine aus dem Beruflichen und Wirtschaftlichen herauswachsende Ethik und Weltanschauungslehre" (ebd.). Als *Quintessenz seiner Überlegungen* formuliert er: „Die Berufsbildung in den Berufsschulen ist so zu gestalten, daß sie sich nicht in einem engen Fachwissen erschöpft, sondern erstens an einem umfassenderen Berufstypus die Berufsidee und das Berufsethos überhaupt entwickelt, zweitens die Umstellung auf verwandte Berufe ermöglicht und drittens den organischen Mittelpunkt abgibt für eine nach allen Seiten des gesellschaftlichen und geistigen Lebens ausstrahlende Allgemeinbildung" (S. 25; im Orig. kursiv).

30 Jahre später verfasste *Spranger* einen Beitrag über „Umbildungen im Berufsleben und in der Berufserziehung". Er beschäftigt sich in diesem Beitrag mit zwei für die Zukunft der Berufsschule relevanten (möglichen) Entwicklungen und die Konsequenzen für die Berufsschule: dem Verlust an „Dauerberufen" und der Einschränkung der „freien Berufswahl" (1970f, S. 201). Hieraus zieht *Spranger* die Konsequenz, dass das „berufliche Zentrum der Bildung" in Zukunft „nur durch die drei Urberufe […] des Landmanns, des Handwerkers und des Händlers" repräsentiert sei (S. 206). „Bei jedem von ihnen kann man auf gewisse *Elemente* des Tuns zurückgehen, die bis in die kompliziertesten Leistungen hinein als identische Grundformen erkennbar bleiben" (ebd.). „Das zweite Bildungselement" sieht er im „Bereiche des Zählens, Messens und exakten Zeichnens" (S. 207). Als „drittes Gebiet" nennt er die „Lebenslehre" als „geistig-seelische ‚Auflockerung'" (ebd.). Die Ausgestaltung derselben solle dem Lehrer anheimgestellt werden (vgl. S. 209). Abschließend: „Die Berufsschule darf ihren Namen nicht dazu mißbrauchen, den jungen Menschen beruflich zu versklaven. Vielmehr sollte er über ein seelisches Kapital verfügen, das ihn noch über den einfachsten, nicht freigewählten Beruf hinaushebt. Und die Umstellungsfähigkeit auf andere Funktionen, die heute unvermeidlich ist, wird er nur dann aufbringen, wenn er einerseits die Urphänomene eines Urberufs verstanden hat, andrerseits ein inneres Plus besitzt, das ihm ermöglicht, sich in einen ganz anderen Beruf einzuleben, ohne von ihm seelisch erdrückt zu werden […]" (ebd.).

---

[58] Im Blick auf die Frauen spricht *Spranger* vom „Beruf als Mutter und Hausfrau", für den es ebenfalls der „qualifizierten Arbeit und Bildung bedürfe" (S. 20).

Diese Gedanken nimmt *Spranger* in seinem – zunächst einen kurzen historischen Überblick über die Berufsschule gebenden – Aufsatz „Humanismus der Arbeit" (1952) wieder auf; er spricht nun von der notwendigen *„Weltverbundenheit"* der Berufsschule und bezeichnet die „Lebenskunde" als *„das horizontgebende Fach"*, welches nicht zu der „zentralen, begrenzten Berufskunde bloß hinzukommt. Es ist aus psychologischen Gründen selbst wesenhaft notwendig, und unter erziehlichen Gesichtspunkten entfaltet es die eigentlich idealbildende Kraft im Ganzen" (1970g, S. 215). Als weiteren wichtigen Punkt nennt *Spranger* die *„Herausarbeitung von plastischen Berufsbildern"* (S. 216) und den mit diesen notwendigerweise verbundenen „seelisch-geistigen Anlagen und Eigenschaften" und Stufengängen der Ausbildung (ebd.). Als drittes betont er die Vermittlung eines Berufsethos (vgl. ebd.).

In seinem Beitrag über „Die Erziehungsaufgabe der deutschen Berufsschule" (1958) verwendet er statt des Begriffes der „Lebenskunde" den der „Kulturkunde" oder „Weltkunde" und füllt ihn nun inhaltlich konkret (1970j, S. 330). Er versteht darunter zum einen eine „*Gefügelehre der Kultur*" (ebd.) und zum anderen eine Beschäftigung mit den „Sozialgebilde[n]" (S. 331). Er nennt explizit die „Sozialkunde", deren „Gipfel" in der „Staatsbürgerkunde" liege (ebd.). „In einer Demokratie, die durch Erziehung nachholen muß, was ihr an Tradition und selbstverständlicher Verwurzelung fehlt, ist diese Seite der Lebensorientierung so wichtig, daß ihr besondere Aufmerksamkeit geschenkt werden muß. Sozialkunde mit besonderer Betonung der Staatsbürgerkunde wird also zu einem eigenen Fach, das durch den ganzen Schulkursus hindurchgeht, nicht nur einen einzelnen Jahrgang in Anspruch nimmt" (ebd.).

In seinem letzten Beitrag über „Ungelöste Probleme der Pflichtberufsschule" (1960) lässt er seine bisherigen Vorträge und Veröffentlichungen zur Berufsschule Revue passieren und zeichnet die Diskussionen der letzten Jahrzehnte nach. Stärker als in seinen vorherigen Beiträgen betont er nun die *Grenzen der Berufsschule und hebt die pädagogischen Möglichkeiten des Meisters in der Lehrwerkstätte hervor* (vgl. 1970k, S. 404f.).

Die höhere Schule/das humanistische (altsprachliche) Gymnasium
Anders als *Litt* bleibt *Spranger* auch nach 1945 ein überzeugter Anhänger des humanistischen Gymnasiums, dem er einen *besonderen Bildungswert* zuschreibt. In seinem Beitrag über „Innere Schulreform" aus dem Jahre 1949, in dem er – hier wieder in völliger Übereinstimmung mit *Litt* – die *Einheitsschulbestrebungen der westlichen Besatzungsmächte zurückweist* und für die Beibehaltung einer mindestens achtjährigen höheren Schule plädiert (vgl. 1970d, S. 181, S. 182, S. 184f.), räumt er zwar ein: „Keineswegs soll behauptet werden, daß es gar keinen anderen Weg gibt, ein höheres Menschentum in der Jugend von heute zu erwecken, als den der Begegnung mit dem antiken Geist und den alten Sprachen" (ebd.). Allerdings fügt er sofort hinzu: „Der Beweis, daß es auf anderen Wegen ebensogut gelinge, ist noch nicht sicher erbracht. Das [humanistische; E. M.] Gymnasium besitzt den Vorzug, daß seine Bildungsstoffe in jahrhundertelanger Erprobung immer wieder gesiebt worden sind, daß Sprachen und Literaturen didaktisch aufs sorgfältigste zubereitet worden sind" (ebd.). Die weiteren überkommenen Typen höherer Bildung kommen bei *Spranger* deutlich schlechter weg, auch wenn er ihnen ihr Existenzrecht nicht abspricht: „Bei den modernen Formen der Oberschule ist man sich über die wirklich fruchtbaren Bildungsgüter viel weniger einig. Die Beschränkung des Zentrums aber auf die eigene Sprache und Literatur brächte die Gefahr einer Selbstbespiegelung mit sich […] Aber natürlich: das Ideal einer Humani-

tätsbildung aus den Mitteln der modernen Völker soll nicht bekämpft werden. Es muß auch eine Bildung am neueuropäischen Geist möglich sein. Und ferner: die weit ausladende moderne Naturwissenschaft kann zwar nur wenig gesinnungsbildend wirken und eben deshalb nie allein Zentrum sein. Aber um ihres begrenzten Erziehungswertes willen müßte sie wenigstens so auf ihre fruchtbaren Momente – Urgedanken, Urmethoden, Urphänomene – zurückgeführt werden, daß sie wahrhaft geistesbildend wirkt und nicht bloß als Auswahl von Kenntnissen, die ‚nötig sind'" (S. 181f.).

1960 veröffentlichte *Spranger* zusammen mit dem Altphilologen *Erich Haag* die Schrift „Der Sinn des altsprachlichen Gymnasiums", um dessen bildende Kraft nochmals hervorzuheben. Zwei Aspekte werden besonders betont: zum einen die in sich geschlossene Bildungsidee des humanistischen Gymnasiums mit der Einführung in ein „vergangenes, reich gliedertes Kulturganzes" (1970l, S. 391), wodurch bei den Schülerinnen und Schülern „Kulturbewußtsein" entstehen könne (ebd.); zum zweiten das „Kontrasterlebnis" (ebd.). Dadurch werde der Geist „wach für eine kritische Betrachtung von Vergangenheit und Gegenwart. In diesem kritischen Vergleich zwischen einst und jetzt wird er gelöst sowohl vom Bann der Geschichte wie auch von der verführerischen Macht des ‚Zeitgeistes', erwirbt er sich Urteilskraft" (ebd.). „Wie die Gegenwart aus der Vergangenheit herausgewachsen ist, so will das Gymnasium den jungen Menschen in der produktiven Auseinandersetzung mit vergangenem Großen heranreifen lassen" (S. 392).

In einem Beitrag aus dem Jahr 1955 weist *Spranger* darauf hin, dass die höhere Schule sich zum einen zu Recht als „Vorschule für gelehrte Berufe" verstehe (1969g, S. 396), dass sie sich darin allerdings nicht erschöpfen dürfe. Vielmehr müsse „das innere *Beteiligtsein* am Großen und Guten, am menschlichen Sein und am schöpferischen Wollen geweckt werden" (ebd.). Hierdurch solle „der Keim und der Kern für ein Menschentum herauskommen, das zur rechten Führung im Kulturganzen gerüstet ist" (ebd.).

7.4 Wilhelm Flitner

7.4.1 Allgemeines

Flitner unterstreicht den *Bildungsauftrag für alle Schularten* und *warnt* vor einer *bloßen Konzentration auf die spätere Berufstätigkeit*. „Freilich sollte alles, was auf Schulen gelernt wird, im späteren Leben auch von Nutzen sein – aber nicht, weil es nützlich ist, wird es in den Lehrplan aufgenommen, sondern weil es den Geist bildet und nur sofern es ihn bildet – und darüber hinaus soll es auch noch von Nutzen sein […] Der Geist im ganzen soll durch die Schule geweckt, geformt und versittlicht werden: nur das gehört in den Bildungsplan hinein, was zu diesem Ziel wesentliches beiträgt; und außerdem muß es für die Jugendstufe erreichbar sein, in der es bearbeitet wird" (1989c, S. 125).

Wie *Litt* und *Spranger* spricht sich *Flitner* sein ganzes Leben lang für ein *gegliedertes Schulsystem* aus und *erteilt Einheitsschulbestrebungen eine Absage*. Gegen die Verlängerung der gemeinsamen Schulzeit aller Kinder ist nach *Flitner* anzuführen, „daß die frühe Jugend, und besonders die Zeit zwischen dem zehnten und fünfzehnten Lebensjahr, außerordentlich plastisch ist für ein rezeptives Lernen von Zeichen, Worten, Handgriffen und Umgangsfertigkeiten, die für künftige Aufgaben bestimmte und damit speziale Vorbereitungen schaffen. Durch eine grundsätzlich allgemeine, in jeder Hinsicht unspezialisierte Grundbildung wird diese Vorbildung niedergehalten, und Lernfähigkeiten werden ungenutzt gelassen, die später nicht mehr in so hohem Grade vorhanden sind [...] Dies spricht alles dafür, die höhere Schule als eine grundständige zu erhalten [...]" (1997e, S. 279f.). Die Grundlage dieser Aussage ist, dass er von *deutlich unterschiedlichen Leistungsvermögen und Neigungen einzelner Gruppen der Kinder* ausgeht, denen durch Volksschulen, Mittelschulen und höhere Schulen am besten entsprochen werden könne (vgl. S. 241f.). Allerdings räumt er ein, dass sich die frühe Trennung nur „rechtfertigen" lasse, „wenn es daneben leicht zugängliche höhere Schulen in Aufbauform gibt und wenn auch von den Mittel- und Realschulen aus Übergänge zur Gymnasialoberstufe geschaffen werden" (S. 280; vgl. auch S. 243), um *Spätentwicklern entsprechende Chancen* zu bieten. Nicht das Argument von erbmäßig theoretisch Begabten spreche für den Beginn der höheren Schule im 5. Schuljahr, sondern die Möglichkeit und Notwendigkeit, dass in ihrer Unter- und Mittelstufe „die Einführung in die Geisteswelt in einem schnelleren Zeitmaß vor sich gehen" könne und sich die Welt bereits *„in voller Breite"* öffnen könne, „was vor allem durch ein *frühes Fremdsprachenlernen* unterstützt" werde (ebd.). Auf einer ersten Schulstufe, also in der Grundschule, hingegen seien „die Aufgaben, an denen die Jugend antwortend sich gleichzeitig entwickelt und formt, noch wenig kompliziert, dafür aber von einer universalen Mannigfaltigkeit. Hier hat eine undifferenzierte Einheitsschule für alle Kinder aller Begabungen, Interessenrichtungen, beider Geschlechter, jeglicher sozialer Herkunft ihre Berechtigung" (S. 282).

Flitners Hauptinteresse galt der *Theorie und Praxis der höheren Schule*; mit dieser hat er sich seit den 30er-Jahren, vor allem aber nach 1945 in einer Vielzahl von Beiträgen beschäftigt; zur *Volksschule* liegt die breit rezipierte Studie „Die vier Quellen des Volksschulgedankens" (1. Aufl. 1941/6. Aufl. 1966) vor.[59]

---

[59] Ich zitiere im Folgenden aus der um ein siebtes Kapitel erweiterten, mit einer neuen Einleitung versehenen Auflage von 1949. Jene steht anstelle des Kapitels „Aufgabe der Untersuchung" (vgl. S. 1–5) in der Ausgabe von 1941. In „Aufgabe der Untersuchung" wird der Text in seine Zeit – 1941! – eingeordnet, ohne dass entscheidende Zugeständnisse an das NS-Regime gemacht würden, vielmehr ist die Distanz *Flitners* zum NS-Regime eindrücklich erkennbar. Dennoch ist eine Neubesinnung nach 1945 unverzichtbar. Dies bringt *Flitner* in der Einleitung zur zweiten Auflage von 1949 zum Ausdruck (vgl. S. 7–18 u. die entsprechenden Zitate im nachfolgenden laufenden Text), aber auch z. B. in dem Satz, den er dem sechsten, also 1941 letzten Kapitel hinzufügt: 1941 endete dieses Kapitel folgendermaßen: „Zu dieser erweiterten Auffassung vom Lehrerberuf drängt die Entwicklung, sobald die Volksschule in dem vollen Sinne gedacht wird, der in den abendländischen Verhältnissen schon lange verborgen liegt: wonach sie die grundlegende Bildungsanstalt für jedermann ist, erfüllt werden soll von volkstümlichem Geistesleben, vorbereiten soll die erhöhte Leistungstüchtigkeit des Volkes, darin der Regierung zuarbeitend, das Volk geistig und sittlich im nationalen Sinne zusammenhaltend, sie selbst eine Stätte volkstümlicher Kultur, in welcher die innigste Wechselwirkung zwischen dem Volk und dem höchsten Geistesleben der Nation in jedem nachwachsenden Jahrgang der Kinder grundlegend vorbereitet wird" (1941, S. 126/1949, S. 144). 1949 folgt dann noch – als Reaktion auf die Erfahrungen der NS-Zeit und in klarer Abgrenzung von derselben –: „Auf seiner Höhe aber steht das Geistesleben der Nationen, wenn es den universalen abendländischen Zielen dienstbar ist: wenn es die Voraussetzungen dafür schafft, daß in allen Nationen das Gemeinleben, das öffentliche Gewissen und aus ihm heraus die persönliche Existenz des Einzelnen dem Eigentlich-Menschlichen zugeführt wird" (S. 144). Die unverzichtbaren Bezüge zu den „universalen abendländischen Zielen" werden auch an anderen Stellen der Auflage von 1949 hinzugefügt (s. z. B. auch S. 123). Die Kernausführungen des Buches von 1941 bleiben allerdings 1949 (und in den weiteren Auflagen) unverändert.

7.4.2 Einzelne Schularten

Die Volksschule

Die Volksschule, als „Organ des modernen Soziallebens", weise *vier Merkmale* auf: sie sei „1. eine Jugendschule, 2. eine allgemeine Schule für jedermann, 3. Stätte öffentlicher Erziehung und 4. eine Familienschule, die ihre Kinder in der Regel nur den halben Tag, jedenfalls nicht über Nacht beherbergt" (1949, S. 21). Zur Erläuterung führt er aus: „Als *Jugendschule* erfaßt sie nur Kinder" (ebd.); als „*allgemeine Schule für jedermann* steht die Volksschule den Kindern aller Vollbürger des Staates offen und bereitet für alle Lebensstellungen, für alle Arten der Fortbildung, für alle Berufe vor" (ebd.); als „*Stätte öffentlicher Erziehung* ist die Volksschule eine Angelegenheit des Staates, der sie als Treuhänder der Öffentlichkeit, also aller großen Interessen des Gemeinwesens, einrichtet oder doch überwacht" (ebd.); als „*Familienschule* schließlich unterscheidet sich die Volksschule von der Heimerziehung in öffentlichen Internaten, Waisenhäusern, Fürsorgererziehungsheimen; sie teilt sich mit der Familie in die Erziehungsaufgabe" (ebd.).

Als „ethische Momente" der dargestellten äußeren Merkmale arbeitet er heraus: Zum einen werde „*durch die Einrichtung des Unterrichts den Kindern eine wirkliche Jugendzeit geschaffen* [...] die Schule verhindert den vorzeitigen Verbrauch der kindlichen Kräfte für gegenwärtige Zwecke" (S. 22). Zum zweiten impliziere die „*Unterrichtspflicht*, die zum Schulbesuchszwang gesteigert worden ist", den Gedanken, „daß jedes Kind ein *Recht* auf Ausbildung und gute Erziehung hat, und daß dieses Recht von der Öffentlichkeit geschützt werden muß. Die Schulpflicht hindert die nachlässigen Eltern, ihre Kinder verwahrlosen zu lassen. Jedes Kind wird einem Lehrer zugeführt, dieser ist ein vom Staat überwachter Bürge dafür, daß mindestens die öffentliche Erziehung ihr Werk an dem Kinde versieht, auch wenn die häusliche versagt. Von der Einrichtung der Schule geht daher bereits eine sittliche Wirkung auf die Familien aus; und um diesen Einfluß recht groß zu machen, ist es wesentlich, daß die öffentlichen Schulen zwar jedes Kind erfassen, daß sie es aber nicht ganz beanspruchen, sondern den Eltern eine Mitverantwortung geben und eine positive Mitarbeit zumuten, die sich vom Lehrer kontrollieren läßt" (S. 23).

Flitner sieht – in chronologischer Abfolge vom Mittelalter bis in das 20. Jahrhundert – vier „ideelle Ursprünge" der Volksschule (S. 24): (1) die „*Schreiblese*"- und „*Rechenschule*"; die „*katechetische kirchliche Laienschule*"; die „*realistische Muttersprachschule*"; die „*Schule der Nationalerziehung und der volkstümlichen Bildung*" (S. 26; vgl. auch S. 27ff.). Hierdurch seien folgende „Künste" zum „Gemeingut" der Volksbildung geworden: „die Künste des Lesens, Schreibens und bürgerlichen Rechnens"; „das katechetische Verständnis, liturgisches Können"; ‚Laientheologie'"; „die Grundübungen rationeller Werkfähigkeit, Grundlagen mathematischen Denkens, eine rationale, zergliedernde Sachkunde und eine volkstümliche Sprachlehre und Stilübung in der Hochsprache"; „die schönen Künste in laientümlicher Gestalt, die Übungen zur tieferen Vertrautheit mit der Muttersprache, auch in jener ursprünglichen Sprachkraft, die der Regelung durch die Grammatiker vorausgeht; die volkstümliche Überlieferung bedeutsamer Dichtung, Geschichte und Musik, humanen öffentlichen Betragens und guter Sitte" (S. 125f.). Als Fazit ergebe sich, dass „*alle wesentlichen Seiten des Geisteslebens in den Bereich der Schulung hineingezogen werden*" (S. 130).

Zu den vier genannten Ursprüngen komme nun allerdings noch ein fünfter hinzu;[60] „die Erziehungsidee selber" (S. 147). Der „Bezug des vielgliedrigen Inhalts auf den einen Menschen" werde „durch die pädagogische Idee gestiftet" (ebd.). Die endgültige Durchsetzung dieser Erziehungsidee sei die zentrale Herausforderung für die Volksschule der Zukunft (vgl. S. 147f.). „Die *pädagogische Gesamtaufgabe* besteht […] darin, daß jedes Kind von seiner Erziehungssituation aus betrachtet wird und diejenige *öffentliche* Hilfe erhält, welche es befähigt, ein verantwortliches, tüchtiges Leben persönlichen Gepräges zu führen, gemeinsinnig und gesittet die Gesellschaft mit zu tragen" (S. 153). Hierfür sei die Kooperation mit Eltern und Arbeitgebern unerlässlich (vgl. S. 152). „Eine moderne Volksschule zieht die Elternschaft in ihr Schulleben mit hinein. Sie lehrt notfalls sogar eine Elternpädagogik" (ebd.).

In seinem Vorwort weist *Flitner* zunächst darauf hin, dass die „überlieferten Motive der öffentlichen Erziehung […] nicht ausgereicht [hätten], „um das Volk politisch und gesellschaftlich zur Demokratie fähig zu machen; und im Sittlichen hat die moderne Bevölkerung eine Unsicherheit und Verführbarkeit gezeigt, die zu einer grundsätzlichen Überprüfung des gesamten öffentlichen Erziehungssystems drängt" (S. 10). Auf der Basis dieser Aussage nennt er *drei zentrale Aufgabenbereiche für die bundesrepublikanische Volksschule: Der erste Aufgabenbereich liege in der politischen Erziehung zur Demokratie:* „Die Entwicklung Deutschlands zur Demokratie ist noch ganz unvollendet und doch die einzig mögliche Lösung des politischen Problems in Zentraleuropa" (S. 11), „wenn eine neue Versklavung durch die Diktatur abgewendet werden soll" (S. 12). „Eine solche Staatsform kann nur mit Hilfe der öffentlichen Erziehung in der Bevölkerung vorbereitet, eingeübt und gesichert werden. In ganz anderem Maße als es bisher geschehen ist, wird der Geist einer freiheitlichen politischen Ordnung das gesamte Bildungswesen durchseelen müssen. Der Volksschule wird ein Hauptanteil an dieser Aufgabe zufallen; sie muß sich darin der schweizerischen, westlichen und skandinavischen zur Seite stellen" (ebd.). *Der zweite Aufgabenbereich liege in der Verankerung eines universalen, völkerverbindenden Denkens.* „Alle Schulen erhalten den dringlichen Auftrag, sich zum universalen Geist zu bekennen, allem nationalen Dünkel entgegen zu arbeiten, dem politischen Mißbrauch des nationalen Gedankens zu wehren, zum Verständnis der fremden Nationen alles nur mögliche zu tun und den Geist friedlichen Verkehrs, der Völkerversöhnung und der humanen Weltkenntnis in ihrem Bereich zu begründen" (S. 14). *Der dritte Aufgabenbereich bestehe in der Schaffung eines sozialen Zusammengehörigkeitsgefühls aller Mitglieder des Volkes.* Hierbei gehe es um die „gesellschaftliche Gleichstellung aller Volksschichten" (S. 15).

Was den inneren Aufbau der Volksschule betrifft, *unterscheidet Flitner grundlegend zwischen der Grundschule und der „Hauptschulstufe"* (S. 158, Fußnote 58; Hervorh. E. M.). Er bezeichnet erstere als „Vermittlungsschule" (S. 158), die den Übergang schaffen solle zwischen „den freien Beschäftigungen eines pflegerisch-erzieherischen Kindergartens oder des freien Kinderlebens und den sachlich wie methodisch bestimmten Tätigkeiten einer Schule im strengen Sinne des Wortes" (ebd.), einer „eigentliche[n] Schule" (ebd.). Deshalb *spricht er sich 1949 auch klar gegen die diskutierte Einführung einer sechsjährigen Grundschule*

---

[60] Dieser bleibt in der Auflage von 1941 unerwähnt.

aus: „Eine sechsjährige Grundschule, die bis ins 12. Lebensjahr führt, kann den Charakter der ‚Vermittlungsschule' nur in ihren drei oder vier unteren Jahrgängen haben. Vom zehnten Lebensjahr ab ist ein so umfassender Methodenwechsel und ein so andersartiger Geist des Unterrichts notwendig, daß es verwirrend ist, den gemeinsamen Unterbau der Hauptschulstufe wieder mit dem gleichen Ausdruck zu bezeichnen, wie jene Vermittlungsstufe, die eben noch gar nicht Schule im strengen Sinne des Wortes sein darf" (S. 158, Fußnote 58).

Seit der dritten Auflage seiner Schrift aus dem Jahr 1954 kann er sich durchaus eine sechsjährige Grundschule vorstellen. „Diese Organisationsform kann ebensogut wie jede andere der pädagogischen Idee dienen, wenn nur deutlich gesehen wird, daß für die Elfjährigen jener Methodenwechsel eintritt, der die ‚Vermittlungsschule' hinter sich läßt" (1954, S. 155f., Anmerkung 65). *Zudem spricht er sich nun aber auch gegen einen abrupten und vollständigen Methodenwechsel zwischen den einzelnen Stufen aus* (vgl. S. 156, Anmerkung 65).

Die Höhere Schule/Das Gymnasium[61]
Zunächst ist darauf hinzuweisen, dass *Flitner die Herausbildung und Gleichstellung von zunächst drei*[62]*, dann vier*[63] *Typen höherer Bildung als eine Absage an das gymnasiale Bildungsverständnis kritisiert.* „Man kann nicht die Gesamtheit des Wissens auf drei oder vier Typen der höheren Schule verteilen und diese dann für gleichwertig und gleichberechtigt erklären, nämlich allesamt für Anstalten der grundlegenden wissenschaftlichen Vorbildung" (1997a, S. 47). *Den „realistischen" Typen höherer Bildung fehle eine in sich stimmige Bildungsidee,* sie vermittelten nur „positives Wissen", welches sie nicht in einen Gesamtzusammenhang von Themen und Inhalten einordneten (vgl. S. 46f.). Über die *Bildungsidee der höheren Schule* äußert er sich 1939 – also mitten in der geistfeindlichen NS-Zeit! – folgendermaßen: „Man versteht den Bildungsplan der höheren Schule nur, wenn man von diesem allgemeinen Ziel ausgeht: durch eine umfassende grundlegende Geistesschulung wird ein gesteigertes Verständnis des menschlichen Lebens und seiner Aufgaben gewonnen, eine Übung des sinnzugewandten Bildens und Schaffens" (1997b, S. 114). „Der Schüler höherer Lehranstalten bereitet sich für eine Wirksamkeit vor, bei der es entscheidend darauf ankommt, daß der Tätige um den *ideellen Gehalt seiner Tätigkeit* weiß, dazu wieder ist nötig, daß er das Geistesleben seines Volkes versteht, daß er ein Wissen um den Menschen hat, um die Würde, Ehre, Verantwortung, um das Heil und Selbst des Menschen" (S. 122).

Nach 1945 nimmt Flitner sein Anliegen einer grundsätzlichen, organisatorischen und inhaltlichen Reform der höheren Schule wieder auf. Für das Verständnis seiner Vorschläge ist hierbei wichtig, *dass er die den realistischen Typen höherer Bildung zugestandene Vermittlung der allgemeinen Hochschulreife für einen entscheidenden Fehler hielt.* „In unserer Geisteslage möglich und nötig und heute noch immer entwickelbar wäre *erstens* der Entschluß zum

---

[61] Nach 1945 spricht *Flitner* von der höheren Schule meist programmatisch als Gymnasium, da es – wie zu zeigen sein wird – in seinem Verständnis nicht verschiedene Typen höherer Bildung geben dürfe.

[62] 1900 wurden Realgymnasium und Oberrealschule mit dem humanistischen Gymnasium gleichgestellt, indem auch sie die allgemeine Hochschulreife vergeben durften; ihr erfolgreicher Abschluss berechtigte damit zum Universitätsstudium.

[63] 1924/25 kam noch die „Deutsche Oberschule", auch „kulturkundliches Gymnasium" genannt, hinzu.

Ausbau eines realistisch-weltmännisch-praktischen höheren Bildungsweges, der in inniger Verbindung mit dem Weg der allgemeinen Schule [die Volksschule ist gemeint; E. M.] und Berufsausbildung bleiben müßte, die das gleiche Bildungsziel haben – und *zweitens* der Entschluß, für die wissenschaftliche Grundbildung einen Lehrplan zu vereinbaren, der alle Typen vereinigt und nur einen kleinen Kranz von zusätzlichen, wahlfreien Kursen, daneben eine begrenzte Beweglichkeit der Oberstufe zuläßt" (1997c, S. 138).[64]

In vielen Veröffentlichungen bestimmt und begründet *Flitner* nun den entscheidenden *Kanon*, die „zyklischen Inhalte" einer höheren Schule, des „Gymnasiums"[65], deren/dessen Aufgabe es sei, eine *grundlegende wissenschaftliche Geistesbildung* – als Voraussetzung für die Aufnahme eines Studiums – zu vermitteln. Dieser Kanon müsste im *Zentrum der gymnasialen Oberstufe* stehen. „Wenn wir auf das Elementare, Unentbehrliche und Fundamentale sehen, sind *vier solcher Inhalte* für das Verständnis dessen, was in unserer geistigen und moralisch-gesellschaftlichen Welt vorgeht, unerläßlich. Um universitäre Studien beginnen zu können, bedarf es 1. eines elementaren Verstehens der christlichen Glaubenswelt und ihrer wesentlichen irdischen Schicksale; 2. eines philosophisch-wissenschaftlich-literarischen Problembewußtseins; 3. eines Verständnisses für das Verfahren und die Grenzen der exakt-naturwissenschaftlichen Forschung und ihrer Bedeutung für die Technik; 4. eines Begreifens der Problemlage, die in der politischen Ordnung insbesondere durch die Französische Revolution, durch den Gedanken der Bürgermitverantwortung, der Rechtssicherheit und persönlichen Freiheit, der Völkerrechtsidee entstanden ist, und wie die politische Aufgabe und die gesellschaftliche Zuständlichkeit einander beeinflussen" (1997d, S. 198; vgl. auch 1997e, S. 255ff. u. S. 265f.).

Zur Konkretisierung dieser grundsätzlichen Überlegungen beschäftigt sich *Flitner* zum einen noch – kurz – mit der *Ausgestaltung und den spezifischen vorbereitenden Aufgaben der Mittelstufe* (a) *und* – ausführlich – *der Oberstufe* (b).

Zu a): *Flitner* verwendet für die Art und Weise, wie die genannten Inhalte vermittelt werden sollen, den Begriff der „Initiation", der „Einführung". Die „Initiation liegt [...] in der inneren Erfahrung, im Erlebnis eines solchen Grundgedankenganges" (1997f, S. 346). *Flitner* geht es also um tiefes Verstehen, Problemsichtigkeit und ein ganzheitliches Sich-Öffnen für die genannten ‚Gegenstände'. Die „Geistesarbeit" der mittleren Schulstufe sieht er als „Grundlage der Initiation" an (S. 348). Sie habe „sicheres Elementarwissen" zu vermitteln (S. 349), wobei zu dem Wissen auch „Anschauen, Beobachten, Denken, Darstellen, Gestalten, Arbeiten" hinzutreten müssten (S. 350). Dies habe die gymnasiale Mittelstufe durchaus mit Mittelstu-

---

[64] An diesem organisatorischen Konzept hat *Flitner* auch in seinen späteren Veröffentlichungen zwar im Kern festgehalten, aber es doch im Einzelnen noch modifiziert. Er will zum einen nun organisatorische Möglichkeiten, die von der Mittelstufe der höheren Schule/des Gymnasiums zu Fachhochschulstudien führen, ohne dass der Weg der gymnasialen Oberstufe mit Abitur durchlaufen werden müsste (vgl. etwa 1997e, S. 224 u. S. 295); zum zweiten akzeptiert er als Nebenform der höheren Schule das altsprachliche Gymnasium (vgl. etwa 1997f, S. 395 u. die späteren Ausführungen im laufenden Text).

[65] Im 1955 zwischen den Bundesländern abgeschlossenen „Düsseldorfer Abkommen" wird die höhere Schule nunmehr einheitlich „Gymnasium" genannt (§ 4) und es wird das altsprachliche, das neusprachliche und das mathematisch-naturwissenschaftliche Gymnasium unterschieden (§ 9) (vgl. Reble 1992, S. 590f.). Eine einheitliche gymnasiale Bildungsidee, wie sie *Flitner* vorschwebt, liegt diesem Konzept nicht zugrunde (vgl. Furck 1998, S. 308f.).

fen anderer Schularten gemein (vgl. ebd.). Allerdings befänden sich in jener Kinder, „die Sprachtalent und größere Abstraktionsfähigkeit vereinigen und denen die Distanzierung des Geistes von seinem Handlungszusammenhang leichter" falle als Volksschülern oder Schülern der Mittelschule/Realschule (1997e, S. 242). Somit könne in der Mittelstufe der Gymnasien „die sprachliche Lernfähigkeit" voll ausgenutzt werden und das elementare Sachwissen in konzentrierter Form vermittelt werden (ebd.). Allerdings dürfe es sich *auch in der gymnasialen Mittelstufe nicht um einen wissenschaftlichen, fachwissenschaftliches Wissen deduzierenden Unterricht handeln* (vgl. 1997f, S. 350). „Die Sorgfalt und terminologische Sauberkeit wissenschaftlichen Denkens soll überall da, wo sie anwendbar ist, auch schon in den unteren und mittleren Klassen wirksam sein. Aber erst in der Oberstufe können die wissenschaftspropädeutisch wesentlichen Initiationen einsetzen, die eine der Mittelstufe gegenüber ganz neue Arbeitsweise nötig machen und bis an die Schwelle zum wissenschaftlichen Fachstudium, zur Maturität [= Allgemeine Hochschulreife; E. M.] heranführen" (S. 351).

Zu b): Die Gymnasiale Oberstufe müsse als „*Lehrzeit der geistigen Arbeit mit dem Blick auf wissenschaftliche Fachstudien* aufgefaßt" werden (1997e, S. 235). Ihr Ziel müsse sein, „die geistigen Interessen aus der anthropomorphen und pragmatischen Richtung in die sachlich-ideelle umzuwenden und damit ein Verständnis unserer wissenschaftlichen Kultur zu gewinnen" (ebd.). *Flitner* meint damit, *dass die geistigen Interessen aus subjektivistischen und Verwertungsbezügen herausgenommen werden und dem Streben nach Erkenntnis zugeordnet werden sollten.* Der von ihm genannte – und oben bereits angeführte – *Kanon* sollte hierfür die *Grundlage* liefern (vgl. S. 235f.).[66]

Für die *methodische Vorgehensweise in der gymnasialen Oberstufe* schlägt *Flitner* als Ergänzung zum „Lektionensystem" den „Epochenunterricht" vor (1997e, S. 268f., u. 1997f, S. 391f.). „Die Arbeitsweise in diesen epochalen Kursen kann auf die Erfahrungen zurückgreifen, die mit dem sogenannten Arbeitsunterricht, mit dem Prinzip der ‚freien geistigen Schularbeit' und in einigen Landerziehungsheimen mit dem Epochalunterricht gemacht worden sind" (S. 391) – *Flitner* verweist hier also auf *reformpädagogische Erfahrungen*. „Jeder Lehrgang ist für die gesamte Oberstufe als eine Einheit anzusehen, dessen Ziel dem Schüler beim Beginn verdeutlicht werden muß und der nach einem auch ihm bekannten Plan aufgebaut sein sollte. Diese Einheit wird dann in epochal arbeitenden Teilen bewältigt, so daß ein Lehrgang etwa zwei- oder dreimal im Jahr für eine Reihe von Wochen auftritt und jeweils ein Teilziel erreichen muß […] Die Arbeit erfolgt dann so, daß durch ein einleitendes Gespräch die Aufgabe des Lehrgangs und die Arbeitsverteilung festgestellt, dann die vorliegende Epoche disponiert wird und sodann, je nach den Anforderungen des Lehrgebiets, ein Wechsel von Lehrgespräch, Lehrvortrag, Interpretation, Erörterung, häuslicher Lektüre mit Referaten, Experiment, Beschaffung von Beobachtungsmaterial, Bau von Modellen, Anfertigung von Exzerpten usw. den Unterricht werkstattähnlich macht. Dabei ist aber eine wesentliche Voraussetzung anfänglich erst zu schaffen: die ständige Repetition des Erworbenen und die Selbstkontrolle über diese Repetition. Die Technik der geistigen Arbeit auf diesem Lehrgebiet ist zu übermitteln. Sie muß wie von einem Lehrling streng erlernt werden" (S. 392).

---

[66] Wie er sich dies im Einzelnen vorstellt, entfaltet er vor allem in zweien seiner einschlägigen Grundschriften „Hochschulreife und Gymnasium" (1997e, S. 202–295; vor allem S. 244ff.) u. „Die gymnasiale Oberstufe" (1997f, S. 308–417).

Generell betont *Flitner* sehr stark den *Unterschied* zwischen dem *Schüler der gymnasialen Mittelstufe* und dem eine *deutlich größere geistige und organisatorische Selbständigkeit abzuverlangenden Schüler der gymnasialen Oberstufe*. „Der Schüler muß auf dieser Stufe die Fähigkeit erwerben, Student zu werden; er muß die Schülerhaftigkeit abstreifen, mit der heute die meisten Abiturienten so stark behaftet sind, daß sie noch bis in hohe Semester hinein von dieser Haltung nicht frei werden. Der Oberstufenschüler ist wie der Student bereits als Lehrling der geistigen Arbeit mit der Zuspitzung auf mögliche wissenschaftliche Studien anzusehen" (S. 388; vgl. auch 1997e, S. 270ff.). Zusammenfassend lässt sich sagen, dass nach Meinung *Flitners* die Oberstufenschüler das „*Studium Generale* zu betreiben" hätten, „die Grundlegung der wissenschaftlichen Fachstudien als eine propädeutisch-akademische Geistestätigkeit" (1997e, S. 271f.).

Abschließend noch einige Hinweise zu *Flitners Verständnis des altsprachlichen Gymnasiums:* In seiner Veröffentlichung „Naturforschung und Humanismus" aus dem Jahr 1949 lesen wir: „Der didaktische Hauptvorzug des altsprachlichen Gymnasiums ist seine Ökonomie. Man lehrt rechtzeitig das Grundlegende, und man lernt es in einer gewissen Konzentration und Muße, welche der Vertiefung zugute kommt" (1997c, S. 136). Allerdings, so *Flitner* 1949, könne das altsprachliche Gymnasium nur noch in veränderter Form (in einer veränderten Sprachenfolge) zum alleinigen gymnasialen Typus werden (vgl. ebd.) – auf einen solchen ist ja *Flitners* gedankliche Suche immer wieder gerichtet. In seiner Veröffentlichung „Die gymnasiale Oberstufe" (1961) spricht sich *Flitner* für das altsprachliche Gymnasium „als eine bewährte und noch immer sinnvolle zweite Schulart" neben einem „'modernen'" Gymnasium, „das nicht nur eine Realschule höherer Ordnung, sondern eine echte gymnasiale Studienschule humanistischen Gepräges sein sollte", aus (1997f, S. 309; vgl. auch S. 395). Er *sieht wichtige Vorzüge des altsprachlichen Gymnasiums für sein gymnasiales Bildungsverständnis* – und ist in seiner Argumentation hierbei sehr nahe an *Spranger* (s. Kap. 7.3.2). Zum einen sieht er eine hohe bildende Kraft der alten Sprachen und der antiken Texte, zum zweiten verweist er auf ein „merkwürdige[s] Doppelspiel von Fremdheit und Verwandtheit, das sie uns bieten [...]", was einen „geistigen Verkehr", einen „bildenden Umgang" ermögliche (S. 397). „Die Alten sind zwar nicht mehr Vorbild der gegenwärtigen Menschheit, aber ein Urbild des Menschlichen und bedeutsames Gegenbild zu unserer Kultur", die gleichzeitig in der Antike entscheidende Wurzeln habe (S. 398). *Flitner* sieht jedoch auch *Einschränkungen/Probleme des altsprachlichen Gymnasiums:* zum einen die notwendige Betonung des „grammatischen Lernens", dessen Sinn sich erst in der Oberstufe entfalte (S. 400), zum zweiten die Ergänzungsbedürftigkeit der antiken Studien nicht zuletzt durch naturwissenschaftliche und politische (vgl. S. 401). Auch das *altsprachliche Gymnasium* müsse sich zur Verwirklichung der gymnasialen Idee im Verständnis *Flitners* also *weiterentwickeln* (vgl. S. 403).

7.5 Erich Weniger

7.5.1 Zur Genese und Aufgabenbestimmung von Schule

In kulturellen Verhältnissen, in denen „unabsichtliche Selbstausbildung, Gewöhnung und Beispiel die Mittel waren, um den Nachwuchs in den Lebenszusammenhang der Familie, der Sippe, des Volkes, der Erwachsenen einzuführen", habe keine Veranlassung bestanden, spezifische Einrichtungen des Lehrens und Lernens zu gründen (1990h, S. 114). Erst, wo diese Formen des Umgangs der Generationen nicht mehr ausreichen, um die kulturelle Kontinuität zu sichern, sei Schule entstanden. Sie sei von Anfang an charakterisiert durch drei Momente: „eine besondere methodische Bemühung, einen besonderen Träger der Erziehung als Lehrer oder Meister und eine räumlich-zeitliche Ausgliederung bestimmter Erziehungsvorgänge aus dem gewöhnlichen Umgang der Generationen" (ebd.). Schule sei also zunächst partikular gewesen hinsichtlich der Inhalte, da nur das Gegenstand ihres Unterrichtes gewesen sei, was sich nicht durch einfaches Mitleben im Alltag habe erwerben lassen, und sie sei partikular gewesen im Hinblick auf den Kreis ihrer Besucher, denn nur die Heranwachsenden seien eingeschult worden, die kraft Stand und im Hinblick auf ein bestimmtes Amt bestimmter Elemente schulischer Unterweisung bedurft hätten (vgl. ebd.). *Weniger* hat dies in konkreten historischen Untersuchungen über das deutsche Bildungswesen besonders im Frühmittelalter nachgeprüft (vgl. 1936) und gleichzeitig in grundsätzlichen Überlegungen darzulegen versucht, wie die zunehmende Differenzierung der Ämter und Stände/sozialen Gruppen einerseits, die fortschreitende Differenzierung der Wissenschaften andererseits in einem ständigen Wandlungs- und Differenzierungsprozess des Schulwesens und seiner inneren Ausgestaltung ihren Niederschlag gefunden hätten (vgl. 1990h, v. a. S. 120ff.). In diesem Kontext sei die *Schule* nur abhängige Variable kultureller Mächte und gesellschaftlicher Interessen gewesen; mit der „Wendung zum Kind" und dem damit *verbundenen relativen Autonomieanspruch der Pädagogik* (vgl. Kap. 4.3) komme ihr ein *eigenständiger Ort im Kulturganzen* zu (vgl. S. 122f.). Nach Auffassung *Wenigers* muss sich der *Staat als Kulturstaat* (der eben nicht nur Machtstaat sein dürfe) mit diesem Eigenständigkeitspostulat der Schule verbünden, hierfür Verantwortung übernehmen, sie also nicht als abhängige Variable seines Machtwillens missinterpretieren (vgl. 1930a, v. a. S. 24f.).

7.5.2 Grundlegung seines Verständnisses von Schule in der Weimarer Republik

Weniger vertritt die Überzeugung, *dass sich in allen Schulen ein einheitliches Bildungsideal verwirklichen müsse*, das aus der „existentiellen Konzentration" gewonnen würde (vgl. 1930b, S. 167; vgl. auch Kap. 5.3). Vor diesem Hintergrund *kritisiert er die bestehenden Schulverhältnisse der Weimarer Republik* und sieht auch in der *Richert*schen Reform[67] keine

---

[67] Die maßgeblich von dem Preußischen Ministerialrat *Hans Richert* (1869–1940) angestoßene Reform des höheren Schulwesens (1923/24) brachte zum einen einen vierten Grundtypus höherer Bildung, die „Deutsche Oberschule" (auch deutsch- oder kulturkundliches Gymnasium genannt) sowie den Versuch, die vier bestehenden höheren Schultypen inhaltlich zu legitimieren und aufeinander zu beziehen, indem sie unterschiedlichen

für die Zukunft tragbare Lösung: „In der preußischen Schulreform hat man das [höhere; E. M.] Schulsystem aufgeteilt in mehrere B.*typen*, wobei jeweils eine Schulform einer der Grundmächte und den ihr zugeordneten Inhalten zugewiesen wird (Antike, moderne Kultur, Naturwissenschaft, dt. Kultur im engeren Sinne); so daß in der Vielheit der Schulformen die Mannigfaltigkeit des dt. Geistes vertreten ist, während die Einheit – abgesehen von einem dt.kundlichen Kern – in der dialektischen Bezogenheit aufeinander und in der gegenseitigen, doch höchst fragwürdigen Ergänzung gesehen wird. Er herrscht heute [Ende der 1920er-Jahre; E. M.] weitgehend Übereinstimmung darüber, daß dieses nicht das letzte Wort in der Frage der einheitlichen dt. B.[68] sein kann, weil so die Gegensätze nicht überwunden, sondern nur in ihrer geschichtlich überlieferten Form noch einmal ausgedrückt werden, so daß hier das positive, vorwärts weisende Bild der wirklichen Einheit fehlt, von dem aus die einzelnen Schulformen wirklich nur Variationen des gleichen Ideals wären"[69] (1930b, S. 167). Bei der Durchsetzung eines einheitlichen Bildungsideals für die Schulen komme dem *Staat* eine *zentrale Verantwortlichkeit* zu. „Durch Lehrplan und Schulordnung stellt der Staat in dem von ihm der Selbstbildung dargebotenen System von Bildungsanstalten *die* Einheit her, welche zuletzt die Einheit des geistigen Lebens überhaupt bedeutet [...] Der Staat versucht also seine *innere Form* innerhalb des Kultursystems von Schule und Bildung zur Darstellung zu bringen, und der begriffliche Niederschlag davon, Ausdruck und Anweisung zugleich, ist der Lehrplan" (1990n, S. 228; ebenso 1930a, S. 24; vgl. auch Kap. 6.2). Wie oben bereits ausgeführt, schwebt *Weniger* bei seinen Überlegungen das *Ideal eines Kulturstaates* vor, der als „ehrlicher Makler" zwischen den gesellschaftlichen Ansprüchen an die Schule vermittelt und ein die „Wendung zum Kind" berücksichtigendes Bildungsideal formuliert.[70]

7.5.3 Die Aufgabenbestimmung der Schule nach 1945

Bereits in einem Vortrag auf der kulturpädagogischen Woche in Hannover im November 1945 nimmt *Weniger* – vor dem Hintergrund eines zerstörten, darniederliegenden Landes –

„Quellbezirken" (Neuordnung 1924, S. 22) der deutschen Kultur zugeordnet wurden. Das humanistische Gymnasium sei der Bildungsmacht der Antike verpflichtet, das Realgymnasium dem „moderne[n[Europäismus" (S. 44), insbesondere der Kultur Frankreichs und Englands, die Oberrealschule dem modernen naturwissenschaftlich-mathematischen Lebensgebiet und die „Deutsche Oberschule" habe ihren Schwerpunkt in den spezifisch deutschen Kulturtraditionen in Sprache, Dichtung und bildender Kunst. Bezüge hierauf müssten allerdings auch die anderen Typen höherer Bildung immer wieder herstellen (Neuordnung 1924; vgl. auch Richert 1920).

[68] Um *Wenigers* Konzept einer deutschen Bildung nicht misszuverstehen, ist wichtig, darauf hinzuweisen, dass er sich von einer „unbeweisbare[n] Metaphysik des Deutschtums" abgrenzt (1930b, S. 167).

[69] Dasselbe Ziel hat – wie bereits dargelegt – auch *Wilhelm Flitner* mit seinen Schriften zur höheren Bildung immer verfolgt; auch ihm ging es um eine inhaltlich geschlossene, einheitliche gymnasiale Bildungsidee, die zumindest in der gymnasialen Oberstufe ihre Durchsetzung erfahren sollte.

[70] Im Kap. 6.2 wurde bereits darauf hingewiesen, dass *Weniger* in einem Beitrag von 1953 (1990p) erstmals im Sinne einer „genossenschaftlichen Ordnung" des Bildungswesens eine Alternative zur Ausgleichsfunktion des Staates thematisierte – er war sich allerdings in all seinen Veröffentlichungen immer bewusst, dass sein auf den Staat vertrauendes Konzept in labiles, stets gefährdetes war. So wies er u.a. etwa in seinem Beitrag „Die Theorie der Bildungsinhalte" aus dem Jahr 1930 darauf hin, dass die „Schulreform der 90iger Jahre [1890 ist gemeint; E. M.] [...] nicht mehr die Herausarbeitung eines übergreifenden staatlichen Bildungsideals, sondern den Versuch, die staatliche Bildungsidee mit der konservativen gleichzusetzen", bedeutete (1930a, S. 25f.). Hier spielt *Weniger* auf die Bestrebungen an, die Schule gegen die Sozialdemokratie zu mobilisieren; anders formuliert: auf die Verkündung eines antisozialdemokratischen Bildungsideals (vgl. Kuhlemann 1991, S. 183f.).

7 Schultheorie

eine Aufgabenbestimmung der Schule vor. Zunächst wiederholt er seine erstmals 1930 geäußerte – bereits zitierte (vgl. Fußnote 56) – *Kritik an der Verbindung von Bildung und Beruf* und folgert daraus: „Es geht nunmehr um eine gemeinsame, gestufte und gegliederte Bildungsgrundlage für das ganze Volk, eine elementare volkstümliche Bildung, in der sich alle Glieder des Volkes ihrer Verbundenheit, ihrer Aufgaben, ihres geistigen und seelischen Besitzes und Erbes bewußt werden" (1952b, S. 354). Das *Schulsystem* müsse weiterhin ein *gegliedertes* sein – in dieser *Grundauffassung* herrscht *Übereinstimmung zwischen den geisteswissenschaftlichen Pädagogen*. „Diese neue deutsche Allgemeinbildung wird sich naturgemäß nach wie vor in drei Stufen aufbauen, die der elementaren, volkstümlichen Bildung für die breiten Schichten des Volkes, deren Organ die Volksschule ist, die auf das praktische Leben in seinen mittleren Bereichen ausgerichtete Bildung, wie sie die Mittel- und Oberschulen geben sollen, und drittens die theoretische Bildung der Gymnasien und hohen Schulen, die auf die führenden Ämter vorbereitet, indem sie Besinnung vor das Handeln setzt" (S. 355). Allerdings müssten *allen drei Schularten viererlei Aspekte gemeinsam* sein: „erstens die entschlossene Aktivierung der Jugend auf die [...] konkreten Aufgaben des Wiederaufbaus" (ebd.); zweitens „die Einordnung der Arbeitserziehung aller Formen und Stufen in die politische Gesamtverantwortung des Volkes [...] Das verlangt schulische Vorformen der Demokratie und des Sozialismus, die die Volksgemeinschaft auch schon in der Schularbeit erleben lassen" (ebd.); drittens die Zweckfreiheit der geistigen Arbeit als Ausgleich zu den Anforderungen des Alltags (vgl. S. 356); viertens die „metaphysische" und „religiöse Besinnung" (ebd.).

1949 hat *Weniger* einen Beitrag „Jugendarbeit und Schule" überschrieben, in dem er betont, dass der „Gegensatz von Schule und Jugendarbeit [...] heute in jeder Hinsicht überholt" sei (1952c, S. 422). „Die Schule muß heute eine Fülle von sozialpädagogischen Aufgaben übernehmen, vor denen sie sich früher gescheut hätte. Die Unterrichtsziele erweisen sich als unerreichbar, wenn nicht fürsorgerische Maßnahmen innerhalb und außerhalb der Schulräume angesetzt werden" (ebd.). Er greift in diesem Kontext *Nohls* Vorschlag der *Umwandlung der Schulen in Tagesheimschulen* zustimmend auf (vgl. S. 423). Zum zweiten fordert er den *„Einbau des Pflichtkindergartens in das öffentliche Schulwesen"* (S. 424; Hervorh. E. M.). Außerdem plädiert er für eine *offensive Elternarbeit* und die aktive Einbeziehung der Eltern „in das Leben der Schule" (S. 425). In seinem Lexikonartikel zu „Schule und Schulerziehung" aus dem Jahr 1955 unterstreicht *Weniger* den *sozialpädagogischen Auftrag der Schule* (1955a, vgl. v. a. Sp. 75f.).

In seinem Beitrag „Die Hilfe der pädagogischen Theorie im Streit um die Schulreform" (1952) stellt *Weniger* die These auf, dass es „Fragen der Erziehungsreform und Schulorganisation" gebe, „über welche in der pädagogischen Theorie [der damaligen Zeit, E. M.] Einmütigkeit" bestünde. Er sieht folgende *Übereinstimmungen*: (1) Die äußere Schulreform, die „Umgestaltung der Schulorganisation" (1990o, S. 162) sei zweitrangig gegenüber der inneren Schulreform, wenn auch nicht bedeutungslos (vgl. S. 162f.). (2) Ein „Neubau des Schulwesens" müsse folgende Grundzüge beachten: „eine sinnvolle Gliederung [könne] nur von unten nach oben erfolgen [...] von Kindergarten und Grundschule bis zur Hochschule, und nicht umgekehrt vom Dach aus" (S. 163); „alle notwendigen äußeren Veränderungen der Schulformen [dürften] doch den inneren Zusammenhang der Menschen- und Volksbildung und aller Bildungsstufen nicht zerstören" (ebd.) (3) „[W]irtschaftliche und soziale Gegebenheiten lassen es besonders auf dem Lande und in den kleinen Städten als notwendig erscheinen, möglichst lange eine gemeinsame Grundbildung zu erhalten" (ebd.). Über die Länge bestünde allerdings keine Einigkeit; ob vier- oder sechsjährige Grundschule sei allerdings eine „reine Zweckmäßigkeitsfrage, die man nicht nach weltanschaulichen oder politischen Gesichtspunkten entscheiden sollte" (ebd.). (4) Zwischen „Volksschule und Mittelschule [müsse] eine besondere Bildungsmöglichkeit für die gehobenen praktischen Berufe" eingebaut werden (ebd.). Die konkrete Ausgestaltung dieser Schule sei „immer nur praktisch und ohne Standesvorurteile" zu entscheiden (ebd.). (5) Das Schulsystem müsse „horizontal und vertikal" gegliedert werden (S. 164). (6) Das Leistungsprinzip dürfe nicht überschätzt werden; die Schule sei darüber hinaus als „Lebensgemeinschaftsschule, Schule der Gesittung, Schule der elementaren Sittlichkeit, Schule des Glaubens an die gemeinsamen Grundlagen unserer geistigen, gesellschaftlichen und politischen Existenz die Schule des Wiederaufbaus unserer Lebensordnungen" (ebd.). (7) Schule müsse ausgestaltet werden „zu einer Stätte jugendlichen Gemeinschaftslebens und heilende[r] und pflegerische[r] Einwirkung über das bloß Unterrichtliche hinaus" (S. 165). (8) Es dürfe keinen Methodenmonismus, keine Fixierung auf eine bestimmte Methode geben, jeder Unterricht bedürfe allerdings des „methodischen, sorgfältig geplanten und kritisch geprüften Ganges" (ebd.). Außerdem müssten alle „Unterrichts- und Erziehungsmaßnahmen […] Rücksicht nehmen auf den jeweiligen Stand der Bildsamkeit des Kindes, müssen seine Spontaneität, sein Interesse, seinen aktiven Willen erwecken und ständig lebendig erhalten" (S. 166). Für „weite Bereiche des Unterrichts" sei die „starre Einheit der Klassen aufzulösen in Gruppenarbeit und Arbeitsgemeinschaften und in zeitlich geschlossene Arbeitsgänge" (ebd.). (9) Dem Lehrer und seiner Ausbildung komme eine Schlüsselstellung zu, da es „immer wieder der Verantwortung des Lehrers überlassen werden muß, was in jedem Augenblick gegenüber der wechselnden Aufgabe das Richtige ist" (ebd.).

7.5.4 Die Konzeption der Volksschuloberstufe/Hauptschule

Folgende zentrale Gedanken hat *Weniger* dem 1953 von Bund und Ländern gegründeten „Deutschen Ausschuß für das Erziehungs- und Bildungswesen", in dem er Mitglied war, „als Grundlage für seine Überlegungen zum Neubau der Volksschule" vorgelegt (1990t, S. 134). Seine Ausgangsüberlegung ist: „Der gegenwärtige Zustand der Volksschul-Oberstufe (im folgenden ,Volksschule' genannt) entspricht durchgängig nicht dem geschichtlichen Zuge der Entwicklung, nicht den Bedingungen, unter denen die Gesellschaftsschichten heute stehen, deren Kinder sie besuchen […] und nicht den Wandlungen, die in der kindlichen und jugendlichen Entwicklung seit einiger Zeit festzustellen sind" (S. 135). Er sieht *fünf Problemfelder*: *Zum einen* sei es nicht gelungen, die „unheilvolle Spaltung in Gebildete und Ungebildete zu überwinden und allen Gliedern des Volkes einen echten, wenn auch elementaren Anteil an unserem geistigen Erbe zu vermitteln" (ebd.). *Zum zweiten* sei die Begründung der Volksschularbeit auf „praktische Begabung" eine problematische Engführung. „Die Wandlungen in den Produktionsbedingungen der Landwirtschaft, im Handwerk und in der Industrie stellen an den Bauern, an den Handwerker, an den Facharbeiter Anforderungen, die ein hohes Maß von technischer Geschicklichkeit, vernünftiger Einsicht und Überblick erfordern" (S. 136). *Zum dritten* halte die Volksschule der Konkurrenz mit Mittelschulen und höheren Schulen nicht stand; sie werde nicht als Schule des sozialen Aufstiegs gesehen (vgl. S. 136f.). Somit sei die Volksschule *zum vierten* in die Gefahr geraten, „die Schule der geistig Minderbemittelten zu werden, deren Lebenschancen sich auf ungelernte, höchstens angelernte Arbeit oder auf bäuerliche Kleinstbetriebe erstreckte" (S. 138). Die „gut begabten" Volksschüler kämen durch diese negative Auslese zu kurz (vgl. ebd.). *Zum fünften* und letzten käme hinzu, dass „das öffentliche Interesse für die Volksschule sowohl bei den aufsteigenden Schichten wie bei denen, deren Bildung überlieferungsmäßig auf dem höheren Schulwesen beruht, gering ist" (ebd.).

Die Aufgabe sei nun, „die Volksschule (Volksschul-Oberstufe) zu einer wirklichen Schule des Volkes, der Arbeiterschaft, des kleinen und mittleren Bauerntums, des kleineren Handwerks und der unteren Verwaltungsdienste zu machen und sie in einen organischen Zusammenhang einerseits mit der Grundschule, andererseits mit den berufsbegleitenden und den Fachschulen zu bringen" (S. 138f.). Es müsse eine „Funktionssteigerung der Volksschulen zu einer Bürger- oder Haupt-Schule" geben; dies sei „ein internationaler Vorgang, bei dem Westdeutschland nicht zurückbleiben" dürfe (S. 139). Diese Hauptschule müsse „ein gewisses Maß an inhaltlicher Gemeinsamkeit" mit den anderen Schularten haben (ebd.); ihr „eigene[r] Gehalt" liege in „in der Lebens- und Arbeitswelt der Umgebung der Kinder" (ebd.). Zu beachten sei: „Trotz aller Bezüge auf den künftigen Beruf der Volksschüler wird die Volksschule ihren allgemeinbildenden und grundlegenden Charakter zu bewahren haben. Auch sie ist eine Schule des Humanismus. Das soll sich nicht nur in ihrem Bemühen um den humanen Sinn der Arbeit in arbeitsschulmäßigen Methoden und im Werken zeigen und ferner in der hervorragenden Stellung aller musischen Bereiche und des Sportes, sondern vor allem in der zentralen Aufgabe des Unterrichts in der Muttersprache" (S. 142).

Zur erfolgreichen Erfüllung ihrer Aufgabe sei aus entwicklungspsychologischen und gesellschaftlichen Gründen die *Einführung eines neunten, eventuell sogar zehnten Schuljahres unerlässlich* (vgl. S. 140f.).

Fazit

Die geisteswissenschaftlichen Pädagogen stimmen darin überein, dass der öffentlichen Schule in der modernen Gesellschaft ein hoher Stellenwert zukomme und dass sie eine besondere Bedeutung darin habe, dem Einzelnen zu seiner Soziabilität, seiner Gesellschaftsfähigkeit zu verhelfen. Gleichzeitig ist es die gemeinsame Auffassung jener Pädagogen, dass Schule nicht auf eine Einrichtung zur Vermittlung von Qualifikationen beschränkt werden dürfe, sie vielmehr einen Bildungsauftrag habe, der gegen die Verzweckung der Individuen gerichtet sei.

Hinsichtlich der organisatorischen Gestaltung der Schule sprechen sich die geisteswissenschaftlichen Pädagogen für ein gegliedertes Schulsystem aus; sie halten an den vier allgemeinbildenden Schultypen Grundschule als Fundament für alle, Volksschuloberstufe, Mittelschule und höhere Schule/Gymnasium für unterschiedliche Schülerpopulationen fest. Übereinstimmend sprechen sie der inneren Schulreform ein höheres Gewicht zu als der äußeren. Bezüglich einzelner Schularten haben sie durchaus unterschiedliche Schwerpunkte und setzen ihre je spezifischen Akzente, mit denen sie sich auch manchmal – wie im vorangegangenen Text ausgeführt – wechselseitig widersprechen. Entsprechende Unterschiede finden sich auch in ihren Reflexionen zur Lehrerbildung, mit denen wir uns im nächsten Kapitel beschäftigen.

8 Theorie der Lehrerbildung

Das vorangegangene und dieses Kapitel hängen eng miteinander zusammen, anders formuliert: die Lehrerbildungstheorie korrespondiert mit der Schultheorie. Besonders deutlich wird das etwa an *Sprangers* Verständnis der Volksschule und seinem damit korrespondierenden Konzept der Volksschullehrerbildung.

8.1 Eduard Spranger

8.1.1 Die Ausbildung der Volksschullehrer

Um *Sprangers* einflussreiche und vielfach rezipierte Schrift „Gedanken über Lehrerbildung" aus dem Jahr 1920 (1970b) verstehen und einordnen zu können, ist auf die Entwicklung der Volksschullehrerbildung in der Weimarer Republik kurz einzugehen. *Bis 1918 war die Volksschullehrerbildung seminaristisch organisiert,* d. h. die angehenden Volksschullehrer absolvierten nach dem Volksschulbesuch (also ohne Abitur) eine Ausbildung an einer Präparandenanstalt (bis zum 16. Lebensjahr) und einem (zwei- bis dreijährigen) Lehrerseminar. Im Art. 143 Abs. 2 der Weimarer Reichsverfassung wurde – dem Wunsch der Volksschullehrerverbände entsprechend – nun festgelegt, dass die Volksschullehrerbildung „nach den Grundsätzen, die für die höhere Bildung allgemein gelten, einheitlich zu regeln" sei. Trotz der verfassungsrechtlichen Vorgaben kam es aber *zu keiner reichseinheitlichen Neuordnung der Lehrerausbildung*. In Bayern und Württemberg blieben Präparandenanstalten und Seminare bestehen, in Oldenburg wurde ein „Pädagogischer Lehrgang" eingeführt und in Baden seminaristisch ausgerichtete Lehrerbildungsanstalten, während in Thüringen, Sachsen, Hessen, Hamburg, Mecklenburg-Schwerin und Braunschweig die Volkschullehrerausbildung den Universitäten und Technischen Hochschulen angeschlossen wurde. In *Preußen* wurde lange um die Neuordnung gerungen; 1926 wurden schließlich eigenständige *„Pädagogische Akademien"* eingerichtet,[71] 1926 in Elbing/Ostpreußen, Kiel und Bonn, dann 1927 in Frankfurt am Main, 1929 in Dortmund, Breslau, Erfurt und Hannover und 1930 in Beuthen, Halle/Saale, Cottbus, Altona, Frankfurt an der Oder, Kassel und Stettin (vgl. etwa Beckmann 1968; Müller-Rolli 1989).

Die Universitätsprofessoren traten weitgehend geschlossen gegen die universitäre Ausbildung der Volksschullehrer ein, sie sahen damit die Idee der deutschen Universität (mit der Trennung von Theorie und Praxis) gefährdet.

---

[71] Vgl. hierzu die Schrift „Die Pädagogische Akademie im Aufbau unseres nationalen Bildungswesens" (1926) des Preußischen Kultusministers *Carl Heinrich Becker*.

8 Theorie der Lehrerbildung

Schon im Vorwort seiner Schrift „Gedanken über Lehrerbildung"[72] macht *Spranger* deutlich, dass auch er sich *gegen eine*, in Preußen durchaus diskutierte, *universitäre Volksschullehrerbildung* ausspricht: Eine entsprechende neu einzurichtende „Pädagogische Fakultät" „würde, in das alte und unaufgebbare Wissenschaftsideal der Universität hineingepflückt, eine Bildung zweiter Klasse zum Inhalt haben" (1970b, S. 27). Eine universitäre Volksschullehrerbildung, auch an der überkommenen philosophischen Fakultät (vgl. S. 54), sei „ein großes Mißverständnis sowohl der Universität wie der Würde des Lehrerstandes" (S. 28). Den für eine universitäre Ausbildung eintretenden Volksschullehrern hält er eine rein soziale Perspektive, die Erhöhung ihres gesellschaftlichen Status, vor (vgl. ebd. u. S. 67). „Die langen Kämpfe des deutschen Lehrerstandes sollen nicht geführt sein, um mit einem Plagiat [der Angleichung an die höhere – universitäre – Lehrerausbildung; E. M.] zu enden" (ebd.). Im Folgenden wolle er ein *eigenständiges Konzept der Volksschullehrerbildung* entwickeln. Dieses basiere auf folgender Grundüberzeugung: Der „Volkslehrer" habe die kulturell höchst bedeutsame Aufgabe, die Kinder des Volkes auf der Basis ihrer unterschiedlichen Bildsamkeit mit den zentralen Kulturwerten zusammenzubringen und ihnen somit Möglichkeiten der aktiven Teilhabe an der Kultur zu schaffen. „Der Lehrer des Volkes darf so wenig ein Spezialist sein wie ein Universalkrämer und enzyklopädischer Kopf: er muß vor allem ein Kulturträger sein oder, was dasselbe sagt: ein *Bildungsträger*. Dazu aber gehört eine eigentümliche Ausbildung, die von der gelehrten abweicht, ohne irgendwie geringwertiger zu sein" (S. 53f.). Dies müsse eine „Hochschule für Menschenbildner" (S. 56) oder – wie er es auch ausdrückt – eine *„Bildnerhochschule"* (S. 53) sein. Immer wieder hebt *Spranger* hervor, dass es nicht darum gehe, „daß der Volkslehrer unter einem glänzendem Namen um seinen Anteil an der Wissenschaft betrogen werden solle" (S. 53). Er betont vielmehr „die Selbständigkeit und Höhe der Kulturfunktion", die darin bestehe, „einen *ganzen* Menschen zu bilden, nicht nur einen wissenschaftlichen Kopf" (ebd.). Eine wichtige Grundlage für *Sprangers* Ausführungen ist *sein Wissenschaftsbegriff*: Er versteht darunter die „Ordnung unserer Erkenntnisse nach ihrem streng sachlichen, objektiven Zusammenhang" (S. 28). Sie werde bestimmt vom Gesetz der Sachlichkeit und frage nicht nach Möglichkeiten der Anwendung ihrer Ergebnisse (vgl. S. 45). Technik sei „die Unterordnung wissenschaftlich erkannter Zusammenhänge unter das Wertgesetz der Nützlichkeit und der zweckbezogenen sparsamsten Wahl der Mittel" (ebd.). Bildung als Tätigkeit sei „die Entbindung aller Wertungsrichtungen im Erleben, der Gesinnung und dem praktischen Verhalten einer sich entwickelnden Einzelseele gemäß der Norm ihrer objektiv wertvollen Gestaltung" (ebd.): So trete „neben die Lebensgebiete der Wissenschaft und der Technik das der Menschenbildung als eine ganz eigentümliche Aufgabe" (ebd.).

Zur *Gestaltung der Studien* an der – wie er sie ebenfalls nennt – „Pädagogischen Hochschule" macht er folgende Vorschläge: Das Studium solle drei Jahre dauern; der Student/die Studentin solle gleich beim Eintritt in die Hochschule „zu einem Kinde in ein persönliches Er-

---

[72] Es ist bezeichnend, dass *Spranger* wie viele andere in seiner Zeit nur von „Lehrerbildung" spricht, wenn er die Volksschullehrerbildung meint. Die Lehrer an den höheren Schulen wurden von sehr vielen nicht als Lehrer gesehen, sondern als Fachwissenschaftler bzw. Gelehrte; ihre traditionelle Bezeichnung war „Philologen", da sich der höhere Lehrerstand zu Beginn des 19. Jahrhunderts als Philologenstand konzipierte, mit der klassischen Philologie (und nicht der Pädagogik!) als Berufswissenschaft der höheren Lehrer (vgl. etwa Matthes 2000; Führ 1992).

zieherverhältnis" treten, „das sich möglichst durch die drei Jahre seines [ihres] Aufenthaltes an der Hochschule hindurch erstrecke. Das gehört zu dem eigentlichen Geist dieser Bildungsstätte" (S. 56). Die Hochschule müsse eine „wissenschaftliche Abteilung (zu der auch die theoretische Pädagogik gehört), eine technische und künstlerische, und eine praktisch-pädagogische" umfassen (S. 57). „[...] alle diese Zweige der einen Hochschule müssen auf den Einheitspunkt der Selbstbildung und der Erziehungsaufgabe bezogen werden, der ihr Gravitationszentrum ist" (ebd.). Das dritte Studienjahr solle als „praktisches Jahr" gestaltet werden (ebd.). „Die technisch-künstlerische Abteilung der Pädagogischen Hochschule" sei „die Stätte, an der der Geist der neuen Erziehung am sichtbarsten zum Ausdruck kommen" müsse: „die Loslösung von dem Ideal des überwiegend theoretischen Menschen, das Bekenntnis zu dem Ideal eines lebensoffenen, auch in seinen schöpferischen Kräften entwickelten Menschen" (S. 61). *Spranger warnt vor einer Überschätzung der Theorie der Pädagogik.* „Sie ist wichtig; sie ersetzt aber nicht die pädagogische Anlage und geistige Grundeinstellung, so wenig etwa für den Künstler die Theorie seiner Kunst (Ästhetik) und die Technik seiner Kunst das Talent schaffen oder seine Rolle übernehmen kann. Die theoretische Pädagogik ist wissenschaftliche Durchleuchtung der Erziehung als eines eigentümlichen Kulturvorganges. Sie vertieft den Erzieher, sie macht ihn aber nicht" (S. 47; vgl. auch S. 57f.). „Pädagogik auf philosophischer Grundlage" (S. 59) ist somit auch nur mit vier Wochenstunden angesetzt, dazu kommen jeweils acht Wochenstunden aus den geisteswissenschaftlichen und naturwissenschaftlichen Fächern (vgl. ebd.), denn „*Pädagogik für sich allein kann man ebensowenig studieren wie Philosophie allein*, weil man für beide schon etwas wissen muß" (S. 58).[73] Weitere Wahlfächer, vor allem auch aus dem technisch-künstlerischen Bereich, sind hinzuzuziehen (vgl. S. 60f.).

Wie sieht *Spranger* das Verhältnis der Volksschullehrerausbildung zu der der höheren Lehrerausbildung an den Universitäten? Mit ersterer solle ein „neuer Typus der Kulturtätigkeit" geschaffen werden (S. 68). „Wer sagt uns, daß er nicht durch die ihm innewohnenden Werte die entsprechenden Leistungen der Universität überflügeln wird? Wenn ganze Menschen und ganze Erzieher aus unserer Pädagogischen Hochschule hervorgehen, entsteht vielleicht ein Geist des Erziehertums, der die teilweise recht anfechtbaren Leistungen der Universität auf diesem Gebiet in den Schatten stellt. Möglicherweise werden dann auch die wissenschaftlichen Fachlehrer an den Studienanstalten in eine Verteidigungsstellung gedrängt, wie einst die Theologen an ihnen vor den Philologen[74] und anderen Jüngern der Philosophischen Fakultät

---

[73] In seiner sich im *Litt*-Nachlass befindenden (unveröffentlichten) Denkschrift (wohl 1946) für Präsident *Paul Wandel* (1905–1995) (Präsident der Verwaltung für Volksbildung der SBZ) „Zur Frage der ‚Pädagogischen Fakultäten'" – neu geplanter Fakultäten an den Universitäten für die Lehrerbildung – äußert *Litt* ganz ähnliche Gedanken wie *Spranger*, allerdings in einer noch schärferen Diktion: „Eine Vermehrung der [Pädagogik-] Professuren wäre nur eine künstliche Aufblähung. Daß die Pädagogik, soweit sie Wissenschaft ist, nicht nach weiterer Ausbreitung verlangt, hat darin seinen Grund, daß die Erziehung ihren stofflichen Inhalt nicht selbst hervorbringt, sondern aus der Gesamtheit der Kulturtätigkeiten übernimmt, für deren überliefernde Weiterführung sie zu sorgen hat [...] Aus demselben Grunde aber ist die Pädagogik auch auf die engste Zusammenarbeit mit der Gesamtheit derjenigen Wissenschaften angewiesen, durch die sie über die genannten Kulturfunktionen aufgeklärt wird. Von ihnen abgelöst muß sie zum Leerlauf werden." (Universitätsarchiv Leipzig, Theodor-Litt-Nachlass)

[74] *Spranger* spielt darauf an, dass an den höheren Schulen bis zu Beginn des 19. Jahrhunderts Theologen als Lehrer (meist für eine Interimszeit, bis zur Übernahme einer Pfarrei) tätig waren, die dann schließlich von den Philologen (als eigenständigem höheren Lehrerstand) verdrängt wurden.

das Feld räumen mußten" (S. 68f.). Er deutet somit an, dass er sich auch eine Ausbildung der höheren Lehrer zukünftig an den Pädagogischen Hochschulen vorstellen könne – *keinesfalls umgekehrt eine Ausbildung von Volksschullehrern an Universitäten, da diese als Stätte der Wissenschaft und Forschung hierfür ungeeignet seien.*[75] Einem universitären Fortbildungsstudium im Beruf bereits bewährter Volksschullehrer stand *Spranger* allerdings positiv gegenüber (vgl. Pädagogische Konferenz 1917, S. 19).

8.1.2 Die Ausbildung der höheren Lehrer

Dass *Spranger* ernsthaft ins Auge fasste, dass auch die höheren Lehrer mittelfristig an den Pädagogischen Hochschulen ausgebildet würden, wird vor dem Hintergrund der von ihm 1925 in der Denkschrift der Philosophischen Fakultät der Universität Berlin „Die Ausbildung der höheren Lehrer an der Universität" vorgetragenen Argumente zumindest zweifelhaft.[76] Er nimmt als Ausgangspunkt seiner Argumentation die „Ansicht", „daß die Vorbildung der höheren Lehrer in den Philosophischen Fakultäten ihrer zukünftigen Berufsaufgabe nicht entspreche; ja, man hat gelegentlich behauptet, daß die Universität sie geradezu zu einer falschen Berufsauffassung erzöge" (S. 7).[77] *Spranger* entgegnet nun, *dass sich inzwischen die Mehrzahl der Universitätsprofessoren durchaus darüber im Klaren sei, dass sie ihre Lehre nicht allein auf die künftigen Forscher ausrichten dürfe, vielmehr die Bedürfnisse der künftigen höheren Lehrer berücksichtigen* müsse (vgl. S. 8). „Allerdings bedeutet diese Erkenntnis keinesfalls, daß die Philosophische Fakultät daraus für sich eine Umbildung folgern könnte, die als ihre ‚Pädagogisierung' zu bezeichnen wäre. Sie kann weder formell ihren eigenen Lehrbetrieb ausschließlich an pädagogischen Grundsätzen orientieren, noch kann sie inhaltlich den pädagogischen Vorlesungen und Übungen so erheblichen Raum vergönnen, wie es heute vielfach gefordert wird" (ebd.). *Der Kern der Universität sei die „Wissenschaft als solche"* (ebd.; Hervorh. E. M.). Darin sieht er kein Problem für die Lehrer der höheren Schule, denn auch an ihr stelle „das pädagogische Moment nur die Form" dar, „in der sachliche Gehalte und objektive Bildungsgüter lebendig sein müssen, wenn die Erziehung nicht an geistiger Blutarmut zugrunde gehen soll" (S. 9). Allerdings gebe es *einige ernstzunehmende Probleme/Klagen*: Dies sei zum einen die *„Stoffdifferenz"* zwischen Universität und höherer Schule (S. 10). Hierbei müsse allerdings zunächst darauf hingewiesen werden, dass sich

---

[75] Zu *Sprangers* Beiträgen zur Volksschullehrerbildung (durch Gutachten auch noch nach 1945!) liegen detaillierte Untersuchungen vor von *Paffrath* (1971, S. 104ff.) und von *Meyer-Willner* (1986). Beide arbeiten auch heraus, dass *Spranger* bis in die 50er-Jahre des 20. Jahrhunderts noch eine seminaristische Volksschullehrerausbildung bevorzugt habe, das organisatorische Konzept der „Bildnerhochschule" eher eine Notlösung gewesen sei, um die universitäre Ausbildung der Volksschullehrer zu verhindern.

In der Bundesrepublik Deutschland wurde die Integration der Volksschullehrer (Grund- und Hauptschullehrer) in die Universitäten in den 70er-Jahren des 20. Jahrhunderts vollzogen; einzig Baden-Württemberg bildet noch in der Gegenwart Grund- und Hauptschullehrer an Pädagogischen Hochschulen aus.

[76] Die Denkschrift ist zwar ohne Nennung eines Autors veröffentlicht, *Meyer-Willner* konnte jedoch zweifelsfrei nachweisen, dass es sich bei dem Verfasser der Denkschrift um *Eduard Spranger* handelt (vgl. Meyer-Willner 1986, S. 87). Die Denkschrift, der die Philosophische Fakultät der Universität Berlin ohne Gegenstimme zugestimmt hat, wurde dem Preußischen Minister für Wissenschaft, Kunst und Volksbildung, *Carl Heinrich Becker*, übergeben (vgl. 1925, S. 6).

[77] *Spranger* selbst hat in seinen „Gedanken über Lehrerbildung" (1920) von den „teilweise recht anfechtbaren Leistungen der Universität" auf dem Gebiet der höheren Lehrerausbildung gesprochen (1970b, S. 69).

diese nicht grundsätzlich überwinden lasse; zwangsläufig müsse das „wissenschaftliche Fundament" über das an der Schule benötigte Wissen hinausgehen (ebd.). Allerdings dürfe zum einen nicht davon ausgegangen werden, dass alle Studierenden einen „Forscherdrang" aufwiesen (S. 11); zum zweiten müssten die Stoffgebiete, die im Schulunterricht eine Rolle spielen, im Universitätsstudium zumindest Berücksichtigung finden. Als Abhilfe schlägt *Spranger* deshalb zum einen eine *„Stufengliederung"* (ebd.) des Studiums und individuelle Studienberatung vor (vgl. S. 12), zum zweiten eine stärkere Berücksichtigung der schulischen Inhalte und Methoden bei den Naturwissenschaften, wo sich das Problem im besonderen Maße zeige (vgl. S. 13f.). Eine weitere Klage sei die Ausbildung der künftigen höheren Lehrer zu „bloßen Spezialisten" (S. 14). *Spranger* betont demgegenüber zunächst die Notwendigkeit der wissenschaftlichen Spezialforschungen (vgl. S. 14f.). „Trotz dieses Zwanges zur Beschäftigung mit Einzelfragen wird die recht verstandene Wissenschaft nicht im bloßen Spezialismus versinken. Das Allgemeine der Wissenschaft liegt weniger im Resultat als in der Fragestellung" (S. 16). „Für die Zwecke der Lehrerbildung wird sich daraus noch mehr als für den *rein* wissenschaftlichen Seminarbetrieb die Richtschnur ergeben, die Themata der Übungen so zu wählen, daß sie von einem einzelnen und begrenzten Ausgangspunkt weite Perspektiven eröffnen, und daß die Methode, die an diesem Objekt angewandt wird, typische und sinngemäß übertragbare Bedeutung für ein ganzes Gebiet, ja für die betreffende Wissenschaft überhaupt besitzt" (S. 17). Als drittes stelle sich das Problem/die Herausforderung, dass der künftige höhere Lehrer „von früh an die Stelle kennen lerne, an der sich seine Wissenschaft der kulturellen Gesamtarbeit einordnet" (S. 18). Dieser Einordnung müssten sich die einzelnen Wissenschaften stellen (vgl. S. 19f.). Zusätzlich zur Schaffung eines kulturellen Bewusstseins beitragen müssten die Studien der Philosophie und der (Kultur-)Pädagogik (vgl. S. 20f.). Wichtig in diesem Zusammenhang sei außerdem, die „Querverbindungen der Fächer" (S. 22) zu beachten. Ein weiteres Augenmerk solle bei der höheren Lehrerausbildung an den Universitäten auf das notwendige „Können" und die entsprechenden „Fertigkeiten" gelegt werden. So sei auf ein gutes Deutsch in Schriftsprache wie im Mündlichen, auf eine gute Vortragsweise, auf fremdsprachliche kommunikative Fertigkeiten sowie auf technische Fertigkeiten zu achten (vgl. S. 23f.).

Im Anschluss kommt *Spranger* noch auf eine *besondere Differenz zwischen Universität und (höherer) Schule* zu sprechen, die *zwischen „reiner Wissenschaft und Bildung"* (S. 24f. Hervorh. E. M.). Diese Differenz sei nicht aufzuheben, allerdings könnten und sollten „die Universitätsdozenten auch die spezifisch bildenden Kräfte ihres Faches als solche fühlen und fühlen lassen; daß der besondere Bildungsgedanke, der ihrem Gebiete eigen ist, in ihnen lebe und daß sie gelegentlich diese Punkte berühren, an denen das strenge Eigengesetz der Wissenschaft mit dem organischen Wachstum und der zu formenden Totalität der Menschenseele zusammenhängt" (S. 25f.). Auch ein *Plädoyer für Hochschuldidaktik bzw. -pädagogik* findet sich bei *Spranger*: „Es wäre in jeder Beziehung sehr gut, wenn wir uns gewöhnten, gelegentlich beieinander zu hören und uns über unser Verfahren auszusprechen. Eine freie Gemeinschaft von Universitätslehrern, die für die [...] Mentalität der Studentengenerationen Interesse hätten und sich über hochschulpädagogische Fragen Gedanken machten, wäre auch für den besonderen Zweck der Lehrerbildung von großem Wert" (S. 26). Mit Vorlesungen sollten Kolloquien verbunden werden (ebd.).

Das „Sondergebiet der pädagogischen Ausbildung" (S. 26) behandelt *Spranger* in seiner Denkschrift nur kurz. *Er greift hierbei Gedanken auf, die er bereits in seiner* (unveröffentlichten) *Denkschrift für den preußischen Minister der geistlichen und Unterrichts-Angelegenheiten von Trott zu Solz im Juni 1915 geäußert hat und die er ebenfalls auf der „Pädagogischen Konferenz" vom Mai 1917 zum Ausdruck brachte* (vgl. Matthes 2009, S. 83ff.).[78] Diese Denkschrift entstand als Reaktion auf den Entwurf der Neuordnung der Prüfung für das höhere Lehramt (der 1918 genau so umgesetzt wurde), in dem in der wissenschaftlichen Prüfung die Pädagogik nicht mehr vorgesehen war, pädagogische Inhalte vielmehr am Ende der anschließenden zweijährigen praktischen Ausbildung abgeprüft werden sollten. *Spranger* sieht darin eine klare Abwertung der Pädagogik und weist darauf hin, dass dadurch auch die pädagogischen Lehrveranstaltungen deutlich an Nachfrage verlören (vgl. Matthes 2009, S. 83f.). *Er setzt sich für eine Verankerung einer Kulturpädagogik im höheren Lehramtsstudium ein.* „Die Pädagogik [...] sollte in ihrem historischen Teil eine möglichst allseitige, philosophisch durchleuchtete Geschichte der Bildung und des Geistes, in ihrem systematischen Teil eine kulturphilosophisch begründete Theorie der Bildung sein" (1925, S. 20f.).[79] *Spranger* betont 1915, dass die *praktische Pädagogik* an der Universität keinen Ort habe (vgl. Matthes 2009, S. 84), 1925 – etwas gemäßigter –, dass sie „nur unter zwei Gesichtspunkten zur Geltung kommen" könne: „als notwendige Hinführung auf das künftige Berufsethos und als Gelegenheit, die persönliche Eignung oder Nichteignung für den Erzieherberuf rechtzeitig kennen zu lernen" (1925, S. 28f.). Auch seine 1915 geäußerte *Ablehnung von Übungsschulen* (vgl. Matthes 2009, S. 84) bleibt grundsätzlich bestehen: „Von vornherein muß jede Diskussion über die Verbindung einer *obligatorischen* Übungsschule mit der Universität scharf abgelehnt werden [...] Gibt es an einer Universität einen Dozenten der Pädagogik, der der Praxis dauernd nahe genug steht, um sich und seinen geistesverwandten Mitarbeitern eine vorbildliche und anregende Wirksamkeit zuzutrauen, so mag er die Sache fakultativ ins Werk setzen" (S. 29). Schließlich stellt sich *Spranger* noch der Frage, „was die Universität zur Herausbildung des rechten Berufsethos im künftigen Lehrer tun könne" (S. 30) und kommt zu folgendem Ergebnis: „Das Theoretische hat die pädagogische Vorlesung zu leisten; das tiefergreifende Praktische das Vorbild des akademischen Lehrers, der von seiner Sache voll ist und sich für seine Schüler interessiert" (ebd.).

Abschließend unterstreicht Spranger nochmals die Berechtigung der Ausbildung der höheren Lehrer an den Universitäten, auch mit ihren Mängeln: Es sei immer noch besser, „daß ein bloß gelehrter Kopf in die Schulen komme, als ein Kinderfreund, der ein absolut leerer Kopf ist und deshalb den Kindern nicht mehr geben kann, als schon jeder gleichaltrige Spielgenosse gibt" (ebd.).

Eine wichtige Aufgabe spricht *Spranger* der *Fortbildung der höheren Lehrer* zu (vgl. 1918, S. 241ff.), und zwar in den Schulfächern, in der Philosophie und Pädagogik sowie in der „allgemeinen Kulturtätigkeit" (S. 252). Er weist auf die *Gefahren fehlender Fortbildung*, aber auch deren *Erschwernisse* hin (vgl. S. 244ff.). Als *notwendige Maßnahmen zur Ermög-*

---

[78] Hier finden sich auch die genauen Quellenangaben.
[79] Eine große *Skepsis* zeigt *Spranger gegenüber fachdidaktischen Lehrveranstaltungen*. Als Gründe hierfür führt er an: „der Student hat hierfür kaum Zeit, aber auch, weil ihm die praktische Berührung mit den Problemen fehlt, meist kein Verständnis" (1925, S. 28).

lichung und Durchführung von Fortbildungen nennt er: eine Reduktion der Unterrichtsstunden für besuchte Fortbildungsveranstaltungen (vgl. S. 256), eine enge Verbindung zwischen höheren Lehrern und Universität mit entsprechend attraktiven Fortbildungsangeboten (vgl. S. 259ff.), eine kulturell anregende Schulgemeinschaft mit einem entsprechend aufgeschlossenen Direktor (vgl. S. 262ff.), den Zusammenschluss in Vereinen/Arbeitsgemeinschaften (vgl. S. 264ff.) und schließlich Rücksichtnahme auf individuelle Bedürfnisse/Fähigkeiten der einzelnen Lehrkräfte (vgl. S. 267f.).

8.2   Theodor Litt

Litt hat – anders als Spranger – keine explizite Theorie der Lehrerbildung vorgelegt, und es gibt nur eine einschlägige Veröffentlichung – „Hochschule und Lehrerbildung" (1957b) –, und eine Reihe von kurzen, meist unveröffentlichten, sich im *Litt*-Nachlass an der Universität Leipzig befindenden Stellungnahmen.

Wie *Spranger* trat *Litt* allerdings leidenschaftlich dafür ein, *die Volksschullehrerausbildung von der Universität fernzuhalten*; dies belegen entsprechende Aktivitäten und Stellungnahmen Litts in der Weimarer Republik (vgl. Matthes 2003, S. 441f.), sein – allerdings erfolgloser – Kampf gegen die „Pädagogischen Fakultäten" in der SBZ[80] (vgl. ebd., S. 459f.) sowie auch seine bereits genannte Veröffentlichung in der Bundesrepublik Deutschland. Er spricht davon, dass die *Übernahme der Volksschullehrerausbildung zur Zerstörung der philosophischen Fakultät führen würde*, da diese dann nur noch Lehrerbildungsfakultät wäre. Dass *sie die Aufgabe der Lehrerbildung nicht befriedigend zu leisten imstande sei*, zeigten die bisherigen Erfahrungen mit der höheren Lehrerausbildung. „In allzuvielen Fällen [klaffe] zwischen dem Inhalt des Hochschulunterrichts und den des demnächstigen Lehrers harrenden Aufgaben ein Abstand [...], den zu überwinden der Elite der Hochbegabten keine Mühe macht, dagegen dem braven Durchschnitt (ohne den wir nun einmal nicht auskommen) nur sehr schwer gelingt, nicht selten völlig mißlingt. Hart und unvermittelt stehen nur zu oft die Welt der Forschung und die Welt der Menschenbildung nebeneinander" (1957b, S. 34f.). Und er fügt als (rhetorische) Frage an: „Sollte es angesichts dieser Tatsache ratsam sein, die philosophische Fakultät auch noch mit der Ausbildung solcher Erzieher zu beauftragen, die durch den Inhalt ihrer bildnerischen Tätigkeit noch viel weiter von den Gefilden der wissenschaftlichen Forschung weggeführt werden?" (S. 35).

Die Probleme der höheren Lehrerausbildung seien nun größtenteils nicht auf das fehlende Interesse, den Unwillen der Professoren zurückzuführen. „Es liegt in vielen Fällen einfach

---

[80]   Am 12. Juli 1946 wurden durch Befehl Nr. 205 der Sowjetischen Militäradministration Deutschland (SMAD) die Pädagogischen Fakultäten gegründet. Dieser Fakultätsgründung war im Mai 1946 die Verkündung des „Gesetzes zur Demokratisierung der deutschen Schule" vorausgegangen, welches eine achtjährige „Grundschule" für alle vorsah. Die Absolventen der Pädagogischen Fakultäten erhielten die Lehrbefugnis für dieselbe.
In einer unveröffentlichten (sich im *Litt*-Nachlass befindenden) und unadressierten Stellungnahme „Zum Plan der Pädagogischen Fakultät" schreibt *Litt* hierzu: „Der Einheitslehrer wird an allem möglichen genippt und nichts ordentlich gelernt haben. Er wird weder ein ordentlicher Fachlehrer noch ein ordentlicher Volksschullehrer sein [...]".

daran, daß der der Forschung sich Hingebende zu sehr durch die ihn beschäftigende Sache in Anspruch genommen wird, als daß er jener anderen Seite seiner Verpflichtung das ihr an sich zustehende Maß von Teilnahme zuwenden könnte" (S. 35). Es sei nur wenigen Professoren gegeben, dass sich in ihnen „die Leidenschaft der Wahrheitserforschung mit der Leidenschaft der Menschenbildung paart" (S. 35). Dies könne man nicht, ohne der Universität Schaden zuzufügen, für alle zur Voraussetzung erklären (vgl. ebd.).[81] *Im Zentrum der Universität sieht Litt – wie auch Spranger – das Streben nach Erkenntnis.*

So *plädiert er für die Beibehaltung der Pädagogischen Hochschulen als Orten der Volksschullehrerausbildung.* Jene bezeichnet er mit dem *Spranger*schen Begriff der „*Bildner*hochschule" (S. 36), die „alles, womit sie sich abgibt, unter den obersten Gesichtspunkt der Menschenbildung" stelle (ebd.). „Was immer sie von den Ergebnissen der Wissenschaft in ihren Bereich herübernimmt, das muß so umgestaltet, umgedacht werden, wie die Unterstellung unter die Idee der Menschenbildung es erfordert" (ebd.). *Die Pädagogische Hochschule solle ihr Selbstverständnis und ihr Selbstbewusstsein daraus schöpfen, dass sie von der Leitidee der Menschenbildung geprägt sei* (vgl. S. 36f.). Man solle sich davon verabschieden, „in der wissenschaftlichen Hochschule [also der Universität; E. M.] das unübertreffliche Muster der Hochschule überhaupt zu erblicken" (S. 36).

8.3 Herman Nohl

Nohl hat keine theoretischen Überlegungen zur Volksschullehrerbildung vorgelegt; *Reflexionen zur höheren Lehrerbildung* finden sich in dem 1927 auf dem Göttinger Philologentag gehaltenen Vortrag „Die Ausbildung der wissenschaftlichen Lehrer durch die Universität". In diesem Beitrag finden sich viele Parallelen zu den Gedanken *Sprangers* in der Denkschrift von 1925, aber doch einige explizite Unterschiede. Zunächst weist *Nohl* auf die alte Klage über die „unzureichende Ausbildung der höheren Lehrer auf der Universität" hin, die darauf zurückzuführen sei, „daß der Student auf der Universität als Fachwissenschaftler zum Forscher ausgebildet wird – und zwar je besser seine Lehrer sind, um so strenger –, um dann bei Antritt seines Berufes zu merken, daß ihn da noch sehr andere Aufgaben erwarten als die Vermittlung des reinen Wahrheitssuchens" (1929a, S. 183). Dieser Widerspruch sei unaufhebbar und permanent virulent. Allerdings sei noch ein neues Problem hinzugekommen, dass nämlich *die Inhalte, die von den Lehrern im Schulunterricht zu vermitteln seien, teilweise an der Universität nicht mehr gelehrt* würden. „Der Rückzug gegenüber der pädagogischen Forschung auf die Wissenschaftlichkeit des Lehrers kann jetzt nicht mehr helfen, weil diese Wissenschaftlichkeit selbst in ihrem Inhalt – nicht in ihrer formalen Haltung – augenschein-

---

[81] Bei aller Übereinstimmung im Grundsätzlichen argumentiert *Spranger* – zumindest in seiner Denkschrift von 1925 – offener/pragmatischer als *Litt*. Dies kann allerdings auch am (Kompromiss-) Charakter der Denkschrift liegen, zumal der Preußische Kultusminister *Becker* sich in seinen 1919 veröffentlichten „Gedanken zur Hochschulreform" gegen eine reine Forschungsorientierung der Universitäten und für „Hochschulpädagogik" (S. 24) ausgesprochen hat. Zudem mussten in der Denkschrift ca. 50 eingeholte Gutachten und die vorangegangenen Beratungen in der Fakultät in irgendeiner Weise berücksichtigt werden (vgl. Meyer-Willner 1986, S. 87). *Meyer-Willner* geht dennoch davon aus, dass *Spranger* „durchaus seine eigene Meinung artikuliert hat" (ebd.).

lich dem Leben gegenüber [...] nicht mehr ausreicht: man fühlt sich mit ihr nicht mehr sicher im Leben" (S. 184). *Nohl* führt das darauf zurück, dass die Wissenschaften zu lebensfern seien, ihren „Lebenssinn" nicht genügend entwickelten (ebd.). Wie *Spranger* wendet er sich aber gegen eine Pädagogisierung der Wissenschaft, denn – eine Formulierung in Übereinstimmung mit *Spranger* und *Litt* – „die stärkste bildende Kraft der Wissenschaft liegt immer in der unbedingten sachlichen Energie, mit der sie ihrem eigenen Gesetz gehorcht" (ebd.). Dies müssten die wissenschaftlichen Lehrer stärker als es bisweilen der Fall sei zum Ausdruck bringen; damit würden sie auch die Lebensbedeutsamkeit ihrer Wissenschaft unterstreichen (vgl. ebd.). Wie *Spranger* und *Litt* warnt Nohl davor, *den Ausweg von der Enttäuschung durch die Fachwissenschaften in der Pädagogik zu suchen:* Der Lehrer meine, „aus dieser Glaubenslosigkeit an seinen ‚Stoff' in die Pädagogik flüchten zu können. Aber es ist klar, daß man endgültig nicht erziehen kann ohne den Glauben an den Gehalt der geistigen Welt, die man vermittelt. Die Pädagogik an sich bleibt im wesentlichen formal, die höhere Kraft des Lehrers stammt aus seiner geistigen Überzeugung" (S. 184f.).

Wie *Spranger* schlägt *Nohl* eine *organisatorische Veränderung des Studiums* vor: die Unterscheidung – modern gesprochen – zwischen einem Grund- und einem Hauptstudium mit einer klaren Trennung von Einführungs- und Schlussvorlesungen (vgl. S. 185f.). Außerdem plädiert er wie *Spranger* für eine „bessere Studienberatung". „Die Theorie von dem besten Schwimmenlernen, nämlich dadurch, daß man ins Wasser geworfen wird, die gerade die lebendigsten Universitätslehrer gern verwenden, mag einmal in einfacheren geistigen Verhältnissen richtig gewesen sein, angesichts der aufgewühlten See, die der Student heute durchqueren muß, reicht sie nicht mehr aus" (S. 186).

Im nächsten Schritt wendet sich *Nohl* der *Pädagogik im höheren Lehrerstudium* zu. *Für ein wissenschaftliches Studium der Pädagogik tritt er nachdrücklich ein.* „Es ist ganz unmöglich, die pädagogische Einführung in das Ethos seines Berufes für den Lehrer erst von dem Referendarjahr zu erwarten und so die große Aufgabe der Universität, die Idee der Berufe zu vermitteln gerade an *dieser* Stelle aufzugeben und der Praxis zu überlassen. Der Sinn der pädagogischen Kollegs und Seminare wird darum auch nicht die Einführung in die pädagogische Technik sein, sondern zu allererst die Rechtfertigung der pädagogischen Arbeit vor sich selbst im Zusammenhang des geistigen Daseins, damit der junge Mensch weiß, welche Stelle er im Kreis des Ganzen einnimmt, und ihm das Eigenwesen der pädagogischen Grundhaltung gegenüber den fremden Anforderungen des Lebens gewiß wird" (ebd.).[82] *Jede pädagogische Rezeptologie lehnt also auch Nohl auf der Basis seines Theorie-Praxis-Verständnisses entschieden ab, es geht ihm um das Studium einer wissenschaftlichen (Kultur-) Pädagogik.* Inhaltlich fordert er Veranstaltungen zur allgemeinen Pädagogik, zur Geschichte der Pädagogik, zur Pädagogik der Gegenwart und zur Kinderpsychologie und die Einrichtung von Stellen für das dafür notwendige Personal (vgl. S. 186f.). Anders als *Spranger* – und in expliziter Abgrenzung zur Berliner Denkschrift – hält er eine *„Didaktik der Fächer"* für unverzichtbar (S. 187). Es sei keine Frage, dass in der Fachdidaktik „die entscheidende Brücke zwischen Fachwissenschaft und Pädagogik geschlagen" werde, „und daß erst solche Didaktik seines Faches die Ausbildung des künftigen Lehrers auf der Universität abschließt"

---

[82] Man erinnere sich an *Nohls* Verständnis der relativen pädagogischen Autonomie (vgl. Kap. 4.3).

(ebd.). Gemeint sei erneut keine Unterrichtstechnologie, sondern „eine Grundbesinnung über die pädagogische Formung der jeweiligen Wissenschaft, ihren Bildungssinn und die Grundhaltung, die sie gibt, Stoffauswahl und Aufbau des Lehrplans, Stellung des Lehrers in dem Bildungsprozeß zwischen Stoff und Jugend usw." (ebd.).

Nachdrücklich weist *Nohl* die Idee zurück, die pädagogische Ausbildung der höheren Lehrer an den Pädagogischen Akademien vorzunehmen (vgl. ebd.). Die Pädagogik als Wissenschaft müsse an der Universität angesiedelt sein und eine wichtige Stellung innerhalb des wissenschaftlichen Studiums der höheren Lehrer innehaben.

Wie Spranger lehnt Nohl Übungsschulen ab (vgl. S. 188) und spricht sich – wie jener – für „das mehrwöchige Hospitieren in den Ferien" aus (ebd.). Ebenso wie jener tritt er auch *für eine Abschlussprüfung der Pädagogik an der Universität* ein und beklagt deren vorgenommene Abschaffung als Fehler (vgl. S. 188f.).

8.4 Erich Weniger

Nicht nur aus biographischen Gründen (s. Erster Teil, Kap. 4), sondern auch, weil er sich *auf der Basis seiner wissenschaftstheoretischen Positionen* zum Theorie-Praxis-Verhältnis und zur relativen pädagogischen Autonomie *einer reflektierten akademischen Lehrerbildung verpflichtet fühlte*, nehmen einschlägige Veröffentlichungen in *Wenigers* Schrifttum einen großen Raum ein. Sein Sammelband „Die Eigenständigkeit der Erziehung in Theorie und Praxis" (1952) trägt deshalb auch den Untertitel „Probleme der akademischen Lehrerbildung". Sein Vorwort beginnt folgendermaßen: „In diesem Buch möchte der Verfasser Rechenschaft ablegen über ein Vierteljahrhundert wissenschaftlicher Beschäftigung mit der Pädagogik, die zugleich – seit der Gründung der ersten Pädagogischen Akademien in Preußen 1926 – in Theorie und Praxis Arbeit an der akademischen Bildung der Volksschullehrer und – seit *Herman Nohls* Appell auf der Göttinger Philologenversammlung 1927[83] – an der pädagogischen Ausbildung der Philologen sein durfte" (1952h, o. S.).

8.4.1 Die Ausbildung der Volksschullehrer

Weniger fordert eine akademische Ausbildung der Volksschullehrer, deren Bedeutung für die kulturell-gesellschaftliche Entwicklung er sehr hoch einschätzt.

Weniger weist zwei Auffassungen mit Nachdruck zurück: zum einen die Vorstellung, dass der Volksschullehrer „nicht mehr zu wissen brauche als das, was er nachher die Kinder zu lehren habe" (1952a, S. 39) und dass damit seine begrenzte Ausbildung in Lehrerseminaren zu rechtfertigen sei; zum zweiten die Auffassung, dass man zum Erzieher geboren sein müsse, dass der Lehrberuf „eine Kunst" und damit nicht lehrbar sei (ebd.).[84] Er hält dem entgegen,

---

[83] Vgl. die Ausführungen unter 8.3.2.

[84] In dieser Aussage kann man auch eine gewisse Abgrenzung von oder zumindest Differenzierung gegenüber der – oben dargestellten – *Spranger*schen Position sehen. *Weniger* spricht der pädagogischen Wissenschaft einen höheren Stellenwert zu als *Spranger*.

dass „die Erziehung ein *geistiges Verhalten*" sei, „das freilich nicht mechanisch lehrbar, wohl aber anschaulich darstellbar ist [...]" (S. 41) „Und weil es ein geistiges Verhalten ist, kann es erweckt werden" (S. 42). Es gehe um die „Übernahme der erzieherischen Haltung" in den Willen des Lehrers (S. 43).

Für *Weniger* steht außer Zweifel, dass in der *Weimarer Republik die Akademisierung der Volksschullehrerausbildung unerlässlich* sei, da jene auf einen neuen Typus des „Volkslehrers" angewiesen sei. „Der heutigen Reichsverfassung [der Weimarer Republik, E. M.] entspricht der neue Typus des Volkslehrers und die neue Lehrerbildung ist nicht zufällig erst jetzt entstanden, sondern sie ist die notwendige Folge der Reichsverfassung und ihre genaue Entsprechung" (1990e, S. 17). „[...] neben den Politiker und den Staatsmann tritt der Erzieher als das wichtigste Organ des Volkswillens, und zwar der Volkslehrer, der in Grundschule und Volksschule in Stadt und Land die Gegensätze überbrückt, für alle den gleichen Grund der Bildung legt und das gemeinsame deutsche Bildungsgut in den Mittelpunkt stellt" (S. 17f.). Der Volksschullehrer trete somit ein „in den Kreis der führenden Ämter des Volkslebens, die nur aus der vollen Verantwortung, Selbständigkeit, Reife und Überschau verwaltet werden können" (S. 18). Neben seiner Funktion als „Repräsentant der einheitlichen deutschen Bildung" habe er „Anwalt der Schichten" zu sein, „die neu verantwortlich und selbständig in den Kreis der Volksgemeinschaft eintraten, des Proletariats und des Bauerntums" (ebd.). Bei seiner Abschiedsrede von der von ihm geleiteten Pädagogischen Akademie Altona, die – wie sieben andere – aus politisch-finanziellen Gründen 1932 geschlossen wurde, sprach er sogar davon, dass ihr Ziel gewesen sei, Volkslehrer zu bilden, die sich verstünden „als Missionare gleichsam einer pädagogischen Gesinnung, die auf das Ganze des Lebens und der Volkserziehung geht" (1990f, S. 24).

Weniger war der Überzeugung, *dass diese spezifische Form der Bildung nicht im Lehrerseminar, aber auch nicht an den Universitäten zu vermitteln sei* (vgl. etwa 1990q, S. 95); er sprach sich deshalb für *spezifische akademische Einrichtungen für die Volksschullehrerbildung* aus – in der Weimarer Republik für die „Preußischen Akademien" (s. Kap. 8.1.1), deren Grundkonzeption und Ziele er auch nach 1945 noch für richtig hielt, und deren Wiederbelebung – nun unter dem Namen „Pädagogische Hochschulen" – er forcierte (vgl. 1990i).

Welche *spezifischen Aufgaben* sprach er den *Pädagogischen Akademien/Pädagogischen Hochschulen* zu? „Das wissenschaftliche Ziel der Akademie [...] ist die Wiedergewinnung einer elementaren Volksbildung, die die großen Grundtatsachen der Welt und des Lebens ohne Verwissenschaftlichung und ohne Popularisierung der Jugend und dem Volk wieder zugänglich macht" (1990f, S. 24). Der „Volkslehrer" müsse zum einen vorbereitet werden auf seine Aufgabe der *Vermittlung der grundlegenden Wissens- und Brauchtumsbestände des Volkes*. „Der Volksschullehrer steht in dem Dienst dieser Volkstumspflege, nicht nur in der Volksschule, die einen wesentlichen Teil ihres Lehr- und Lebensinhaltes aus diesen Gütern des Volkstums gewinnt, sondern auch als Volkslehrer und Volkserzieher überall da, wo volkstümliche Bildungspflege möglich ist, in der Arbeit in den Jugendgruppen und in der Erwachsenenbildung"(1990g, S. 43; vgl. auch 1990i S. 53 u. S. 57). Zum zweiten müsse er vorbereitet werden auf seine Aufgabe der *Vermittlung der zentralen Kulturinhalte des Volkes*. „Es bedarf der Erinnerung und Aneignung nicht nur einer führenden Schicht, die es [das kulturelle Erbe; E. M.] in der Isolierung einer gebildeten Existenz für sich genießt, sondern des ganzen Volkes. In all seine Schichten muß etwas von dem Gehalt seiner großen geistigen Güter einfließen" (1990g, S. 44). Hierfür müsse die *Kunst des Elementarisierens* gelernt werden (vgl. S. 45; vgl. auch 1990i, S. 53). Als ein ganz entscheidendes Merkmal der pädagogischen Akademien/Pädagogischen Hochschulen sieht *Weniger* zudem ihre „wechselseitige Durchdringung von Theorie und Praxis" (1990i, S. 55) an. Es gehe um vielfältige Einführungsformen in das *pädagogische Ethos* (vgl. ebd. u. 1990g, S. 38f.). Schließlich sei die Bedeutung hervorzuheben, die den *musisch-künstlerischen Fächern* an den Pädagogischen Akademien/Pädagogischen Hochschulen zukomme. „So haben die musischen Fächer, Musik, bildende Kunst, Leibesübungen und die Bemühungen um die eigene Sprachgestaltung einen hervorragenden Platz im Lehrplan der Akademie. Sie sollen die Gestaltungs- und Reproduktionsfähigkeiten in den Studierenden durch eigenes Tun im Zusammenhang des Lebens der Akademie und durch Selbstbildung entwickeln" (1990i, S. 57; vgl. auch 1990q, S. 102). Dasselbe gelte für die *politische Erziehung*: „Die Hochschule, sofern man sie nur klein genug hält [...], hat eine unerhörte Möglichkeit, das echte demokratische, humane Dasein unseres Volkes zu repräsentieren, was die Universität nie und nimmer vermag" (1990q, S. 102f.).[85]

Der Erziehungswissenschaft spricht Weniger – anders als Spranger und Litt! – an den Pädagogischen Hochschulen eine Schlüsselfunktion zu: „Gegenstand der wissenschaftlichen Bemühungen der Pädagogischen Hochschulen ist allein die Erziehungswissenschaft (Pädagogik, Psychologie) [...] Auf diesem Feld soll der Student wirklich wissenschaftlich gebildet werden. Hier lernt er die Methoden der Kritik und Interpretation, mit denen alle Wissenschaften arbeiten. Hier wird er an die Quellen herangeführt und kann, die nötige Zeit und Ruhe vorausgesetzt, auch zu eigenen Arbeiten vordringen" (1990q, S. 101). Bei der Vermittlung der Kulturinhalte sollten die Pädagogischen Hochschulen hingegen auf die wissenschaftliche Vermittlung verzichten, weil entsprechende Versuche nur zum „Dilettantismus" führten. „Die Aufgabe ist, den Studierenden die Begegnung mit den Lebens- und Bildungsmächten zu vermitteln, deren Vertreter und Deuter sie später in der Volksschule werden sollen" (ebd.).

8.4.2 Die Ausbildung der höheren Lehrer/„Philologen"

Weniger bezeichnet deren pädagogische Ausbildung als das „dornigste Problem" (1990q, S. 107). Die meisten von ihnen wollten „im Grunde Wissenschaftler sein" (S. 107f.). Sie hätten keine „Zuneigung" zu ihrem Beruf (S. 108). Dies sei ein untragbarer Zustand. „Wir müssen unseren ganzen Besitz an theoretischen Einsichten einsetzen, um das praktische Ziel, nämlich die Menschen auf ihren Erzieherberuf vorzubereiten, zu erreichen" (ebd.). Die Universität – an der die höhere Lehrerausbildung stattfindet – müsse sich der „doppelte[n] Aufgabe" stellen, die Studierenden „innerlich für den erzieherischen Beruf zu gewinnen und zugleich mit wissenschaftlichen Mitteln auf die Wirklichkeiten, die sie erwarten, vorzubereiten" (ebd.). Eine große Herausforderung und ein noch ungelöstes Problem stelle die „möglichst frühe Entscheidung über die erzieherische Eignung" der Studierenden dar (1952d,

---

[85] Bei der Aufgabenzuschreibung an die Pädagogischen Akademien/Pädagogischen Hochschulen gibt es viele Parallelen zu *Sprangers* Überlegungen; allerdings betont dieser stärker die Bezüge zu Technik und Arbeitswelt.

S. 476; vgl. auch 1990q, S. 109). Die notwendige wissenschaftliche Vorbereitung auf den höheren *Lehrerberuf* verlange – neben dem fachwissenschaftlichen – ein *erziehungswissenschaftliches Studium*. Hierbei gehe es darum, „das wissenschaftliche Verständnis der Erziehungswirklichkeit, des Bildungswesens, der Schulorganisation, der ihnen zu Grunde liegenden Ideen, Theorien, Zielsetzungen zu vermitteln" (1952d, S. 479). „Diese Wirklichkeit der Erziehung und des Schulwesens hat eine Struktur, die man kennen muß, wenn man verantwortlich aus eigener Entscheidung und nicht nur als Techniker in ihr arbeiten will […] Macht man sich diese Erkenntnismöglichkeiten nicht zu eigen, so bleibt man trotz aller fachwissenschaftlichen Eignung bestenfalls ein Handwerker seines Faches, schlimmstenfalls ein Dilettant und Improvisator" (S. 479f.). Sehr deutlich formuliert er seine Kritik auch in einer Veröffentlichung aus dem Jahr 1953: „Daß die Ausbildung der wissenschaftlichen Lehrer gerade in einem für den späteren Beruf wesentlichen Bereich den wissenschaftlichen Charakter vermissen läßt, gereicht ihr gewiß nicht zum Vorteil" (1953a, S. 110). Außerdem macht sich *Weniger* – wie *Nohl* – *für die Integration der Allgemeinen Didaktik und der Fachdidaktiken in das Studium der höheren Lehrer stark*:[86] „Leider findet sich gerade unter den Philologen noch vielfach der grollige [sic!] Aberglaube, daß die Fachwissenschaft die Entscheidung über ihre Bildungsbedeutung immer schon in sich trage, oder daß der Unterricht nur angewandte und vereinfachte Wissenschaft darstelle, daß der Stoff schon an sich bildende Wirkung habe, daß die Frage der Unterrichtsmethode eine rein praktische sei und was dergleichen handgreifliche, aber weit verbreitete Irrtümer mehr sein mögen. In Wahrheit liegen hier dornige Probleme, die umfassender Besinnung bedürfen, und zwar innerhalb jedes Faches […], im Verhältnis der Fächer untereinander […], in der Beziehung der Schulfächer zu den Wissenschaften und in der Frage des Wissenschaftscharakters der Schulfächer überhaupt" (1952d, S. 480).

Als sehr wichtig sieht es *Weniger* an, dass bei den Studierenden des höheren Lehramts „das pädagogische Ethos" entwickelt werde, das sie mit den anderen Lehramtsstudierenden bzw. Lehrern teilen müssten und das in ihnen „das Gefühl für die innere Einheit der Erziehungsaufgabe unseres Volkes" wachrufen müsse (1953a, S. 111).

8.5 Wilhelm Flitner

Flitner war von 1926 bis 1929 Professor an der Akademischen Akademie in Kiel. Im Kontext dieser beruflichen Tätigkeit machte er sich *Gedanken über Zielsetzung und Aufbau des Volksschullehrerstudiums an Akademien*. In seiner Veröffentlichung „Das Pädagogikstudium an der Pädagogischen Akademie" (1929) fasst er seine zentralen Überlegungen zusammen. Er weist darauf hin, dass die „Akademisierung des Lehrerstandes […] eine Forderung des Lehrerstandes selbst [sei] aus seiner Berufserfahrung heraus, und wenn auch hier standespolitische Motive wie bei anderen Akademisierungen der Ausbildung mitspielen, so darf man

---

[86] Hier nimmt *Weniger* eine *klare Gegenposition* zu *Spranger* ein. Allerdings weiß auch letzterer, dass der Lehrer nicht glauben dürfe, „wenn er nur die Wissenschaft habe, werde ihm alles andere von selbst zufallen" (1918, S. 250).

jenes tiefere Motiv nicht unter Hinweis auf dieses äußerliche Motiv übersehen" (1987a, S. 268; vgl. auch S. 267).

Die Reform der Lehrerbildung habe sich „aus der pädagogischen Reformbewegung"[87] ergeben, „wenn man auf ihren geistigen Gehalt sieht" (S. 266f.). „Die *weitgesteckten Ziele der Reform* gehen auf eine neue deutsche Bildung und auf den Typus des ‚Volkslehrers', der diese Bildung tragen soll" (S. 267). *Flitner bezieht sich ausdrücklich zustimmend auf die Denkschrift des Preußischen Kultusministers Becker.*[88] Als Kern des neuen Leitbildes betrachtet er eine „das ganze Volk umgreifende Erziehung und Bildung" und die Zuerkennung einer „pädagogische[n] Aufgabe des Staates" (ebd.).

Eine große inhaltliche Herausforderung für die Pädagogische Akademie sieht er darin, dass ihre *Studiengänge aus wirtschaftspolitischen Gründen auf zwei Jahre begrenzt wurden* (vgl. S. 263). Dies mache dichtgedrängte und sehr konzentrierte Studien nötig (vgl. ebd.). Zentral hierbei sei, *dass der akademische Charakter des Studiums gewahrt würde*. Hierfür sei entscheidend eine „*Vereinigung von gebundener und freier Arbeit"* (S. 264; vgl. auch S. 265).

Anders als Spranger und Litt, aber in Übereinstimmung mit Weniger betont Flitner, dass das theoretische Studium der Pädagogik im Zentrum der Studien stehen müsse (vgl. S. 366f.). Es müsse *dem angehenden Lehrer eine Grundorientierung bieten*, die ihm in seiner Praxis eine Einordnung seiner Erfahrungen ermögliche und zu reflektierten, differenzierten Positionen befähige (vgl. S. 269f.). Notwendig sei in diesem Kontext eine „*Einführung in den pädagogischen Streit der Gegenwart"* (S. 268). Im zweiten Schritt gehe es um ein *tieferliegendes Verständnis des Streites und seiner Hintergründe* (vgl. ebd.). Das Ziel der theoretischen Ausbildung dürfe jedoch nicht nur „auf die praktische Lage des Erziehers in der öffentlichen Erziehung" der Gegenwart bezogen werden (S. 270). Nötig sei vielmehr ein Gegengewicht, „durch das erst die ganze Spannweite der wissenschaftlich geordneten und umfassenden Besinnung erreicht werden" könne (ebd.). „Es muß der ganze *Zusammenhang der Erziehungswissenschaft* gezeigt werden, damit jene Gegenwartsfragen ihren episodischen Charakter verlieren und als Momente in einem System sichtbar" würden (ebd.). Hierzu seien *historisch-systematische Zugänge* unerlässlich (vgl. ebd.).

Die notwendigen Hospitationen an nahegelegenen Staatsschulen sieht *Flitner* nicht unproblematisch: „Hier besteht nun die große *Gefahr, daß der Studierende zu der Ansicht kommt, zwischen jener Theorie und dieser Praxis bestehe der Gegensatz, der allenthalben zwischen Ideal und Wirklichkeit besteht*. Käme diese Skepsis auf, so wäre die neue Lehrerbildung ernstlich gefährdet. Die Reformpädagogik würde als ideale Konstruktion verstanden, in der Staatsschulpraxis würde aber eine zweite geheime Theorie sich ansiedeln, die den jeweils wirklichen Zustand für den allein möglichen hält" (S. 277). Als Ausweg schlägt *Flitner* vor, „daß wenigstens eine der Akademieschulen einen vom Schema[89] abweichenden einheitlichen Plan auf der Grundlage der Reformpädagogik durchführt" (S. 278).

---

[87] Zur „pädagogischen Reformbewegung" vgl. etwa die Darstellung von *Skiera* (2003).
[88] Vgl. die in Fußnote 81 bereits genannte Schrift *Beckers*.
[89] Damit meint *Flitner* das Formalstufenprinzip der *Herbartianer*.

Im Jahre 1933 – schon nach der nationalsozialistischen Machtübernahme – bezieht Flitner nochmals für die Pädagogischen Akademien Position (vgl. 1933). Er betont, dass eine *Rückkehr zur seminaristischen Lehrerausbildung nicht akzeptabel* sei. „Die Aufgabe der Volksschullehrer ist heute so schwierig, daß eine nicht souveräne geistige Durchbildung die ganze Wirklichkeit des großen Schulapparates in Frage stellt" (1987b, S. 363). Anschließend verweist er *auf die Erfolge der Pädagogischen Akademien* (vgl. S. 363f.) und hebt nochmals – nun in expliziter Abgrenzung zu *Spranger* – hervor, „daß es sich durchaus um gelehrte Bildung in der Pädagogischen Akademie handelt, die im Studium der Erziehungswissenschaft erworben wird" (S. 364) – die *Erziehungswissenschaft* wird somit von *Flitner* erneut zur *zentralen Berufswissenschaft der Volksschullehrer* erklärt. Die Pädagogischen Akademien müssten dafür dreijährig sein: „Eine hochschulmäßige wissenschaftliche Ausbildung ist ohne akademisches Triennium unmöglich, auch wenn das Studium auf eine Disziplin, die Erziehungswissenschaft, beschränkt wird" (S. 365). Neben das wissenschaftliche Studium der Pädagogik müsse die „Arbeit am Gegenstand" treten. Diese könne „nicht als wissenschaftliches Studium aufgebaut werden; dafür fehlt die Zeit. Sie kann nur als ungelehrtes, laientümliches Eindringen in die Gehalte der volkstümlichen Erziehung, als ‚echte Laienbildung' erstrebt werden" (S. 368).[90] Nachdrücklich und – für 1933! – eindrücklich betont *Flitner* die notwendige Überparteilichkeit der – neu zu gründenden – Pädagogischen Akademien (vgl. S. 369f.).

Fazit

Lehrerbildungsfragen beschäftigen die geisteswissenschaftlichen Pädagogen theoretisch und praktisch. Sie stimmen darin überein, dass die Volksschullehrerausbildung nicht an den Universitäten erfolgen solle, sondern hierfür eigenständige Hochschulen nötig seien. Anders als *Spranger* sehen *Weniger* und *Flitner* den Wissenschaftscharakter derselben in einem wissenschaftlichen Studium der Pädagogik als der Berufswissenschaft der angehenden Volksschullehrer.

Die Ausbildung der höheren Lehrer an der Universität wird von keinem der geisteswissenschaftlichen Pädagogen in Frage gestellt, jedoch unterschiedlich stark problematisiert.

9 Theorie der Volksbildung/ Erwachsenenbildung

Als eine *wichtige Strömung der Reformpädagogik* entwickelte sich vorwiegend nach dem ersten Weltkrieg *die Volksbildungsbewegung. Sie wollte durch die Gründung von Volkshoch-*

---

[90] *Flitner* rekurriert in Teilen seiner Schrift auf die Darstellung des an der Altonaer Akademie tätigen *Helmuth Kittel* „Der Weg zum Volkslehrer" (1932).

schulen Menschen unterschiedlicher sozialer Lagen zum Gespräch und gemeinsamen Lernen zusammenzuführen, die im Krieg zwischen den sozialen Schichten sichtbar gewordenen Gräben überwinden und zu einer Volkseinheit beitragen. Die Intentionen der Vertreter der Volksbildungsbewegung lassen sich am besten in dem Satz zusammenfassen: *Volkbildung durch Volksbildung*. Einer der zentralen Initiatoren der Volksbildungsbewegung der Weimarer Republik war *Herman Nohl* (vgl. hierzu auch Erster Teil, Kap. 1). Er gründete im Februar 1919 zusammen mit anderen den *Arbeitsausschuss/Verein der Volkshochschule Thüringen*. Der Verein wollte als zentrale Beratungs- und Auskunftsstelle alle in der Region vorhandenen Bestrebungen in einer Organisation bündeln, die Idee der Volksbildung verbreiten und die „freie" (nicht religiös oder politisch gebundene) Volksbildungsarbeit in Stadt und Land gezielt ausbauen.[91] *Er verstand seine Bildungsarbeit im Sinne der „Neuen Richtung" der Volksbildung* (vgl. Reimers 2003, v. a. S. 19–46). Die „Neue Richtung" wollte eine intensive, individualisierende, auf Gemeinschaft zielende Form der Volksbildung mit der Betonung der „Arbeitsgemeinschaft" der Dozenten und Teilnehmer; sie grenzte sich somit scharf von der „Alten Richtung" der 1871 gegründeten „Gesellschaft für Verbreitung von Volksbildung" ab, die sie als extensiv, auf die Massen ausgerichtet und durch ein die Zuhörer passiv lassendes Vortragswesen geprägt beschrieb. Der Begriff „Neue Richtung" entstand im Kontext einer *Kontroverse um das richtige Verständnis der Volksbibliotheken* vor Ausbruch des ersten Weltkriegs, in der *Walter Hofmann* (1879–1952) eine individuell beratende und auswählende Tätigkeitsform des Bibliothekars forderte. Der Position *Hofmanns* schloss sich der Leiter der Abteilung Volksbildung der Zentralstelle für Volkswohlfahrt, *Robert von Erdberg* (1866–1929), an und übertrug diese auf die Volksbildung insgesamt. Er plädierte für kleine Lerngruppen und das gleichberechtigte Nebeneinander von Lehrenden und Lernenden (vgl. etwa Glaser 1994, S. 117ff.; Röhrig 1991, v. a. S. 467ff.).

9.1 Herman Nohl

In seiner Darstellung der „Pädagogischen Bewegung in Deutschland" beschreibt *Nohl* auch *die Entstehungsmotive und die inhaltliche Ausrichtung* der „Volkshochschulbewegung" (1988, S. 29). Er spricht vom „leidenschaftliche[n] Verantwortungsgefühl der aus dem Krieg heimkehrenden geistigen Menschen, die dort das Volk neu sehen gelernt hatten und nun bei diesem Zusammenbruch aller Ideale in solcher geistigen Sammlung des Volks den letzten festen Grund einer neuen Zukunft sahen" (S. 30). *Zwei Einsichten seien bei den Volkshochschulgründungen entscheidend gewesen:* (a) „die Volkshochschule ist ein Organ der Pädagogik und hat ihren autonomen Sinn in dem Begriff der Paideia, der Bildung eines höheren Menschentums" (ebd); (b) die Volkshochschulbewegung habe „zwei ursprungsfremde Quellen" und sei somit „ihrer Natur nach doppelseitig": „die Universitätsausdehnungsbewegung, wie sie England und Amerika und die Wiener Volksbildung vertraten,[92] und die Internats-

---

[91] Nach der Vereinsgründungssitzung setzte ein regelrechter Volkshochschulgründungsboom ein. 1920 hatten sich 90 Volkshochschulen dem Verein angeschlossen, die Zahlen gingen ab 1921 wieder zurück, blieben aber zunächst noch auf hohem Niveau (vgl. Reimers 2003, S. 78).

[92] Hierbei handelte es sich um Vorlesungsangebote für Nicht-Akademiker (vgl. etwa Röhrig 1991, S. 457).

volkshochschule als Lebensgemeinschaft, wie sie *Nikolai Frederik Severin Grundtvig*[93] in Dänemark geschaffen hat" (ebd.); daraus ergebe sich das Spannungsverhältnis „‚Aufklärung'" versus „‚Bildung zum Volk'" (S. 31). *Der letztere Pol sei allerdings bei den Volkshochschulgründungen nach 1918 der entscheidende, da existentiell notwendige gewesen* (vgl. S. 31f.). Die pädagogische Arbeit habe „ihr Hauptmittel nicht in der Wissensvermittlung" gehabt, „sondern in der Lebensgemeinschaft der Volkshochschule, in der Art, wie hier ein Kreis von Menschen um einen Leiter gemeinsam arbeitet, ißt und trinkt, spielt und feiert" (S. 32). *Nohl unterstreicht die enge Verbindung zwischen Volkshochschulbewegung und Jugendbewegung.* „Die Volkshochschule wurde [...] die gegebene Werkstätte, in der die jungen Menschen der Jugendbewegung ihre freie Selbstausbildung gewannen, soweit sie über das bloße Jugendleben zur Aufklärung über das Leben drängten, wie umgekehrt die Volkshochschule in den früheren Führern der Jugendbewegung die lebendigsten Träger ihrer Arbeit fand" (S. 32f.).

Nohls Verständnis der Volkshochschularbeit wird besonders an den von ihm in den „Blättern der Volkshochschule Thüringen"[94] 1920 veröffentlichten „Leitsätzen" für die Volkshochschule deutlich, die hier deshalb auch (nahezu) vollständig wiedergegeben werden: „1. Die Grundlage aller ehrlichen Arbeit in der Volkshochschule ist das Vertrauen zwischen Hörer und Lehrer. Wer sie zu politischen oder kirchlichen Zwecken mißbraucht, trifft sie an der Wurzel.[95] 2. Ihr Geist ist ein Geist des Friedens, der jeden Angriff durch Verstehen überwindet. 3. Ihr Ziel ist die Erweckung eines neuen gemeinschaftlichen geistigen Lebens in unserem Volk [...] 4. Sie will keine ‚Bildung' von oben bringen, sondern nur immer von neuem die Mittel bereitstellen für die lebendigen Bedürfnisse der Hörer gemäß den vorhandenen Kräften. 5. Sie übernimmt nicht das fertige Bildungsideal der alten Schulen oder Universitäten, sondern arbeitet schöpferisch mit an der neuen Form des deutschen Menschen. 6. Die ihr eigene Form des Unterrichts ist die Arbeitsgemeinschaft. Daneben bleibt aber der *freie* Vortrag immer unentbehrlich. 7. Der größte Aberglaube des Volkshochschullehrers ist die Meinung ‚vollständig' sein zu müssen. Er soll nicht lehren, was seine Bücher wissen, sondern was er selber weiß. Sein wichtigstes Werkzeug ist das Beispiel. Wo die Möglichkeit gegeben ist, soll der Unterricht naturnah sein und zu künstlerischer und praktischer Tätigkeit führen. 8. Was der Lehrer bietet, soll nie ‚gelehrt' sondern immer ‚gegenwärtig' sein, wobei aber ‚gegenwärtig' heißt, was noch heute mit uns lebt, auch wenn es vor 3000 Jahren geschehen ist. 9. Lehrer der Volkshochschule soll jeder werden, der etwas Ernsthaftes zu sagen hat, ihr dauernder Träger wird am Ende aber doch die Lehrerschaft aller Schulen sein müssen. 10. Die Volkshochschule bedeutet für den Lehrer eine neue Möglichkeit, sich auszuwirken [...] 11. Die Volkshochschule ist als Lehrgegenstand bei der Lehrerbildung zu berücksichtigen [...]" (1999c, S. 96).

---

[93] Der dänische Bischof *N. F. S. Grundtvig* (1783–1872) schuf 1844 in Rodding die erste Volkshochschule. Junge Bauern wurden in der Gemeinschaft eines Heimes über fünf Monate in Fragen von allgemeinbildender Bedeutung über ihre Schulbildung hinaus weiter gefördert und auf ihre Aufgaben in der Gesellschaft vorbereitet.

[94] Vgl. hierzu die Einleitung von *Martha Friedenthal-Haase* und *Elisabeth Meilhammer* in dem Nachdruck der „Blätter der Volkshochschule Thüringen" (1999), S. XI–XXXIX. Im Folgenden wird auch aus dem Nachdruck zitiert.

[95] Damit betont *Nohl* die *Überparteilichkeit* der Volkshochschularbeit.

Die *Thematik der Lehrer an der Volkshochschule* hat *Nohl* bereits genauer behandelt in einem weiteren Beitrag für die „Blätter der Volkshochschule Thüringen" von 1919/20. In diesem weist er darauf hin, dass es *für die Lehrkräfte unterschiedlicher Schularten von großem Vorteil sein könne, sich in der gemeinsamen Volkshochschularbeit wechselseitig kennen und schätzen zu lernen.* Ganz entscheidend sei, dass es *an der Volkshochschule keine festangestellten Lehrkräfte* gebe; dadurch könnte Erstarrung verhindert und immer wieder ein produktiver Wechsel des Lehrpersonals stattfinden. Für die Lehrer (auch Hochschullehrer) sei die Arbeit an der Volkshochschule eine wichtige didaktisch-methodische Herausforderung: „Die neue Methode, die sich der Lehrer in der Volkshochschule für seinen Verkehr mit den Erwachsenen schaffen muß, zwingt ihn, seine Lehrweise von neuem zu durchdenken, zu befreien und seine Gedanken zu sichern und zu klären" (1999a, S. 53).

Das *Thüringer System* der „Neuen Richtung", für das *Nohl* stand, unterschied sich in seinem Selbstverständnis von dem *Berliner System* der „Neuen Richtung". Bereits 1920 kam es zu einer *scharfen Kontroverse* zwischen deren jeweiligen Vertretern, an der *Nohl* sich mit zwei Beiträgen in den „Blättern der Volkshochschule Thüringen" beteiligte. Sein im November 1920 veröffentlichter Text „Berliner oder Thüringer System?" richtete sich zum einen gegen einen Erlass des Preußischen Ministeriums für Wissenschaft, Kunst und Volksbildung unter Minister *Konrad Haenisch* vom 26. März 1920. Darin hatte dieser festgestellt, dass die Volkshochschulbewegung zwar „einen außerordentlichen Aufschwung genommen" habe, sich aber „ihrer Aufgabe, Weckerin einer neuen geistigen Bewegung im Volke zu sein, noch nicht bewußt geworden" sei (zitiert nach Reimers 2003, S. 64). Diesen Vorwurf weist *Nohl* für das Thüringer System zurück. Das Problem in *Berlin* sei hausgemacht, da die *dortige Volkshochschularbeit viel zu eng mit dem Ministerium verbunden sei*, was sich zum einen daran zeige, dass das dortige einschlägige Publikationsorgan, „Die Arbeitsgemeinschaft", von Mitarbeitern des Ministeriums herausgegeben werde, und Erlasse von *Haenisch* zur „überstürzte[n] Gründung von Volkshochschulen ohne die nötigen geistigen Mittel" geführt hätten (1999b, S. 137). *Nohl* stellt ausdrücklich fest: „Ein Ministerium ist [...] trotz seiner starken Mittel, die es naturgemäß immer noch hat, auch heute nicht die Instanz, um geistige Bewegungen in dieser Weise zu leiten" (ebd.). Zum zweiten setzt sich *Nohl* mit einem Aufsatz *Werner Pichts*, des Volkshochschulreferenten im Preußischen Ministerium für Wissenschaft, Kunst und Volksbildung, im Juliheft 1920 der „Arbeitsgemeinschaft" auseinander, in dem dieser die Grundzüge des „Berliner Systems" entfaltet hat. Eine Übereinstimmung in den Auffassungen sieht jener darin, dass es eine „geistige Form einer wahren Bildung [...] gegenüber der bisherigen Vielwisserei" zu entwickeln gelte und dass es sich nicht darum handele, „den alten zerfallenen, chaotischen und überzeugungslosen geistigen Besitz der vergangenen Jahre in die Breite auszuschütten, sondern daß die Volkshochschule eins von den Organen des neuen Geistes ist, in dem er seine neue Einheit in einer neuen Gemeinschaft finden will" (ebd.). Folgende Merkmale des „Berliner Systems" lehnt *Nohl* hingegen ab: a) dass sich die Volkshochschule im Sinne einer Hochschule nur an wenige wenden dürfe; b) dass die Volkshochschule „nur ein Ausschnitt aus dem freien Volksbildungswesen" sei; c) dass es in den Arbeitsgemeinschaften um die „,akademisch intellektuelle' Entwicklung der wenigen ‚vom Geist Gezeichneten'" durch die Auseinandersetzung mit den Kulturgütern ginge (ebd.). Seine Gegenposition lautet: „[...] uns scheint diese Spezialisierung der Aufgabe der Volkshochschule gerade die lebendigen Fäden zu zerschneiden, die der Volkshochschule im Gegensatz zur Universität die kulturelle Fülle und vollmenschliche Bedeutung gibt. Wir wollen im Gegenteil die ganze Volksbildungsarbeit in die Volkshochschule hineinziehen, vielmehr als das bisher noch zu geschehen pflegt, Volksbüchereiwesen, Wanderbuchhandlung, Wanderbühne, Musik und Volkstänze, Kunstpflege, neue Hygiene wie die neue Erziehung und vieles andere" (ebd.). *Für die Schaffung einer nationalen Einheit sei die Volkshochschule die geeignete Institution.* Dementsprechend vertritt *Nohl* auch eine Gegenposition zu *Walter Hofmann* (s. o.), der der Volksbücherei eine Schlüsselstellung zuspricht. „[...] die Volkshochschule hat einen weiteren Inhalt als die Bücherwelt. Und sie scheint uns *darum* der wahre spiritus rector der ganzen Volksbildungsarbeit zu sein, weil in ihr die fortschreitende Arbeit an der Entwicklung des gemeinschaftlichen Ideals vor sich geht in der immer neuen Auseinandersetzung ihrer Lehrer und Hörer" (ebd.). Bei aller dem Leben entnommenen Disparatheit der inhaltlichen Angebote an der Volkshochschule ziele diese doch auf einen stufenweisen Aufbau von Arbeitsgemeinschaften für einzelne Besucher, „in dem eine systematische Entwicklung des einzelnen geistigen Menschen möglich ist" (S. 138). Den „Höhepunkt seiner Organe" sehe das Thüringer System in den „Volkshochschul*heimen*",[96] in denen die „Besten der Hörer zu einer stärkeren Anspannung in der neuen Gesinnung gesammelt werden" (ebd.). *Nohl* gelangt zu dem Fazit, dass das „Thüringer System volksechter und lebenswärmer" sei als das Berliner System (ebd.).

In einem weiteren Beitrag aus dem Jahre 1920 setzt sich *Nohl* mit dem gegenüber dem Thüringer System von den Berlinern erhobenen Vorwurf der „Halbbildung" auseinander. Entscheidend sei hierbei das Bildungsverständnis: „Meinen sie Wissen damit, so kann sich heute niemand mehr ganz gebildet nennen, dazu ist die Welt und das Wissen von ihr zu vielgestaltig und unübersehbar geworden" (1999d, S. 141). Oder wer könne sich als ganz gebildet bezeichnen, wenn unter Bildung mehr verstanden würde als Wissen, „nämlich Herzensbildung, ein rundes, ganzes Menschentum, Weltbenehmen und Lebenspraxis" (ebd.)? Zudem bekenne sich die Volkshochschularbeit in dem Sinne zur Halbbildung, dass sie auch die Grenzen des Wissens vermitteln möchte, sie möchte sie zu „Philosophen", also zu „Liebhaber[n] des Wissens [etymologisch korrekt: Weisheit; E. M.]", nicht „Wissenden" machen (ebd.). Entscheidend sei allerdings, dass die Volkshochschule überhaupt nicht daran denke, „daß sie von einer Höhe der Bildung herab popularisiert, herabsteigt oder wie man dieses von oben Geben sonst nennen mag, sondern sie weiß, daß die ‚Bildung' genau so sehr der Erneuerung, der Erweckung und Reinigung, Verinnerlichung und geistigen Steigerung bedarf, wie das ‚Volk'" (ebd.).

9.2   Wilhelm Flitner

Flitner war von Frühjahr 1919 bis Sommer 1925 *Leiter der Volkshochschule Jena.* Von April 1921 bis Oktober 1925 war er zudem Vorstandsmitglied im Verein Volkshochschule Thüringen. Er war einer der exponiertesten Vertreter des „Thüringer Systems" (vgl. hierzu auch

---

[96] Neben den Abendvolkshochschulen entstanden nach dem ersten Weltkrieg auch – in deutlich geringerer Zahl – auf das Zusammenleben und -lernen ausgerichtete Volkshochschulheime; einen besonderen Bekanntheitsgrad erreichte die ländliche „Heimvolkshochschule Dreißigacker" (vgl. etwa Reimers 2003, S. 78ff.).

Erster Teil, Kap. 4). *Mit seiner Schrift „Laienbildung" (1921) entfaltete er die Didaktik des „Thüringer Systems"* der Volksbildung (vgl. Reimers 2003, S. 72). Bevor auf diese Schrift näher eingegangen wird, sollen noch seine Überlegungen zum „Lehrplan der Volkshochschule" ebenfalls aus dem Jahr 1921 vorgestellt werden. Zunächst weist er auf die notwendige Flexibilität der inhaltlichen Angebote je nach Zusammensetzung der Teilnehmer, Region und politisch-gesellschaftliche Entwicklungen hin. Allerdings dürfe keine völlige Beliebigkeit herrschen. Im Zentrum der Volkshochschularbeit stehe die „*Erwachsenenschulung*, die in unserer wirtschaftlich-politischen Lage ihren Anlaß" habe (1982a, S. 23). „Es spüren Tausende das Bedürfnis, durch Wissen, Umgang und geistige Eindrücke sich im Leben fester zu stellen, weniger dumpf einer gefährlichen und menschentrennenden Zeit gegenüberzustehen" (S. 24). Vor diesem Hintergrund sei „die Volkshochschule *die allgemeine und freie Erwachsenenschule* für die breitesten Volksschichten. Das ist unser fester praktischer Grund, auf dem auch der Lehrplan errichtet werden" müsse (ebd.). Daraus ergebe sich die innere Struktur des inhaltlichen Volkshochschulangebots: Der erste Bezugspunkt sei das *„Berufsleben"* (ebd.) mit Angeboten zu den Rohstoffen und ihrer Verarbeitung sowie zur *„Berufsgeschichte"* (S. 25). Neben den speziellen solle auch an *„allgemeine* Berufe" angeknüpft werden: „da ist zunächst der Aufgabenkreis der Eltern, insbesondere der Mütter gegenüber ihren Kindern, der Frau im Hause und des Bürgers im Staat" (S. 26). „Noch eine allgemeine Schulung wird man in die Lehrpläne hier einfügen, da sie jedermann von Berufs wegen benötigt, das ist die deutsche Sprachlehre". Zusätzlich – „im Anschluss an das praktische Leben" – sollen *„reine Interessen"* gepflegt werden (S. 27). Dies sei der erste Teil des Lehrplans. Ein zweiter Teil sei erst in Anfängen sichtbar, „der im Dienst steht eines neuen geistigen Lebens" (S. 28). „Es entstehen alle die Arbeitsgemeinschaften, die eine *schöpferisch-praktische Kunstpflege* treiben, die verwendbaren Künste des Erzählens, Singens, Spielens vor allem pflegen und sich in den Dienst des Gemeindelebens der Volkshochschule stellen. Und es entstehen die *Kameradschaften und Gemeinschaften*, die in irgendeiner persönlich bestimmten Art Weltalle und Menschenleben überdenken und an ihrer Selbsterziehung zu arbeiten unternehmen" (ebd.).

9.2.1 „Laienbildung"

Nun zu *Flitners* Schrift *„Laienbildung"*[97] aus dem Jahre 1921. Sie beginnt folgendermaßen: „Diese Abhandlung sucht die Frage zu klären, was unter Volksbildung zu denken, unter welchen Bedingungen sie möglich ist" (1982b, S. 29). Er verbindet damit außerdem die Hoffnung, „daß die Zusammenfassung dieser [in den Diskussionen unsystematisch vorhandenen, E. M.] Sätze zu einem bündigen Zusammenhang auch einen Beitrag zur wissenschaftlichen Pädagogik darstellen kann" (ebd.).

Flitner nennt einerseits *„priesterschaftliche* Bildung" (auch: „gelehrte Bildung"), gekennzeichnet durch das „Schwierige der Übertragung, die mühsame, auf Studien angewiesene Art der Überlieferung" (S. 30). Demgegenüber stehe die „Volksbildung" (auch: „Laienbildung"), die gekennzeichnet sei durch „die leichte, beinah absichtslos im Leben selbst entspringende Tradition" (ebd.), das „Enthaltensein eines geistigen Lebens in dem werktätigen [...] drin"

---

[97] Zu den Entstehungshintergründen und den vorangegangenen Publikationen, von denen sich *Flitner* mit seiner Schrift abgrenzt, vgl. Reimers 2003, S. 72f.

(S. 29). Diese Volksbildung liege in Trümmern. Nun gebe es eine Volksbildungsbewegung, die „dem Verfall steuern" wolle (S. 32), und es ergäben sich für sie zunächst zwei Wege: Sie könne versuchen, möglichst vielen Menschen „priesterschaftliche Bildung" zukommen zu lassen, oder sie könne versuchen, noch vorhandene Überreste „laienhafter" Bildung zu erhalten (ebd.). Noch ein Drittes könne geschehen und deute sich in der Gegenwart an: „Vielleicht daß die Gebildeten selbst einen ganz anderen Sinn und Weg ihrer Bildung sich auftun. Daß unser Lebensgefühl und der Aufbau unseres geistigen Lebens sich derart regenerieren, daß ihr Gehalt Laiengut wäre. Eine ungeheuerliche Wandlung; denn sie würde einen neuen Aufbau der höheren priesterlichen Bildung mit sich bringen. Mit der ganzen Laienwelt aber würde die ein gemeinsames geistiges Fundament haben, und damit würden auch jene Regungen in einem ganz anderen Sinne wach werden, die noch als verfemtes Laiengut heute, in der Verbannung, im Volk ihr dürftig Leben haben" (S. 33). *Flitner* meint damit, *dass die höhere Bildung sich quasi erdete, sich auf ihre Wurzeln im Leben besönne und somit der krasse Gegensatz, die Unvereinbarkeit zwischen Volksbildung/Laienbildung und höherer/gelehrter/priesterlicher Bildung verschwände.* Der Ästhetik käme hierbei eine Schlüsselrolle zu; es müsse – am Beispiel der Musik – folgende Situation überwunden werden: „Unser Volk hat die größte Musik geschaffen, und doch ist heute die Musik im Volksganzen tot" (S. 34f.). Am Beispiel der Musik sei besonders gut zu zeigen, dass sie ihren Ursprung im Leben habe: „Musik ist [...] die elementarste Art der Vergeistigung von Situationen des gesellten Lebens. Alle höhere Musik trägt die Züge dieses Ursprungs an sich" (S. 37). Welche Rolle könne die Pädagogik in dem oben genannten Kontext spielen, welche Aufgabe könne sie übernehmen? Sie könne Musikerziehung im Rahmen *pädagogischer Gemeinschaften* betreiben und somit „im Erlernen musikalischen Könnens zugleich ein Gemeinschaftsleben höchster Art" sein (S. 40), also Lernen und Leben verbinden. Ansätze solcher neuen Laienkunst in der Musik fänden sich in der *Jugendbewegung* (vgl. S. 42). Als zweites Beispiel wählt *Flitner* die Sprachkunst. Es sei zu unterscheiden zwischen einer unmittelbaren, anschaulich volkstümlichen Sprache und der gebildeten Gelehrtensprache. Als Aufgabe für den Deutschunterricht ergebe sich hieraus die „Pflege der Mundart, unliterarische freie Gestaltung des Ausdrucks, Verbindung des mimischen mit sprachlichem Ausdruck, des Gesangs damit, ja des Tanzes" (S. 46). „Zukünftige Sprachbildung wird frei sprachschaffende Menschen sich zum Ziel nehmen: nicht Dichter von Buchdichtung, sondern Könner volksmäßiger Sprachkunst, Erzähler, Fabuliermeister, Sänger, Darsteller im Laienspiel [...]" (S. 51). *Flitners* drittes Beispiel, die Bildkunst, sei hier nur noch erwähnt.

Nach diesen Ausführungen zieht er ein *Zwischenfazit* und nennt *sieben zentrale Gedanken:* *(1)* Volksbildung bestehe da, „wo ein Volk seinem werktätigen Leben ein geistiges Leben mit metaphysischem, bedeutsamem Gehalt einverleibt" habe (S. 58); *(2)* „die Aufgabe der Vergeistigung werktätigen Lebens als Laiengeistigkeit leistet die Kunst in ihrer Urform als angewandte Kunst" (ebd.), im gemeinsamen Singen, Musizieren, Malen, Erzählen usw.; *(3)* die angewandte Kunst sei eine gemeinschaftliche Tätigkeit, an der alle beteiligt seien (vgl. ebd.); *(4)* „zur Übertragung wie zum Verständnis angewandter Kunst ist kein Studium nötig, und der größte Teil des unverbildeten Volkes ist künstlerisch empfänglich wie produktiv, wo solche Kunst lebt" (S. 59); *(5)* gegenwärtig sei die Laiengeistigkeit weithin verschwunden, sie könne in pädagogischen Gemeinschaften wiederhergestellt werden (vgl. ebd.); *(6)* diese erzeugten aus dem Leben neue Ansätze gemeinsamer angewandter Kunst, wie man in der

Jugendbewegung sehen könne (vgl. ebd.); *(7)* hierauf müsse die gesamte pädagogische Arbeit ausgerichtet werden (vgl. ebd.).

Vor diesem Hintergrund müsse der Bildungsbegriff grundlegend überdacht und das Humboldtsche Bildungsverständnis kritisch reflektiert werden: ihm wohne zum einen etwas sozial Selektives, in seinem Totalitätsanspruch auf „aristokratische Lebensverhältnisse" Zugeschnittenes inne, es sei tendenziell „laienfeindlich" (S. 63). „Diese soziale Schranke des Humboldtschen und überhaupt des humanistischen Bildungsideals zeigt sich nun auch in seinem innersten Aufbau, als ein Widerspruch, der es seiner allgemeinen Gültigkeit beraubt. Einmal bevorzugt es die kontemplative Menschenart vor der tätig-praktischen, und zweitens neigt es, versteckt zwar, zu einer einseitigen Vorherrschaft des wissenschaftlichen Tuns im geistigen Leben" (S. 63f.). Diese Verwissenschaftlichung/Intellektualisierung habe im 19. Jahrhundert gravierende Ausmaße angenommen (vgl. S. 66). Jeder Lebensbezug sei verloren gegangen. Dagegen habe die Jugend im 19. Jahrhundert schließlich rebelliert. Diese Rebellion sei allerdings über das Ziel hinausgeschossen, es sei zu einer „irrationalistische[n] und zugleich wissenschaftsfeindliche[n] Denkart" unter der Jugend gekommen (S. 67). Notwendig seien hingegen „Synthesen" (S. 69), also *eine neue Verbindung zwischen Wissenschaft und Leben*. „Wären wir einmal wieder von dem bloßen Zickzack der ewigen Antithesen frei, so würden wir uns hüten, die geschichtliche Verbindung des Wissenschaftsaufstiegs mit der Entseelung unseres Daseins für eine unauflösliche und gesetzliche Verbindung zu halten" (ebd.). Wissenschaft habe unverzichtbare Aufgaben: Überwindung des Aberglaubens, der Naivität, Schaffung eines rationalen, sachlichen Weltgefühls (vgl. S. 69ff.). Allerdings: „Die heutige Wissenschaft trägt die Spuren des Zeitgeistes, sie ist unfromm und weiß nicht mehr um die wirkliche Ganzheit des Lebens; sie visiert die Welt über die Kimme des individualistischen, gemeinschaftslosen, seelisch vereinsamten Menschen" (S. 75). Die Wissenschaft dürfe keine Dominanz mehr anstreben, sie müsse sich als existenznotwendig, aber nicht existenzverlässlich begreifen lernen (vgl. S. 76). „Der Gebildete im neuen Sinne wird laiengeistig sein. Er wird der tätige, im natürlichen Dasein schaffende Mensch bleiben auch da, wo ihm die geistige Welt begegnet" (S. 78). Allerdings räumt *Flitner* ein, dass es neben der Laienbildung auch weiterhin eine gelehrte, „priesterliche" Bildung geben werde, *beide Bildungsformen müssten allerdings in Zukunft in enger Gemeinsamkeit bestehen*. „Und so werden die Menschen des einsamen Pfades der Beschauung und der inneren angespannten Sammlung [also die Gelehrten, E. M.] nicht mehr Fremdkörper im Volke sein. So werden sie auch die Führer künftiger Geistigkeit sein, solange sie ihre Blutsverwandtschaft zur Laienbildung im Leben bewahrheiten und die große Bindung, die sie mit dem Volk teilen, lebenspraktisch[98] dartun" (S. 80).

Flitners Schrift ist auf *große Resonanz,* auf *Zustimmung, aber mehrheitlich* auf *Kritik* gestoßen (vgl. Reimers 2003, S. 74ff.). *Flitner* selbst geht im Vorwort zu seiner überarbeiteten zweiten Auflage von 1931 darauf ein: „Die Volksbildungsleute traten damals in eine leidenschaftliche Kritik der neuromantischen Denkart ein, die sich in dieser Schrift noch einmal kundgegeben hatte" (1931, S. 3). Mit „neuromantischer Denkart" meint er in diesem Kontext eine idealistisch-mystische, einer realistischen Weltsicht konträr gegenüberstehende Positi-

---

[98] *Flitner* meint hier vor allem als Lehrer an den Volkshochschulen.

on.⁹⁹ Er fährt in seinem Vorwort fort: „Dem Standpunkt der Kritiker hatte ich mich, als die Besprechungen erschienen, bereits selbst genähert, zur gesellschaftlich-politischen wie zur religiösen Frage¹⁰⁰ gewann ich eine ganz andere Stellung, die sich im Kreis des Hohenrodter Bundes¹⁰¹ [...] nach und nach befestigt hat" (ebd.). Allerdings: „Die entscheidende und beunruhigende Frage nach der Bildung des Laien in unserer nachliberalen Gesellschaft glaube ich jedoch aufrecht erhalten zu können: als eine eigentümliche erzieherische Fragestellung, die noch wenig durchdacht ist und eine eigene Kategorie des ‚Laientums' zur Voraussetzung hat" (ebd.). Eine zusätzliche Erläuterung des Begriffes „Laie" hat deshalb *Flitner* 1931 seiner Schrift in einem zweiten Text, überschrieben „Ämter und Laien", hinzugefügt. Bevor hierauf kurz eingegangen wird, ist noch eine Kontroverse im Anschluss an seine 1921 erschienene Laienbildung zu skizzieren; eine der heftigsten Kritikerinnen war die Volksbildnerin *Gertrud Hermes*¹⁰²; auf ihre Kritik gibt es eine Replik *Flitners*, deshalb wird diese Kritik exemplarisch (in ihren zentralen Gedanken) herausgegriffen. *Hermes* wirft *Flitner* einen *unpolitischen, bürgerlich-paternalistischen (= bevormundenden) Habitus* vor, der *die politisch-emanzipatorische Aufbruchsstimmung der Arbeiterschaft verkenne*. Diese hätte kein Interesse an der von *Flitner* propagierten Laienbildung: „Diesen Menschen baut man keinen Himmel in den Alltag mit Volkstänzen und Volksliedern, mit Schnurren und Hans-Sachs-Spielen. Das alles kann ihnen nicht mehr sein denn vorübergehende Kurzweil. Ihr innerstes Wesen wird davon nicht berührt und eben darum wird ihnen auf diesem Wege keine Laienbildung gegeben [...] Das Ethos dieser Menschen heißt politische Leidenschaft, und nur, wer hier anzuknüpfen versteht [...] wird diesen Menschen einen Himmel in den Alltag hineinbauen. Das politische Rundgespräch, die Erarbeitung historisch-politischer Kenntnisse, historisch-politischen Verständnisses, die praktische, politische Kleinarbeit ist hier der Weg zur Laien-

---

[99] Auf die positiven Seiten, die wichtigen Anstöße der neuromantischen Geistesrichtung in der Überwindung einer blinden Wissenschaftsgläubigkeit verweist *Flitner* jedoch in seinem Beitrag „Das romantische Element in der Erwachsenenbildung und seine Überwindung" aus dem Jahr 1929 (vgl. 1982f, S. 191–200).

[100] Kritik war vor allem aus dem sozialdemokratischen und dem sozialistisch-christlichen Lager erfolgt. *Flitner* wurde vorgeworfen, in seinem Text die Bedeutung von Politik und Religion zu verkennen, realitätsfern zu sein und die politischen und gesellschaftlichen Bedingungen zu ignorieren (vgl. Reimers 2003, S. 75).

[101] Zwischen 1923 und 1930 trafen sich jährlich Erwachsenenbildner durchaus unterschiedlicher Auffassung im Erholungsheim Hohenrodt bei Freudenstadt (Schwarzwald) und bemühten sich um sachliche Aussprachen über Kontroversen und eine theoretische Fundierung der Erwachsenenbildung. Sie bezeichneten sich als „*Hohenrodter Bund*" (vgl. Henningsen 1958; vgl. hierzu auch Erster Teil, Kap. 4). Dieser gründete 1927 auf der Grundlage einer von *Wilhelm Flitner* verfassten Denkschrift (vgl. 1982e, S. 159–175) mit Unterstützung der Regierungen der Länder eine Forschungs- und Weiterbildungsstätte für in der Erwachsenenbildung Tätige: die „Deutsche Schule für Volksforschung und Erwachsenenbildung" mit einer Geschäftsstelle in Berlin. Einen Einblick in die Arbeit dieser Institution gibt ein Bericht *Wenigers* über die erste „Akademie" (= Tagung) der deutschen Schule für Volksforschung und Erwachsenenbildung vom 14. März bis 9. April 1927 auf der Comburg bei Schwäbisch Hall (vgl. Weniger 1927a). Er betont den Nutzen/die Notwendigkeit dieser (und weiterer) Akademien: „[...] angespannt in drängendster Arbeit, die täglich nur immer Geben und wiederum Geben verlangte, waren die meisten [Volksbildner; E. M.] ohne Möglichkeit zusammenhängenden Neuerwerbs schließlich ausgebrannt bis auf die Schlacke und nun angewiesen, hier und da nach Gelegenheit zusammenzuraffen, was die Forderung des Tages von dem Volkserzieher verlangte. Ich glaube sagen zu dürfen, daß die Akademie hier eine entscheidende Hilfe geworden ist und neue Antriebe vermittelt hat, für viele war diese bis ins Innerste angreifende Arbeitszeit wie ein Stahlbad, und wir wissen jetzt, daß eine solche Stelle der ‚Regeneration' in dem Haushalt der Volkserziehung nicht mehr entbehrt werden kann und zwar eine Stätte, die als Volkshochschule die Volkserzieher sammelt und zu Volk werden läßt" (S. 215).

[102] Eine Kurzbiographie findet sich in Reimers 2003, S. 690.

bildung" (Hermes 1999, S. 301). *Der Jugendbewegung komme in der neuen Erwachsenenbildung keinerlei Führungsanspruch zu,* sie sei viel zu sehr mit sich selbst beschäftigt und zu sehr rückwärtsgewandt (vgl. S. 301f.). *Flitner* betont in seiner *Replik*, dass er sich mit seinem Ansatz von zwei Richtungen abgrenze: von der „alte[n] bürgerliche[n] Bildung mit ihrer intellektuellen und ästhetisch-formalistischen Betrachtung des Lebens" und der Vorstellung, die bürgerliche Bildung zu „popularisieren, über alles Volk aus[zu]gießen" (Flitner 1999, S. 307) und von der politisch revolutionären Richtung, die „nur Gesellschaftsrevolution" möchte „und nichts von Erziehung und nichts von Ererbtem" (ebd.). Er verwahrt sich dagegen, dass in den Volkshochschulen in Thüringen keine politisch-staatsbürgerliche Bildung betrieben würde; allerdings beschränke sich das Angebot nicht darauf (vgl. ebd.). Diese Ergänzung durch eine ästhetisch-praktische Bildung in pädagogischen Gemeinschaften begründet er folgendermaßen: „Die Neubildung der äußeren Welt ist nur möglich, wenn die *Lebenserneuerung* von innen nebenhergeht" (ebd.). Des Weiteren hebt er die Verdienste der Jugendbewegung hervor: „Die Umsetzung der alten Bildung in eine neue volkseinheitliche ist angebahnt worden durch die Jugendbewegung" (S. 308). Nachdrücklich weist er auch den Vorwurf des Paternalismus zurück: „So wird der Volkshochschullehrer von sich sagen dürfen: Kein Lehrer, der zu uns gehört, steht so zu seinen Hörern, daß er ihnen etwas bringen will, was er kraft seiner Bildung als stolzen Besitz zu haben meint. Wir stellen uns unsern Hörern ernstlich, wirklich und praktisch ganz gleich, wir sind Volksgenossen, und der Unterschied Lehrer – Hörer verschwindet mir in der Volkshochschule längst [...] Also nichts von Bildungshochmut" (ebd.). *Flitner* lehnt jedoch eine völlige Absage an die Tradition/Überlieferung ab: „ich habe mir ein bestimmtes Verhältnis zu dem überlieferten geistigen Leben in langer Arbeit herausgebildet, und ich versuche, in der Gemeinschaft der neuen Bildung, diesen alten Gedankenkreis und die überlieferte geistige Kraft, so viel an mir ist, umzuschaffen, damit ich in dieser neuen Gemeinschaft mit ihr bestehen kann, damit ich aber auch den Volksgenossen über tote Punkte hinweghelfe" (ebd.).

Nun zu der zusätzlichen Erläuterung des Begriffes des *Laien gegenüber dem Amtsträger* in *Flitners* überarbeiteter und ergänzter Schrift „Laienbildung" von 1931. Zentrale Aussage im neu hinzugekommenen Text ist erneut, *dass Flitner die „Laienkunst" erhalten bzw. wiederhergestellt wissen möchte. Zudem geht es ihm,* wie auch in der Replik auf *Hermes* schon anklingt, um ein *dialogisches Verhältnis* zwischen Amtsträger und Laie. Der Text beginnt mit einer Definition: „Eine Laienschicht entsteht überall da, wo sich die Kundigen als eine Gruppe absondern, weil sie einen geistigen Besitz pflegen und verwalten, der besonderer Veranstaltungen bedarf und eine besondere soziale Stellung zur Folge oder zur Voraussetzung hat" (1931, S. 60). Dieses Verhältnis zwischen Kundigen und Laien berge die Gefahr in sich, dass es zwischen beiden Gruppen zu einer vollständigen Entfremdung komme; Ziel müsse hingegen der wechselseitige enge Kontakt und Austausch, die wechselseitige Befruchtung sein (vgl. S. 60f.). In seiner weiteren Argumentation weist er darauf hin, dass die Kundigen bestimmte „Künste" beherrschten, von denen wiederum jede „ihr ‚Amt'" erzeugte, „eine Gruppe oder Schicht der Kundigen, und also auch ihre Laienschaft" (S. 62). Diese Ämter dürften nun nicht einer Laiengeistigkeit entgegenwirken. Was er damit meint, macht er an mehreren Beispielen deutlich. Zwei sollen herausgegriffen werden: *a)* Verhältnis Amtsträger – Laie im Bereich der Rechtsprechung: „Das Rechtsbewußtsein des Volkes wird selbst unsicher, wenn nicht die Kunst der Rechtsprechung, die Praxis, die verantwortliche Mitwirkung mindestens in einem grundlegenden Bestandteil Allgemeingut bleibt. Der gelehrte Richter ist heute dank der Komplizierung der Lebens- und Rechtsverhältnisse nirgends mehr entbehrlich. Die Rechtssicherheit und Gleichheit ist nur durch ihn gewährleistet. Also ist auch die Tatsache der Laienschaft der andern unvermeidlich geworden seit langem. Aber als untragbar erweist es sich, wenn diese Laienschaft an dem Rechtsbewußtsein der gelehrten Richter nicht mehr teilnimmt. Auch die Kundigen geraten dann in Gefahr den Zusammenhang mit der Rechtswirklichkeit zu verlieren, abstrakte und also zerstörende Rechtspflege zu treiben" (S. 64f.), eine Rechtspflege also, die ihre Verortung im Volk verloren habe. Die Laienteilnahme an der Rechtspflege sei zu aktivieren. Hierfür könne und müsse die Erwachsenenbildung eine wichtige Grundlage leisten (vgl. S. 66). *b)* Verhältnis Amtsträger – Laie im Bereich der Wissenschaften: Hier sieht *Flitner* eine große Möglichkeit durch das „geisteswissenschaftliche Denken": „Während die frühere Form der Philosophie wie die Naturwissenschaft nur Popularisierung oder Vollstudium zuließ, hat die geisteswissenschaftliche Denkweise die Eigenart, daß sie ‚Volksdenken' ist: daß jeder wache und verantwortlich eingesetzte Laie in seinem Lebens- und Aufgabenkreis einer Aufklärung und Besinnung zugänglich ist, für die er das Beste selber leisten kann. Der Arbeiter, der Bauer, die Angestellten, die Hausfrauen, die berufstätigen Frauen: sie verstehen ihre Welt. Ihre eigene Denkkraft ist mobil zu machen zu einer Besinnung über die Fragen, von deren Lösung die rechte Lebenspraxis abhängt. In dieser Mobilmachung des Selbstdenkens ist aber gleichzeitig die Bereitschaft enthalten, mit den Trägern geistiger Ämter in Fühlung zu kommen, die ja ihrerseits von jener Situation des Laien nichts verstehen und von sich aus in der Begegnung mit dem Laien ebenfalls Nötigstes lernen, sobald sie geschichtlich und verantwortlich und also geisteswissenschaftlich zu denken wissen" (S. 72f.). Die „Erwachsenenbildung als Laienbildung" könne somit „einen Kontakt der Denker, der geistigen Ämter und der selbständig in ihrer Situation denkenden Laien erzeugen, der beiden Teilen den Zusammenhang des Volksdenkens erst verschafft und der Forschung ihren Boden im Leben des Volkes sichert" (S. 73).

In einem erstmals in den Gesammelten Schriften veröffentlichten Manuskript von *1966* greift *Flitner* die Gedanken von „Ämter und Laien" erneut auf und bezieht sie auf die bundesrepublikanischen Entwicklungen. Sein Grundverständnis bleibt hierbei unverändert. Er fordert für die Fachleute und Amtsträger ein *„bestimmtes Ethos"*: „die Fachleute sind zum *Dienst* für die Laien verpflichtet, und der geistige *Verkehr* soll nicht gestört werden" (1982i, S. 298): Erneut bringt er eine Reihe von Beispielen, eines soll herausgegriffen werden: das Verhältnis der politischen Amtsträger zu den Laien. *Flitner* distanziert sich zunächst von dem den Laien zugesprochenen (Schein-)Aktivismus in Diktaturen: In diesen dürfe der Laie „weder mitdenken noch selbständig ethisch entscheiden oder kritisieren, er muß linientreu bleiben" (S. 301). In „Verfassungen, die dem abendländischen Lebenskreis der personalen Kultur entsprechen […] müssen die Laien als die Regierten zu wirklicher, selbständiger Mitwirkung am politischen Geschehen aufgerufen, dafür gebildet, ausreichend informiert und in ihrer Kritik oder ihren positiven Impulsen ernstgenommen werden" (S. 302). Daher sei „politische Laienbildung das dringendste Unternehmen auf andragogischem [= erwachsenenbildnerischem; E. M.] Gebiet" (ebd.).

9.2.2 Weitere Schriften

Bevor wir uns mit weiteren Überlegungen *Flitners* zur Erwachsenenbildung nach 1945 beschäftigen, kehren wir nochmals in die *Weimarer Republik* zurück. Unter der Fragestellung nach einer Theorie der Volksbildung/Erwachsenenbildung verdient seine im November *1922* nach seiner Habilitation an der Universität Jena gehaltene *Antrittsvorlesung „Das Problem der Erwachsenenbildung"* besonderes Interesse. Als besondere Herausforderung für die Erwachsenenbildung nennt er *die Adoleszenz*. „Sie folgt der Stufe der Pubertät, setzt also die Geschlechtsreife und deren seelische Begleiterscheinungen voraus; sie schiebt sich andrerseits vor die Stufe des Juvenis, vor das Alter bestimmter männlicher und fraulicher Wirksamkeit" (1982c, S. 81f.). Diese Entwicklungsstufe sei zwar der „eigentlichen Erziehung" entzogen, nicht jedoch der „Bildung", womit jenes „Geschehen" gemeint sei, „das die *Entfaltung des Menschen zu einem wachen Geist* enthält, der sich selbsttätig in die Produktion der menschlichen Kultur hineinzustellen vermag. Dieser Prozeß der Bildung umfaßt nun das ganze Leben" (S. 82). Der junge Mensch in der Adoleszenz suche sich im Unterschied zur Kindheit und Jugend „eine Führung nach seiner eigenen Wahl [...] er wählt sich diese Führung auf Grund *seiner* Idealschöpfung, oder auf Grund *seiner* Auffassung von der Kultur, wie sie ihm durch Schule und Erziehung, Umgang und Lebenserfahrung bis dahin entstanden ist" (S. 83). *Flitner* folgert daraus: „Die Adoleszenz ist also eine pädagogisch außerordentlich fruchtbare, eigengesetzliche Stufe, die ein Hauptgegenstand pädagogischer Forschung sein muß, hinter der eine große Praxis steht" (ebd.). Aber auch über die Adoleszenz hinaus seien erwachsenenpädagogische Angebote unverzichtbar; nur dadurch könnten die immer wieder neuen Herausforderungen der Kultur im Lebensprozess bewältigt werden (vgl. S. 85). Die erwachsenenbildnerische Praxis wende sich „sogleich an die Wissenschaft, denn sie ist im Unterschied zu früherer Erwachsenenpädagogik eine öffentliche Aufgabe geworden, die auch rationaler Elemente der Schulung bedarf, die zu Schulgründungen führt und eine besondere Lehrerbildung verlangt, die gültig sein soll für unser ganzes Volk. Die Wissenschaft wird also aufgefordert, das ganze Gebiet zu beschreiben und zu normieren, die Methoden dieser neuen öffentlichen Praxis zu entwickeln und zu begrenzen, und sie in das Ganze der pädagogischen Arbeit einzugliedern" (S. 86). *Flitner begründet somit die Erwachsenenpädagogik als eine Teildisziplin der Pädagogik, die sich der Reflexion über Institutionen, Ziele, Inhalte und Methoden der Erwachsenenbildung zu widmen habe* (vgl. S. 88ff.). Er beendet seine Antrittsvorlesung mit dem Satz, dass die Erwachsenenpädagogik „uns einen Ausblick auf die Abrundung der Pädagogik" eröffne, „die den gesamten Bildungsgang des Menschen umfaßt, und dieses nicht nur entwicklungspsychologisch, nach seinen Voraussetzungen, sondern auch normativ nach seinen Zielen, denn die Pädagogik ist keine bloße Tatsachenwissenschaft, sie ist zugleich eine philosophische, eine Normwissenschaft" (S. 95f.).

Aus der Fülle weiterer wichtiger Aspekte, die *Flitner* zur Theorie der Volksbildung in der Weimarer Republik beigetragen hat, sei noch der der *„Neutralität" der Volkshochschularbeit* ausgewählt. In seinem Beitrag über die „Abendvolkshochschule" (1924) versucht er eine *Klärung des Begriffs* der „Neutralität": „Sie kann keine bloße offene Tür für den Konkurrenzkampf aller möglichen Weltanschauungen und Parteimeinungen bedeuten" (1982d, S. 112). Sie bezeichne vielmehr „die Tatsache der Lehrfreiheit für alle wissenschaftlich ernst begründeten Denkarten. Dieser Lehrfreiheit ist aber eine Grenze gesetzt im Gedanken der

Volksbildung. Nur das ist volkshochschulgemäß, was erstens in wahrhaft pädagogischer, d. h der Sachverdeutlichung dienender Absicht entwickelt wird; nur das zweitens, was an die Bildsamkeit anknüpft [...] und nur das zum dritten, was zur Lebens- und Weltgestaltung gerade dieser bestimmten Hörer in dieser bestimmten Heimat, in diesem bestimmten Staat sich als hilfreich erweist" (S. 112f.). Diese Aussage sieht *Flitner* nun nicht im Widerspruch zu einer Aussage, die er in seinem Beitrag „Über die sogenannte Neutralität der Volkshochschule" (1926) macht: Die Volkshochschule habe nicht für oder gegen Diktatur, für oder gegen Demokratie Partei zu ergreifen (vgl. 1926/27, S. 14). Sie sei eine *„Aussprachestätte"* für unterschiedlich Denkende (ebd.). Allerdings schwebt *Flitner* eine Klärung der Positionen durch den Volksbildner vor (vgl. S. 16).

Nach 1945 hält Flitner an seinem grundsätzlichen Verständnis von Volksbildung – die er nun Erwachsenenbildung nennt – fest, setzt allerdings inhaltlich andere Akzente. In einem Beitrag aus dem Jahre 1947 unterscheidet er drei „Lehrstätten der Erwachsenenbildung": a) „Lehrstätten oder Veranstaltungen zur Weiterbildung Erwachsener, die bereits eine gründliche, weiterführende Schulbildung besitzen" (1982g, S. 230); b) „Lehrstätten für Erwachsenenbildung, in denen das Wissen und geistige Können der Volksschule die Grundlage bildet" (ebd.). Ich fahre mit *Flitners* Ausführungen zu diesem Punkt fort, *da hier die Kontinuität seines Denkens besonders deutlich wird:* „Auf solche Einrichtungen sollte die Bezeichnung ‚Volkshochschule' allein angewandt werden, und zwar auf beide Formen: die Heimvolkshochschule und die Abendvolkshochschule. Ihre Absicht ist, dem werktätigen Menschen aller Schichten einen geistigen Verkehr zu eröffnen, durch den er an der Wertfülle der Menschheit und an ihren gemeinsamen sozialen, politischen, sittlichen Aufgaben einen verständigen inneren Anteil gewinnen soll, ohne aus seinem Beruf und seinem Lebenskreis herauszutreten" (S. 230f.); c) „Lehrstätten für *berufliche und technische Fortbildung* von Erwachsenen" (S. 231). Allerdings zählten diese nicht zum „freien Volksbildungswesen" (ebd.). *Folgende Aufgaben spricht er der Erwachsenenbildung zu: Nun an erster Stelle die politische Bildungsarbeit, die Erziehung zur Demokratie:* die *„erste Aufgabe"* der Erwachsenenbildung bestehe darin zu versuchen, „Männer und Frauen gegen die demagogische Gefahr zu immunisieren, sie als Wähler zu orientieren und aufzuklären, als aktive Organe der Selbstverwaltung und der demokratischen Herrschaftsgestaltung auszubilden, so daß sie das Wesen der freiheitlichen Staatsordnung von innen erfassen und dafür aus Überzeugung praktisch einzustehen lernen" (S. 237; vgl. auch 1982i, S. 302); an zweiter Stelle die *Vermittlung eines wirtschaftsethischen Bewusstseins* (vgl. 1982g, S. 240ff.); neben diese beiden Aufgaben habe als dritte die *Hilfe zur Entwicklung des „inneren Menschen" zu stehen* (S. 248; Hervorh. E. M.): „Erziehung für die öffentlichen Zwecke und diese Hilfe für die innere Wertfülle und Ordnung bedingen einander; eins ohne das andere führt zu Mißformungen" (S. 248). Ausdrücklich betont er an dieser Stelle die Kontinuität zur „Theorie des freien Volksbildungswesens vor 1932" (S. 249). Eine *notwendige Neuakzentuierung in Form einer schärferen Grenzziehung* sieht er darin, dass „durch die Ereignisse nach 1933 in den Kreisen derer, die in das Volkserziehungswerk berufen werden, das Bewußtsein dafür sich verschärfe, wo die Grenzen für die überparteiliche Duldsamkeit liegen. Wer die sittliche Basis des abendländischen Menschentums leugnet, wer auf dem antihumanistischen Rasseideal, wer überhaupt auf einem angeblich wissenschaftlich begründeten Erlösungsprinzip eine Diktatur errichten will, dessen Auffassungen vom Sittlichen, Christlichen oder Humanen sind so weit von dem verschieden, was hier als Grundgedanke der Volksbildung angenommen worden ist, daß eine gemeinsame pädagogische Arbeit mit ihm schwerlich möglich bleibt. Unsere öffentliche, überparteiliche Erziehungsarbeit soll sich entschieden und ausschließlicher als vor 1932 auf den Boden der personalen, freiheitlichen und humanen Menschenauffassung stellen" (ebd.).[103]

Wie wichtig *Flitner* die Erwachsenenbildung bis an sein Lebensende war, zeigen die mehrfachen *bilanzierenden Rückblicke auf die Entwicklung der Erwachsenenbildung seit Ende des 19. Jahrhunderts*, anders formuliert: die historisch-systematischen Betrachtungen, die er nach 1945 vorlegte; auf diese kann in dieser Arbeit nur noch verwiesen werden (vgl. „Die Theorie des Freien Volksbildungswesens seit 75 Jahren" aus dem Jahre 1953 [1982h] u. „Die Erwachsenenbildung der Weimarer Zeit" aus dem Jahre 1979 [1982j]).

9.3 Erich Weniger

Weniger[104] hat sein – *an Nohl und Flitner geschultes* – *Verständnis von Volksbildung* erstmals kompakt in seinem Lexikonbeitrag „Volksbildung" im „Sachwörterbuch der Deutschkunde" (1930) offengelegt. Er grenzt hier die „alte" von der „neuen" Richtung ab, wendet sich gegen eine *„popularisierende Bildungsarbeit"* (1930c, S. 1217), also gegen die reine Wissensübergabe der „Gebildeten" an die „Ungebildeten", betont den Aspekt der Volkbildung innerhalb der Volksbildungsbewegung nach dem ersten Weltkrieg, hebt den Einfluss der Jugendbewegung hervor und stellt das gleichberechtigte Mit- und Voneinanderlernen in *„Arbeitsgemeinschaften"* heraus (S. 1218). Sein Beitrag endet mit einem *Plädoyer für lebenslanges Lernen* (vgl. ebd.).

Nach 1945 finden sich mehrere Beiträge zu dieser Thematik, die eine klare *Kontinuität zu seinem Denken in der Weimarer Republik* zeigen. So beschäftigt er sich im Jahr 1950 mit dem Verhältnis von „Universität und Volksbildung". *Er betont die Unterschiede zwischen Universität und Volkshochschule:* „Es besteht eine grundsätzliche Verschiedenheit der *Denkformen*: hier gelehrtes Denken [...], ihrem Wesen nach mehr oder minder abstrakt und der Schwierigkeit der Gegenstände entsprechend oft sehr kompliziert und umwegig, dort Volksdenken, analogisch, bildhaft, anschaulich, elementar, auf seine Art auch umwegig, aber konkret. Auch die *Denkziele* sind verschieden: dort auf ein vollkommenes System der erkannten Wahrheit, hier auf die konkrete Wahrheit des unmittelbaren Lebensverständnisses und auf Eingreifen in die Welt und das Leben gerichtet" (1952e, S. 500). Zudem seien die Bildungsziele verschieden: der Universität gehe es um das Individuum, der Volksbildung um das Individuum innerhalb seiner konkreten Lebenswelt (vgl. S. 502). Bereits aus diesen Unterschieden folgert *Weniger*, dass „der alte Weg der Universitätsausdehnung, wie er nach 1890 nach englischem Beispiel vor allem in Wien durch Mitglieder der Universität versucht wur-

---

[103] 1926 hatte *Flitner* noch formuliert, dass die Volkshochschule „im Streit der Katholiken, Protestanten und Freidenker, der Völkischen und der Sozialisten, der Diktaturanhänger und der Demokraten" *nicht Partei* sei (vgl. 1926/27, S. 14).
[104] Er war wie *Flitner* aktives Mitglied des „Hohenrodter Bundes".

de, heute nicht mehr gangbar ist, wenn er es überhaupt je war. Volksbildung ist niemals Verbreitung und Popularisierung von Universitätswissen" (ebd.). Mit den genannten Trennungen lässt es *Weniger* noch nicht bewenden. *Die Universitäten seien zudem nicht in der Lage, der Gesellschaft vorbildliche Lebensformen zu vermitteln; die Volksbildung sei hier auf sich selbst verwiesen* (vgl. S. 502ff.). Dennoch seien „Beziehungen zwischen Universität und Volksbildung" unerlässlich (S. 507). „Das erste, was nötig ist, ist die vorurteilslose, unvoreingenommene *Begegnung* zwischen beiden, die jede in ihrer Eigenart aufzufassen und zu belassen sind" (ebd.). „Die Universität sollte sich zweitens bemühen um die dornenvolle Arbeit des *Übersetzens* ihres geistigen Besitzes, soweit er für Volk und Volksbildung von Nutzen sein kann, in die Sprache des Volkes, in seine Lage und für seine Aufgaben" (S. 508). „Drittens ist [...] die Volksbildung ein sehr wichtiger Gegenstand der wissenschaftlichen Betrachtung und Erforschung, in erster Linie der Pädagogik" (ebd.). „Viertens ist es die Aufgabe der wissenschaftlichen Hochschulen [...], der Volksbildung das wissenschaftliche Material für die *Antworten* zu geben, die in der Volksbildungsarbeit erwartet werden und um derentwillen die Hörer[105] in die Volkshochschulen gehen" (ebd.).

Zumindest ein Teil der Volksbildner müsse an der Universität ausgebildet werden. Hierfür sei die *Entwicklung einer Wissenschaft der Volksbildungsbewegung* unerlässlich, die von ihr akzeptiert werde (vgl. S. 508f.). Hieraus folgere, dass „die Wissenschaft von der Volksbildung selber Bestandteil der Volksbildungsbewegung sein und ihre Verantwortung teilen" müsse (S. 510).

Die *Ausbildungsfrage der Volksbildner* beschäftigt *Weniger* auch in seinem Beitrag aus dem Jahr 1951 „Volksbildung als Beruf". Er stellt sich hier zunächst die Frage, „inwiefern Volksbildung überhaupt ein Beruf sein kann" (1952f, S. 511) und skizziert zunächst, was der Volksbildner alles nicht ist: „Der Volksbildner ist *nicht Lehrer* in dem Sinne, daß er eine Fachbildung zu übermitteln habe und sich infolgedessen durch eine fachliche Ausbildung selbst legitimieren müsse" (ebd.). „Der Volksbildner ist aber auch *nicht Erzieher*" (ebd.). Der Volksbildner sei zum dritten *nicht* zum „*Seelsorger*" seiner Hörer berufen" (S. 512). „Schließlich ist der Volksbildner auch *nicht Beauftragter* einer öffentlichen Macht, selbst wenn diese ihn besoldet" (ebd.). Welches sind nun seine Aufgaben? „Die Aufgaben der Volksbildung entstehen *zum ersten* aus der erweiterten Bildsamkeit des Erwachsenen auf Grund seiner eigenen Lebenserfahrungen, in der Besinnung auf deren Gehalt und zwar subjektiv als neue Möglichkeit der Lebenssteigerung oder doch Lebensbewältigung, objektiv als Notwendigkeit, weil die Jugendbildung nicht mehr zum Lebensverständnis und zur Lebensbewältigung ausreicht. Die Aufgaben ergeben sich *zum zweiten* aus der Notwendigkeit der Erneuerung (der Regeneration) der schöpferischen [...], der gestaltenden, der tätigen Kräfte. *Zum dritten* erwachsen sie aus der Notwendigkeit, in der zunehmenden Einseitigkeit der Berufstätigkeit,

---

[105] *Weniger* verwendet den Begriff „*Hörer*" zwar wegen seiner Geläufigkeit, problematisiert ihn aber als *überholte Kategorie*: „Drolligerweise hat sich zur Bezeichnung der Teilnahme an den Veranstaltungen der Volkshochschule noch aus älteren Zeiten der Bildungsarbeit der Ausdruck *Hörer* erhalten, der die Vorstellung von Vorlesungen und Vorträgen erweckt, denen man in der Volkshochschule zuzuhören habe. Diese Bezeichnung entspricht aber keineswegs der eigentlichen pädagogischen Situation in der Erwachsenenbildung oder trifft sie nur in gewissen, meist den äußeren Bezirken. Sie enthüllt freilich, daß die Volksbildungsarbeit noch vielfach sich überholter Methoden bedient. Der eigentlich treffende Ausdruck wäre etwa Teilnehmer oder gar Teilhaber" (1952f, S. 515f.).

der Spezialisierung und Mechanisierung [...] einen beständigen Kräfteausgleich (eine Kompensation) zu schaffen [...] Die Aufgabe besteht *viertens* in der Gegenwirkung gegen die Volkszerstörung, und hier liegt die spezifisch sozialpädagogische Funktion der Volksbildung [...]" (S. 514; Hervorh. E. M.). Die *fünfte* Aufgabe liege in der „Unterstützung des mündig gewordenen Volkes", vor allem in der Unterstützung der bis zur Einführung der Demokratie unterdrückten Schichten der Arbeiter und des Kleinbauerntums (S. 514). „Schließlich geht es der Volksbildung als Erwachsenenbildung in allen ihren Formen darum, mitten in allen Parteiungen und Entzweiungen den menschlichen Zusammenhang und die innere Einheit des Volkes zu erhalten oder wiederzugewinnen" (S. 515). Aus der inhaltlichen Aufgabenbestimmung ergäben sich auch die *didaktisch-methodischen Notwendigkeiten*: Hörerbeteiligung, Mitbestimmung, selbsttätiges Lernen, Gesprächsformen, Arbeitsgemeinschaften, Ausgang von den Lebensproblemen und Fragen der Teilnehmer (vgl. S. 515f.).

Aus der inhaltlichen und didaktisch-methodischen Bestimmung der Volksbildungsarbeit ließen sich wiederum nun die „*Voraussetzungen*" bestimmen, die der Volksbildner mitbringen" müsse (S. 516). „Die erste Voraussetzung ist die ständige Offenheit gegenüber dem Leben, das heißt die eigene Bildsamkeit" (ebd.). Zweitens sei unverzichtbar die „Begegnung" des Volksbildners „mit der geistig-geschichtlich-gesellschaftlichen Welt und Wirklichkeit [...], die eigene ständige Teilhabe an ihr und ihrer gegenwärtigen Lagerung" (S. 517). *Zu diesen allgemeinen Voraussetzungen träten spezifisch pädagogische*: der Volksbildner müsse „die Fähigkeit zur *Vereinfachung* besitzen" (ebd.) *Vereinfachen* dürfe nun *nicht* mit *Popularisieren* gleich gesetzt werden: „Das Wesen der Volksbildung liegt nicht im Popularisieren beispielsweise der Wissenschaft, sondern im Zurückführen der Probleme und Fragen auf die großen einfachen Grundstrukturen und Grundformen" (ebd.). Zudem müsse er sich dem Gedanken der „pädagogische[n] Autonomie" verpflichtet fühlen, also ein *unparteiisches Interesse gegenüber den Teilnehmern* zeigen (S. 518).

Die pädagogische Wissenschaft habe die herausgearbeiteten Anforderungen an den Volksbildner „zu entwickeln und zu begründen und in den praktischen Folgerungen zu überlegen. Insoweit ist die Pädagogik als Wissenschaft für den Volksbildner von Wichtigkeit. Demgegenüber ist es eine verhältnismäßig zweitrangige, wenn auch keineswegs belanglose Frage, woher der Volksbildner im übrigen seinen geistigen Besitz holt und welchen Fragestellungen er sich im besonderen widmen sollte" (S. 519). Einschränkend fügt *Weniger* hinzu: „Immer bedarf die Volksbildung auch der Mitarbeit von Männern und Frauen, die unmittelbar aus dem praktischen Leben und seiner Mannigfaltigkeit kommen. Niemals darf Volksbildung nur eine Sparte der akademischen Bildung sein wollen" (S. 520).

In seiner Abhandlung „Volksbildung im Lichte der Soziologie und Pädagogik" aus dem Jahre 1955 betont *Weniger* – wie bereits in seinem Lexikon-Beitrag von 1930 (1930b) – die *Notwendigkeit der lebenslangen Bildung*. Er weist darauf hin, dass „*jedes* Lebensalter eine *besondere* Art von Bildsamkeit entwickelt, die vorher oder nachher nicht besteht, daß von der Ausnutzung dieser Bildsamkeit die produktive Lebensleistung und die jeweilige oder ständige Erneuerung der geistig-seelischen Kräfte des Menschen abhängt" (1990r, S. 190). Dies gelte für alle Menschen, damit werde die Volksbildung zu einer „allgemeinen Erwachsenenbildung" (ebd.). Ihre entscheidenden Unterschiede zur Kinder- und Jugendbildung seien die „Freiwilligkeit der Beteiligung" und die mit seiner Lebenserfahrung korrespondierende

„Bildsamkeit" des Erwachsenen" (S. 191). Somit seien „Selbständigkeit, Selbsttätigkeit und Selbstverantwortung" die entscheidenden Merkmale in der Erwachsenenbildung (S. 197), denen als methodische Grundformen die „Arbeitsgemeinschaft" und das „unbefangene Gespräch zwischen Lehrenden und Lernenden" korrespondierten (S. 198). Erneut unterstreicht *Weniger*, dass die „Unparteilichkeit" des Lehrenden unverzichtbar sei (ebd.). Diese bedeute „völlige innere Unabhängigkeit von allen Mächten [...] auch von denen, denen er sich verbunden fühlt" (S. 200).

> **Fazit**
>
> Die geisteswissenschaftlichen Pädagogen sind Anhänger der „neuen Richtung" der Volksbildung. Sie unterscheiden universitäre wissenschaftliche Bildung von der Bildungsarbeit an Volkshochschulen. Dieser Institution gilt ihr besonderes Interesse. An ihr sehen sie die besondere Möglichkeit, sich zentralen Lebensfragen des Volkes zuzuwenden und Volksbildung als Volkbildung zu betreiben. Zur theoretischen Klärung der Volksbildung wird der pädagogischen Wissenschaft ein hoher Stellenwert zugeschrieben. Diese soll zur Berufswissenschaft für die Volksbildner werden.

10 Sozialpädagogische Theorie

Die *Reformpädagogik umfasste* auch eine *sozialpädagogische Strömung*. Diese erfuhr in der Weimarer Republik insofern einen großen Auftrieb, als sich der Weimarer Staat explizit zum sozialpädagogischen Aufgabenfeld bekannte und dieses unterstützte. „Jugendwohlfahrt" war ein Teilbereich der „Volkswohlfahrt", für die ein 1919 neu geschaffenes „Ministerium für Volkswohlfahrt" zuständig war. *1922* wurde das *„Reichsjugendwohlfahrtsgesetz"* (RJWG) erlassen. § 1 des Gesetzes lautet: „Jedes deutsche Kind hat ein Recht auf Erziehung zur leiblichen, seelischen und gesellschaftlichen Tüchtigkeit [...] Insoweit der Anspruch des Kindes auf Erziehung von der Familie nicht erfüllt wird, tritt unbeschadet der Mitarbeit freiwilliger Tätigkeit öffentliche Jugendhilfe ein". Erstmals wird somit ein Erziehungsanspruch des Heranwachsenden kodifiziert. Über die Einlösung des Anspruchs wachen neu einzurichtende *„Jugendämter"* in Verbindung mit dem „Jugendwohlfahrtsausschuss". Gestützt auf das *Subsidiaritätsprinzip* wurden jedoch die konkreten sozialpädagogischen Aufgaben vor allem den gesellschaftlichen Gruppen, den Kirchen, der (katholischen) Caritas und der (evangelischen) Inneren Mission bzw. der 1922 gegründeten sozialdemokratischen Arbeiterwohlfahrt überlassen. Neben die Aufgabe der *Intervention* trat die der *Prävention*, *„Jugendhilfe"* und *„Jugendpflege"* (der Begriff wurde seit dem Preußischen Erlass von 1911 verwendet) in den Begriffen der damaligen Zeit.

1923 wurde außerdem das *„Reichsjugendgerichtsgesetz"* (RJGG) erlassen. In diesem wurde das *Alter der Strafmündigkeit* auf 14 Jahre festgesetzt – die obere Grenze lag beim Beginn des 18. Lebensjahres –, es wurde die *Sonderinstanz des Jugendgerichts* eingeführt und es wurde eine *Pädagogisierung des Strafvollzugs* angestrebt, indem angewiesen wurde, von Strafen abzusehen, wenn „Erziehungsmaßregeln" (wie etwa Auferlegung besonderer Verpflichtungen) ausreichend erscheinen; ansonsten sollte der Strafvollzug so eingerichtet werden, dass Erziehung darin gefördert wird.

10.1 Herman Nohl

Nohl hat in der Weimarer Republik eine Vielzahl von Vorträgen zu sozialpädagogischen Themen gehalten; 1927 hat er acht davon in einem Sammelband „Jugendwohlfahrt" veröffentlicht. In seinem Vorwort schreibt er unter anderem: „Die pädagogische Bewegung [Reformpädagogik; E. M.] hat ihr stärkstes Leben heute vielleicht außerhalb der Schule in der Jugendwohlfahrtsarbeit [...] Die folgenden Vorträge sind mir gewissermaßen von dieser Bewegung abgefordert worden – auch die Themen wurden mir meist gestellt – bisweilen sehr gegen meinen Willen, wenn ich das sagen darf, denn als Universitätslehrer zwischen seinen Büchern kommt man sich dieser Arbeit draußen mit allen ihren Erfahrungen oft wenig gewachsen vor" (1927f, S. IX). Die Anfragen stammten von im Kontext des oben genannten Reichsjugendwohlfahrtsgesetzes und Reichsjugendgerichtsgesetzes Tätigen.

Im Folgenden geht es darum, den systematischen Gehalt dieser Vorträge und eines weiteren Vortrags zu skizzieren, wobei für die Begriffsklärung noch zu betonen ist, *dass für Nohl sozialpädagogische Praxis als Sonderbereich, getrennt von Familie und Schule, aber in enger Verbindung mit diesen beiden Erziehungsinstitutionen, diese ergänzend und ihre – durch gesellschaftlich-kulturelle Entwicklungen bedingten – Defizite auffangend anzusehen ist.*

10.1.1 Entstehungshintergründe und Kontroversen der Jugendwohlfahrtsarbeit

Nohl nennt fünf entscheidende Antriebe, „geistige Energien" (1927b[106], S. 1), *für die Jugendwohlfahrtsarbeit, die alle Antwortversuche auf durch die Industrialisierung hervorgerufene Probleme/Notlagen darstellten:* die *sozialistische Bewegung,* die *„Innere Mission"* Johann H. Wicherns (1808–1881), die *bürgerliche Frauenbewegung,* die *sozialpolitische Bewegung* (Ende des 19. Jahrhunderts) und schließlich die *Jugendbewegung* im Kontext der pädagogischen Bewegung (Reformpädagogik) (vgl. S. 1ff.). Diese verschiedenen Antriebe führten nun dazu, dass die Jugendwohlfahrt spannungsreich sei, sie seien inzwischen (Mitte der 20er-Jahre des 20. Jahrhunderts) jedoch überwölbt durch eine „gemeinsame Grundhaltung" (S. 10): *das „pädagogische Ethos", das auf jeden einzelnen Menschen gerichtet sei* (ebd.; Hervorh. E. M.). „Die Fürsorgerin fühlt sich nicht als Beamtin zur Überwachung der Durchführung allgemeiner Organisationen und Gesetze, sondern sieht zuerst und immer wieder den Menschen, seine Not und seine Kraft. Sie denkt bei ihrer Hilfe nicht an das Prob-

---

[106] Vortrag aus dem Januar 1926, gehalten während der Sozialpädagogischen Woche in Hamburg.

lem des Geburtenrückgangs oder die Auflösung der öffentlichen Ordnung, sondern an diese arme Frau und diesen unglücklichen Jungen" (S. 11).

Nohl setzt sich nun auch mit der Frage auseinander, ob die angestrebte humanitäre Höherentwicklung des einzelnen Individuums, die Stärkung seiner personalen Identität, unabhängig von Umwelteinflüssen geschehen könne, und kommt zunächst zu dem Schluss: „Es ist die Wahrheit jenes aus dem Sozialismus kommenden Umweltstandpunktes, daß [...] die Bedingungen eines menschenwürdigen Lebens die Voraussetzungen aller höheren Ansprüche an den Menschen sind, wie es Schiller einmal ausdrückt [...], daß der Mensch zwar noch sehr wenig sei, wenn er warm wohne und satt zu essen habe, daß er aber warm wohnen und satt zu essen haben müsse, ehe sich die bessere Natur in ihm regen könne" (1927c, S. 21). „Grundsätzlich" sei in der Wohlfahrtsarbeit „die *sachliche* Hilfe [...] die primäre, die Mittelsorge nationalökonomisch gesprochen, Unterstützung, Wohnung, ärztliche Hilfe, Arbeitsbeschaffung usw." (ebd.). Allerdings dürfe jene dabei nicht stehen bleiben, ihre sozial*pädagogische* Aufgabe bestünde in der „*persönliche*(n) Stützung und de[m] Wiederaufbau des Menschen selbst und seiner *geistigen* Umwelt" (S. 22). *In der Stärkung der Person sieht Nohl den ethischen Kern* (vgl. ebd.). Diesen Punkt unterstreicht er in einem Vortrag aus dem Jahr 1928[107], „Die pädagogische Idee in der öffentlichen Jugendhilfe", noch deutlich stärker. Er negiert nach wie vor nicht die Bedeutung der Umstände für menschliche Fehlentwicklungen, warnt aber nun nachdrücklich vor deren Überschätzung. Hierbei werde nämlich vergessen, „daß die größte Not stets in der Seele selber ist, und daß die größere Hilfe aller Hilfe Erziehungshilfe sein muß. Die Folge ist dann nicht bloß eine einseitige Einstellung auf Organisation, Statistik und Massenfürsorge, sondern vor allem ein Übersehen des solidesten Ausgangspunktes aller Hilfe, nämlich der Weckung des *Willens zur Selbsthilfe* und der *Verantwortlichkeit* für sich wie für die Gemeinschaft. Der Betreute sieht alle Schuld seiner Lage in den Umständen, wird naturgemäß immer *passiver* und fragt schließlich nur noch nach dem *Rechtsanspruch*, der ihm die öffentliche Hilfe sichert" (1949b, S. 183). Er formuliert sogar noch schärfer: „Gelingt es uns nicht, irgendwie die öffentliche Jugendhilfe und weiter doch auch die gesamte Wohlfahrtspflege so zu pädagogisieren, d. h. also auf die *Weckung der Kräfte* und *des Willens zur Selbsthilfe* beim *einzelnen* wie bei der *Familie* und auch bei der *Gemeinde* einzustellen, so dient sie unserem Volke statt zum Aufbau zur *Charakterauflösung*!" (S. 184)[108]. *Vor diesem gedanklichen Hintergrund spricht Nohl den Jugendämtern nicht nur eine helfende/intervenierende, sondern primär auch eine erziehende/präventive zu* (vgl. S. 184f.). In der Jugendarbeit müsste die *„Jugendpflege"* im Zentrum stehen (S. 184).

---

[107] Gehalten bei der Tagung der Vereinigung der großstädtischen Jugendämter in Göttingen.

[108] Dass er allerdings die Bedeutung der Umwelt nie übersehen hat (ohne deren Veränderung in irgendeiner Weise als ausreichend anzusehen), wird wieder in seinem 1932 gehaltenen Vortrag „Die zweifache deutsche Geistigkeit und ihre pädagogische Bedeutung" deutlich, wenn er zur Tätigkeit der Sozialbeamtin ausführt, dass jene „nicht bloß auf den wirtschaftlichen und fürsorgerischen Aufbau ihrer Pfleglinge" ziele – obwohl sie besser als jede andere weiß, daß dieser wirtschaftliche Ernst auch die Voraussetzung alles geistigen Ernstes des Menschen ist, nicht bloß Voraussetzung, sondern selbst ein entscheidendes Stück dieser Geistigkeit, alles geistigen Haltes und Folgezusammenhanges in dem Leben dieser Menschen –, [...] sondern vor allem in jenem geistiggemüthaften Durchdringen aller ihrer Maßnahmen, das jede Situation des Lebens ihrer Schutzbefohlenen verinnerlicht, ordnet, formt und steigert, ihnen den Sinn ihres Daseins zeigt, ihre Verantwortlichkeit weckt, höhere Gefühle in ihnen lebendig macht [...]" (1949e, S. 200f.).

Hierfür sei eine entsprechende *pädagogische Ausbildung für alle in der (Jugend-)Wohlfahrt Tätigen* unerlässlich (vgl. S. 188).

10.1.2 Die Ausbildung der Sozialpädagogen an der Universität

1924 hat *Nohl* einen Beitrag über die „Ausbildung der Sozialpädagogen durch die Universität" veröffentlicht. Den Hintergrund für diesen Beitrag stellt der von ihm an der Universität Göttingen *eingerichtete sozialpädagogische Studiengang für angehende Jugendwohlfahrtspfleger* dar, der zu dieser Zeit (1924) in dieser Form in ganz Deutschland der einzige war. *Nohl* macht in seiner Publikation zunächst deutlich, worin er die *Aufgaben der Universität für die Sozialpädagogik* sieht: *zum einen* in der „wissenschaftliche[n] Forschung" zu diesem Gebiet (1965a[109], S. 71); *zum zweiten* in der Ausbildung der „beruflichen Fachleute für die leitenden Stellen auf dem Gebiet der Jugend- und Wohlfahrtspflege" (ebd.); *zum dritten* in der Vermittlung einer sozialpädagogischen „Einstellung und Erkenntnis an alle Studierenden [...], die in ihren späteren Berufen einmal mit der Jugend in Berührung kommen werden: Ärzte, Geistliche; Juristen, als Beamte und Richter, Sozialpolitiker und vor allem die Lehrer" (ebd.). Im Anschluss verweist er auf die *Disparatheit der Ausbildungsgänge der sozialen Jugendarbeit an den deutschen Universitäten*, wobei er jene auf die bereits dargestellten unterschiedlichen geistigen Antriebe zurückführt, die jene prägten. Nur in Göttingen stehe die Pädagogik im Zentrum, bilde den Kern; an anderen Universitäten stünden etwa die Rechtswissenschaft oder die Medizin (Psychiatrie) im Zentrum, indem von engagierten Vertretern dieser Disziplinen entsprechende Initiativen ausgegangen seien (vgl. S. 71f.). Allerdings sei das für die Zukunft keine zufriedenstellende Situation. Es müsse vielmehr *eine Wissenschaft als hauptverantwortlich zeichnen*, die Grundlage für alle zusätzlichen Studien liefern sowie sich für die *Vermittlung eines Berufsethos* engagieren. Dies könne nur die *Pädagogik* sein, die durch andere Wissenschaften flankiert werden müsse (vgl. S. 73). Auch zum *Verhältnis von Theorie und Praxis* in den entsprechenden Studiengängen nimmt *Nohl* Stellung: Er sieht als besten Weg an, „die jungen Menschen während ihres Studiums so viel als möglich mit der praktischen Arbeit in *Berührung*" zu bringen, „sie an Jugendgerichtssitzungen teilnehmen" zu lassen, „sie dem Jugendheim oder dem Jugendpfleger für die Abendarbeit, der Hortleiterin für den Hort zur Verfügung" zu stellen, „sie Beziehungen zum Jugendamt gewinnen" zu lassen „durch Zulassung zu den Sprechstunden, Einsicht in die Akten [...]" (S. 74). Während der Semesterferien sollten sie zum Beispiel in Erziehungsanstalten arbeiten, „nach Analogie der medizinischen Famuli in den Krankenhäusern" (S. 75). Die *Dauer des Studiums* sollte *mindestens vier Semester* betragen und mit dem *Diplom* enden. Die sozialpädagogischen Studiengänge an den Universitäten sollten parallel zu den Ausbildungsgängen an den sozialen Wohlfahrtsschulen oder sozialpädagogischen Akademien existieren (vgl. ebd.). „Das lebenskräftigere und brauchbarere wird sich dann durchsetzen. Viel-

---

[109] Wie stark gerade *Nohls* sozialpädagogischer Arbeitsschwerpunkt wahrgenommen wurde, zeigt, dass 1965 (also fünf Jahre nach seinem Tod) von seinen Schülern ein Sammelband mit 10 seiner einschlägigen Veröffentlichungen (viele von ihnen bereits in dem Sammelband „Jugendwohlfahrt" 1927 veröffentlicht) herausgegeben wurde. Seine Schülerin *Elisabeth Blochmann* beendet ihr Vorwort mit den Worten: „Wir sind überzeugt, daß die inspirierende Kraft, die in diese Vorträge eingegangen ist und durch sie gewirkt hat, über die Zeiten hinweg auch für die jungen Menschen unserer Zeit noch eine Hilfe bei der Bewältigung *ihrer* Aufgaben sein kann" (1965b, S. 9).

leicht liegt aber in der verschiedenen Herkunft derer, die zu unserem Beruf durchdringen, auch ein *dauernder* Grund für eine solche Doppelheit des Vorbildungsweges" (S. 76).[110] Als unverzichtbar sieht *Nohl* an, dass der neue, von der Reformpädagogik geprägte sozialpädagogische Geist die neuen gesetzlichen Regelungen mit Leben erfülle (vgl. ebd.).

10.1.3 Die „neue Sozialpädagogik"

Diese neue (Sozial-)Pädagogik zeichne sich durch eine „Umdrehung" (1927d, S. 72f.[111]) gegenüber der alten Pädagogik des 19. Jahrhunderts aus: Sie sehe in dem „Zögling nicht mehr den Gegner [...], der niedergeworfen werden muß, damit er sich in die soziale Ordnung einfüge, sondern den in Schwierigkeiten Befangenen, dem man zu Hilfe kommt" (S. 73). „Die alte Erziehung ging aus von den Schwierigkeiten, die das Kind *macht*, die neue von denen, die das Kind *hat*" (S. 78). Sozialpädagogen seien nicht „Vollzugsbeamten irgendwelcher objektiven Mächte", sie seien vielmehr dem jeweils unterstützungsbedürftigen Individuum verpflichtet (S. 72) – hiermit *unterstreicht Nohl den Anspruch einer relativen pädagogischen Autonomie* (vgl. Kap. 4.3). Sie müssten sich um einen gelingenden *„pädagogische[n] Bezug"* bemühen (S. 74; vgl. auch Kap. 4.2). Eine „unentbehrliche Voraussetzung ihrer Arbeit" sei „die Kenntnis des zu erziehenden Individuums, seines äußeren und geistigen Milieus und insbesondere seiner personalen und seiner pädagogischen Situation" (S. 76). Unerlässlich sei, „die Selbsttätigkeit wachzurufen und den Willen zu gewinnen, wo die alte Pädagogik, besonders in der Fürsorgeerziehung und dem Strafvollzug mit Dressur, Zwang und Gewohnheit vorwärtszukommen dachte" (S. 79). Auf der Basis seiner Anthropologie

---

[110] Während *Nohl* jedoch die inhaltliche Füllung des Studiums offen lässt, entwickelt *Spranger* detaillierte Gedanken „Über die Gestaltung des Lehrplans in Psychologie und Pädagogik an den Wohlfahrtsschulen (Sozialen Frauenschulen)" (1922). Auch er geht davon aus, dass im Zentrum der Ausbildung der „pädagogische Geist" (S. 65) stehen müsse, wobei die Pädagogik sich allerdings nicht als Rezeptologie missverstehen dürfe (vgl. ebd.). Unter dem „pädagogischen Geist" versteht er das Interesse der Wohlfahrtspflege an der „*Höherbildung des Menschen*" (ebd.).

Für dieses Verständnis wurde er von *Wilhelm Feld* stark angegriffen, der in seinem Beitrag „Die akademische Ausbildung für die soziale Arbeit" (1925) unter anderem schreibt: „Die ‚Höherbildung des Menschen' mag eine zügige Losung für Aktionen selbstbewußter Kulturträger auf das ‚gewöhnliche Volk' sein und den jungen Damen bestbürgerlicher Herkunft mag sie lieblich ins Sentiment eingehen. Aber liegt in ihr nicht ein gut Teil Phrase und Unkenntnis der tatsächlichen sozialen Zustände, etwas Kulturdünkel der glücklich Besitzenden? In Wahrheit kommt es erheblich mehr auf die Höherbildung der Umwelt an" (S. 357). *Nohl* geht in seinem bereits zitierten Beitrag „Die geistigen Energien der Jugendwohlfahrtsarbeit" auf diese Kritik ein – *Feld* habe *Spranger* „vom Sozialismus aus [also aus einer sozialistischen Position heraus; E. M.] angegriffen" (1927b, S. 10). Erstaunlich ist hierbei, dass *Nohl* sowohl *Spranger* als auch *Feld* falsch wiedergibt, indem er statt von „Höherbildung des *Menschen*" (Hervorh. E. M.) von „Höherbildung der *Menschheit*" spricht (ebd.; Hervorh. E. M.) und sich somit fälschlicherweise von *Sprangers* Verständnis abgrenzt: „Vielleicht war der Ausdruck Sprangers [der so eben nicht gefallen ist!; E. M.] – er stammt wohl von *Kant* und ist die höchste pädagogische Formel der Aufklärung – wirklich mißverständlich: das pädagogische Ethos geht zunächst jedenfalls immer auf den einzelnen Menschen, *diesen* Menschen hier will es heben" (ebd.). – nichts anderes hat auch *Spranger* geschrieben; es gibt also in dieser Frage faktisch keinen Dissens zwischen *Spranger* und *Nohl*!

Die Verdrehungen im Text *Nohls* gehen sogar noch weiter, indem er behauptet, dass *Feld* geschrieben habe, „nicht *Umbildung* der Menschheit sei das Ziel, sondern *Umbildung* der Umwelt" (ebd.; Hervorh. E. M.) – der Begriff „Umbildung" fällt weder bei *Spranger* noch bei *Feld*!

[111] Vortrag „Gedanken für die Erziehungstätigkeit", gehalten im Juni 1926 vor der Vereinigung für Jugendgerichte und Jugendgerichtshilfen Göttingen 1926.

(vgl. 4.1) setzt sich *Nohl* nachdrücklich von einer Pädagogik des Willenbrechens ab (vgl. 1927a, S. 110[112]). Entscheidend sei das „Wachrufen des Ich, indem ich es *verantwortlich mache* [...] Denn dann erst macht sich der junge Mensch selbst verantwortlich, und nur, wo es gelungen ist, den Willen des Kindes so für es selbst zu binden, ist das pädagogische Ziel erreicht [...] In dieser Fähigkeit zur Selbstverantwortung ist unsere Selbstachtung gegründet [...] Wo wir die Macht unserer Person nicht behauptet haben, da verachten wir uns selbst. Das heißt aber umgekehrt: indem wir den jungen Menschen verantwortlich machen, haben wir ihn auch in diesem höchsten Sinne zu achten, das gehört wesensmäßig zusammen, und nur, indem *wir* ihn achten, entwickeln wir auch seine Selbstachtung" (S. 111f.).

Nohl geht es in seinen (sozial-)pädagogischen Überlegungen nicht um die Bindung des Edukandus/des Zöglings an den (Sozial-)Pädagogen, diese kann aber seines Erachtens eine notwendige Zwischenstation darstellen. Verwahrlosung sei, so argumentiert *Nohl* auf der Basis seiner Anthropologie (vgl. Kap. 4.1) „das Fehlen [...] innerer Bindung, die das Leben reguliert, und Pädagoge ist derjenige, der einem bestimmten Individuum gegenüber den richtigen Weg findet, um ihm diese innere Bindung zu verschaffen" (S. 111). Der Weg zu dieser inneren Bindung könne bei schwächeren und gefährdeten Menschen zunächst nur über deren Bindung an den Erzieher selbst oder andere Menschen gelingen, „um sie dann mit Hilfe dieser personalen Bindung [...] zu den überpersönlichen Werten zu führen" (ebd.).

Nohl nimmt auch Stellung zum erzieherischen Umgang mit Straftätern:[113] „Es ist die entscheidende Wendung der letzten Jahrzehnte, daß man im Strafvollzug die Prävalenz der *pädagogischen* Funktion der Strafe erkannte. Die Erziehung ist, wenn nicht *der* Sinn der Strafe, so doch *der* Sinn des Strafvollzugs" (1927e, S. 95). „Ist das Wesen der Erziehung die Einordnung in die Kulturgemeinschaft und die Gewinnung der selbstverantwortlichen Persönlichkeit, so wird die ‚Gefängniserziehung' sich systematisch daraus ableiten lassen, daß sie den Gefangenen zur Gemeinschaft zurückzuführen hat, aus der sie ihn trennte, und ihm die Fähigkeit verantwortlicher Selbstbestimmung wieder geben soll, die sie ihm nahm. Sie ist nicht Repression, sondern Aufbauarbeit, und die Form dieser Erziehung ist der *progressive Strafvollzug*. Progressiver Strafvollzug heißt nicht Gewährung von ‚Vergünstigungen' und ‚Milderungen', sondern systematische *positive* Führung aus der Unfreiheit in die Freiheit zu Gemeinschaft und Selbstverantwortung" (S. 99f.).[114]

---

[112] Vortrag „Die Pädagogik der Verwahrlosten", gehalten auf der dritten Tagung der Psychopathenfürsorge in Heidelberg September 1924.
[113] Vgl. seinen Vortrag „Der Sinn der Strafe", gehalten 1925 in der Jahresversammlung der Gefängnisgesellschaft für die Provinz Sachsen und Anhalt in Halle.
[114] *Curt Bondy*, ein Schüler *Nohls*, war Mitarbeiter im progressiven Jugendstrafvollzug im Hamburgischen Jugendgefängnis *Hahnöfersand*. Auch andere Schülerinnen und Schüler *Nohls* waren sozialpädagogisch aktiv.

10.2 Erich Weniger

Weniger weist in seinen Texten explizit darauf hin, *wie sehr er sich bei seinen Ausführungen Gedanken Nohls verpflichtet fühlt* (vgl. etwa 1928, Fußnote 2)[115]. Drei zentrale Aspekte aus *Wenigers* sozialpädagogischen Schriften sollen im Folgenden skizziert werden: der *Paradigmenwechsel in der Jugendpflege und -hilfe im Kontext der Jugendbewegung und Reformpädagogik*; die *Auseinandersetzung mit der konfessionellen Fürsorgeerziehung* und die *Überparteilichkeit des modernen Wohlfahrtsstaates in der Fürsorgeerziehung*.

10.2.1 Der Paradigmenwechsel in der Jugendpflege und -hilfe

Weniger unterscheidet quasi zwischen einer alten und einer neuen Richtung der Jugendpflegebewegung. Hervorgerufen worden sei sie „durch die Tatsache der Volkszerstörung, die nach ihrer geistig-kulturellen wie nach ihrer sozial-wirtschaftlich-politischen Seite erfahren wird, also durch Kulturkrise, soziale Frage und dann auch durch die staatlichen Umwälzungen" (1928, S. 146). Die Jugendpflegebewegung beziehe sich auf die „Jugend etwa zwischen 14 und 18 oder dann 21, im engeren Sinne der schulentlassenen, im weiteren Sinne der Jugend der Pubertätsjahre überhaupt" (ebd.). Das Besondere der Jugendpflege liege nicht nur darin, „daß sie *Ergänzungs*erziehung ist, also neben Schule, Elternhaus und andere Erziehungsmächte tritt, die vorher wirkten und vielleicht gleichzeitig noch weiter wirken, sondern vor allem in ihrer Bezogenheit auf die *Mußezeit* der jugendlichen Menschen und in der völligen Freiwilligkeit ihrer Annahme durch die Jugend" (S. 147). *Die alte Jugendpflegebewegung* (bis zum Ende des Ersten Weltkrieges) *sei noch ausgegangen von den Problemen, die die Jugendlichen machten,* sie habe noch nicht die aus gesellschaftlichen Entwicklungen resultierenden Notlagen der Jugendlichen gesehen (vgl. S. 146). „So wurde durchgängig die Muße in Anspruch genommen für die Lehre, für die vorbereitende Einführung in die Ordnungen des Erwachsenenlebens. Der Jugendliche sollte möglichst auch in der Zeit seiner Muße, die ihm bis dahin allein gehört hatte, unter die ständige Einwirkung der Erwachsenen kommen" (S. 150). *Jugendgemäßheit sei kein Thema gewesen.* Der Paradigmenwechsel habe sich seit 1918 vollzogen, da „der offensichtliche Zusammenbruch der Wertewelt der Erwachsenen in Krieg und Revolution auch die Ansätze neuer Lehre mit hinwegriß und nahezu die gesamte Jugend in helle Auflehnung gegen die Erwachsenen und ihre Jugendpflege trieb, sei es in der Form der Verwahrlosung, sei es in der Form der Jugendbewegung" (S. 153). *Seit 1918 hätten nun Vertreter der Jugendbewegung die Aufgaben innerhalb der Jugendpflege übernommen, was zu neuen Denkweisen und Formen geführt habe* (vgl. S. 154).[116] Es sei zu

---

[115] Im ersten Beiheft der „Zeitschrift für Pädagogik" hat *Weniger* die Leistungen *Nohls* für die „sozialpädagogische Bewegung" abschließend gewürdigt (1959).

[116] Allerdings sieht *Weniger* durchaus auch die Grenzen der Identifizierung von Jugendbewegung und sozialer Arbeit, nicht zuletzt auch wegen der Differenz des Weltverständnisses der bürgerlichen Jugendbewegten und der anderen sozialen Milieus angehörigen Adressaten der sozialen Arbeit: „So mußte denn auch die Verbindlichkeit der Ziele der Jugendbewegung in der sozialen Arbeit fehlen, und wenn man für sie zu kämpfen versuchte, zeigte sich in den Widerständen, die man erfuhr, eben nicht zuletzt der böse Wille Andersgerichteter, sondern wirklich die Andersartigkeit der sozialen Fragen, denen gerecht zu werden man auf sich genommen hatte. Darauf folgte dann die Unzulänglichkeit der naiven Gleichung, die den vollendeten Sozialarbeiter als den vollende-

einer „Pädagogisierung der Jugendpflege" gekommen (ebd.): „Das rein Erzieherische verdrängt immer mehr die ursprünglich vorherrschenden Ziele und Zwecke, die auf irgend etwas Sekundäres, Gewinnung von Nachwuchs oder Ähnliches, gingen: immer mehr mußte die Arbeit um der Jugend selbst willen getan werden ohne Rücksicht auf die ursprünglichen Ziele der Erwachsenen [...]" (ebd.). Die Jugendpflegeangebote müssten sich auf dieser Basis dadurch auszeichnen, dass sie keine einseitigen Zwecke verfolgten, sondern der „Ganzheit des jugendlichen Lebens" (S. 157) zu entsprechen versuchten. Auch *die Rolle der Erwachsenen sei eine andere geworden*: „alles das, was in der Jugendarbeit von der Jugend selbst getan werden kann, soll ihr auch anvertraut werden" (ebd.). Der Stil der *Jugendbewegung* diene hierfür als Muster (vgl. ebd.). Allerdings dürfe dies nicht als Ausgrenzen der Erwachsenen aus der Jugendpflegearbeit verstanden werden, denn: „diese pädagogische Selbstentäußerung, dieses bewußte Zurücktreten hinter dem jugendlichen Eigenleben sichert dem Erwachsenen erst den inneren Einfluß auf die Jugend an den Stellen, wo der Jugendliche und die jugendliche Gruppe der Hilfe, Beratung und Führung durch den Erwachsenen wirklich bedarf" (S. 158). *Ebenso könnten die Erwachsenen nicht vollständig auf ihre Zielsetzungen in der Jugendpflege verzichten.* „Immer wird eine Spannung zwischen den Zielen der Erwachsenen und dem Selbstzweck und Eigenwert der Jugend bleiben. Soviel Zweckrichtungen es bei den Erwachsenen gibt, so viel Richtungen der Jugendpflege werden wir auch vorfinden" (ebd.). „Aber je vorbehaltloser die Anerkennung eines Selbstwertes im Jugendleben geschehen kann, um so pädagogischer wird die Arbeit, um so eher wird man auf die innere Zustimmung der Jugendlichen rechnen können" (S. 159) *Auch politische Zielsetzungen seien einzubringen, aber in jugendgemäßer Form*: „das Ideal der Partei- und Weltanschauung muß ein Ideal jugendlicher Lebensführung enthalten, das sich heute schon darstellen und vorleben läßt" (S. 160). Als besonders wichtige pädagogische Aufgabe der „Jugendführung" in der Weimarer Republik sieht *Weniger* die Erziehung zur „Überwindung der Haßatmosphäre" zwischen den politischen Parteien und Gruppen an, „die unser politisches Leben vergiftet" (S. 160).

10.2.2 Die Auseinandersetzung mit der konfessionellen Fürsorgeerziehung

Schon seit ihren Anfängen befand sich die Fürsorge weitgehend in kirchlicher Hand, getrennt nach Konfessionen. *Weniger fordert nun, dass sich in der kirchlichen/konfessionellen Fürsorgeerziehung der bereits beschriebene Paradigmenwechsel im Hinblick auf die Anerkennung einer relativen pädagogischen Autonomie ebenso wie in der staatlich getragenen Fürsorgeerziehung vollziehen müsse.* Die notwendige Anerkennung der relativen pädagogischen Autonomie werde untermauert durch die Ergebnisse der erziehungswissenschaftlichen, vor allem der heilpädagogischen Forschung, ohne deren Berücksichtigung das fürsorgerische Tun anachronistisch sei: „auch die konfessionelle Erziehung muß jetzt, wie schon der Staat, der ja seinerseits ähnlich durch Erfahrungen der Gesellschaftswissenschaften über die sozialen Ursachen der Verwahrlosung mit zu seiner Haltung bestimmt wurde, den Ausgang vom

---

ten Jugendbewegten beschrieb oder gar einfach die typischen Gestalten der Jugendbewegung als Idealtypen der sozialen Arbeit nahm, das Wandervogelmädchen etwa als die beste Fürsorgerin" (1930d, S. 57).

Kinde und seiner individuellen Lage nehmen" (1990a, S. 159). Hierfür müsse der *Stellenwert des Religiösen in der Fürsorgeerziehung verändert* werden: zum einen dürfe nicht die Sündhaftigkeit und Gnadenbedürftigkeit des Menschen als Ursache für die Verwahrlosung angesehen werden (vgl. S. 165f.), zum zweiten müsse das Religiöse *zunächst* auf Gesinnung und Haltung der Erzieher eingeschränkt werden, während dem Zögling die volle Freiheit zu wahren ist" (S. 167). Ansonsten bestehe die *Gefahr einer dressurmäßigen Erziehung*, wie sie in vielen konfessionellen Anstalten zu beobachten sei: „Scheitert die religiöse Einwirkung, so bleiben nur noch die Mittel der Zucht, die um so härter sein werden, je mehr man von ihnen auch die Erzwingung der Heilsbedürftigkeit und die Brechung des trotzigen Willens erwartet" (S. 170). Dies führe zu „Heuchelei und Haß" bei den Zöglingen (ebd.). *Weniger* folgert hieraus: „So ist es denn gerade aus religiösen Erwägungen heraus notwendig, daß die konfessionelle Erziehung sich selbst beschränkt, daß sie Raum läßt für andere Erziehungsmittel, Freiheit für andere Willensstellungen, daß sie schließlich um ihrer selbst willen auch in ihren eigenen Zusammenhängen sich an den pädagogischen Weg Pestalozzis hält, der erst den Menschen wecken wollte, damit der Christ werden könne" (ebd.).

Für alle Richtungen in der Fürsorgeerziehung müsse eben gelten, dass die pädagogische Perspektive die Richtschnur des Handelns darstelle und quasi alle weltanschaulichen Unterschiede überwölbe (vgl. S. 171ff.; vgl. auch 1927b). Entscheidend sei die *Herstellung eines pädagogischen Bezuges* und die sich darin realisierende *relative pädagogische Autonomie*, die *Weniger* auch in diesem Text mit den oben bereits genannten Charakteristika beschreibt (vgl. Kap. 4.3).[117]

10.2.3 Die Überparteilichkeit des modernen Wohlfahrtsstaates in der Fürsorgeerziehung

Weniger ist der festen Überzeugung, dass sich die pädagogische Gesinnung und Haltung in konfessionellen wie etwa in kommunistisch ausgerichteten (Fürsorge-)Einrichtungen durchsetzen könne. „Der Staat kann freilich solche Gesinnung nicht erzeugen, aber er wird ihr, wo er sie vorfindet, Gelegenheit zur Betätigung und zur ungestörten Entfaltung geben. Ist er der neuen Haltung gewiß, die das gemeinsame Erziehungsziel sichert, so wird er den verschiedenen Richtungen ohne Bedenken die Ausgestaltung der Arbeit im einzelnen überlassen, denn nun wird auch in der Entwicklung der besonderen Lebensordnungen die gemeinsame Mitte nicht vergessen werden" (S. 176). Noch deutlicher unterstreicht *Weniger* seine Erwartung der *Überparteilichkeit des Staates* in seinem Beitrag „Jugendpflege und Jugendführung" (1928). In der staatlichen Jugendpflegearbeit könne „der Staat [...] sich darstellen in der großartigen Gelassenheit, mit der er hier immer nur als Sachwalter des pädagogischen Wil-

---

[117] Erwähnt werden soll hier noch *Wenigers* Position im Streit um *Lampels* „Revolte im Erziehungshaus". Im Jahre 1928 hatte der Schriftsteller *Peter Lampel* mit dem Bühnenstück „Revolte im Erziehungshaus" am Beispiel eines Heims der „Inneren Mission" überholte Denkweisen und inhumane Methoden der Anstaltserziehung angeprangert. Das Stück erschien auch als Buch. *Weniger* plädiert in einer Veröffentlichung aus dem Jahr 1929 dafür, die Kritik ernst zu nehmen, und kritisiert die Reaktion aus Kreisen der „Inneren Mission" als „kleinliches Herummäkeln an zweifellosen Übertreibungen" und als „Abwehr vermeintlicher z. B. antireligiöser oder kommunistischer Tendenzen, die doch, selbst wenn sie für den Angreifer ausschlaggebend wären, was sicher nicht der Fall ist, keineswegs den Sinn der Kritik aufheben" (1990b, S. 178).

lens aller ehrlich arbeitenden Erzieher und des Selbsterziehungswillens der Jugend auftritt, in der Unbefangenheit gegenüber dem ehrlichen [was auch immer damit gemeint ist; E. M.] Kampf auch gegen seine gegenwärtige Form, in dem Respekt gegen jede begründete Überzeugung [...]" (S. 162). Und nun noch konkret: „Diese pädagogische Haltung des Staates kommt am schönsten zum Ausdruck in der weitherzigen Gastfreundschaft, die der Staat und die Städte in den Jugendheimen gegen jeden Jugendlichen ohne Ansehen von Person und Partei üben. Hier gibt es keine Voreingenommenheit, keinen Haß, kein Fragen nach dem Parteibuch, hier herrscht eine Atmosphäre der Freiheit und Selbstverständlichkeit, die alle Gäste des Jugendheims zusammennimmt in der einen Aufgabe der Selbsterziehung und der Darstellung echten jugendlichen Gemeinschaftslebens. Die einzige Schranke liegt in dem Verbot der politischen Betätigung innerhalb des Jugendheims, in der Forderung der nur-erzieherischen Beeinflussung auch da, wo man grundsätzlich feindlich zur bestehenden Gesellschaftsordnung oder zum heutigen Staat steht" (ebd.). Hier kommt dieselbe Einstellung zum Ausdruck, die wir bereits bei *Flitner* (vgl. Kap. 9.2) und *Weniger* (vgl. Kap. 9.3) im Kontext der Volksbildungsarbeit (aber auch bei *Nohl* und *Litt*) kennengelernt haben – die *Forderung nach politischer Neutralität des Staates und seiner Vertreter in pädagogischen Kontexten.*

Abschließend ist noch kurz auf *Wenigers Position zur Reform des (Jugend-)Strafvollzugs* einzugehen. Er begrüßt ausdrücklich auf einem reformpädagogischen Konzept basierende Jugendgefängnisse wie Hahnöfersand (vgl. Fußnote 114) und betont als das Spezifische dieser Versuche, dass *aus der Jugendbewegung kommende Formen den pädagogischen Bezug zwischen Erzieher und Zögling auch im Gefängnis prägten* (vgl. 1924). Generell plädiert *Weniger* dafür, „den ganzen Strafvollzug einmal vom reinen Erziehungsgedanken aus einer gründlichen Besinnung zu unterziehen" (S. 198). Es müsste eine „‚Gefängnispädagogik'" entwickelt werden, „an der auch der weniger gefestigte Gefängnisbeamte einen sicheren Halt hat" (ebd.).

10.3 Wilhelm Flitner

Wie auch die anderen geisteswissenschaftlichen Pädagogen sieht *Flitner* in *Johann Heinrich Pestalozzi (1746–1827) das große Vorbild* für die sozialpädagogischen Aufgabenstellungen im ersten Drittel des 20. Jahrhunderts. Dies wird in seiner Veröffentlichung „Pestalozzis sozialpädagogische Gedanken und ihre Bedeutung für die Gegenwart" (1927) deutlich. Er skizziert zunächst *Pestalozzis* Wandel vom „jünglingshaft utopischen Programm der sozialen Erneuerung" zum „Wesentliche[n] sozial-pädagogischer Arbeits- und Denkweise" (S. 387). In Anlehnung an *Pestalozzi* arbeitet *Flitner* „drei sozial-pädagogische Bedingungen" heraus: die „geistige *Gesundheit der Atmosphäre*", die *„liebende Befriedigung der Naturbedürfnisse"* sowie die *„Erweckung der Selbsttätigkeit"* (S. 398). *Flitner* betont, dass das sozialpädagogische Handeln die Antwort auf eine Störung in der (Volks-)Ordnung darstelle; er spricht von „Notstandspädagogik" (S. 399). Hiermit seien *drei pädagogische Aufgaben* verbunden: *zum einen* die *„Rettung"* von einzelnen: „Es sollen die Menschen der Gemeinschaft auf erzieherischen Wegen zurückgewonnen werden, die durch persönliche Schwäche und falsche Erziehung der Gemeinschaft entglitten sind" (ebd.). Die „soziale Pädagogik" sehe in diesen

Menschen „nicht die Schwächlinge, die Verkrüppelten, die Harten, die Wertblinden, die Asozialen, die Verbrecher", sondern vielmehr verirrte Menschen, denen geholfen werden müsse (ebd.). Als *zweite Aufgabe* nennt *Flitner* die *„Bildung gesunder* kraftausstrahlender *Zellen im Volkskörper"* (ebd.), wie etwa der Schulen, die sich für sozialpädagogische Belange öffnen müssten (vgl. S. 400) – die selbe Meinung, ich habe es bereits im Kapitel 7 (Schultheorie) dargestellt, vertraten *Nohl* und *Weniger*. Die *dritte Aufgabe* bestehe darin, *„die Kulturarbeitsgebiete mit pädagogischem Geist zu durchdringen"* (ebd.), also die Perspektive der Förderung jedes Einzelnen mit in ihre Arbeit hineinzunehmen. Diese Aufgaben, so endet *Flitner*, seien auch als „Hauptmotive der pädagogischen Bewegung" (Reformpädagogik) zu verstehen (ebd.).

Fazit

Nohl, *Weniger* und *Flitner* sind der Auffassung, dass die pädagogische Perspektive in der Jugendpflege und -hilfe die vorherrschende sein müsse, anders formuliert: dass die relative pädagogische Autonomie von allen Trägern der Jugendpflege und -hilfe anerkannt werden müsse. Im Zentrum der sozialpädagogischen Arbeit müsse die sittliche Stärkung der Individuen, die Hilfe zur Selbsthilfe stehen.

Wie für die Volksschullehrerbildung und die Volksbildung/Erwachsenenbildung gefordert, soll auch in der (Jugend-)Fürsorge die Pädagogik zur zentralen Berufswissenschaft werden, der die Vermittlung eines Berufsethos anheimgegeben ist.

11 Theorie des Geschichtsunterrichts

11.1 Erich Wenigers „Grundlagen des Geschichtsunterrichts" (1926)

Einen *Schwerpunkt* von *Wenigers pädagogisch-didaktischem Nachdenken bildete der Geschichtsunterricht*, da er, wie er in seiner 1926 veröffentlichten Habilitationsschrift „Die Grundlagen des Geschichtsunterrichts. Untersuchungen zur geisteswissenschaftlichen Didaktik" ausführte, Geschichte für ein Schlüsselfach seiner Zeit hielt. „Wer heute in das Geschehen entscheidend eingreifen und handeln will, der muß geschichtlich, das heißt im Bewußtsein der Zusammenhänge seiner Tat mit dem Bisherigen und mit dem Kommenden handeln" (S. 5f.). „Historische Bildung" sei ein „Ferment jeder Bildung" (S. 6). Ziel einer geisteswissenschaftlichen Fachdidaktik sei es, „Bildungsideal, Bildsamkeit des Zöglings, Haltung des Bildners für ihr Gebiet und gemäß ihrem Bildungswert zu bestimmen" (S. 4). *Weniger* beginnt seine Arbeit damit, dass er in einem *historischen Abriss* (19. Jahrhundert) ausführt, *welche Konzepte entwickelt wurden, die Bildsamkeit des Kindes/Jugendlichen (in den unterschiedlichen Entwicklungsstufen) im Geschichtsunterricht zu berücksichtigen* (vgl. S. 11–

83). Seine *systematischen Folgerungen* hieraus sind – knapp zusammengefasst – folgende (vgl. S. 84–113): der Geschichtsunterricht müsse einen Gegenwartsbezug aufweisen; das Wissen müsse gegenüber dem Können und Verstehen zurücktreten; der Geschichtsunterricht könne erst einsetzen „mit der Hinwendung des Kindes zur Realität" (S. 97); er habe auf der Unter-, Mittel- und Oberstufe ein je spezifisches Gesicht, auf der Unterstufe gehe es um die Erweiterung des Lebenskreises, auf der Mittelstufe stehe die Stoffvermittlung im Zentrum, auf der Oberstufe die kritische Reflexion und Einordnung sowie die Bezugnahme auf das Handeln. Vor „Verfrühungen" (S. 103) sei zu warnen. „In allen Schulformen wird heute das *Verständnis der Gegenwart* als die entscheidende Aufgabe des Unterrichts gesehen. Und zwar handelt es sich nicht um ein bloß kontemplatives Verstehen, sondern um eine aktive Erziehung zu eigenem Handeln. Ziel des Unterrichts soll […] der *verantwortlich handelnde, im klaren Bewußtsein seiner Aufgabe lebende* Mensch sein" (S. 110) – damit ist das ‚Bildungsideal' des Geschichtsunterrichts bestimmt.

Im zweiten Teil seiner Schrift setzt sich *Weniger* mit dem *Gegenstand des Geschichtsunterrichts* auseinander und zeichnet die *Entwicklung der Kulturgeschichtsschreibung in Auseinandersetzung mit der politischen Geschichtsschreibung* nach. Er benennt abschließend „pädagogische Funktionen der Kulturgeschichte" (S. 177), zum einen ihren innovativen, überkommene Sichtweisen weiterführenden Charakter (vgl. S. 179), zum zweiten die Erweiterung des historischen Bewusstseins auf neue Lebensgebiete (vgl. ebd.) und zum dritten die Einbeziehung neuer Volksgruppen in die historische Betrachtung und das Wecken ihrer Mitverantwortlichkeit für die geschichtliche Entwicklung (vgl. S. 179f.). Als problematisch sieht *Weniger* die häufig vorhandene Ausblendung der staatlichen/politischen Geschichte durch die Kulturgeschichte an und betont, dass sie in ihrer oppositionellen Haltung gegenüber der überkommenen politischen Geschichte durchaus auch politisch sei (vgl. S. 182). Als für die Gegenwart überzeugendes Konzept plädiert er für die „*Geistesgeschichte*" (S. 183), also die geistesgeschichtliche Perspektive im Geschichtsunterricht. Diese enthalte die „politische Geschichte ebenso wie die Geschichte der Kultur […]" (ebd.). „Das Ganze der geistig-geschichtlichen Welt wird aufgenommen zur Gestaltung der Persönlichkeit, der beschränkte Umkreis der Existenz wird unendlich erweitert hinein in die Fülle des geschichtlichen Lebens. Die Geschichte hört auf, nur Vergangenheit zu sein […] aus dem Vergangenen wird lebendigste, unmittelbarste Gegenwart, die Ewigkeit tritt in die Zeit, und unsterbliche Gehalte gewinnen eine existentielle Beziehung zum Menschen" (S. 183f.).[118] Der Mensch werde somit durch den Geschichtsunterricht zum Handeln auf historischer Grundlage aufgefordert (vgl. S. 188).

Im dritten Teil seiner Schrift *behandelt Weniger die Aufgaben und die Haltung des Lehrers im Geschichtsunterricht* (vgl. S. 189ff.). Als „Zentralbegriff der Didaktik der Geisteswissenschaften" nennt er die „*innere Form des Lehrers*". „Zu ihr gehört ein Bild der Geschichte und ihrer Zusammenhänge und eine Überzeugung, ein Ideal, ein Wissen um das Ziel der

---

[118] Vgl. *Wenigers* Bestimmung der ersten Schicht des Lehrplans als „existentielle Konzentration" (vgl. Kap. 6.2).
Weniger weist in seiner Schrift auch mehrfach darauf hin, dass eine wichtige Grundlage seiner Überlegungen *Nohls* Aufsatz „Die Geschichte in der Schule" (1923) darstelle. Darin weist dieser darauf hin, dass es im Geschichtsunterricht um allgemeine Struktureinsichten des Historischen ginge, die die Basis dafür bildeten, „die eigene Gegenwart [zu] durchschauen" und in diese einzugreifen (1949a, S. 72).

Erziehung, das alle geschichtliche Unterweisung in seinen Dienst zu stellen vermag" (S. 194f.). Dies dürfe jedoch nicht zu einer Verfälschung, einer interessengeleiteten Auslegung der Geschichte führen; *der Lehrer müsse sich um Objektivität bemühen und seinen Schülern ebenfalls die entsprechende Haltung vermitteln* (vgl. S. 223ff.). „Der Geschichtsunterricht muß […] die Jugend zur Objektivität zwingen, weil sie nur so zu reifem und überlegenem Menschentum gelangen kann, weil Haß und Willkür die Feinde jeder erzieherischen Einwirkung sind, ferner, weil Objektivität allein zu verantwortlicher und einsichtiger Tat führen und die Natur des geschichtlichen Handelns aufdecken kann, schließlich, weil unsere Lage uns zwingt, mit anderen Anschauungen friedlich zusammenzuwohnen und zusammenzuarbeiten" (S. 227). Objektivität des Geschichtslehrers als regulative Idee erfordere die „Pflicht zur Selbsterziehung" (S. 232). Der Lehrer müsse sich seiner eigenen Standortgebundenheit, seiner Vor-Urteile bewusst werden, er müsse „seine eigenen Überzeugungen" immer wieder „prüfen an den Tatsachen" (S. 229). Den Überzeugungen anderer müsse er mit Respekt begegnen, „der Haß" müsse „völlig aus dem Geschichtsunterricht" verschwinden (S. 232). Der Lehrer dürfe und müsse sich schließlich auch positionieren; dieser Akt der Positionierung müsse allerdings vor den Augen der Schüler (der Oberstufe) – sozusagen methodisch kontrolliert – erfolgen: „Das bedeutet einen radikalen Bruch mit dem Autoritätsprinzip, sofern dieses Wahrung absoluter Geltung für die Überzeugungen des Lehrers bedeutet. Der Lehrer wird es klar hervortreten lassen, wenn er seine eigene Meinung sagt, und daß er eine eigene Meinung von den Dingen hat. Dazu gehört weiter, daß er seine Schüler in die Gründe seiner Stellungnahme einführt, daß er seine Motive bis in ihre letzten Verzweigungen enthüllt, daß er aber auch die kritischen Einwände und die Bedenken gegen seine Position nicht verschweigt" (S. 231).

Weniger beendet seine Habilitationsschrift mit einem kurzen Kapitel über das *Verhältnis des Staates zum Geschichtsunterricht* und verlangt – wie wir es jetzt schon in der didaktischen (vgl. Kap. 6.2) und in der sozialpädagogischen Theorie *Wenigers* (vgl. Kap.10.2) gehört haben – erneut die *Überparteilichkeit/Neutralität des Staates.* „Der Staat hat also für die Erziehung sich selbst oder doch mindestens seine jeweilige Form zu relativieren, denn auch die Staatsform gilt theoretisch nur so lange, als sie von den Überzeugungen der Staatsbürger getragen wird. Die Führer des Staates müssen wissen, daß das politische Leben eine unausgesetzte Entscheidung über die beste Lebensform der Nation darstellen soll und daß die kommende Generation selbst verantwortlich über Formen und Leben des Staates zu entscheiden haben wird […]" (S. 242). Dies bedeute konkret für den Geschichtsunterricht und der Einstellung des Staates zu den Geschichtslehrern: „Jede Überzeugung, die sich in pädagogisch einwandfreien Formen äußert und sich erzieherisch fruchtbar erweist, die also innerhalb unserer Möglichkeiten und der Möglichkeiten der nächsten Generation liegt [was auch immer das konkret bedeutet; E. M.], wäre zu dulden" (S. 243).

11.2 Neue Akzentsetzungen Wenigers nach 1945

Nach 1945 nimmt *Weniger* Gedanken aus seiner Habilitationsschrift wieder auf, setzt aber auch neue Akzente und wird nun in Bezug auf die Inhalte des Geschichtsunterrichts deutlich konkreter als in den 20er-Jahren. Er hält eine *„neue Sicht der Gesamtgeschichte des deut-*

schen Volkes innerhalb der Weltgeschichte" für unerlässlich (1945/46, S. 500, Hervorh. E. M.; vgl. auch 1990j, S. 265). „Ein wichtiger Bestandteil dieser Aufgabe" sei „die Entmythisierung der Geschichte, die Desillusionierung unseres Geschichtsbildes, also [...] eine kritische Geschichtsbetrachtung" (1990j, S. 266). Zu warnen sei jedoch vor einer bloßen Umkehrung des nationalsozialistischen Geschichtsbildes: „Es ist nicht anzunehmen, daß auf diese Weise [...] ein richtigeres Geschichtsbild zustande kommt. Der Fülle der Geschichte gegenüber ist die Schwarz-weiß-Technik immer unangemessen, und es entsteht noch kein besseres Gemälde, wenn wir da Schwarz wählen, wo bisher Weiß genommen wurde" (1945/46, S. 500f.). Im Blick auf den Geschichtslehrplan heiße dies, dass „ein neuer Lehrplan [...] nicht dadurch zustande kommen [kann], daß man den alten nationalsozialistischen nimmt und nun einfach das nationalsozialistische Gedankengut fortstreicht, in der Meinung, daß dann die Tatsachen übrig bleiben [...] Es muss schon eine neue Gesamtkonzeption an die Stelle des alten Lehrplanes treten, in der nun freilich Rassentheorie und ungeschichtlicher Biologismus, künstliche Mythologien vom nordischen Menschen und Phantasien über die Vorgeschichte keinen Platz mehr haben" (S. 501f.). Durch die Erfahrung des Nationalsozialismus seien „neue Perspektiven gewonnen [worden], die uns die Vergangenheit in einem neuen Lichte zeigen und Zusammenhänge erschließen, die bis dahin verborgen geblieben sind oder nicht genügend beachtet wurden" (1950a, S. 33; vgl. auch 1950b, S. 171).

Wichtig sei, dass der neue Geschichtsunterricht „einen ganz anderen Charakter" haben müsse „als der alte einseitig machtstaatlich, außenpolitisch, national, monarchisch und von den jeweils herrschenden Klassen bestimmte Geschichtsunterricht des 19. Jahrhunderts" (1950a, S. 34).

In seinem Beitrag „Geschichte ohne Mythos" aus dem Jahre 1948 nennt er als „die besonderen Themen des heutigen Geschichtsunterrichts" die Antike, „vor allem die griechische Auffassung von der Freiheit der Person und der Macht der Vernunft und die römische Rechtsordnung" (1990j, S. 278); die Geschichte des Christentums in überkonfessioneller Perspektive (S. 279ff.), die „nordisch-germanische Welt", wobei „gerade hier die mythologisierenden Überschreitungen des Nationalsozialismus zugunsten einer gerechten und vorurteilsfreien Würdigung abgebaut werden müssen" (S. 281);[119] das „moderne naturwissenschaftlich-positivistische Denken" (S. 278) „in Verbindung mit dem Freiheitsgedanken der angelsächsischen Welt und mit der Entwicklung der demokratischen Ideen, wie sie von der französischen Revolution ausgegangen ist" (S. 283). Da „die angelsächsischen Grundwörter: Freiheit der Person, Liberalismus, Demokratie, Staatsbürgertum [...] die Geschichte der Neuzeit im politischen Feld bestimmt" hätten, sollten „bevorzugter Gegenstand" des neuzeitlichen Geschichtsunterrichts „die beiden englischen Revolutionen und die Entwicklung des englischen Parlaments, der holländischen und der nordamerikanischen Freiheitskämpfe, [...] die französische Revolution" sein (S. 282). Auch „das große Thema des 19. Jahrhunderts", der „nationale Gedanke", solle Thema des Geschichtsunterrichts sein. „Aber das Ringen um die Frei-

---

[119] Allerdings ist dies nach *Weniger* auch der Ort, „wo die Blutzusammenhänge und die Verbundenheit der gemeinsamen Sprache [...] Gegenstand des Geschichtsunterrichts werden dürfen"; unbestimmt relativierend fügt er allerdings hinzu, dass „unter den Eindrücken unserer heutigen Erfahrung kritisch reinigend und befreiend mit Mythos, Legende, Ideologie aufgeräumt und damit eine tiefere Auffassung aller dieser Zusammenhänge vorbereitet werden muß" (S. 281f.).

heit wird viel stärker in den Vordergrund treten müssen und damit die geistigen und politischen Einwirkungen, die aus den großen Revolutionen und den angelsächsischen und romanischen, den westlichen Freiheitsideen auf unsere Entwicklung erfolgten, aber nicht eben zu unserem Heil nicht entscheidend geworden sind" (S. 283). Als „entscheidende neue Bildungsmacht für den Neuaufbau der politischen Ordnungen in der Welt" nennt er die „aufsteigende Welt des Sozialismus". „Sozialismus und soziale Bewegung" müssten „in ihre geschichtlichen Ursprünge" zurückverfolgt werden. Dieser neue Gegenstandsbereich sei „bisher und auch schon vor 1933 sträflich vernachlässigt oder bagatellisiert" worden (ebd.); hierbei geht es ihm um eine Integration der Arbeiterbewegung in den Geschichtslehrplan.

Die *zentralen Aufgaben/Ziele des Geschichtsunterrichts nach 1945* sieht *Weniger* darin, „uns zur Einsicht in unsere Verantwortung" zu verhelfen und „dabei die Möglichkeiten" zu zeigen, „die für uns und unser Volk noch bestehen" (1990j, S. 263; vgl. auch 1945/46, S. 503ff.). Der Geschichtsunterricht ziele darauf, „daß mit der Verantwortung für die Gestaltung einer Zukunft immer die Verantwortung für die Vergangenheit mit übernommen wird, mithin für ein geschichtliches Erbe, aber auch für eine geschichtliche Schuld, selbst wenn der Träger der Verantwortung an der Entstehung und Gestaltung dieses Erbes gar nicht beteiligt war, wenn er ‚keine Schuld hat'" (S. 264; vgl. auch 1950b, S. 170f.). „Die Selbstbesinnung unseres Volkes nach der großen geschichtlichen Katastrophe ist nicht möglich, ohne daß wir in die geschichtlichen Gründe, in das Geflecht von Ursachen und Wirkungen verstehend und kritisch zugleich eindringen" (1949, S. VII). Dies erfordere eine *Revision des bisherigen Geschichtsbildes*, der bisherigen Geschichtslehrpläne unter der Perspektive der Wahrhaftigkeit (s. o.); die Übereinstimmung von *Wenigers* Position mit der *Litts* ist offensichtlich.

Auf der Basis dieser Aufgabenbestimmung gibt Weniger für den Geschichtsunterricht nach 1945 folgende Hinweise und Empfehlungen: Zum einen müsse die „Flucht in die Kulturgeschichte, die in den Lehrplänen und Richtlinien, in den methodischen Anweisungen wie in den theoretischen Überlegungen überall festzustellen ist, überwunden werden" (1950b, S. 169; vgl. auch 1950a)[120]: „[…] im Geschichtsunterricht, der die junge Generation auf die politische Verantwortung, die ihrer wartet, vorbereiten will, [muß] die politische Geschichte, befreit von früheren Einseitigkeiten, im Vordergrund stehen […] Das Ausweichen in die Kulturgeschichte bedeutet die Flucht vor der politischen Verantwortung" (S. 171), verfehle mithin die *politische Aufgabe des Geschichtsunterrichts*. Zum zweiten verlangt er für den „Jugendunterricht" in Geschichte, der eine eigenständige Aufgabe gegenüber der Geschichtswissenschaft und keinen Abbildcharakter habe, „daß der Enthusiasmus für neue Ziele" – Aufbau der Demokratie, Einordnung des deutschen Volkes in die abendländische und die Welt-Völkergemeinschaft (vgl. 1945/46, S. 505) – „geweckt wird, die im historischen Unterricht ihren Horizont und ihre geschichtliche Tiefe erhalten", da „irregeführte oder gegenstandslos gewordene Begeisterung […] nur dadurch überwunden werden" könne (1945/46, S. 342). Nicht Kritik sei also „die erste und vordringlichste Aufgabe der geschicht-

---

[120] Mit „Kulturgeschichte" fasst *Weniger* die in vielen Rahmenrichtlinien der Nachkriegszeit vorherrschenden Tendenzen zusammen, anthropologische, ethische, religiöse und mitmenschliche Kategorien in den Mittelpunkt zu stellen und politische Kategorien – wie Nation, Staat, Volk, Konflikt, Macht, Einfluss, (Völker-)Recht – im Geschichtsunterricht weitgehend auszuklammern (vgl. zusammenfassend Matthes 1998, S. 235ff.). Dieselbe Kritik übt er auch an Entwicklungen in der politischen Bildung (vgl. Kap. 12.3).

lichen Unterweisung für die Altersstufen der Schule" (ebd.), jedoch werde „die historische Kritik ihren Platz schon im Unterricht der Oberstufe finden können, und zwar einen größeren, als in ruhigen Zeiten nötig gewesen sein mag. Doch solche Kritik ist dann nicht mehr destruktiv, sondern steht von vornherein im Rahmen des konstruktiven Neubaus des Geschichtsunterrichts" (S. 404).

11.3 Litts Position nach 1945

Auch *Litt* setzt sich wie *Weniger* für eine *Revision des bisherigen Geschichtsbildes* ein. Er *weist die Vorstellung* entschieden *zurück*, dass nach der Erfahrung der nationalsozialistischen Gewaltherrschaft ein ungebrochenes Anknüpfen an die Traditionen vor 1933 möglich sei. „So wenig wir die äußere und innere Lage wiederherzustellen vermöchten, die mit dem Einbruch des Nationalsozialismus ihr Ende fand, so wenig können wir die Geschichte noch mit denselben Augen ansehen, wie uns das vor dieser weltgeschichtlichen Wende selbstverständlich war" (1947a). Notwendig sei vielmehr, „das Verhältnis zu unserer Vergangenheit recht eigentlich neu zu begründen" (1946a, S. 28).

Eine der zentralen Herrschaftspraktiken des Nationalsozialismus sei die „Geschichtsklitterung" gewesen. „Mit berechnender Kunstfertigkeit wurde alles an der Vergangenheit um seinen Kredit gebracht, was nicht die von der Propaganda gewünschte Richtung einzuhalten schien: Ganze Partien der deutschen Geschichte versanken im Schatten" (1947a; vgl. auch 1948c, S. 112ff.). Die Konsequenz hieraus dürfe nun nicht eine Absage an die Geschichte sein, vielmehr müsse in eine *differenzierte Auseinandersetzung mit der Vergangenheit* eingetreten werden (vgl. 1947a; 1946b, S. 6f.; 1955b, S. 24). *Zwei Irrwege* seien hierbei zu vermeiden: *Zum einen* könne nicht einfach das vor 1933 gültige Geschichtsbild restauriert werden; die deutsche Geschichte sei vielmehr auf Entwicklungen, Bestrebungen und Ideen zu befragen, die die nationalsozialistische Gewaltherrschaft begünstigt hätten, zumindest sich von ihr instrumentalisieren hätten lassen. Phänomene und Ideen des modernen technischen Zeitalters seien in ihrer potentiellen Zweideutigkeit darzustellen, um für die ihnen inhärenten Gefahren zu sensibilisieren (vgl. 1948c, S. 115ff.).

Falsch wäre es jedoch *zum zweiten* auch, die nationalsozialistischen Einschätzungen und Beurteilungen der deutschen Geschichte einfach umzukehren und zu glauben, damit der geschichtlichen Entwicklung gerecht zu werden. Dieser Vorstellung liege die Überzeugung zugrunde, dass das, was vom Nationalsozialismus positiv interpretiert wurde, „Geist von seinem Geiste war" und umgekehrt (1948c, S. 118). *Litt* hält dem zum einen entgegen, „daß das Dritte Reich ein lebhaftes Interesse daran haben mußte, einen *möglichst großen* Teil der deutschen Vergangenheit im Sinne der Zeugen und Helferschaft auf seine Seite zu bringen". Dies führte zu der „sattsam bekannte[n] Neigung", etwa einen *Meister Eckhart*, einen *Luther*, einen *Schiller* „als Kronzeugen des Nationalsozialismus zu reklamieren". „Es wäre dann also dem Dritten Reich gelungen, uns fortwirkend auch mit solchen Teilen unserer Vergangenheit zu verfeinden, die wir in Wahrheit neu für uns zu gewinnen hätten" (S. 119). Zum zweiten warnt er davor, „den Lebenden die ganze Verantwortung für das der fernen Zukunft Vorbehaltene aufzubürden. Jede Schuldzumessung hat in Rechnung zu stellen, was der Inkulpat wissen konnte, was er übersehen mußte [...] Zusammenhänge sehen und Verantwortungen aufdecken – das ist zweierlei" (S. 121).

Litt kommt zu dem Ergebnis, dass sowohl das, was von den Nationalsozialisten in der deutschen Geschichte verteufelt, als auch das, was für ihre Ideenwelt reklamiert wurde, einer kritischen Befragung vor den Aufgaben der Gegenwart bedürfe. Dies gelte auch für Traditionen wie Christentum und Humanismus (vgl. S. 143f.). „[...] was uns die Geschichte auch zutragen mag, es kann nicht einfach aufgrund überlieferter Wertung oder bezeugter Bewährung erneut Eingang fordern; es muß sich der Feuerprobe aussetzen, die nur in lebendiger Begegnung mit dem Anliegen des Heute geleistet werden kann" (S. 124).

Fazit
Weniger und *Litt* weisen beide der Vermittlung von Geschichte eine wichtige Bedeutung für die Gegenwart zu. Nach 1945 halten sie eine Revision des überkommenen Geschichtsbildes für unerlässlich. Die politische Geschichte – die im Geschichtsunterricht nicht von einer Kulturgeschichte verdrängt werden dürfe – benötige nach der Erfahrung der NS-Zeit eine differenzierte Neuausrichtung.

12 Theorie der staatsbürgerlichen/ politischen Erziehung

In der Weimarer Republik stellte sich die staatsbürgerliche Erziehung als wichtige (fach-) didaktische Aufgabe. Im Artikel 148, Abs. 1 der Weimarer Reichsverfassung heißt es nämlich: „In allen Schulen ist sittliche Bildung, staatsbürgerliche Gesinnung, persönliche und berufliche Tüchtigkeit im Geiste des deutschen Volkstums und der Völkerversöhnung zu erstreben." In Abs. 3 wird Staatsbürgerkunde als schulisches Lehrfach genannt.

Da in der Weimarer Republik sich aber viele, nicht zuletzt auch viele Lehrer und Hochschullehrer, nicht mit der Demokratie identifizierten, *wurde die Vermittlung „staatsbürgerlicher Gesinnung" häufig nicht als Erziehung zur Demokratie verstanden*, sondern durchaus mit einer ablehnenden Haltung gegenüber der bestehenden Weimarer Republik verbunden.[121]

Wie stellten sich nun die geisteswissenschaftlichen Pädagogen dieser Problematik und wie entwickelten sie ihre Überlegungen nach 1945 weiter?

---

[121] Vgl. zur staatsbürgerlichen Erziehung in der Weimarer Republik Becker 1966.

12.1 Eduard Spranger

12.1.1 Weimarer Republik

In seiner Publikation „Probleme der politischen Volkserziehung" (1928) bringt *Spranger* sein zentrales Verständnis bereits in seinem ersten Satz zum Ausdruck: *„Erziehung für den Staat ist Erziehung zum Dienst an einem Ganzen"* (1970c, S. 169; Hervorh. E. M.). Der einzelne müsse lernen, sich in die „Ordnungsmacht von überindividuellem Gehalt" (S. 170) einzufügen und seine Kräfte, sein Können in sie einzubringen. Junge Menschen müssten zu einer Haltung der „Ehrfurcht vor dem Staat" geführt werden (ebd.): dies gelte „mindestens für alle Staaten, deren Machtentfaltung sich auf Recht und Rechtsgesinnung beruft" (ebd.). Politische Erziehung sei somit sehr anspruchsvoll, denn „die Würde des Staates versteht man erst dann, wenn einem klar geworden ist, daß es eine überindividuell verpflichtende Ordnung des Zusammenlebens gibt, deren Sinn- und Wirkungsgehalt die Einschränkung des individuellen Lebenstriebes und -anspruches fordert" (S. 171).

Politische Erziehung müsse auf den real existierenden Staat bezogen sein: „Nur in der Arbeit am wirklichen Staat arbeitet man auch für den Idealstaat. Nur durch die Erziehung im Hinblick auf die Staatsrealität schmiedet man die Kräfte, die sie veredeln können" (ebd.).

Politische Erziehung ist für *Spranger* also Erziehung für den Staat; diese müsse folgende Dimensionen umfassen: die „Bildung des *Machtwillens*", des „*Rechtswillens*", zur „*Volkstreue*", zur „*Bodentreue*", zur „gemeinsamen *Kulturarbeit*", „und dies alles auf der selbstverständlichen Grundlage sittlicher Gesinnung und verantwortlichen Gewissens, die sich hier in der besonderen Form des *Staatsethos* darstellen" (S. 172). Mit „Bildung des Machtwillens" ist gemeint, dass der Wille zur Macht zum Staat konstitutiv dazugehöre und dass der einzelne dies anerkennen und den Machtwillen des Staates bejahen, ihn mittragen müsse. Die Freiheit des einzelnen sei „ein (ihm garantierter) Teil der Staatsmacht, und die Staatsmacht umgekehrt ist auf seine *freie*, sinnvoll tragende Mitwirkung angewiesen" (S. 173). Wie zur Bildung des politischen Machtwillens gehöre, seine eigenen Machtambitionen unter die des Staates zu stellen, gehöre auch dazu, das „Daseinsrecht des eigenen Staates" zu bejahen (S. 175), bis hin zur Verteidigung des eigenen Staates im Konfliktfall, wobei *Spranger* immer voraussetzt, dass es sich um einen sittlichen Staat handele (vgl. ebd.). „Das zweite Moment der politischen Erziehung ist *die Bildung des Rechtswillens und die Rechtsgesinnung*" (ebd.), da Macht und Recht zusammengehörten, nur auf Recht basierende Macht legitime Macht sei (vgl. ebd.). Als drittes Moment sieht *Spranger* die Bildung der „Volksgesinnung" (S. 176), die Schaffung einer einheitlichen Grundhaltung über weltanschauliche, soziale und ethnische Gegensätze hinweg (vgl. ebd.). Als weiteres Moment nennt er die „Bindung an den Boden" (S. 177), die Beförderung von Heimatbewusstsein und die Vermittlung der „geographischen Schicksalsbestimmtheit" (ebd.) eines Staates. Schließlich gelte es für den „Kulturstaat" zu bilden (ebd.). „Eine tiefere Bindung der Menschen an den Staat [...] wird nur da gelingen, wo er als wertvolles und unentbehrliches Gefäß kultureller Errungenschaften erlebt wird, die ohne sein geordnetes Walten sofort in Zweifel gestellt sein würden" (ebd.). Als wichtigstes Moment bezeichnet *Spranger* die „Bildung eines *Staatsethos*" (S. 178), das die spezifische

Sittlichkeit des Staates anerkenne und an deren permanenter verbesserter Verwirklichung mitwirke (vgl. ebd.).

In der Schule, in der Jugendgruppe und in der „Jungmannschaft" (S. 181) müsse „politische Propädeutik" (S. 181) betrieben werden. „[...] das totale Schulleben muß in den ihm zugemessenen Grenzen Gelegenheit bieten, das eine große Erlebnis zu wecken, daß der Einzelne mitverantwortlich ist für ein Ganzes, daß er ihm gegenüber nicht bloß Genießender und Fordernder ist, sondern vor allem Verpflichteter, Gebundener, Verantwortung Tragender" (S. 181). Damit sei allerdings nicht gemeint, „daß die Formen der eigentlich staatlichen Welt spielerisch nachgebildet werden" sollten (ebd.). „Das parlamentarische System z. B. gehört nicht in die Schule, weil es der hier in Frage kommenden Altersklasse durchaus unangemessen ist" (ebd.).[122] Die Jugendgruppe sei „ein Vorübungsplatz, auf dem unter den einfacheren Bedingungen einer kleinen Gemeinschaft sich Führereigenschaften, Verantwortungsbewußtsein und solidarisches Zusammenwirken entfalten können" (S. 182). Mit dem Wegfall der Wehrpflicht sei ein wesentliches Mittel der politischen Propädeutik für die „Jungmannschaft" entfallen, hier sei noch kein adäquater Ersatz geschaffen (vgl. S. 182f.).

Als ganz entscheidende Aufgabe für den Staat der Weimarer Republik sieht er an, zu lernen, „diesen Staat als *Einheit von Gegensätzen* zu sehen" (S. 185). Geistige Auseinandersetzungen sollten „ohne Haß und Vernichtungswillen, sondern zunehmend mit Ehrfurcht vor dem Glauben des anderen, mit dem Willen zum Verstehen und mit der Überzeugung, daß in *jedem* Ring etwas von der Kraft der Wahrheit steckt" (ebd.), geführt werden. Die Parteien müssten vor diesem Hintergrund ihre Einstellungen ändern, ihren partikularen Willen nicht als den Staatswillen ausgeben, sondern sich als Teil eines Ganzen, dem sie sich gemeinsam verpflichtet fühlen, begreifen (vgl. S. 190).

Als *besondere Herausforderung für einen demokratischen Staat* hebt *Spranger* hervor, dass in diesem *jeder sich zum Dienst am Staat verpflichten müsse*, dass jeder über ein Staatsethos verfüge und sich verantwortlich für das Ganze fühlen müsse; dies sei in einem demokratischen Staat die Aufgabe aller, nicht mehr nur bestimmter Eliten (vgl. S. 174, S. 186).

12.1.2 Nach 1945

1957 hat *Spranger* – an seine Überlegungen in der Weimarer Republik grundsätzlich durchaus anknüpfende – „Gedanken zur staatsbürgerlichen Erziehung" in der Schriftenreihe der Bundeszentrale für Heimatdienst (heute: Bundeszentrale für politische Bildung) vorgelegt, bei denen es ihm darum geht, *Formen zu finden, in denen Jugendliche an das Begreifen des Politisch-Staatlichen herangeführt werden*. Als Weg schlägt er die „Anknüpfung an Urphänomene" vor (1970i, S. 80). In der Familie seien „die wichtigsten gesellschaftlichen Urphänomene bereits erkennbar, auch diejenigen, die nachher in der Rechtsordnung und im Staat eine entscheidende Rolle spielen" (S. 84). *Spranger* geht hierbei von der „patriarchalische[n] Kleinfamilie" aus (ebd.). Als „Grunddimensionen des Zusammenlebens" schälten sich heraus: „1. Die Problematik um Freiheit und Gleichheit. 2. Die Formen der Regelung. 3. Das

---

[122] Hiermit grenzt sich *Spranger* von Reformschulkonzepten ab, die Schulparlamente als wichtiges Reformelement zur Stärkung der Mitspracheöglichkeiten der Schülerinnen und Schüler ansahen.

dialektische Verhältnis von Macht und Recht" (S. 88). Diese Themen sollten mit den Schülerinnen und Schülern ausgehend von ihren Erfahrungen in den Familien, sozusagen als „‚Fallanalysen'", diskutiert werden (S. 102). „*Am Einzelfall* das Allgemeine ahnen zu lassen, war auch das Verfahren des Sokrates. Wir folgen ihm, weil es das einzige ist, das die Überzeugungen und Wertungen aus der Tiefe des inneren Menschen ‚heraufholt'. Was nur in ihn hineingelegt wird, gehört nicht zum Wurzelhaften, sondern kann wieder abgelegt werden, wie man Kleider wechselt" (ebd.).

Die *Kontinuitäten zu seinen Überlegungen in der Weimarer Republik* liegen vor allem darin, dass *Spranger* nach wie vor die Herausbildung eines Staatsethos für unverzichtbar ansieht (S. 103), den Staat als „eine *große sittliche Aufgabe*" begreift (S. 102), in einer Demokratie *alle* für berufen, „d. h. ebenso berechtigt wie verpflichtet" erklärt, „dem Staate zu dienen und ihn mitzusteuern", was zu einer „gesteigerte[n] Wichtigkeit der politischen Erziehung" führe (S. 112), die Parteien auf das gemeinsame Staatsinteresse verpflichten möchte und nur auf dieser Basis eine glaubwürdige Erziehung zur Demokratie für möglich (vgl. ebd.) sowie das Demokratiespielen in der Schule nach wie vor für unfruchtbar hält (vgl. S. 113). *Stärker als in der Weimarer Republik hebt er nun – nach der Erfahrung der NS-Diktatur – jedoch „die Idee der sittlich selbständigen Persönlichkeit, die auch vom Staat nicht zum bloßen Objekt gemacht werden darf", hervor* (S. 109; Hervorh. E. M.). „Die Person ist deshalb heilig, weil sie der Ort des Gewissens ist, eines Regulators, der seinerseits metaphysische Würde beansprucht" (ebd.). Daraus folge, dass Träger der politischen Erziehung begriffen haben müssten, dass und warum „der freien, nur ihrem Gewissen gehorsamen Persönlichkeit de[r] Vorrang vor dem Spruch aller kollektiven Mächte einzuräumen" sei (S. 110).

12.2 Theodor Litt

12.2.1 Weimarer Republik

In seinem Beitrag „Die philosophischen Grundlagen der staatsbürgerlichen Erziehung" (1924) zeigt *Litt*, welche Bedeutung der Institution „Staat" für das Zusammenleben der Menschen zukommt. *Die zentralen Aufgaben des Staates lägen in der monopolisierten Konfliktregelung nach innen und außen. Diese Entlastungsfunktion des Staates für den einzelnen Menschen schaffe Freiräume für die Entfaltung von Kultur und personaler Sittlichkeit.* Die so entstandene Sittlichkeit wirke nun wieder auf den Staat zurück, indem er mit diesen ethischen Ansprüchen konfrontiert werde: „Die Ethik der rein menschlichen Lebensbezüge fordert den Staat vor ihr Gericht, den einzigen, der Gewalt nicht etwa nur tatsächlich übt, sondern auch sie zu üben für sein gutes Recht, ja für seine Sendung hält. Wie könnte der Spruch dieses Gerichts anders als auf ‚Schuldig' lauten" (S. 71). Ausgehend von seiner Anthropologie, die den Menschen als schwaches, für das Böse anfälliges Wesen charakterisiert, hält *Litt* – in Übereinstimmung mit *Spranger* – dem entgegen: „Die ultima ratio des physischen Zwangs ist mit keinem Mittel aus dieser irdischen Welt zu bannen" (S. 72). Er folgert daraus, dass unterschiedliche Ethiken anzuerkennen seien, anders formuliert, dass es einer *spezifi-*

schen politischen Ethik bedürfe.[123] Dass die Spannung von Politik und personaler bzw. zwischenmenschlicher Sittlichkeit unaufhebbar sei, zeigt er am Beispiel des Rechts: „Das Recht beruht, seinem unveränderlichen Wesen nach, auf einem konstruktiven Prinzip, das sich mit der Sittlichkeit des persönlichen Gewissens nie in volles Einvernehmen setzen kann. Recht ist ausgleichende Vereinheitlichung, begrifflicher Schematismus, nivellierende Regel [...] Die Wirklichkeit aber, der dieses Recht gilt, ist bis ins Unendliche individualisiert, ist ein in unerschöpflichen Besonderungen sich ausströmendes Leben [...]" (S. 78). *Litts* Folgerung lautet: „Nun und nimmer war und ist der Staat die ‚Verwirklichung des Sittlichen' auf Erden" (S. 84), wie er ebenso, trotz aller Betonung der zentralen Stellung des Staates im menschlichen Zusammenleben, „jede Art von Vergötterung" desselben (ebd.) ablehnt. Im Blick auf das *unverzichtbare staatliche Gewaltmonopol* weist er auf die *ständige Gefahr des staatlichen Machtmissbrauchs* hin: „Gewalt ist, auch wo sie im Dienste des Rechts und zur Wahrung einer geistigen Güterwelt geübt wird, ein Tun von gefährlicher, an Versuchungen reicher Doppeldeutigkeit [...] So unrecht und so weltjenseitig ein Rigorismus ist, der alle Gewaltausübung ohne Unterschied der gleichen Verdammnis überantwortet, so richtig spürt eine empfindliche Sittlichkeit hier die Stelle, an der am leichtesten und am unbemerktesten Geist in Widergeist, Sittlichkeit in sittlich maskierte Begehrlichkeit umschlägt" (S. 79).

Die im vorangegangenen Abschnitt skizzierte Rolle des Staates, dessen „Idee", ist nun nach *Litt* nicht an eine bestimmte „verfassungsmäßige Form" des Staates gebunden (1931, S. 360): So entfalle auch „jeder Anreiz und noch mehr jede Nötigung, die in der Gegenwart, durch die Gegenwart auf den Thron erhobene Staatsform als *die* Verwirklichung der Idee oder wenigstens als die maximale Annäherung an die Idee zum Rang eines absoluten Wertes zu erheben und im Hinblick auf sie ihre Vorgängerinnen überhaupt und ganz besonders ihre unmittelbare Vorgängerin [das Wilhelminische Kaiserreich ist gemeint; E. M.] zurückzusetzen" (S. 361). Den Hintergrund für Litts Ausführungen bildet dessen *tiefes Missbehagen an der Entwicklung der Weimarer Demokratie*, das er wiederum mit *Spranger* teilt. Nach der Feststellung einer „*Krisis des Staatsbewußtseins*" betont er, „daß die tatsächliche Beschaffenheit des Staates, so wie er sich der Betrachtung darbietet und im Tun und Erleiden fühlbar macht, der anziehenden Züge wesentlich ermangelt; er zeigt Eigenschaften, stellt Forderungen, entfaltet Wirkungen, die es ihm schwer, wenn nicht unmöglich machen, die Seelen für sich zu gewinnen" (S. 341; vgl. auch S. 342 u. 356).

Welche Folgerungen zieht *Litt* nun aus diesen *Überlegungen für die staatsbürgerliche Erziehung in der Weimarer Republik*? Er nennt *vier Aufgabenbereiche*: Es gehe *zum einen* um die Vermittlung der Erkenntnisse, dass die Demokratie – er spricht vom „Volksstaat" – nur eine neben anderen möglichen Verkörperungen der nationalen Staatsidee darstelle, dass sie keinen „absoluten Wert" habe und somit auch nicht „den ideellen Gehalt der staatsbürgerlichen Erziehung" darstelle (S. 366). Damit müsse den jungen Menschen ermöglicht werden, frühere Staatsformen (Ständestaat, konstitutionelle Monarchie u. ä.) ebenso anzuerkennen und ihre Leistungen zu schätzen wie auch offen zu sein für neue zukünftige Formen. Trotz dieser

---

[123] Dieselbe Position vertritt *Spranger*, so heißt es zum Beispiel in seinen „Gedanken zur staatsbürgerlichen Erziehung": „Der staatstragende Mensch ist vor besondere Verantwortungen gestellt. Seine politische Sittlichkeit fordert Anderes und Größeres von ihm als seine ‚Nachbarsittlichkeit' [...] Jedenfalls deckt sich die allgemeine Moral nicht mit den spezifizierten Forderungen, die aus den politischen Bindungen erwachsen" (1970i, S. 111).

starken Betonung des Momentes der Geschichtlichkeit verweist *Litt* auch auf einen „Kanon derjenigen Tugenden, auf die *jedes* Staatswesen, seine Form sei welche sie wolle, angewiesen ist" (S. 367). Damit ist eine *weitere Aufgabe* staatsbürgerlicher Erziehung angesprochen: „Aus dem spezifischen Ethos des Volksstaates, wie er sich in den grundlegenden Sätzen dieser Verfassung ausspricht, das echte Ethos staatsbürgerlicher Willensbereitschaft überhaupt zu entbinden" (ebd.), was eine *Einsicht in das Wesen des Staates* voraussetze. Die *dritte Aufgabe* wurde in der ersten schon implizit angedeutet: Die Erziehung zur „rückhaltlose[n] Achtung" vor der „gegenwärtigen Verfassung" des deutschen Staates (S. 362). *Litt* warnt in diesem Zusammenhang davor, die Weimarer Demokratie „mit zur Schau getragener Gleichgültigkeit [zu] behandeln oder gar zum Gegenstand einer abfälligen und herabsetzenden Kritik [zu] machen." Er fordert die Ermöglichung einer „eigenen Entscheidung" für die Jugend. „Mißachtet der Erzieher dieses Gebot, hält er sich berechtigt oder verpflichtet, den noch Unmündigen eine bestimmte Meinung über die Staats- und Gesellschaftsordnung, die anstelle der gegenwärtigen zu treten habe, mit den Künsten einer überlegenen Fachbeherrschung und einer werbenden Darstellung zu suggerieren, so bringt er den Prozeß der Urteilsreifung, den zu fördern sein Auftrag ist, durch vorzeitige Verhärtung zum Stocken" (S. 366). Da *Litt* jedoch die Überzeugung vertritt, dass jede Staatsform „einseitig" sei, bestimmte Werte betone und andere ausblende, z. B. Freiheit oder Unterordnung, jeder Staatsform „zusammen mit ihren spezifischen Tugenden die zugehörigen Versuchungen, Versäumnisse und Irrtumsmöglichkeiten auferlegt" seien, fordert er schließlich *viertens* von der staatsbürgerlichen Erziehung, „auf diejenigen Ergänzungen und Ausgleiche Bedacht [zu] nehmen, nach denen das Gegebene in seiner temporären Einseitigkeit verlangt" (S. 367). Autoritäre und republikanische Staatswesen gleichsetzend fährt er fort: Die staatsbürgerliche Erziehung „wird, wie sie dem Bürger eines autoritär aufgebauten Staatswesens Sinn und Notwendigkeit der persönlichen Initiative und der in Freiheit erwählten Selbstverantwortung einschärft, so dem Bürger eines Freistaates die Funktion der Autorität, den sittlichen Gehalt der Ein- und Unterordnung nachdrücklich in Erinnerung bringen" (S. 367f.).

12.2.2 Nach 1945

Während – wie dargestellt – Litt in der Weimarer Republik die Demokratie nur als eine neben anderen möglichen Verkörperungen der „nationalen Staatsidee" betrachtet, wirbt er in einer Vielzahl von Schriften nach 1945 unermüdlich für eine Akzeptanz der Demokratie als der besten aller (menschenmöglichen) Staatsformen, wobei sich explizite Ansätze einer Demokratietheorie allerdings erst seit 1953 finden (vgl. etwa 1951; 1952c, v. a. S. 30ff.; 1954a; 1956; 1959a, S. 232ff.; 1959b; 1960d; 1962a; 1963)[124]. Zwei Aspekte werden im Besonderen von ihm hervorgehoben: Zum einen die notwendige „Selbsterziehung" des ganzen deutschen Volkes, „das durch die Geschichte vor die Notwendigkeit gestellt ist, sich zu einer politischen Form durchzuringen, zu der es durch seine Vergangenheit nicht vorgebildet ist" (1954a, S. 7; vgl. auch 1951; 1957c; 1962a); zum zweiten die unverzichtbare „Wandlung der

---

[124] Welche Bedeutung *Litts* Position hatte, wird daran deutlich, dass die Bundeszentrale für Heimatdienst (heute: Bundeszentrale für politische Bildung) ihre Veröffentlichungsreihe mit seiner Schrift „Die politische Selbsterziehung des deutschen Volkes" (1954) begann, die bis 1967 – inzwischen um einige Schriften erweitert – acht Auflagen erfuhr.

Gesinnung", da es „mit einem bloßen Umbau der verfassungsmäßigen Form [...] nicht getan" sei (1947b, S. 31). Das Bekenntnis zur inneren Freiheit, die jedem Menschen zustehe, sei konstitutiv für eine echte demokratische Erneuerung (ebd.) Zudem verlange jede Demokratie ein geschichtlich-politisches Verantwortungsbewusstsein ihrer Bürger *(a)* und die Fähigkeit, die sich aus dem Pluralismus der Meinungen und Ideen ergebenden Spannungen und Konflikte auszuhalten und fair auszutragen *(b)*. Der historisch-politischen Bildung, die nicht auf ein oder zwei Unterrichtsfächer beschränkt werden dürfe, komme somit eine Schlüsselfunktion für die Entwicklung der bundesrepublikanischen Demokratie zu. Die Negativfolie bilde das totalitäre sozialistische System im anderen Teil Deutschland *(c)*.

Zu *(a)*: *Litt beklagt den in der deutschen Tradition in besonderem Maße vorhandenen Dualismus von Geist und Politik, der gerade für eine Demokratie verhängnisvoll sei* (vgl. 1953, S. 14f.; 1954a; 1956, S. 409f.). Für deren rechtes Gelingen sei vielmehr die „unabwälzbare Mitverantwortung" aller konstitutiv (1953, S. 38), und somit sei auch eine der zentralen Aufgaben der politischen Bildung bezeichnet. „Indem die *Republik* dem Volk die politische Entscheidung in die Hand legt, ist sie der permanente Appell an den Staatsbürger, sich nicht als Zuschauer, sondern als Akteur des politischen Dramas zu fühlen und zu verhalten" (1956a, S. 492). Dies müsse auch Folgen haben für die Art der zulässigen *Kritik* – sie müsse *konstruktiv* und mit politischer Handlungs- und Entscheidungsbereitschaft verbunden sein. Abschreckendes *Gegenbeispiel* sei die *Weimarer Republik*: „Hier kann man mit Händen greifen, wie eine Kritik, die dem zu Kritisierenden in der Haltung des unbeteiligten oder gar übelwollenden Zuschauers gegenübersteht, im Endeffekt nur den Mächten der Zerstörung vorarbeitet" (ebd.).

Aber auch für die bundesrepublikanische Demokratie hält *Litt* diese Gefahr nicht für gebannt. Er nennt als erste Gruppe diejenigen Kritiker, „die ihre Arbeit gegen diese Staatsform einfach in der Form ausdrücken, sie bilde eine importierte Ware, sei dem deutschen Volke fremd, der Deutsche habe kein Talent zur Demokratie usw." (1954b, S. 111; vgl. auch 1954a, S. 5). Die zweite Gruppe werde gebildet von jenen, „die in dem Staat nichts weiter erblicken können und wollen als ein Schauspiel, dem man in der Haltung des Zuschauers gegenübersteht." Sie sähen ihre Hauptaufgabe darin, „alles, was auf der politischen Bühne geschieht, mit der Lauge ihres Spotts oder ihrer Verachtung zu überschütten" (1954b, S. 111). Die dritte Gruppe setze sich zusammen aus „einem bestimmten Kreis von einflussreichen Literaten", „die sich einig sind in der Auffassung, mit diesem demokratischen Staat sich abzugeben, ist eine schmutzige Angelegenheit" (ebd.; vgl. auch 1963, S. 60f.).

Die Schule müsse solchen Haltungen entgegenwirken. Sie solle „geradezu die Pflanzstätte der Gesinnung sein, die [...] die Demokratie der Deutschen zu voller Blüte erwecken wird" (1954a, S. 5). Da in einer Demokratie alle mitverantwortlich seien, „steht und fällt [sie] mit der Urteilsklarheit der Staatsbürger" (S. 36). Einen entscheidenden Beitrag hierzu müsse die geschichtliche Bildung leisten (vgl. 1950a; 1950b), die zu einem weiten Horizont führen und ein friedliches Zusammenleben der Bürger im Inneren wie im Verhältnis zu anderen Nationen der Erde ermöglichen solle (1955b, S. 25).

Politisches Verantwortungsbewusstsein müsse allerdings auch bedeuten, die *Eigengesetzlichkeiten im staatlich-politischen Raum anzuerkennen*. Somit wendet sich *Litt* gegen das Partnerschaftsmodell *Friedrich Oetingers/Theodor Wilhelms*: 1951 hat dieser unter dem Pseudonym *Friedrich Oetinger* ein Buch vorgelegt, das den Titel trug: „Wendepunkt der politischen Erziehung. Partnerschaft als pädagogische Aufgabe" (seit der 2. Aufl. 1953 unter dem Titel „Partnerschaft. Die Aufgabe der politischen Erziehung"). *Wilhelm sieht die Konzeption der staatsbürgerlichen Erziehung in der Weimarer Republik mit der starken Betonung des Staates als mitursächlich an für die nationalsozialistische Machtübernahme. Sein Gegenmodell* lässt sich wie folgt knapp zusammenfassen (vgl. Reble 1981, S. 75): Politische Erziehung solle direkt an den engeren Lebenskreisen und -bezügen orientiert werden; in ihrem Zentrum stehe die Weckung und Stärkung einer partnerschaftlichen Haltung des Menschen, die sich wiederum an diesen Bezügen entwickeln und bewähren solle; dadurch solle eine „Änderung des Kampfstils" im politischen Raum selbst erreicht werden. Demokratie solle fortan nicht als Staats-, sondern als Lebensform begriffen werden.[125] *Litt* bekräftigt demgegenüber ausdrücklich seine schon in der Weimarer Republik vertretene Auffassung: „Wir Deutschen können und werden mit dem Staat nicht zurechtkommen ohne eine wirkliche Einsicht in sein Wesen [...] Und diese Einsicht kann uns nicht durch gutwilliges Einleben in engere Lebenskreise vermittelt werden; sie kann nur in *direktem* Blick auf diese ohnegleichen dastehende Schöpfung des geschichtlichen Menschen gewonnen werden" (1954a, S. 21f.). *Wilhelm* vergesse, „daß für die Gesamtheit der gesellschaftlichen Formen, für ihr Werden und für ihr regelrechtes Funktionieren, das Bestreben des Staates *notwendige Voraussetzung* ist (S. 22). *Zur staatlich-politischen Sphäre gehörten das staatliche Gewaltmonopol, der Kampf zwischen verschiedenen Ordnungsideen und die Macht*, „d. i. das Vermögen und die Befugnis, der ihm [= dem „in diesem Kampfe Obsiegenden"; E. M.] vorschwebenden Ordnungsidee zur Verwirklichung zu verhelfen" (S. 24). Für die politische Erziehung zieht *Litt* hieraus die Folgerung, dass sie sich hüten müsse, „Vorstellungen von einem möglichen und anzustrebenden Staat zu erwecken, der den Kampf von sich abgetan hätte" (S. 25). Sie würde damit ein realistisches Staats- und Politikverständnis unmöglich machen. Wichtig sei jedoch, dass „der politische Kampf nicht einfach als Faktum, in das man sich zu schicken hat, hingenommen werden muß, sondern bestimmten Forderungen unterstellt zu werden verlangt, die zwar

---

[125] Bestimmte Aussagen *Flitners*, der sich zwar in mehreren Beiträgen mit Fragen der politischen Erziehung beschäftigt, jedoch keine zusammenhängende Theorie staatsbürgerlicher bzw. politischer Erziehung vorgelegt hat, lassen eine Nähe zu *Wilhelms* Vorstellungen erkennen: zum ersten die Negation, dass „private und staatliche Moral sich unterscheiden oder gar widersprechen dürften" (1947, S. 16), zum zweiten die Forderung einer „mitbürgerliche[n] Grundbildung" (1982h, S. 264), zum dritten die Betonung der „praktizierte[n] Mitverantwortung", die er für wichtiger hält als „staatsbürgerliche Aufklärung und Unterweisung" (S. 275). Jedoch fordert er auch als einen zentralen Aspekt für eine „staatsbürgerliche Grundlehre" die Reflexion über den „Willen zu einem Staat überhaupt, und zwar in jenem europäischem Sinne, wonach die Macht als gesetzgebende einerseits und als exekutive andererseits organisiert wird, um die Rechtsordnung zu sichern, Recht zu schaffen, für Ordnung so zu sorgen, daß ein Gedeihen des Ganzen, aber auch der Glieder, daß die ‚Wohlfahrt' *(salus publica)* gesichert wird" (1989e, S. 169). Hier nähert er sich *Litts* (und *Wenigers* und *Sprangers*) Staatsverständnis an.
Eine Nähe *Nohls* zum Konzept *Wilhelms* kommt in folgenden Aussagen zum Ausdruck: „[...] Führung zur selbstverantwortlichen Aktivität der Demokratie [...] darf [...] nicht von oben kommen, sondern muß *Demokratie von unten* sein, muß gelernt werden in der Tätigkeit kleiner Gruppen, in der Selbstverwaltung von Haus und Schule, Vereinen, Bünden und Ausschüssen aller Art" (1946/47, S. 602f.). In diesen Kontext gehört, dass sowohl *Wilhelm* als auch *Nohl* die Erziehung zu sportlicher Spielgesinnung, zum Fair Play zu einer zentralen Aufgabe nach 1945 erklären und die Deutschen auffordern, sich hierfür ein Beispiel an den Angelsachsen zu nehmen. Von einer im und durch den Sport gewonnenen sportlichen Haltung im obigen Sinne erhofften sie sich entscheidende Impulse für ein kooperatives, friedliches Miteinander in allen Lebensbereichen, nicht zuletzt im politischen (vgl. Oetinger 1951, S. 151ff.; Nohl o. J. [nach 1945], Bl. 3ff.; 1951).

das *Daß* seines Bestrebens unberührt lassen, aber um so energischer in das *Wie* seiner Verwirklichung hineingreifen" (S. 31), dass also ganz entscheidend sei, wie, mit welchen Mitteln der politische Kampf ausgetragen werde.

Zu (b): Den Pluralismus von Ideen und Meinungen betrachtet Litt als zentrales Charakteristikum jeder echten Demokratie. Es liege „im Baugesetz der Demokratie […], eine Mehrzahl von Überzeugungen, Programmen und Parteien, die um den Besitz der politischen Macht streiten, als vorhanden vorauszusetzen" (1959a, S. 234; vgl. auch 1957c, S. 30ff.; 1954b, S. 113; 1954a, S. 25ff.; 1963, S. 65ff.). „Demokratie kommt der Absage an jede staatlich monopolisierte Heilslehre gleich" (1954a, S. 27).

Im *für die Demokratie konstitutiven Kampf der politischen Meinungen und Programme* gingen einzelne als Sieger hervor; in diesem Sinne werde sodann die Staatsführung gestaltet. Bedeutsam sei jedoch, dass „die im Kampf Unterlegenen nicht etwa zum Schweigen verurteilt" seien. „Es steht ihnen frei, ja es ist ihnen aufgetragen, das Tun der an der Macht Befindlichen wachsamen Auges zu verfolgen und gegebenenfalls einer kräftigen Kritik zu unterwerfen" (1957c, S. 31). *Die Akzeptanz von Opposition sei somit eine unverzichtbare Voraussetzung einer funktionierenden Demokratie*, die Machtmissbrauch verhindern und Freiheit sichern wolle (vgl. 1954b, S. 113; 1959b, S. 25; 1960d, S. 148; 1962a, S. 120ff.; 1963, S. 72f.).[126] Der Erziehung komme in der Demokratie ein besonderer Stellenwert zu, da diese auf Urteilsklarheit und Entscheidungsfähigkeit ihrer Bürger substantiell angewiesen sei – Eigenschaften, die auch zu den obersten Zielen jeder echten Erziehung gehörten (1954a, S. 36f.).

Die politische Erziehung zur Befähigung für ein Leben im Pluralismus habe sich konkret folgenden – von *Litt* als schwierig hervorgehobenen – Aufgaben zu stellen: Sie müsse der verhängnisvollen, den Nationalsozialismus bzw. generell totalitäre Systeme begünstigenden fundamentalistischen Einstellung der Deutschen entgegenzuwirken versuchen, denn die bundesrepublikanische Demokratie sei gefährdet, wenn der Hang, unterschiedliche Positionen auf bis in letzte Tiefen reichende, unversöhnbare Gegensätze zurückzuführen, nicht überwunden werde und einer pragmatischeren Einstellung weiche (vgl. 1954a, S. 32; 1955d, S. 455). Das englische Vorbild könne hierfür hilfreich sein (1955c, S. 68).

Die Bemühungen der politischen Bildung müssten gerichtet sein auf jenen politischen Menschen, „der an der eigenen Überzeugung mit einer nicht ins Wanken zu bringenden Treue festhält und ihr mit ganzer Hingabe zu dienen nicht müde wird, ohne deshalb in dem Nachbar, der einem abweichenden Bekenntnis in gleicher Treue ergeben ist, etwas Anderes und Schlechteres erblicken zu wollen als den Widerpart, mit dem im ritterlichen Kampf um den Siegespreis der Macht zu ringen das Gesetz des politischen Lebensraumes gebietet" (1954a,

---

[126] „Die unendliche Weisheit der demokratischen Verfassung liegt darin, daß sie gegenüber dem Machtgebrauch der Regierenden die Opposition in ihre Funktion eingesetzt hat. Der totalitäre Staat kennt keine Opposition. Und wenn er die Opposition theoretisch erwägt, so kann er in ihr natürlich nur einen Nachteil, eine Schwächung, eine Zerstörung der inneren Einheit erblicken. Opposition ist im Denken des totalitären Staates einfach ein Übel, das nicht sein darf. Die Demokratie ist demgegenüber die Trägerin und Verkünderin der Wahrheit, daß die Opposition nicht nur als ein leider vorhandenes Faktum geduldet werden muß, sondern daß sie sein muß" (1963, S. 72).

S. 33). Überdies müsse die politische Bildung deutlich machen, dass „der Widerstreit nicht zu versöhnender Gegensätze" ein Zeichen der Freiheit und „die Sehnsucht nach endlichem Ausgleich" illusionär sei (1959a, S. 236). *Erziehung zur Achtung vor der Person und zur Toleranz gegenüber den Andersdenkenden* müsse also im Zentrum der Bemühungen stehen.

Zu (c): Die Hauptaufgabe der politischen Erziehung sei es, die jungen Menschen zu einer Bejahung der Demokratie im Denken und Tun zu führen. „Denn wenn das junge Geschlecht sich nicht mit diesem Staat solidarisch fühlt, wenn es nicht verspürt, daß seine eigene Freiheit mit der Staatsverfassung des freien Staates unlösbar zusammenhängt", dann sei die Vereinnahmung durch den Totalitarismus nur eine Frage der Zeit (1963, S. 65; vgl. auch 1959b u. 1962a). *Litt* warnt in diesem Zusammenhang davor, die werbende Kraft des Kommunismus als geschlossenem System zu unterschätzen,[127] zumal sich die Demokratie „nicht immer in einer präsentablen Form zur Darstellung" bringe (1963, S. 70), da zu ihr konstitutiv der Konflikt, die öffentliche Auseinandersetzung, „die Abweichung der Menschenbilder im Plural" gehörten (1963, S. 57; vgl. 1961b, S. 110; 1962a, S. 150ff.). Die Bemühungen müssten also darauf zielen, die Heranwachsenden zu überzeugen, „daß die Demokratie gerade deshalb eine ausgezeichnete Staatsform ist, weil sie [im bewussten Gegensatz zu totalitären Systemen; E. M.] auf Uniformierung der Gesinnungen und Haltungen in aller Form Verzicht leistet, weil sie gerade die Sicherungen[128] sich einbaut, die die Verhärtung zu einem staatlich vorgeschriebenen System der Menschendeutung ausschließen" (1963, S. 74).

Er verweist auf das „Anschauungsmaterial" von „überwältigender" Wucht im unfreien Teil Deutschlands, das die Konsequenzen des „geschlossenen Systems" des Kommunismus – von Kollektivierungsmaßnahmen über Gesinnungskontrolle bis zum Entzug der äußeren Freiheit – drastisch vor Augen führe (1963, S. 74). Es stünden „zwei Deutungen von Mensch, Gesellschaft, Geschichte einander gegenüber, die sich gerade in den entscheidenden Grundzügen schroff widersprechen" (1962a, S. 34). „Die Folie des Gegensätzlichen" sei auch hier „wie kein Zweites geeignet, Eigenart und Eigenwert des zu Erkennenden zur Abhebung zu bringen" (1962b, S. 62).

12.3 Erich Weniger

12.3.1 Weimarer Republik

In seinem Beitrag „Zur Frage der staatsbürgerlichen Erziehung" (1929) weist *Weniger* darauf hin, dass es sich bei dem – oben zitierten – Art. 148, Abs. 1 der Weimarer Reichsverfassung

---

[127] Seit 1955/56 gewinnt in *Litts* philosophischem, politischem und pädagogischem Denken die Auseinandersetzung mit dem Kommunismus zunehmend größeres Gewicht. Seit 1957 ist die überwiegende Zahl der Vorträge und Veröffentlichungen *Litts* ganz oder in erheblichem Maße diesem Thema gewidmet (vgl. hierzu Klafki 1982, S. 372ff.).

[128] *Litt* nennt hier vor allem die Existenz von Parteien, von denen als Ergebnis des durch freie Wahlen entschiedenen Machtkampfes eine bzw. einige die Regierung, andere die – institutionell gesicherte! – Opposition bilden (vgl. 1962, S. 124ff.); zum zweiten „die Abtrennung und die durch sie garantierte Selbständigkeit der *richterlichen* Gewalt" (S. 126).

um einen Kompromiss gehandelt habe, der die Erziehung zu einem konkreten Staat ausgespart, „eine rein formale und nur methodische Behandlung des Problems der staatsbürgerlichen Erziehung" hervorgerufen (S. 150) und zu einer Verwechslung mit einer überstaatlichen Tugenderziehung geführt habe (vgl. S. 151). *Weniger* betont demgegenüber, *dass die Staatsform der Demokratie* (als die augenblicklich herrschende Staatsform) *die Zielsetzung der staatsbürgerlichen Erziehung sein müsse,* allerdings die *Demokratie in ihrer Idealform,* nicht in ihren empirischen Schwächen. „Mag eine Demokratie geschichtlich wünschenswert sein oder nicht, wenn es sie gibt, so trägt sie ein Bild ihrer Idealform in sich und setzt es als Ziel der Erziehung" (S. 160; vgl. auch S. 164). Das Ideal spiegele sich in der Verfassung wider (vgl. ebd.), den *Kern des Staatsbürgerkundeunterrichts* bilde deshalb auch die *Reichsverfassung* (vgl. S. 171). Die staatsbürgerliche Gesinnung müsse dem Geist der Verfassung entsprechen (vgl. S. 160f.)

Der *Staat habe in seinem Ideal in der Schule präsent zu sein*: „die Pädagogik darf vom Staat verlangen, daß er die Gesinnung und Haltung, die er von seinen Staatsbürgern fordert und seinem Nachwuchs auferlegt, selber in der erzieherischen Begegnung darstelle, daß also die Schule bis in jede Einzelheit hinein die geistigen Kräfte, die den Staat tragen, lebendig verkörpere. An der Schule, an ihren Ordnungen und an ihrem Unterricht, an den Formen des Schullebens wie an der Haltung der Lehrer geistigen Dingen gegenüber soll dem jugendlichen Menschen die Möglichkeit gegeben werden, den Staat als eine geistige Wirklichkeit bestimmter Prägung und bestimmten Wollens zu erfahren" (S. 169f.). Damit sei allerdings nicht gemeint, „daß die Schule ein Abbild des Staates im Kleinen sein müsse, also der parlamentarischen Formen oder etwa der Selbstverwaltung" (S. 170) – *Weniger* stimmt hier mit *Spranger* (s. o.) völlig überein.

12.3.2 Nach 1945

Gegenüber seinem Konzept der staatsbürgerlichen Erziehung aus den 20er-Jahren, das *Weniger* nach wie vor *grundsätzlich* für *richtig* hält, nimmt er *nach 1945 folgende Veränderung* vor: Hatte er damals staatsbürgerliche Erziehung für alle, politische Bildung[129] für die politisch Aktiven gefordert, so schreibt er nun im Nachwort zu seiner 1951 wiederaufgelegten Schrift: „Heute muß darüber hinaus gesagt werden, daß politische Bildung für jeden Staatsbürger zu fordern ist, denn jeder trägt auch eine aktive politische Verantwortung. Ein Staat der bloßen Staatsbürger ermöglicht keine echte Demokratie. Diese ist nur dann möglich, wenn das Volk in legitimen Formen Anteil an der Herrschaft hat. Nur der Anteil des Volkes an der Herrschaft kann die politische Freiheit auch des einzelnen sichern, das ist die bittere Erfahrung der letzten Jahrzehnte; das heißt aber, daß der Anteil des Volkes sich nicht auf die Ausübung des Wahlrechts und auf das richtige Verhalten gegenüber dem Staat und den gewählten Repräsentanten einschränken läßt. Vielmehr muß jeder in seinem Bereich eine aktive politische Verantwortung auf sich nehmen [...]" (1990l, S. 206f.).

---

[129] Diese hatte er 1929 folgendermaßen charakterisiert: Sie „geht auf Vergegenwärtigung der politischen Lebensform, des sachgemäßen politischen Verhaltens und Handelns und ihrer Bedingungen und Möglichkeiten" (S. 162).

12 Theorie der staatsbürgerlichen/politischen Erziehung

Oetingers/Wilhelms Fundamentalkritik an der staatsbürgerlichen Erziehung (vgl. Oetinger 1951) *weist Weniger ebenso wie Litt zurück* (vgl. 1990m, S. 211ff.; 1954, S. 30; 1956, S. 128ff.), wenngleich er einräumt, dass es eine „hier und da festzustellende idealistische oder perfektionistische Auffassung des Staates in der Theorie der staatsbürgerlichen Erziehung" gegeben habe (1956, S. 130). *In Auseinandersetzung mit Oetingers Konzept der Partnerschaftserziehung entwickelt er sein Konzept der politischen Bildung:* Zum einen könne politische Erziehung „nicht ohne geschichtlichen Aspekt sein [...] Denn eine politische Aufgabe steht immer innerhalb eines geschichtlichen Horizontes und muß innerhalb dieses Horizontes bewältigt werden" (1990m, S. 213). Zum zweiten greife „eine echte politische Erziehung ohne unmittelbaren Bezug zum staatlichen Leben ins Leere" (S. 215; vgl. auch 1954, S. 24). Zum dritten sei es Aufgabe der politischen Erziehung, die Einsicht dafür zu wecken, „daß auch die beste politische Ordnung der Macht nicht entbehren kann, daß eine Rechts- und Friedensordnung ohne Macht und nur auf die gleichsam täglich zu erneuernde Billigung und Zustimmung der Menschen angewiesen, nicht lebensfähig und nicht wirkkräftig ist, daß es vielmehr darauf ankommt, den Rechts- und Friedensordnungen die Macht zu verleihen, deren sie bedürfen" (1990m, S. 219f.; vgl. auch 1954, S. 25). Wichtig sei hierbei jedoch, dass „diese Anerkennung der Notwendigkeit, Souveränität, d. h. Macht, an regulierende und ausgleichende Ordnungsgebilde von Dauer zu übertragen", nicht bedeute, „diesen einen übernatürlichen und absoluten Rang einzuräumen und ihren Charakter als bloßes Mittel zum Zweck zu übersehen. Es bedeutet weiter nicht, daß irgendwelche bisherigen Formen der Machtausübung, die autoritären, die zentralistischen, die bürokratischen nun weiter in Kauf genommen werden müßten" (1990m, S. 221f.). Neben den „parlamentarischen Formen der Volksvertretung", gegen deren Diffamierung sich die politische Erziehung „mit allem Nachdruck wenden" müsse, „gibt es andere Formen echter politischer Ordnung des Miteinanderlebens in Recht, Freiheit und Frieden, die gewiß immer auf das Ganze bezogen, als sein Teil erscheinen müssen, aber doch eine eigene Lebendigkeit und Freiheit und eine eigene Verantwortung besitzen. Zu diesen politischen Ordnungen gehören [...] beispielsweise [...] die Gewerkschaften, oder auf einem anderen Felde die von vielen unter uns erstrebte genossenschaftliche Ordnung der Erziehungswesens mit seiner relativen Autonomie gegenüber Staat und Kirche, Wirtschaft und Gesellschaft [...] Hier hat die mitbürgerliche Erziehung [...] einen guten und ganz konkreten Sinn. Sie trägt dazu bei, auch für diese delegierten, mittelbaren, aber dem Einzelnen näheren Ordnungen und die mit ihnen gegebene Verantwortung zu erziehen." Der Theorie der Partnerschaft sei also darin zuzustimmen, „daß die Erziehung nicht nur auf die im engeren Sinne politischen Funktionen, wie sie im Staat und in den Parlamenten zusammengefasst sind, gerichtet sein dürfe. Aber andererseits müssen in der Erziehung durchaus auch die übergreifenden politischen Ordnungen mit den diesen zugemessenen politischen Verhaltungsweisen zur Geltung kommen und im Bildungsprozeß immer auch unmittelbar vergegenwärtigt werden" (S. 222f.).

Weiterhin betont *Weniger*, dass die neue Lehre über ihr Ziel hinausschieße, „wenn sie die neue politische Erziehung ganz auf das Gebiet der elementaren Sittlichkeit und die nachbarlichen menschlichen Beziehungen einschränken will, weil sie glaubt, daß damit alles getan sei, was zu einer gesunden Ordnung auch der komplizierten politischen Aufgaben durch Erziehung beigetragen werden könne, wenn sie also im Kampf gegen die überspitzte idealistische Pflicht- und Staatsethik, wie sie in Deutschland zweifellos im Vordergrund stand, auf den Einsatz der hohen Ethik in der politischen Erziehung ganz verzichten zu können glaubt" (S. 225). Schließlich wendet sich *Weniger* gegen eine in den neuen Theorien der politischen Erziehung vorkommende „Neigung zur Bevorzugung der emotionalen Kräfte des Willens und des Gefühls" (S. 230) und hält demgegenüber fest, „daß politische Erziehung nicht zuletzt Aufklärung und Appell an Vernunft und Einsicht" bedürfe (S. 231). „Freilich, dieser Appell an Vernunft und Einsicht ist nicht identisch mit dem Angebot von Wissensstoffen. Wir müssen uns mit Entschiedenheit gegen das Überangebot an Kenntnissen und Kunde wenden, das augenblicklich in der politischen Erziehung der Schule wie in der Erwachsenenbildung herrscht. Es ist vollkommen zweck-, weil erfolglos, die erzieherische Einwirkung auf dem Wege über Stoffvermehrung in Schule und Erwachsenenbildung zu versuchen" (ebd.). Der „Forderung nach vermehrten Kenntnissen" stellt *Weniger* „die Forderung nach vermehrten Erfahrungen" entgegen (1952i, S. 100; vgl. auch 1952j, S. 516; 1953b, S. 32; 1990s, S. 256), „geistige[n] Erfahrungen, die zu Erkenntnis und Einsicht führen" (1954, S. 7). Auf dieser Basis konzipiert er die Aufgabe der politischen Bildung für die Schule in einer Demokratie. *Politische Bildung dürfe nicht auf ein Fach fixiert werden, vielmehr müsse die Schulatmosphäre so beschaffen sein, dass Demokratie erfahrbar werde* – hierauf hat er schon 1929 nachdrücklich hingewiesen. Dies geschehe dadurch, „daß die Schule selbst als Lebensform, in ihrer Disziplin, in der Art, wie die Lehrer mit den Schülern umgehen, den Geist der Demokratie und der Menschlichkeit zeigt, in der Art, wie vor allem Kameradschaft, Ritterlichkeit und Toleranz gepflegt werden und echte Autorität mit wirklichem Gemeinschaftsbewußtsein verbunden wird" (1953b, S. 32; 1952i, S. 100). „Hier können die ethischen und politischen Grundauffassungen, von denen unser öffentliches Leben in der Form der Demokratie getragen werden soll, sichtbar werden, weil sie im Leben der Schule Wirklichkeit sind" (1952i, S. 100). Zu warnen sei hingegen davor, „in der Schule die speziellen Formen des politischen Lebens der Erwachsenen sklavisch nachzuahmen. Das könnte leicht in Spielerei ausarten und dahin führen, daß die Jugend den äußeren Mechanismus aufnimmt und handhabt, ohne den Geist, aus dem alles Organisatorische allein lebendig bleibt." Gewiss sei es zum Beispiel dringend erforderlich, dass die Jugend etwas von der Kunst der freien Diskussion erfahre, wie sie in England vorbildlich entwickelt sei, aber „nicht um die Kopie der Formen des Parlamentarismus geht es hier, sondern eben um die Übersetzung, die Veranschaulichung, das Vorleben des Geistes, aus dem die Demokratie gestaltet ist" (1952i, S. 100f.; vgl. auch 1990l, S. 209f.; 1959b, S. 341f.).

Weniger weist in Auseinandersetzung mit Leitsätzen des Politikwissenschaftlers *Arnold Bergstraesser* die Forderung zurück, staatsbürgerlichen Unterricht ab dem 7. Schuljahr einzuführen.[130] *Der demokratische Geist an der Schule sei das Entscheidende.* Da jedoch „zur politischen Bildung und staatsbürgerlichen Erziehung [...] auch ausdrückliche *Lehre*" gehöre (1954, S. 25), sei ab dem 9. Schuljahr der Geschichtsunterricht „die Stätte der unterrichtlichen Belehrung in Staatsbürgerkunde" (1953b, S. 33). „Aufbauend auf dem Geschichtsunterricht, erscheint mir dann ein besonderer Unterricht in Staatsbürgerkunde, der Reife des jeweiligen Alters angepasst, erforderlich nur in den Abschlußklassen, also der obersten Klasse

---

[130] *Bergstraesser* kann sich mit seiner Forderung auf den dritten Grundsatz zur politischen Bildung aus dem Beschluss der Kultusministerkonferenz vom 15.6.1950 stützen, in dem „empfohlen" wird, „vom 7. Schuljahr ab Unterricht in besonderen Fachstunden zu erteilen" (hier zit. nach Kuhn/Massing 1990, S. 151).

der Volksschule und der höheren Schule, während der Unterricht in den Berufsschulen, der Eigenart der Schulform entsprechend, am zweckmäßigsten durch den ganzen Lehrplan hindurch geführt werden müßte" (1953b, S. 33; vgl. auch 1954, S. 29f.).[131]

Überdies wirft *Weniger* den Leitsätzen *Bergstraessers* eine Überschätzung der Notwendigkeit vor, „sich in der Schule mit den Fragen der Tagespolitik zu befassen" (1953b, S. 33).[132] „Selbstverständlich steht nichts im Wege, gelegentlich, wenn ein Interesse der Jugend sichtbar wird, auf Tagesfragen einzugehen oder aktuelle Probleme als Beispiele für Grundsatz- und Strukturfragen zu benutzen. Aber im übrigen gehören aktuelle Dinge nicht in die Schule, die auf die Zukunft gerichtet ist" (S. 34).

Die Stellung und Bedeutung politischer Bildung an den Hochschulen bestimmt *Weniger* ähnlich wie an den Schulen: Er warnt vor der Überschätzung „der Beherrschung eines Wissensstoffes" (1953c, S. 8) und plädiert dafür, dass die Universität „Formen des Miteinanderlebens und der Bewältigung eines öffentlichen Auftrags" entwickele, „die die Grundvoraussetzungen des politischen Lebens in menschlicher Gesinnung, Verantwortung und Haltung eindrucksvoll sichtbar machen" (S. 9). „Eine Stellungnahme zu den aktuellen politischen Tagesfragen ist damit von den Universitäten als solchen nicht gefordert. Sie hat sich in der Geschichte der Universitäten noch immer als verhängnisvoll erwiesen" (ebd.). Eine politische Reaktion der Universitäten sei allerdings dann erforderlich, „wenn die Wahrheit mit Füßen getreten, wenn das Ethos geleugnet, wenn mit den Grundrechten gespielt wird, wenn Machtentscheidungen das Recht verkehren, wenn das Recht mißbraucht und in Unrecht verwandelt wird […] Wie sehr die Politik einer solchen Stimme des Gewissens bedarf, ist uns aus schmerzlicher Erfahrung bewusst. Sie sollte sich freilich nicht im Vordergründigen verbrauchen, sondern nur dann laut werden, wenn es um Grundentscheidungen geht" (S. 10).[133]

---

[131] In seinem Kommentar zum Gutachten des Deutschen Ausschusses zur politischen Bildung differenziert er seine Position: „Ursprünglich meinte ich, ein solcher gesonderter Unterricht sei nur für die Abschlußklasse notwendig, aber vielleicht ist das eine zu weitgehende Einschränkung" (1955b, S. 561). In dem entsprechenden Gutachten, an dem *Weniger* maßgeblich mitgewirkt hat, wird „politischer Unterricht" für die höheren Klassen empfohlen (vgl. ebd.). Dieselbe Position vertreten *Spranger* (vgl. 1970i, S. 78) und *Flitner* (vgl. 1989b, S. 114).

[132] *Weniger* bezieht sich hier vor allem auf den dritten Leitsatz *Arnold Bergstraessers*: „In den Berufsschulen und in den höheren Schulen soll der staatsbürgerliche Unterricht in zwei Wochenstunden gegeben werden, von denen eine auf die Besprechung politischer Tagesfragen, die andere auf systematische Behandlung des Gegenstands verwendet wird" (1953b, S. 30).

[133] Eine solche „Grundentscheidung" sah *Weniger* gegeben, als der rechtsradikal eingestellte Göttinger Verleger *Leonhard Schlüter* 1955 zum niedersächsischen Kultusminister ernannt wurde. Zusammen mit Kollegen und Studenten engagierte sich *Weniger*, der zu diesem Zeitpunkt Dekan der Philosophischen Fakultät war, um *Schlüters* Rücktritt zu bewirken – was (am 11. Juni 1955) auch gelang (vgl. Deutsche Universitäts-Zeitung, Heft X/11 v. 8. Juni 1955; Der Spiegel 9, Nr. 25 v. 15. Juni 1955; den Nachruf des Dekans Prof. *Wittram* für *Weniger* am 6. Mai 1961 [Personalakte Weniger, Philosophische Fakultät; Universitätsarchiv Göttingen] sowie Marten 1987, S. 22ff.).

In einer polemischen Rechtfertigungsschrift des Verlages *Leonhard Schlüters* „Die große Hetze" (1958) wird *Weniger* „als einer der entscheidenden Männer der Göttinger Aktion" bezeichnet, „maßgebend im Senat, Dekan der Philosophischen Fakultät, *Adolf Grimme* sehr nahestehend" (S. 184).

In diesem Buch wird auch *Nohl*, der „eine besonders intransigente politische Haltung gegen *Schlüter* einnahm" (S. 71), der ‚Mittäterschaft' bezichtigt (S. 73).

> **Fazit**
> *Spranger*, *Litt* und *Weniger* stimmen darin überein, dass sich „staatsbürgerliche" bzw. „politische" Erziehung nicht in der Herausbildung mitmenschlicher Tugenden erschöpfen könne, dass vielmehr ein grundlegendes Verständnis für die Spezifika staatlicher politischer Aufgaben geschaffen werden müsse. Ein entscheidendes Ziel politischer Erziehung müsse etwa die grundsätzliche Anerkennung des staatlichen Gewaltmonopols sein; allerdings dürfe staatlicher Machtmissbrauch nicht ausgeblendet werden.
> Politische Erziehung zur Demokratie rückt vor allem nach 1945 ins Zentrum; insbesondere *Litt* zeigt hier eine ganz entscheidende Weiterentwicklung gegenüber seiner Position in der Weimarer Republik.

Abschließendes Fazit
Die thematischen Zugänge haben gezeigt, wie facettenreich die geisteswissenschaftliche Pädagogik war, wie viele (teilweise hochaktuelle, Zeit überdauernde, teilweise zutiefst zeitgebundene) Fragen sie aufwarf und – von unserer heutigen Perspektive aus gesehen – anachronistisch oder höchst modern beantwortete. Es wurde deutlich, dass diese wissenschaftstheoretische Richtung keinesfalls auf Schule fixiert war, sondern auch andere pädagogische Handlungsfelder, wie *zum Beispiel* die Volkshochschule, systematisch reflektierte.
Die Reflexionen der geisteswissenschaftlichen Pädagogen zu den einzelnen pädagogischen Handlungsfeldern wie Schule, Universität/Pädagogische Hochschule, Einrichtungen der Erwachsenenbildung und der Sozialpädagogik, Geschichtsunterricht und Politische Bildung konkretisieren eindrücklich die Erziehungs- und Bildungstheorien jener und ihr disziplintheoretisches und -politisches Selbstverständnis. Das Theorie-Praxis-Verhältnis, die pädagogische Beziehung, die relative pädagogische Autonomie werden für die einzelnen pädagogischen Handlungsfelder jeweils veranschaulicht; anders formuliert: bei allen Konkretisierungen wird immer ein pädagogischer Grundgedankengang sichtbar. Wie in einer hermeneutischen Spirale lassen sich somit die Ausführungen zu den einzelnen Handlungsfeldern nur auf der Basis der allgemeinen Aussagen adäquat verstehen; diese wiederum werden plastischer durch die bereichsbezogenen Konkretisierungen.
Außerdem zeigen die thematischen Zugänge zum einen die Übereinstimmungen, aber auch die Unterschiede zwischen den einzelnen geisteswissenschaftlichen Pädagogen und machen zum zweiten Kontinuitäten und Diskontinuitäten von der Weimarer Zeit bis in die 60er-Jahre des 20. Jahrhunderts deutlich.

In einem Brief vom 28.7.1958 an den „Welt"-Redakteur *Paul Sethe* betont *Weniger*, dass er und seine Mitstreiter sich geeinigt hätten, „keine Stellung zu dem Buch zu nehmen. Man tut ihm zuviel Ehre an, wenn man darauf eingeht." Die These, „daß der Aufstand von Links gesteuert sei", weist *Weniger* zurück. „Innerhalb des Senats stellte ich die äußerste Linke vor und das ist, aufs Ganze gesehen, noch ziemlich weit rechts. Die anderen Senatsmitglieder waren wohl alle mit bürgerlichen Parteien irgendwie verbunden" (Nachlass Weniger, Staats- u. Universitätsbibliothek Göttingen).

In der Rezeption der geisteswissenschaftlichen Pädagogik wird ihre Vielfältigkeit und Mehrdimensionalität oft nicht zur Kenntnis genommen, wie der nachfolgende Überblick über die Rezeptionsgeschichte jener zeigt.

Dritter Teil: Rezeptionsgeschichtliche Zugänge

1 Entwicklungslinien seit den 60er-Jahren des 20. Jahrhunderts

1.1 Von den 60er-Jahren bis in die 80er-Jahre

Die Rezeptionsgeschichte der geisteswissenschaftlichen Pädagogik beginnt in den 1960er-Jahren mit der berühmt gewordenen Antrittsvorlesung *Heinrich Roths* (1906–1983) nach Übernahme eines Pädagogiklehrstuhls an der Universität Göttingen. Diese war durch das Wirken *Nohls*, *Wenigers* und ihrer Schülerinnen und Schüler eines der Zentren geisteswissenschaftlicher Pädagogik in der Bundesrepublik Deutschland. *Roth* war hingegen Professor für Pädagogische Psychologie an der empirisch-sozialwissenschaftlich ausgerichteten Hochschule für Internationale Pädagogische Forschung in Frankfurt am Main. Vor diesem Hintergrund ist es interessant, dass es *Weniger* gelang, dass ein zweites Ordinariat für Pädagogik in Göttingen eingerichtet und *Roth* auf dieses berufen wurde. Dieser schreibt im Rückblick, dass *Weniger* die „Ergänzung durch einen Psychologen und Empiriker" suchte (1979, S. 277), also wohl die Zeichen der Zeit – notwendige Öffnung der Erziehungswissenschaft für die sozialwissenschaftlich-empirische Forschung, um sich nicht zu isolieren – erkannte. *Weniger* starb jedoch bereits wenige Monate nach *Roths* Berufung nach Göttingen, so dass eine Kooperation nicht mehr erfolgen konnte. In seiner – breit rezipierten und oft als Abgesang auf die geisteswissenschaftliche Pädagogik missverstandenen – Antrittsvorlesung aus dem Jahr 1962 „Die realistische Wendung in der pädagogischen Forschung" knüpfte *Roth* auf integrative Art und Weise an die Tradition der geisteswissenschaftlichen Pädagogik an, setzte sich aber auch für eine deutliche Weiterentwicklung und Ergänzung ein. Für unsere Fragestellung sind *folgende Aspekte seiner Antrittsvorlesung von zentraler Bedeutung: zum einen* sein Hinweis, dass die Pädagogik weder auf ihre historische noch auf ihre philosophische, Ziele und Normen reflektierende Dimension verzichten dürfe (vgl. Roth 2007, S. 97); *zum zweiten*, dass auch weiterhin Textinterpretation notwendig, aber dringend durch eine „direkte Erforschung" der Erziehungswirklichkeit zu ergänzen sei (S. 98); *zum dritten*, dass die hermeneutische Methode um empirische Methoden erweitert werden müsse (vgl. S. 98f.). „Es gehört zu den großen Verdiensten von *Dilthey*, *Nohl* und *Weniger*, die Erziehungswirklichkeit als das tragende Fundament der Erziehungswissenschaft entdeckt und der erziehungswissenschaftlichen Forschung aufgegeben zu haben. Es geht heute beim fortschreitenden wissenschaftlichen Ausbau dieses Fundaments und Auftrags um den Ausbau der *erfahrungswissenschaftlichen Methoden* zur Vergewisserung, Kontrolle, Kritik und Steuerung dieser Wirklichkeit durch Erfassen und Abklärung des ständigen Kreislaufes zwischen Idee und Wirklichkeit [...] Es geht [...] darum, die Methoden zu entdecken und zu schaffen, die es erlauben, die intuitive Hermeneutik der Erziehungswirklichkeit, die immer den problemerzeugenden Ausgangspunkt bilden wird, auf erfahrungswissenschaftliche Grundlage zu stellen und dadurch deutlicher abzusichern" (S. 98f.). Wichtig ist festzuhalten, dass *Roth* – in Übereinstimmung mit der geisteswissenschaftlichen Pädagogik – die *Pädagogik als Handlungswissenschaft* versteht.

Die integrative, auf Weiterentwicklung ausgerichtete Perspektive *Roths* wurde in einer sich in den 1960er-Jahren in die Offensive begebenden empirischen Erziehungswissenschaft sehr schnell von einer *Fundamentalkritik an der geisteswissenschaftlichen Pädagogik* abgelöst. Hier ist als erstes *Rudolf Lochners* Position kurz zu skizzieren, die er in seinem Buch „Deutsche Erziehungswissenschaft" aus dem Jahr 1963 dargelegt hat. Er kommt bei seiner Auseinandersetzung mit den wissenschaftstheoretischen Schriften der geisteswissenschaftlichen Pädagogik (vgl. S. 133ff.) zu dem Ergebnis, dass diese eine Entwicklung der Pädagogik zur Wissenschaft verhindert hätten, da sie in ihrem Verständnis – ausgehend von der Philosophie – Seins- und Sollensaussagen miteinander vermengt hätten. *Nur Seinsaussagen entsprächen jedoch wissenschaftlichen Aussagen; die Erziehungswissenschaft müsse sich als Tatsachenwissenschaft konstituieren. Die Aussagensysteme der geisteswissenschaftlichen Pädagogik repräsentierten keine Erziehungswissenschaft, sondern eine „Erziehungslehre"* (S. 511), *also Anweisungen bzw. Vorschläge, wie erzogen werden sollte.*

Besondere Wirkung hatten jedoch die einschlägigen Aufsätze und die daraus hervorgegangene Monographie des damaligen Konstanzer Lehrstuhlinhabers für Erziehungswissenschaft, *Wolfgang Brezinka, „ Von der Pädagogik zur Erziehungswissenschaft"* (1971), deren Titel Programm ist. *Brezinka* spricht – in Übereinstimmung mit *Rudolf Lochner* – der geisteswissenschaftlichen Pädagogik ab, Wissenschaft zu sein, ihre Aussagen seien *auf Leitung/ Orientierung der Praxis ausgerichtete Theorien*, normative Aussagensysteme, „praktische Pädagogik" (vgl. v. a. S. 190ff.). Eine wissenschaftliche Theorie sei demgegenüber, so *Brezinka* unter Bezugnahme auf den „Kritischen Rationalismus" *Karl R. Poppers* (1902–1994), „ein streng logisch geordnetes System von Aussagen. Sie enthält Beschreibungen, Erklärungsversuche und eventuell auch Voraussagen. Charakteristisch für sie sind Hypothesen, d. h. Behauptungen, die von vornherein als korrigierbar und nicht als endgültig feststehend betrachtet werden. Theorien sind frei von Werturteilen" (S. 13).

Brezinka unterzieht auch die „historisch-systematische" Arbeitsweise der geisteswissenschaftlichen Pädagogik einer scharfen Kritik. Er sieht darin „ein wissenschaftstheoretisches Programm", „welches den methodologischen Regeln der theoretischen Realwissenschaften ebensowenig genügt wie denen der Geschichtswissenschaft" (S. 96). Die Geschichte werde für die Zwecke der geisteswissenschaftlichen Pädagogik instrumentalisiert: Die Betonung jener sei „nicht etwa Ausdruck eines besonders starken wissenschaftlichen Interesses an der strengen historischen Forschung, sondern sie entspringt dem praktischen Bedürfnis, die Normen für das erzieherische und erziehungspolitische Handeln auf dem Umweg über die ‚Auslegung' oder ‚Deutung' der Geschichte gewinnen und begründen zu können" (S. 97).[134]

---

[134] Eine erweiterte Fassung seines Werks von 1971, die die Kritik an der geisteswissenschaftlichen Pädagogik noch ausbaut, legt *Brezinka* 1978 mit seiner „Metatheorie der Erziehung" vor; eine kritische Replik findet sich bei *Herrmann* 1978, S. 204ff.

Eine *andere Art der Auseinandersetzung* nahmen die (meisten der) Schüler und Schülerinnen, vor allem *Erich Wenigers*, vor. 1968 legten sie eine Denkschrift für diesen vor, die den Titel trägt „Geisteswissenschaftliche Pädagogik am Ausgang ihrer Epoche"; in kritischwürdigender Darstellung des vielfältigen Werkes *Wenigers* werden Grenzen, aber – wie eine Lektüre der Beiträge zeigt – vor allem auch weiterzuverfolgende Anregungen und Potentiale seines Werkes dargestellt.[135] *Die Potentiale werden in Richtung (gesellschafts-)kritischer Theorie gesehen.* In diese Richtung gingen zu dieser Zeit die Veränderungen im Denken der Schüler und Schülerinnen der Hauptvertreter der geisteswissenschaftlichen Pädagogik – die bis auf *Wilhelm Flitner* zwischen 1960 und 1963 starben. Die neuen wissenschaftlichen Orientierungen hatten nicht zuletzt auch gesellschaftliche Gründe. Die 60er-Jahre in der alten Bundesrepublik waren insgesamt davon geprägt, dass von verschiedenen Seiten ein Modernisierungsrückstand in Wissenschaft, Gesellschaft und in der Umsetzung von Demokratie konstatiert wurde. Nachdem der materielle Wiederaufbau, der in den 50er-Jahren im Zentrum des Interesses stand, bewältigt war, konnte das Interesse auf Modernisierungsrückstände – nicht zuletzt auch im Blick auf andere europäische Demokratien – gerichtet werden. In den Endsechziger-Jahren erfolgte eine Zuspitzung der Kritik durch die Studentenbewegung und die außerparlamentarische Opposition; eine radikale Kritik an den bestehenden gesellschaftlichen („kapitalistischen") Verhältnissen fand Eingang in die Universitäten. *An die Wissenschaften – vor allem die Geistes- und Sozialwissenschaften – wurde die Forderung herangetragen, sich gesellschafts- und ideologiekritisch zu betätigen und sich ihrer gesamtgesellschaftlichen Bedingtheiten bewusst zu werden.* Entscheidende theoretische Anregungen für eine „Weiterentwicklung" oder „Transformation" (das Verständnis der Schülerinnen und Schüler war hier nicht eindeutig) der geisteswissenschaftlichen Pädagogik erhielten jene von der kritischen Theorie der „Frankfurter Schule" (*Theodor W. Adorno* [1903–1969], *Max Horkheimer* [1895–1973], *Jürgen Habermas* [geb. 1929]) die – bis in die 60er-Jahre hinein noch ein Schattendasein führend – Ende der 60er-Jahre durch ihre Rezeption seitens der Studentenbewegung einen immensen Aufschwung erlebte und zu der beherrschenden sozialwissenschaftlichen Theorie wurde, die die universitären und öffentlichen Diskussionen bestimmte. Vor allem deren Begriffe *Emanzipation, Ideologie und Ideologiekritik* sowie die von *Habermas* beschriebenen *erkenntnisleitenden Interessen des Wissenschaftlers wurden von den Erziehungswissenschaftlern rezipiert und in ihr erziehungswissenschaftliches Denken integriert.* Das *emanzipatorische Erkenntnisinteresse* sollte fortan zur Richtschnur erziehungswissenschaftlicher Theorie werden. Vor diesem Hintergrund wurde den geisteswissenschaftlichen Pädagogen *gesellschaftliche Blindheit, Anpassung an das Gegebene*, nicht zuletzt auch deutlich geworden durch ihren fehlenden Widerstand in der NS-Zeit, vorgeworfen.

Nachdrücklich thematisiert wurde diese „gesellschaftliche Blindheit" nicht zuletzt von dem *Weniger*-Schüler *Klaus Mollenhauer* in seinem 1968 erschienenen Sammelband mit dem programmatischen Titel *„Erziehung und Emanzipation"*. In seiner Einleitung schreibt er u. a.: „Die Jahre nach dem Zweiten Weltkrieg haben gezeigt, daß die ‚geisteswissenschaftli-

---

[135] Der gewählte Titel war angesichts der Beiträge eher missverständlich. Welche Schwierigkeiten die Titelfindung machte, wie viele verschiedene Titel im Gespräch waren und wie es schließlich zu dieser Titelwahl kam, wird anschaulich von *Dietrich Hoffmann* (1993) dargestellt; *Hoffmann* berichtet in seinem Artikel auch, dass *Klafki* den Titel mit Fragezeichen wollte.

che Pädagogik' nur begrenzt leistungsfähig ist im Hinblick auf die Aufklärung derjenigen Zusammenhänge, die die Wirklichkeit der Erziehung ausmachen" (1968a, S. 9). Er weist dann darauf hin, dass die Kritik an der geisteswissenschaftlichen Pädagogik bisher von empirischen/„erfahrungswissenschaftlichen" Positionen aus vorgetragen worden sei (ebd.). Er selbst hege allerdings „Zweifel, ob die Alternative: hier hermeneutisch verfahrende Pädagogik – dort empirisch verfahrende Erziehungswissenschaft richtig formuliert" sei (ebd.). Im weiteren Verlauf des Vorworts macht er deutlich, dass dies nach seiner Auffassung nicht der Fall sei. *Es geht also nach Mollenhauer nicht darum, der geisteswissenschaftlichen Pädagogik – auf der Basis eines engen analytisch-empirischen Wissenschaftsbegriffs in Anlehnung an den „Kritischen Rationalismus" – ihren Wissenschaftscharakter abzuerkennen, sondern sie zu einer gesellschaftskritischen Erziehungswissenschaft zu transformieren* (vgl. S. 9ff.). Seine Kritik an der geisteswissenschaftlichen Pädagogik formuliert *Mollenhauer* drastisch in seinem ersten Beitrag „Funktionalität und Disfunktionalität der Erziehung" in dem genannten Sammelband: „Die Tatsache, daß *Erziehungsprozesse* bis hin zu dem im Begriff des ‚Pädagogischen Bezuges' von Nohl theoretisch vergegenwärtigten Grundverhältnis *gesellschaftlich vermittelt* sind, wurde überhaupt *nicht zum Gegenstand der Reflexion*. Vielmehr wurde *Erziehung in einem vorgesellschaftlichen, herrschaftsfreien, unpolitischen Raum angesiedelt*, in dem das Kind zu ‚seinem Wohl' kommen könnte, wenn nur der Erzieher sich entschlösse, das ‚Wesen des erzieherischen Verhaltens' (Nohl) zu realisieren: eine idealistische Konzeption des guten Willens und der reinen pädagogischen Gesinnung" (1968b, S. 24; Hervorh. E. M.). Die Erziehungswirklichkeit sei von den geisteswissenschaftlichen Pädagogen gedacht worden „als ein Zusammenhang, der dem organologischen Modell prästabilisierter Sozialharmonie ähnlicher ist als der sozialen Realität industrieller Gesellschaften" (S. 25). Das Versprechen der geisteswissenschaftlichen Pädagogik auf Sicherung einer pädagogischen Eigenständigkeit, ihren – ihr von *Mollenhauer* durchaus zugeschriebenen! – „emanzipatorischen Ausgangspunkt" (S. 27), habe sie so nicht einlösen können, sie sei die theoretische und praktische Umsetzung schuldig geblieben, die nun einer gesellschaftskritischen Wissenschaft aufgegeben sei.

In seinen 1972 erschienenen „Theorien zum Erziehungsprozess" grenzt er sich ebenfalls von der geisteswissenschaftlichen Pädagogik ab, seine Bezugsautoren sind andere geworden (sie kommen aus der kritischen Theorie und den Sozialwissenschaften), im Literaturverzeichnis findet sich nur noch *Wilhelm Flitners* „Allgemeine Pädagogik"; die in ihr vorgestellten vier Sichtweisen des Menschen und der Erziehung werden von *Mollenhauer* knapp ablehnend kommentiert (vgl. S. 44). Sein letzter Satz hierzu lautet: „Jenseits der Reproduktion des historisch Vorgegebenen vermag ein solcher Ansatz nichts" (ebd.). Der geisteswissenschaftlichen Pädagogik attestiert er folgendes Defizit: Ihr „erschien Gesellschaft vornehmlich in Begriffen von ‚Kultur', d. h. von ideologischen Systemen, deren Substrat und Genese zu vernachlässigen erlaubt schien. Kultur erschien damit also leicht schon als Gesellschaft und nicht als deren ideologisches Derivat." „Gesellschaftlich-politisches Handeln" sei somit der geisteswissenschaftlichen Pädagogik nicht in den Blick gekommen (S. 11). Allerdings grenzt er sich auch entschieden gegenüber allen Tendenzen ab, „Erziehungsvorgänge nur noch in politischen bzw. ökonomischen Begriffen zu fassen" (ebd.) und betont die Notwendigkeit, in der pädagogischen Theorie „die intersubjektiven Prozesse" zum Thema zu machen (ebd.) – dies ist zumindest eine implizite Reverenz an die geisteswissenschaftliche Pädagogik.[136]

Der *Weniger*-Schüler und bereits als bedeutender junger Vertreter der geisteswissenschaftlichen Pädagogik in der Fachöffentlichkeit wahrgenommene *Wolfgang Klafki* hat ebenfalls *Ende der 60er-Jahre eine Entwicklung zum gesellschaftskritischen Erziehungswissenschaftler vollzogen*. Deutlicher als *Mollenhauer* hebt er die *Anknüpfungsmöglichkeiten der gesellschaftskritischen Erziehungswissenschaft an die geisteswissenschaftliche Pädagogik* hervor. Unter Leitung *Klafkis* wurde 1969–1970 im Medienverbund von Hörfunk, Studien-Begleitbriefen und Studien-Begleitzirkeln im Zusammenwirken verschiedener Erziehungswissenschaftler mit den Rundfunkanstalten der Quadriga, dem Deutschen Institut für Fernstudien an der Universität Tübingen, den Volkshochschulen und den Kultusministerien der Länder Hessen, Baden-Württemberg, Rheinland-Pfalz und Saarland das Funk-Kolleg Erziehungswissenschaft durchgeführt. Die Texte der Hörfunksendungen sind zudem in dreibändiger Taschenbuchausgabe 1970/71 erschienen (Klafki 1970a, 1970c, 1971a); sie erhielten also sehr weite Verbreitung. In mehreren Beiträgen, insbesondere von *Klafki* und seinem ehemaligen Assistenten und (ebenfalls) *Weniger*-Schüler *Hans-Karl Beckmann* finden sich Bezugnahmen auf die geisteswissenschaftliche Pädagogik. Das erste Kapitel des ersten Bandes enthält ein klassisches Thema jener Pädagogik, den „pädagogischen Bezug", der nun allerdings – sozusagen neutraler – „pädagogisches Verhältnis" genannt wird. Die Entfaltung von diesem geschieht in enger Anlehnung an die geisteswissenschaftliche Pädagogik, auch wenn *Klafki* in einem Exkurs in diesem Kapitel zu jener betont, dass sie „nur noch eine Richtung *neben* anderen oder *in Zusammenarbeit mit* anderen Ansätzen" sei (Klafki 1970b, S. 57). Als Programm für das Funk-Kolleg gibt er aus: „Wir werden in diesem Kolleg zu zeigen versuchen, daß sie heute als ein methodischer Teilaspekt einer komplexeren Problematik der Erziehungswissenschaft verstanden werden muß" (ebd.). Interessant sind in diesem Zusammenhang auch *Klafkis* Ausführungen „Zur Methodologie der geisteswissenschaftlichen Pädagogik". Er betont zunächst die *Berechtigung von hermeneutischer Textinterpretation als wissenschaftlichem Verfahren*, um, zum Beispiel, zu Aussagen über das pädagogische Verhältnis zu gelangen, nennt allerdings *zwei Kritikpunkte*: (1) Man müsse zum einen fragen, ob die Analyse der Textkontexte sorgfältig genug erfolgt sei. „Warum wurden so häufig die wirtschaftlichen, sozialen und politischen Verhältnisse der jeweiligen Zeit vernachlässigt […] Worin lagen die Ursachen für die Beschränkung der geisteswissenschaftlichen Pädagogik auf Theoriegeschichte und Geistesgeschichte? In diesen Fragen liegt eine der Wurzeln für die moderne Kritik an dem Autonomieverständnis dieser pädagogischen Richtung" (S. 66). (2) Zum zweiten sei ein Fehler der geisteswissenschaftlichen Pädagogen gewesen, dass sie ihre über Textinterpretation gewonnenen Aussagen „nicht nur als Hypothesen, sondern schon als gesicherte Erkenntnisse" verstanden hätten (S. 68). Die Aussagen müssten vielmehr „ope-

---

[136] Bemerkenswert ist vor diesem Hintergrund, dass *Mollenhauer* 1983 eine Publikation mit dem Titel „Vergessene Zusammenhänge. Über Kultur und Erziehung" vorgelegt hat. Wie für *Klafki* bereits in den 70er-Jahren (vgl. die nachstehenden Ausführungen im laufenden Text) wird es für *Mollenhauer* ab den 80er-Jahren ein zentrales Anliegen, die geisteswissenschaftliche Pädagogik nicht in Vergessenheit geraten zu lassen und ihren Anregungscharakter für pädagogisches Nachdenken zu betonen (vgl. etwa 1982 u. 1996).

rationalisiert werden, d. h., sie müssen so formuliert werden, daß man sie durch bestimmte methodische Verfahren überprüfen kann. Erst dadurch werden sie im strengen Sinne des Wortes *Hypothesen*" (ebd.).

In der jedem Kapitel nachgeschalteten Diskussion hält *Klafki* – entschiedener als andere Diskussionsteilnehmer – *am Konzept der pädagogischen Beziehung in der Tradition der geisteswissenschaftlichen Pädagogik fest* (vgl. S. 69ff.).

Eine klare Kontinuitätsaussage (im Sinne einer kritischen Fortentwicklung) enthält das von *Beckmann* verantwortete Kapitel „Das Verhältnis von Theorie und Praxis im engeren Sinne", in dem er *den Ansatz der geisteswissenschaftlichen als den einzig zukunftsweisenden* darstellt: „Die Ansätze der geisteswissenschaftlichen Pädagogik sind fortzuentwickeln, da die Hinwendung zur Praxis als Gegenstand der Forschung ein modernes Verständnis vom Zusammenhang von Theorie und Praxis einleitet" (1971, S. 197). „Ausweitungen" (ebd.) hält er allerdings für unverzichtbar „in der Fragestellung (d. h. Einbeziehen der institutionellen und ökonomischen Probleme), in der Kooperation mit anderen Wissenschaften (insbesondere mit der Psychologie, Soziologie und den Fachwissenschaften), in den wissenschaftlichen Methoden (besonders hinsichtlich der empirischen Forschung), in der Gestaltung von Praxis (Überprüfung der Modelle und Entwicklung einer Kasuistik)" (S. 198).

In der abschließenden Reflexion beschreibt *Klafki* die „zentrale Zielsetzung" des Funk-Kollegs als „Erziehungswissenschaft als kritische Theorie"; zentrale Intention sei gewesen, *„eine einführende Hilfe zur Entwicklung eines kritischen pädagogischen Bewußtseins"* zu bieten (1971b, S. 262). In diesem Kontext kommt er auch nochmals auf das Verhältnis zur geisteswissenschaftlichen Pädagogik zu sprechen und pointiert nun den Unterschied: „Sie verstand sich ja ausdrücklich als Anwalt der Freiheit, der Mündigkeit, der Selbstbestimmung als Ziel der Erziehung des jungen Menschen. Indessen: ‚Emanzipation', ‚Selbstbestimmung', ‚Freiheit', ‚Recht auf individuelles Glück' im Sinne unseres Verständnisses von kritischer Theorie gehen über die Auslegung solcher oder ähnlicher Begriffe in der geisteswissenschaftlichen Pädagogik entscheidend hinaus. Diese Begriffe werden nämlich *nicht allein auf den je einzelnen zu erziehenden jungen Menschen bezogen, sondern zugleich auf die Gesellschaft* [...] Die Förderung des einzelnen Kindes zur Entscheidungsfähigkeit oder Mündigkeit hin wird erst möglich, wenn die Beschränkung auf das Individuum aufgehoben und die Dialektik individueller und gesellschaftlicher Emanzipation *dadurch* in den Blick gerät, daß die jeweiligen sozialen Bedingungen sowie die gesellschaflich-politischen Funktionen der Erziehung untersucht werden" (S. 265; erste Hervorh. E. M.).

1976 legt *Klafki* den Sammelband „Aspekte kritisch-konstruktiver Erziehungswissenschaft" vor, der als ersten Beitrag den für unsere Fragestellung einschlägigen Text „Erziehungswissenschaft als kritisch-konstruktive Theorie: Hermeneutik – Empirie – Ideologiekritik", erstmals veröffentlicht 1971 in der „Zeitschrift für Pädagogik" und *Heinrich Roth* zum 65. Geburtstag gewidmet, enthält. Schon in der Einleitung zu dem Sammelband rekurriert er auf entscheidende Aussagen dieses Beitrages und macht deutlich, *dass er seine kritisch-konstruktive Erziehungswissenschaft nicht als Ablösung der geisteswissenschaftlichen Pädagogik verstehe, sondern deren „historisch-hermeneutische Sinnerschließung der Erziehungswirklichkeit" und deren Zielsetzung der „pädagogischen Mündigkeit" in jene Eingang fänden* (1976a, S. 8; Hervorh. E. M.). Es gehe um die „produktive Fortführung von Ansätzen geisteswissenschaftlicher Pädagogik" (S. 9).

In seinem bereits genannten Beitrag gibt *Klafki* einen Überblick über zentrale Merkmale der geisteswissenschaftlichen Pädagogik und geht anschließend auf die Kritik an dieser zum einen von erfahrungswissenschaftlicher/empirischer (etwa *Lochner*, *Brezinka*) und zum anderen von gesellschaftskritischer Seite ein. Er hebt in diesem Kontext hervor: „Dem Erkenntnisfortschritt konnte und kann solche Kritik allerdings nur dienen, soweit sie wirklich auf differenzierter Kenntnis der kritisierten Position beruht, nicht aber, wenn die Kritiker, wie nicht selten zu beobachten war und ist, von Fehlinterpretationen und irrigen Unterstellungen ausgehen" (1976b, S. 28). *Klafki* nimmt in diesem Text eine ganz klare Gegenposition zu *Brezinka* ein und bezieht sich demgegenüber auf den integrativen Ansatz *Roths* (vgl. v. a. S. 34ff.); *das Rothsche Integrationsprogramm erweitert Klafki nun noch um die ideologiekritische Perspektive;* in diesem Kontext betont er nochmals die Weiterentwicklung gegenüber der geisteswissenschaftlichen Pädagogik: „Die Ideologiekritik mußte sich [...] gegen die Bewußtseinssperren der älteren geisteswissenschaftlichen Pädagogik hinsichtlich der ökonomisch-gesellschaftlich-politischen Voraussetzungen und Folgen der Erziehung in Theorie und Praxis wenden" (S. 42), verweist den ganzen Text hindurch jedoch auch auf Gemeinsamkeiten der „kritisch-emanzipatorischen" Position mit der geisteswissenschaftlichen Pädagogik.

Klafkis Position war also eine sehr differenzierte, Kritiker sagen harmonistische;[137] *im Umkreis der gesellschaftskritischen Erziehungswissenschaft finden sich jedoch auch harte Verrisse der geisteswissenschaftlichen Pädagogik* (vgl. etwa Winkel 1972, S. 109ff.). Vor diesem Hintergrund geriet bei vielen jüngeren Anhängern einer gesellschaftskritischen Erziehungswissenschaft die geisteswissenschaftliche Pädagogik ebenso gänzlich aus dem Blickfeld bzw. war ebenso negativ konnotiert wie bei Anhängern des erfahrungswissenschaftlichen Paradigmas in der Tradition *Brezinkas*. *Klafki* nutzte sein Vorwort in der von seinem Schüler *Hans Jürgen Finckh* erstellten Studie über die Pädagogik *Herman Nohls* (1977), um seiner Unzufriedenheit mit dieser Situation Ausdruck zu verleihen. Er beklagt die „in erheblichen Teilen der deutschen Erziehungswissenschaft, insbesondere bei jüngeren Hochschullehrern und Studenten", verbreitete Meinung, „daß die ‚geisteswissenschaftliche Pädagogik' [...] eine endgültig überholte Phase in der Entwicklung des pädagogischen Denkens darstelle oder, wo sie noch nachwirke, so schnell wie möglich überwunden werden müsse" (S. 5). Er sieht in der Arbeit von *Finckh*, aber auch einigen anderen Arbeiten, eine gewisse Trendwende, die er dadurch zu unterstützen versucht, dass er formuliert: „Die geisteswissenschaftliche Pädagogik zu erforschen heißt [...], aktuelle pädagogische Zeitgeschichte zu treiben!" (Ebd.) Um den Wissensstand über die geisteswissenschaftliche Pädagogik zu verbreitern, belässt er es nicht bei diesem Appell, sondern legt 1978 *für die Fernuniversität Hagen vier Kurseinheiten über die Geisteswissenschaftliche Pädagogik* vor (1978a, 1978b, 1978c, 1978d), deren Intention er folgendermaßen beschreibt: „Das Thema dieses Kurses ist eine schon als ‚historisch' anzusprechende Richtung der Erziehungswissenschaft unseres Jahrhunderts, die aber

---

[137] *Dietrich Hoffmann* spricht etwa von „kardinalen Unverträglichkeiten" zwischen geisteswissenschaftlicher Pädagogik und kritischer Theorie (1978, S. 70), von „völlige[r] Unvereinbarkeit der geisteswissenschaftlichen und der kritischen Bildungstheorie" (S. 97) und widerspricht somit *Klafkis* Integrationsmodell (vgl. S. 72).

in der Gegenwart noch stark nachwirkt; ein Ziel dieses Kurses ist es, die These verständlich zu machen, daß die geisteswissenschaftliche Pädagogik Fragestellungen und Erkenntnisse erarbeitet hat, die in die gegenwärtige Erziehungswissenschaft mit hineingenommen werden müssen, *wenn wir nicht hinter einen schon einmal erreichten Erkenntnisstand zurückfallen wollen*" (1978a, S. 6; Hervorh. E. M.).[138]

Eine, wenn auch kurzlebige Debatte in der Erziehungswissenschaft löste das ebenfalls 1978 erschienene Buch von *Helmut Gaßen*, „Geisteswissenschaftliche Pädagogik auf dem Wege zu kritischer Theorie. Studien zur Pädagogik Erich Wenigers", aus. *Gaßen* wendet sich in diesem Buch zum einen gegen Auffassungen, dass dem Werk *Erich Wenigers* die kritische Theorie inhärent sei (wie sie etwa *Ilse Dahmer* in der *Weniger*-Gedenkschrift 1968 „Geisteswissenschaftliche Pädagogik am Ausgang ihrer Epoche" vertreten habe), zum zweiten gegen die Auffassung, dass das gesamte Werk *Wenigers* Ausdruck irrationaler, vernunftfeindlicher Lebensphilosophie sei (vgl. etwa *Lieber* 1966). Er vertritt demgegenüber die These, dass im Spätwerk *Wenigers* nach 1945 der Weg zur kritischen Theorie gebahnt sei. Hierzu äußern sich 1979 in der Zeitschrift für Pädagogik sowohl (der bereits erwähnte) *Hans Jürgen Finckh* als auch *Rolf Bernhard Huschke-Rhein*, der im selben Jahr ein Buch mit dem Titel „Das Wissenschaftsverständnis in der geisteswissenschaftlichen Pädagogik" (1979a) vorlegte. *Finckh* macht deutlich, worum es nach seiner Auffassung in dieser Debatte geht: „Zur Diskussion steht das Verhältnis der geisteswissenschaftlichen Pädagogik im Sinne von *Nohl* und *Weniger* zur kritischen Erziehungswissenschaft jener *Weniger*-Schüler, die sich nicht ausschließlich, aber insbesondere mit *Habermas* auseinandersetzen [*Klafki* und wohl auch *Mollenhauer* sind gemeint; E. M.]" (1979, S. 941; Namen im Orig. in Großbuchstaben). Auf der Basis seiner *Nohl*-Interpretation und unter Hinweis auf interpretatorische Widersprüchlichkeiten in der Arbeit *Gaßens* entfaltet *Finckh* seine Gegenthese: „im Ansatz und im Prinzip" sei „die hier gemeinte kritische Erziehungswissenschaft [...] mit der dialektisch strukturierten und erziehungs- sowie gesellschaftskritisch auf Demokratisierung der menschlichen Verhältnisse zielenden geisteswissenschaftlichen Pädagogik [hiermit meint *Finckh Nohl* und *Weniger*; E. M.] identisch", „hinsichtlich des Grades und der Differenziertheit insbesondere des Methodenverständnisses" nicht (S. 951). „Der eigentliche Unterschied zwischen der kritischen Erziehungswissenschaft und der geisteswissenschaftlichen Pädagogik liegt also in der im Vergleich zu früher *neuen Qualität der der Erziehungswissenschaft heute zur Verfügung stehenden empirischen und ideologiekritischen Theorien* begründet, wodurch sich die kritische Erziehungswissenschaft als fortgeschrittenes Entwicklungsstadium oder als gründ-

---

[138] Von der Widmung „Auf daß sie nicht in Vergessenheit gerate", mit der *Klafki* Hans-Karl Beckmann ein Exemplar überreichte, habe ich im Vorwort bereits berichtet.
Auch in späteren Veröffentlichungen *Klafkis* erfolgen Bezugnahmen auf die geisteswissenschaftliche Pädagogik. In seinen 1985 veröffentlichten „Neuen Studien zur Bildungstheorie und Didaktik" (1963 waren erstmals seine „Studien zur Bildungstheorie und Didaktik" erschienen, auf die unter „Systematische Zugänge" bereits eingegangen wurde) bekräftigt er sein – oben bereits skizziertes – integratives Verständnis seiner „kritisch-konstruktiven" Pädagogik und Didaktik. Erwähnenswert ist auch, dass die letzte Fußnote in seiner ersten Studie „Konturen eines neuen Allgemeinbildungskonzeptes" (S. 12ff.) lautet: „Es ist für mich selbst eine überraschende Erfahrung gewesen, beim Durchdenken der Allgemeinbildungsfrage auf eine Schichtung der Ziele und Inhalte eines neuen Allgemeinbildungskonzeptes zu stoßen [...], die strukturell Ähnlichkeiten mit Erich Wenigers Unterscheidung dreier Schichten des Lehrplans [...] aufweist" (1985b, S. 30, Anm. 18). *Klafkis* Bezüge zur geisteswissenschaftlichen Pädagogik (inhaltlich v. a. zu *Nohl* und *Weniger*) bleiben eng.

licher reflektierte Fortsetzung der geisteswissenschaftlichen Pädagogik erweist" (S. 951f.; Hervorh. E M.).

Auch *Huschke-Rhein* stellt – wenn auch wesentlich zurückhaltender – kritische Nachfragen an die Untersuchung *Gaßens*, vor allem an sein Begriffsverständnis, seine Gleichsetzung von „geisteswissenschaftlich" mit „lebensphilosophisch" und dies wiederum mit „irrational" (vgl. S. 937f.). Er kommt aber insgesamt zu einem positiven Fazit: „*Gaßens* Buch ist das Buch eines engagierten Demokraten, der uns besorgt einige Schwachstellen in der geisteswissenschaftlichen Tradition vor Augen führt, die nicht mehr mit einem Erziehungsbegriff verträglich sind, der nicht naiv gegenüber der politischen Realität und blind gegenüber den zukünftigen Erziehungsaufgaben sein möchte. Dieses Buch ist ein wichtiger Beitrag zu einer differenzierteren Beurteilung der geisteswissenschaftlichen Pädagogik" (S. 939; Namen im Orig. in Großbuchstaben).

1979 erscheint ein Lehrbuch von *Helmut Danner*, das sich speziell den „Methoden geisteswissenschaftlicher Pädagogik" zuwendet und die *Hermeneutik*, die *Phänomenologie* und die *Dialektik* vorstellt; in der Einführung wird ein kurzer Überblick über zentrale Merkmale der geisteswissenschaftlichen Pädagogik gegeben; im letzten Kapitel betont *Danner*, dass folgendes in der geisteswissenschaftlichen Pädagogik vertretene Verständnis erhalten bleiben solle: „daß *das Menschliche* als eine *eigene Qualität* begriffen wird, als jenes, was den Menschen zum Menschen macht gegenüber dem reinen Naturding, das in kausale Zusammenhänge auflösbar ist" (S. 199).[139]

Durch genannte Monographien und Debatten scheint sich seit dem Ende der 70er-Jahre das Interesse an der geisteswissenschaftlichen Pädagogik in der Erziehungswissenschaft wieder verstärkt zu haben. So konstatiert der *Flitner*-Schüler *Hans Scheuerl* in seinem Beitrag für die Zeitschrift für Pädagogik „Über die ‚geisteswissenschaftliche' Tradition in der Pädagogik und ihre Rekonstruktion" 1981: „Seit einiger Zeit treffen bei der Redaktion unserer Zeitschrift in vermehrter Zahl Manuskripte ein, deren Autoren sich mit einer seit Jahren nicht gekannten Intensität wieder den Repräsentanten und Fragestellungen der sog. ‚geisteswissenschaftlichen Pädagogik' zuwenden [...] *Sie ‚entdecken' deren Probleme gleichsam für sich selbst wieder neu*" (S. 1; Hervorh. E. M.). Dies empfindet *Scheuerl* als erfreuliche Entwicklung gegenüber dem Jahrzehnt zwischen 1968 und 1978, in dem das „eher vulgärwissenschaftlich kolportierte Verdikt" vorherrschend gewesen sei, die geisteswissenschaftliche Pädagogik sei „antiquiert, spekulativ, traditionalistisch, individualistisch, irrational und unpolitisch – oder was an derlei plakativen Aburteilungen, oft ohne faire Überprüfung an den Texten, sonst noch kursierte und bis in die Examensarbeiten mancher Hochschule hinein nachgeredet wurde" (ebd.).[140] Die Ausführungen *Scheuerls* stellen die Einführung in ein

---

[139] In der zweiten Auflage seines Werkes, 10 Jahre später, formuliert *Danner* im Blick auf die Relevanz geisteswissenschaftlicher Pädagogik noch offensiver als 1979: die *„unüberholbare Bedeutung der geisteswissenschaftlichen Pädagogik"* liege darin, „daß sie die *Sinn-Kategorie* thematisiert hat – Sinn als jenes, was es am Menschen in Erziehung und Bildung zu *verstehen* gibt, das niemals nur quantitativ oder analytisch erfaßbar ist und das auf die Eingebundenheit in die *Lebenswelt* hinweist" (1989, S. 215; E. M.).

[140] *Scheuerl* selbst hat der Vernachlässigung der geisteswissenschaftlichen Pädagogik dadurch entgegenzuwirken versucht, dass er in den von ihm 1979 herausgegebenen Klassikern der Pädagogik *Nohl*, *Litt*, *Spranger* und

thematisch einschlägiges Heft der Zeitschrift für Pädagogik dar, in dem sich Beiträge finden zur Hermeneutik, zum pädagogischen Bezug, zum Theorie-Praxis-Verhältnis, zur Edition der (zwischen 1969 und 1980) herausgegebenen Gesammelten Schriften *Sprangers* (dieser Artikel trägt die Überschrift: „Das bedeutsame Vermächtnis Eduard Sprangers"; S. 65ff.) sowie eine Besprechung des bereits erwähnten Buches von *Huschke-Rhein* durch *Friedhelm Nicolin* mit der Betonung des Ergebnisses, dass es *die* geisteswissenschaftliche Pädagogik auf Grund ihres unterschiedlichen Wissenschaftsverständnisses nicht gäbe (vgl. Nicolin 1981a, S. 84).[141]

Die geisteswissenschaftliche Pädagogik wieder in Erinnerung zu rufen und kritisch zu reflektieren, verfolgt auch der von *Jürgen Oelkers* und *Bijan Adl-Amini* herausgegebene Sammelband „Pädagogik, Bildung und Wissenschaft. Zur Grundlegung der geisteswissenschaftlichen Pädagogik" aus dem Jahr 1982, der sich mit dieser Richtung in der Zeit bis 1933 beschäftigt, in seinem Einführungsteil auf ihre Entstehung eingeht, deren Wissenschaftsverständnis erläutert und argumentiert, dass fürderhin korrekterweise von „‚geisteswissenschaftlich-kulturphilosophischer' Pädagogik" (S. 23) gesprochen werden sollte. *Das Besondere an diesem Band ist, dass die Leserinnen und Leser an die Originaltexte herangeführt werden,* indem zu verschiedenen Themenfeldern geisteswissenschaftlicher Pädagogik Texte bzw. Textausschnitte ihrer Vertreter (einschließlich *Dilthey*) wiedergegeben werden.

Eine Besinnung auf „aktuelle Aspekte der geisteswissenschaftlichen Pädagogik" verfolgen die Beiträge in dem von *Jürgen Oelkers* und *Wolfgang K. Schulz* herausgegebenen Sammelband „Pädagogisches Handeln und Kultur" (1984). Die Intention ihres Bandes umreißen die beiden Herausgeber wie folgt: „Die vorliegenden Arbeiten beschäftigen sich nicht mit einer positiven oder gar apologetischen Rezeption der Leittheoreme geisteswissenschaftlicher Pädagogik, sondern mit den liegengebliebenen Themen, den offenen Fragen und nicht zuende geführten Problemstellungen" (S. 5). Themen sind unter anderem das erzieherische Verhältnis, die dialektische Verschränkung von Individualwerdung und kultureller Teilhabe, in Fachtermini gesprochen: von Individuation und Enkulturation, die Struktur pädagogischen Handelns, die Rolle des „Verstehens", die pädagogische Autonomie, der Geist-Begriff und das Theoriedefizit in der geisteswissenschaftlichen Pädagogik.

Das Verhältnis von geisteswissenschaftlicher Pädagogik zum Nationalsozialismus ist für *Oelkers* und *Schulz* klar: „Die nationalsozialistische Pädagogik ist als extremer Gegenpol zur geisteswissenschaftlich orientierten Pädagogik zu verstehen, weil sie Pädagogik in Politik auflöst und die Bildungsprozesse ohne jede Dialektik zum Kind allein von den weltanschaulichen Vorgaben her bestimmen will. Der Autonomiegedanke ist immer als Abwehr weltanschaulicher Übergriffe verstanden worden, nicht jedoch als apolitisches Reservat" (S. 14).

– den noch lebenden – *Flitner* aufgenommen hat und Schüler derselben als Beiträger wählte, die die Genannten positiv würdigen (1979a).

[141] Hier nur am Rande erwähnt werden soll, dass eine Wiederbesinnung auf die geisteswissenschaftliche Pädagogik um 1980 auch deshalb erfolgte, weil der 100. Geburtstage *Nohls* (1979), *Litts* (1980) und *Sprangers* (1982) durch Gedenkveranstaltungen und diese dokumentierende Publikationen gedacht wurde (vgl. Becker 1979, Derbolav 1980, Eisermann/Meyer 1983).

Ab Mitte der 80er-Jahre ist diese These von einigen Erziehungswissenschaftlern vehement und offensiv in Frage gestellt worden; deshalb nun:

1.2 Exkurs zur Rezeption des Verhältnisses geisteswissenschaftliche Pädagogik und NS-Zeit

Wenngleich es ab 1970 vereinzelt Arbeiten gab, die sich mit dem Verhältnis von geisteswissenschaftlicher Pädagogik und NS-Zeit beschäftigten (vgl. Lingelbach 1970; Gamm 1972; Weber 1979), *so hat eine Auseinandersetzung mit breiter Wirkung in der Disziplin doch erst Mitte der 80er-Jahre begonnen.*[142]

Ein erstes wichtiges Datum in diesem Kontext war das auf Initiative von *Peter Menck* geführte Gespräch über „Erziehungswissenschaft in Deutschland zwischen 1933 und 1945" mit ca. 25 Teilnehmern in Siegen. Im Mittelpunkt dieses Gesprächs stand ein Vortrag *Heinz-Elmar Tenorths*, in dem er sich mit der „Deutschen Erziehungswissenschaft 1930 bis 1945" auseinandersetzte (abgedruckt 1986 in der Zeitschrift für Pädagogik). Anlass seiner Ausführungen sind die von dem marxistischen Erziehungswissenschaftler *Hans-Jochen Gamm* seit Anfang der 1970er-Jahre immer wieder und von – dem der Antipädagogik nahestehenden – *Heinrich Kupffer* in seiner 1984 vorgelegten Arbeit über den „Faschismus und das Menschenbild der deutschen Pädagogik" vertretene These, dass die geisteswissenschaftlichen Pädagogen eine große Nähe zum NS-System aufwiesen, dieses dadurch mitzuverantworten und sich ihrer eigenen verhängnisvollen Geschichte nach 1945 nicht gestellt hätten. Sie gehen von einer höchst problematischen Kontinuität von der Weimarer Republik über die NS-Zeit in die deutsche Nachkriegszeit aus. Erwähnt werden muss auch, dass *Kupffer* in seiner Arbeit sogar so weit geht, Gemeinsamkeiten zwischen *Nohls* und *Hitlers* Denken zu betonen (vgl. S. 124ff.).[143] Eine zentrale These *Tenorths* lautet, dass es *zwar einerseits Kontinuitäten*

---

[142] *Wolfgang Keim* weist darauf hin, wie wenig Interesse *Lingelbachs* Studien in der Erziehungswissenschaft (1970) erfahren haben, und zitiert aus einem Brief *Lingelbachs* (v. 24.12.1988 an *Keim*), in dem er die „Nichtbefassung" folgendermaßen erklärt: „Für die Mehrzahl der – von mir aus gesehen – älteren Zunftgenossen war die Studie immer noch eine Tabuverletzung, die man am besten ignorierte [...]; die gleichaltrigen und jüngeren Kollegen aber hatten damals anderes – und, wie sie meinten, Wichtigeres – zu tun. Die Disziplin mußte fit gemacht werden für die ihr zugedachte Rolle bei der Organisation und Legitimation der sozialliberalen Bildungsreform. Hierzu stand [...] die Rezeption des internationalen sozialwissenschaftlichen Forschungsstandes auf der Tagesordnung. Aufgearbeitet wurden in diesem Arbeitskontext der Positivismus-Streit und die Faschismustheorien der Studentenbewegung. Die Rolle der Disziplin unter der NS-Diktatur erschien demgegenüber eher als eine längst abgetane Verirrung der Väter und Großväter – kaum wert, daran auch nur noch einen Gedanken zu verschwenden. So blieben die Leichen im Keller'" (1989, S. 189).
1987 kam er zu einer – nun weitaus mehr beachteten – zweiten, um drei neuere Studien erweiterten Auflage von *Lingelbachs* Schrift.

[143] Eine scharfe Replik zu *Kupffers* These findet sich in *Ulrich Herrmanns* Beitrag „Probleme einer ‚nationalsozialistischen Pädagogik'" in dem von ihm herausgegebenen Band „Die Formung des Volksgenossen'. Der ‚Erziehungsstaat' des Dritten Reiches" (vgl. 1985, S. 14f.). *Herrmanns* zentrales Grundverständnis lautet: „Die Pädagogik der 20er Jahre war mit allen ihren auch bedenklichen Erbteilen der deutschen Geistesgeschichte keine präfaschistische Unterströmung, und sie war nach 1945 nicht postfaschistisch" (S. 15) – er greift damit Begriffe *Kupffers* auf und weist diese zurück.

im Denken von den geisteswissenschaftlichen Pädagogen zur NS-Erziehung gegeben habe, dass andererseits aber auch klare Unvereinbarkeiten festzuhalten seien und die Verwendung von denselben Begriffen in einem anderen Kontext, vor einem anderen Hintergrund auch einen anderen Sinn mit sich gebracht habe. „Unübersehbar also und unbestreitbar ist eine Kontinuität in wesentlichen Elementen der von der deutschen Pädagogik vor 1933 in ihrer Mehrheit geteilten Basisphilosopheme mit einigen der wesentlichen Grundansichten der Welt und des Menschen, wie man sie auch nach 1933 findet [...] Präzision und Sinn, Funktionalität und Bedeutung erhalten die Elemente eines Ideenkomplexes allererst im *historischen Kontext*, in dem sie entworfen und genutzt werden. Das ist kein Entlastungsargument, sondern sowohl methodisch wie theoretisch beim Studium historischer Semantik geboten. Das Besondere der Pädagogik wird deshalb auch erst dann erkannt, wenn man *nicht allein Elemente* – einzelne Wörter, Begriffe, Ideen – studiert und von da aus Kontinuitätsbehauptungen zu stützen sucht, *sondern wenn die Figuration analysiert wird*, in der die theoretischen Konzepte ihre Geltung und Eindeutigkeit gewinnen" (S. 313f.; Hervorh. E. M.), im Blick auf die NS-Zeit etwa, wenn das nationalsozialistische Rassedenken als alles überwölbendes Leitprinzip erkannt wird (vgl. ebd.). *Tenorth* kommt in seinen Ausführungen zu dem Ergebnis: „Die Pädagogik von 1933–1945 repräsentiert eine *singuläre historische Figuration*, bei Kontinuitäten in Elementen zeigt sie vor allem Diskontinuität der Ideen und Theorien über Erziehung im ganzen [...]" (S. 316; Hervorh. E. M.).

Tenorths Argumentation erfuhr heftigen Widerspruch, z. B. von *Hans-Jochen Gamm* (vgl. 1987), vor allem aber auch von dem Paderborner Erziehungswissenschaftler *Wolfgang Keim* und seinen Schülern.

Es bildeten sich gewissermaßen *zwei Lager* heraus, deren Vertreter sich beide mit dem Verhältnis von Erziehungswissenschaft und NS-Zeit bzw. – enger – dem Verhältnis von geisteswissenschaftlicher Pädagogik und NS-Zeit beschäftigten. Deutlich sichtbar werden die unterschiedlichen Standpunkte etwa in den beiden Publikationen „Pädagogen und Pädagogik im Nationalsozialismus – Ein unerledigtes Problem der Erziehungswissenschaft", hrsg. v. *Wolfgang Keim* (1988a), hervorgegangen aus einer Vortragsreihe im Fachbereich Erziehungswissenschaft der Universität-Gesamthochschule Paderborn,[144] einerseits und der Publikation „Pädagogik und Nationalsozialismus", hrsg. v. *Ulrich Herrmann* und *Jürgen Oelkers*,[145] hervorgegangen aus einem Symposium an der Universität Tübingen (an der *Herrmann* Professor war), andererseits. Während in dem von *Keim* herausgegebenen Band die Frage nach den verhängnisvollen Kontinuitäten der „konservativen" Erziehungswissenschaft von der Weimarer Republik über die NS-Zeit in die Bundesrepublik im Zentrum steht (vgl. v. a. S. 15ff.)[146], geben folgende Formulierungen von *Herrmann* und *Oelkers* aus ihrer Einführung

---

[144] In seiner Einleitung schreibt *Keim*: „Die große Resonanz auf diese Vortragsreihe innerhalb und außerhalb der hiesigen Hochschule wie auch die Anfragen von Kollegen außerhalb Paderborns nach den Vortragsmanuskripten haben mich veranlaßt, die Vortragsreihe als Buch zugänglich zu machen" (S. 9).

[145] Die Publikation liegt zum einen vor als 22. Beiheft der Zeitschrift für Pädagogik, zum zweiten als Sammelband im Beltz-Verlag (Pädagogik und Nationalsozialismus 1989).

[146] Dass die Stoßrichtung der Kritik vor allem gegen die geisteswissenschaftliche Pädagogik geht, wird schon an dem ersten Satz *Keims* in seiner Einführung deutlich: „Als *Hitler* 1933 die Macht in Deutschland übertragen wurde, haben viele bekannte deutsche Erziehungswissenschaftler ‚die großen Ereignisse' (Spranger 1933 [...]) freudig begrüßt und damit zur Legitimierung und Machtsicherung des Nationalsozialismus beigetragen" (S. 7;

einen anderen Blick auf das Verhältnis geisteswissenschaftliche Pädagogik und NS-Zeit vor: „Grundsätzlich wird man auch im Falle der pädagogischen Theorie *zwischen Begründungs- und Verwertungskontexten zu unterscheiden haben* und diese, die selbst schon eine Vielfalt bilden, in sehr verschiedener Weise auf die Epoche und das Syndrom des Nationalsozialismus beziehen müssen. Diese Differenzierung ist unvermeidlich, wenn wirklich die historischen Realitäten rekonstruiert und dabei zugleich *der zeitliche Abstand zwischen den Akteuren und den Historikern* (und deren jeweiliger Gegenwart) in Rechnung gestellt werden soll" (S. 13; Hervorh. E. M.).

Besonderes Aufsehen in der Disziplin hat die Kontroverse zwischen *Adalbert Rang* (Kunsthochschule Köln) (vgl. 1986; 1988) einerseits und – dem bereits erwähnten – *Ulrich Herrmann* (vgl. 1989a, b, c) andererseits über die Publikation von *Eduard Spranger* und *Wilhelm Flitner* im Aprilheft 1933 der „Erziehung" und ihre darin zum Ausdruck kommende Nähe bzw. Distanz zum NS-System ausgelöst. *Herrmann* sieht – auf der Basis einer kontextualisierenden Analyse der beiden Beiträge und vor dem Hintergrund seines oben zitierten Grundverständnisses – vor allem bei *Flitner* eine weitaus größere Distanz zum NS-System als dies *Rang* tut; wie *Kupffer* gehört *Rang* für *Herrmann* zu der Gruppe von Erziehungswissenschaftlern, die eine große Nähe zwischen NS-Denken und geisteswissenschaftlicher Pädagogik sehen, die die Kontinuität in den Mittelpunkt rücken; diese Auffassung ist für *Herrmann* inakzeptabel (vgl. etwa 1989a, S. 285).

Die Auseinandersetzungen gingen weiter; das Thema blieb auf der Tagesordnung: Auf dem Kongress der Deutschen Gesellschaft für Erziehungswissenschaft im März 1990 in Bielefeld mit dem Rahmenthema „Bilanz für die Zukunft: Aufgaben, Konzepte und Forschung in der Erziehungswissenschaft" gab es ein großes öffentliches Forum/Podium und zwei Symposien bzw. Arbeitsgruppen zu diesem Thema. Über die Podiumsdiskussion – an der die Erziehungswissenschaftler *Wolfgang Keim, Heinz-Elmar Tenorth, Karl Christoph Lingelbach, Ulrich Herrmann, Adalbert Rang, Gisela Miller-Kipp, Harald Scholtz, Heinz Sünker* und *Wolfgang Klafki* als Moderator teilnahmen – findet sich im 25. Beiheft der Zeitschrift für Pädagogik ein Bericht, der die Statements der Podiumsteilnehmer und (in geraffter Form) die Diskussionsbeiträge wiedergibt (vgl. Bilanz für die Zukunft 1990). Die unterschiedlichen Positionen werden hier nochmals sehr deutlich offengelegt, und ihre unterschiedlichen politischen und wissenschaftstheoretischen und -methodischen Selbstverständnisse werden klar.[147] Die Referate einer Arbeitsgruppe mit dem Thema „Erziehungswissenschaft und Nationalsozialismus" sind zusammen mit weiteren Aufsätzen zum Thema in einem Studienheft von *Wolfgang Keim* mit dem Titel „Erziehungswissenschaft und Nationalsozialismus – eine kriti-

---

Namen im Orig. in Großbuchstaben). Noch deutlicher wird diese Stoßrichtung, wenn er in einem anderen Text aus dem Jahr 1988 formuliert: „Für die weitere Entwicklung der Erziehungswissenschaft [nach 1945] folgenreich [im negativen Sinne ist gemeint; E. M.] war nicht nur die Zurückweisung jeglicher Mitverantwortung für die Machtübernahme des Nationalsozialismus und seine Verbrechen, sondern auch das Festhalten an den geisteswissenschaftlichen Grundlagen der Disziplin" (1988b, S. 41).

[147] Dieser Bericht sei allen an dieser Thematik besonders interessierten Studierenden nachdrücklich zur Lektüre empfohlen; er ist gut lesbar und macht die einzelnen Grundsatzpositionen klar. Einen guten, knappen Überblick über die Kontroversen bietet außerdem *Klafki* 1996.

sche Positionsbestimmung" 1990 publiziert worden; die Kritik an den Positionen *Herrmanns* und *Tenorths* (von *Gamm, Keim, Lingelbach, Beutler*) bildet in dem Heft einen Schwerpunkt.

Die unterschiedlichen Positionen lagen nun klar auf dem Tisch; das Thema Geisteswissenschaftliche Pädagogik und Nationalsozialismus war damit jedoch auch in den 90er-Jahren nicht beendet, trat allerdings in den Hintergrund; die DDR-Pädagogik und die Stellung der deutschen Erziehungswissenschaft nach der Wiedervereinigung traten ins Zentrum des wissenschaftshistorischen und wissenschaftstheoretischen Interesses. Vor allem Erziehungswissenschaftler im Umkreis von *Wolfgang Keim* versuchten allerdings, durch Einzelstudien die „Faschismusaffinität" geisteswissenschaftlicher Pädagogen und ihre mangelnde Umkehr nach 1945 weiter zu erhärten (vgl. etwa *Himmelstein* zu *Spranger* 1996a u. b; 2001; *Zimmer* zu *Nohl* 1995; 1996; 1998). Ein wichtiges Forum stellte hierfür das – unter anderen von *Beutler, Gamm* und *Keim* herausgegebene – *Jahrbuch für Pädagogik* dar.

Gerade auch im Blick auf *Spranger* gibt es teilweise sich sehr deutlich widersprechende Darstellungen seiner Rolle in der NS-Zeit. So sehen *zum Beispiel Uwe Henning* und *Achim Leschinsky* (1991) eine deutlich größere Distanz *Sprangers* zum Nationalsozialismus als etwa *Himmelstein*.

Eine besondere Kritik erfuhren in den 90er-Jahren auch *Erich Wenigers* Verhältnis zum Nationalsozialismus und seine Haltung nach 1945; einen Schwerpunkt der Kritik bildeten dabei seine militärpädagogischen Schriften während der NS-Zeit. Hier sind vorrangig die Bücher von *Kurt Beutler* „Geisteswissenschaftliche Pädagogik zwischen Politisierung und Militarisierung – Erich Weniger" (1995) und von *Barbara Siemsen* „Der andere Weniger – eine Untersuchung zu Erich Wenigers kaum beachteten Schriften" (1995) zu erwähnen; deren Thesen blieben nicht unwidersprochen; in Aufsätzen von *Mollenhauer* (1997), *Herrlitz* (1997), *Klafki* (1998) und *Matthes* (1998a u. b) finden sich entschiedene Gegenargumente.

Durch *Zimmers* Studien zu *Nohl* und seine Hinweise auf *Nohls* Vorlesung aus den Wintersemestern 1933/34 und 1935/36 unter dem Titel „Die Grundlagen der nationalen Erziehung" wurde *Nohls* Rolle in der NS-Zeit verstärkt zum Thema. Vor diesem Hintergrund und unter Aufarbeitung des vorliegenden Forschungsstands legten *Wolfgang Klafki* und seine Kasseler Kollegin *Johanna-Luise Brockmann* 2002 eine quellengesättigte Studie zu „Geisteswissenschaftliche Pädagogik und Nationalsozialismus. Herman Nohl und seine ‚Göttinger Schule' 1932–1937. Eine individual- und gruppenbiografische, mentalitäts- und theoriegeschichtliche Untersuchung" vor, die eine akribische Analyse der genannten Vorlesung enthält. Unter Heranziehung des umfangreichen Briefnachlasses *Nohls* und auch des Briefnachlasses *Wenigers* werden als Kontext die Situation und die Einstellungen des *Nohl*-Kreises am Ende der Weimarer Republik und zu Beginn der NS-Zeit einschließlich *Wenigers* Weg in die Militärpädagogik dargestellt und interpretiert.

Litt wird in den meisten Veröffentlichungen als die Ausnahmeerscheinung unter den geisteswissenschaftlichen Pädagogen bezeichnet, der von Anfang an eine klare Haltung gegen den Nationalsozialismus eingenommen hätte (vgl. etwa Keim 1995, S. 173). Zu *Litts* oppositioneller Einstellung in der NS-Zeit liegt eine Vielzahl von Studien vor (vgl. etwa Nicolin 1981b; Heinze 1999; Matthes 1999c; Heinze 2001).

Neben die personenbezogenen Untersuchungen sind im letzten Jahrzehnt Studien getreten, die sich mit der geisteswissenschaftlichen Pädagogik in der NS- und Nachkriegszeit im Kontext der Perspektive von Disziplinentwicklung und -politik beschäftigen (vgl. Horn 2003; Kersting 2008).

In der 2009 erschienenen Monographie von *Benjamin Ortmeyer* „Mythos und Pathos statt Logos und Ethos. Zu den Publikationen führender Erziehungswissenschaftler in der NS-Zeit: Eduard Spranger, Herman Nohl, Erich Weniger und Peter Petersen" und in dessen Forschungsprojekt „ad fontes", aus dem eine Quellenedition aller in der NS-Zeit verfassten (und nach 1945 nicht identisch zugänglichen) Texte von *Nohl, Spranger* und *Weniger* (sowie *Peter Petersen*) und ein umfangreicher Überblick über den Forschungsstand zu deren Verhältnis zur NS-Zeit und ihrer Position in der Nachkriegszeit hervorging, rücken allerdings die Personen und ihre Veröffentlichungen wieder ins Zentrum des Interesses. Die genannte Studie – die Habilitationsschrift von *Ortmeyer* – stellt den Versuch einer Interpretation und Einordnung der Quellentexte dar. „Dabei geht es vor allem darum, NS-Jargon, die Unterstützung des NS-Staates und seiner Politik sowie die Übereinstimmung mit einer Fülle von Elementen der NS-Ideologie (wie völkischer Nationalismus, Antisemitismus, Militarismus, Eugenik, die auch vor der NS-Zeit schon existierten) zu unterscheiden und im Einzelnen zu analysieren" (S. 28).[148] Der letzte Teil der Studie beschäftigt sich – auf der Basis ausgewählter Publikationen – mit der rückblickenden Auseinandersetzung von *Spranger, Nohl* und *Weniger* mit ihrer Rolle in der NS-Zeit und versucht „Stereotype der Interpretation der NS-Zeit" herauszuarbeiten (S. 29). In seiner Bewertung der geisteswissenschaftlichen Pädagogen in der Nachkriegszeit kommt *Ortmeyer* zu einem deutlich kritischeren Urteil als *Matthes* in ihrer 1998 vorgelegten Arbeit „Geisteswissenschaftliche Pädagogik nach der NS-Zeit. Politische und pädagogische Verarbeitungsversuche". Darauf hinzuweisen ist noch, wie sich *Ortmeyer* im Kontext der Kontinuitäts- und Diskontinuitätsthese verortet: Die Diskontinuität sieht er darin, dass „die vier Erziehungswissenschaftler bei aller Kontinuität ihrer Auffassungen durch die Unterstützung des NS-Regimes einen deutlichen Bruch in ihrer eigenen Argumentationslinie vollzogen" hätten (S. 446).

Inwieweit das Projekt „ad fontes" und die Studie von *Ortmeyer* eine neue Diskussion in der Erziehungswissenschaft über das Verhältnis Geisteswissenschaftliche Pädagogik und NS-Zeit hervorrufen werden, muss an dieser Stelle noch offen bleiben.

1.3 Von den 90er-Jahren bis in die Gegenwart

Hier ist, die rezeptionsgeschichtlichen Zugänge nach dem Exkurs wieder chronologisch fortführend, zunächst festzuhalten:

---

[148] Erwähnenswert ist, dass auch *Ortmeyer Litts* Position in der NS-Zeit deutlich von der *Sprangers*, *Nohls* und *Wenigers* abgrenzt in einem Kapitel mit der Überschrift „Konservative Theorie führt nicht zwangsläufig zur Loyalität gegenüber dem NS-Staat – Das Beispiel Theodor Litt" (2009, S. 163–166).

Während zwischen 1985 und 1990 das Verhältnis Geisteswissenschaftliche Pädagogik und NS-Zeit im Zentrum der Diskussionen stand,[149] *wendeten sich Erziehungswissenschaftler in den 90er-Jahren wieder stärker den pädagogischen Konzeptionen geisteswissenschaftlicher Pädagogik zu und fragten nach dem bleibenden Ertrag derselben für modernes Erziehungsdenken.* Auf dem bereits erwähnten 12. Kongress der Deutschen Gesellschaft für Erziehungswissenschaft fand zwar das Verhältnis der geisteswissenschaftlichen Pädagogik zur NS-Zeit besondere Beachtung; es gab jedoch auch ein Vorstandssymposion mit dem Titel „Bilanz der Paradigmendiskussion", in dem *Oelkers* einen Beitrag hielt über „Hermeneutik oder Kulturpädagogik? Zur Bilanzierung der geisteswissenschaftlichen Pädagogik" (dieser wie die anderen dort gehaltenen Vorträge wurden 1991 unter dem Titel des Symposions publiziert). *Oelkers* unterstreicht – in Anlehnung an frühere (bereits skizzierte) Publikationen – die *Modernität der kulturpädagogischen Perspektive*, die – durch Kritik *Lochners* und *Brezinkas* auf der einen, der kritischen Theorie bzw. der gesellschaftskritischen Erziehungswissenschaft auf der anderen Seite – vorschnell ad acta gelegt, deren Potential nicht ausgeschöpft worden sei (vgl. S. 35ff.), deren Erkenntnisse für eine aktuelle Erziehungs- und Bildungstheorie fruchtbar gemacht werden müssten (vgl. S. 42).

Beachtenswert ist auch die Abhandlung von *Michael Parmentier* „Selbsttätigkeit, Pädagogischer Takt und Relative Autonomie" in der Vierteljahrsschrift für wissenschaftliche Pädagogik (1991). Er fragt in seinem Text nach dem Beitrag, den die geisteswissenschaftliche Pädagogik zum neuzeitlichen „Schlüsselproblem", „der Bestimmung und Erzeugung der subjektiven Voraussetzungen des geschichtlichen Fortschritts" (S. 122), leiste. Er benennt „Selbsttätigkeit", „pädagogischen Takt" (als Kern des pädagogischen Ethos in der pädagogischen Beziehung) und „relative Autonomie" als Grundthemen geisteswissenschaftlicher Pädagogik und zeigt deren inhaltliche Ausgestaltung an Texten *Nohls*, *Litts*, *Flitners* und *Wenigers* (wobei er deren Denkweisen in eine moderne Sprache zu übersetzen versucht). Er beendet seinen Text folgendermaßen: „[...] die Einsicht in die Rückständigkeit und Unangemessenheit ihrer empirischen Verfahren darf nicht dazu führen, die geisteswissenschaftliche Pädagogik insgesamt zum alten Eisen zu werfen. Als Antwort auf das Schlüsselproblem des neuzeitlichen Erziehungsprojekts scheint sie mir noch keineswegs – wie Ende der 60er-Jahre voreilig verkündet wurde [...] – am Ausgang ihrer Epoche angelangt" (S. 135).

Dass der Beitrag *Parmentiers* in der Disziplin relativ große Beachtung erfuhr, wird zum einen dadurch deutlich, dass *Erich Weber* im dritten Teil seiner „Grundfragen und Grundbegriffe" auf ihn folgendermaßen Bezug nimmt: „M. Parmentier betont als Repräsentant der

---

[149] Zumindest Erwähnung finden muss allerdings die ausführliche historische und systematische Darstellung der geisteswissenschaftlichen Pädagogik in den 1989 erschienenen „Pädagogischen Grundbegriffen". Die historische Darstellung erfolgt durch den Sozialpädagogen *Hans Thiersch*, die systematische durch *Ulrich Herrmann*, wobei ersterer zu einem deutlich kritischeren Fazit kommt als *Herrmann*. Wenngleich auch dieser Grenzen benennt, schreibt er den – angesichts von in den 70er-Jahren vorgetragener Kritik – erstaunlichen Satz: „Daß wir heute selbstverständlich Erziehungs- und Bildungsfragen im Zusammenhang mit Politik und Ökonomie, Gesellschafts- und Verfassungsproblemen sehen und nicht nur im Binnenraum der erziehenden und unterrichtenden Familie und Schule, Lehrwerkstatt und Hochschule, ist eine Leistung, die wir der Geisteswissenschaftlichen Pädagogik verdanken" (1989d, S. 1140). Auch im Blick auf die Rolle der geisteswissenschaftlichen Pädagogen in der NS-Zeit nimmt er erneut Stellung: Sie hätten sich „im totalitären System des Nationalsozialismus politisch nicht kompromittiert, der Diktatur aber auch ihrem pädagogischen Auftrag zufolge, so wie sie ihn verstanden, politisch nicht entgegentreten können" (S. 1158).

1 Entwicklungslinien seit den 60er-Jahren des 20. Jahrhunderts

reaktualisierten und modifizierten geisteswissenschaftlichen Pädagogik, daß diese nach Überwindung ihrer früheren, empirischen und sozialwissenschaftlich-ideologiekritischen Rückständigkeit heute noch wesentliche Antworten auf die pädagogischen Schlüsselfragen der Neuzeit geben kann" (S. 527) (was *Weber* ganz ähnlich sieht, vgl. ebd.). Zum zweiten findet er sich wiederabgedruckt in dem von *Gerhard de Haan* und *Tobias Rülcker* 2002 herausgegebenen Studienbuch „Hermeneutik und Geisteswissenschaftliche Pädagogik" (auf das ich später noch ausführlicher zu sprechen kommen werde). In einer kurzen Nachbemerkung zum Text geben die beiden Herausgeber jedoch auch den kritischen Hinweis, *Parmentier* hätte die drei genannten Begriffe (Selbsttätigkeit, pädagogischer Takt und relative Autonomie) „von dem sonstigen Begriffsapparat der geisteswissenschaftlichen Pädagogik abgetrennt" und diese würden „dadurch einen modernen Akzent erhalten, der ihnen in dialektischer Beziehung zu anderen Begriffen wie Gemeinschaft, Deutschheit, starker Staat etc. nicht zukäme" (S. 396).

Mit dem Bezug auf das Studienbuch haben wir schon auf die Rezeptionsgeschichte im ersten Jahrzehnt des dritten Jahrtausends vorausgegriffen; kurz soll jedoch noch in den 1990er-Jahren verweilt werden: Eine für unsere Fragestellung bemerkenswerte Publikation muss unbedingt Erwähnung finden: die – 641 Seiten umfassende – Festschrift für den damaligen Würzburger Lehrstuhlinhaber *Winfried Böhm* zum 60. Geburtstag am 22. März 1997, die den Titel trägt „Freiheit – Geschichte – Vernunft. Grundlinien geisteswissenschaftlicher Pädagogik". Im Vorwort beschreiben die Herausgeber *Wilhelm Brinkmann* und *Waltraud Harth-Peter* die doppelte Zielsetzung des Bandes: zum einen „Festgabe" für *Winfried Böhm* zu sein, zum anderen „in systematischer und kritischer Absicht das geisteswissenschaftliche Denken in der Pädagogik von Schleiermacher an bis in die unmittelbare Gegenwart neu zur Diskussion zu stellen" (S. 9). Ohne das Werk *Böhms* in die Tradition der geisteswissenschaftlichen Pädagogik „nahtlos einordnen" zu wollen (ebd.), weisen sie doch darauf hin, dass die Schlüsselbegriffe der Pädagogik *Böhms* – Freiheit, Geschichte, Vernunft – „ebenfalls die geisteswissenschaftliche Pädagogik, mit ihrer durchgängig bestimmenden Problematik einer Begründung der Pädagogik als Wissenschaft und mit ihrer Intention, dem Menschen durch Sinnorientierung Rechnung tragen zu wollen, kennzeichnen" (ebd.). Die ehemalige Bundestagspräsidentin und „gelernte" Erziehungswissenschaftlerin *Rita Süßmuth* schreibt in ihrem Geleitwort für den Band: „Trotz kritischer Stimmen seit dem Ende der 60er-Jahre gilt die geisteswissenschaftliche Forschungsmethode neben dem empirischen und dem ethnographischen Ansatz noch heute als eines der Grundmodelle der Pädagogik. Es erscheint daher durchaus angemessen, die Grundlinien geisteswissenschaftlicher Pädagogik anhand ihrer Themen, Probleme und Methoden umfassend darzustellen" (S. 11). Zwei Aspekte sind an diesem Band besonders bemerkenswert: zum einen, dass in diesem Band geisteswissenschaftliche Pädagogen verehrende (vgl. die Beiträge *Rebles* oder *Brinkmanns*) wie diese scharf kritisierende (vgl. den Beitrag *Beutlers*) Autoren nebeneinander stehen (ohne leider allerdings in Diskurs miteinander zu treten); zum zweiten die – meist vernachlässigte – Berücksichtigung der Bedeutung geisteswissenschaftlicher Pädagogik für unterschiedliche Teildisziplinen der Erziehungswissenschaft (z. B. Erwachsenenbildung, Sozialpädagogik).

Dass die *Wertschätzung der geisteswissenschaftlichen Pädagogik* – trotz der Kritik, die ihre Vertreter in Bezug auf ihr Verhältnis zum Nationalsozialismus vor allem in den bzw. seit der zweiten Hälfte der 80er-Jahre(n) erfahren – *in den 90er-Jahren* (vor allem im Vergleich mit den 70er-Jahren) *wieder deutlich gestiegen* ist, machen auch die Darstellungen in Handbüchern deutlich. So beginnt der Artikel von *Jörg Zirfas* und *Christoph Wulf* im Band 2 des „Taschenbuches der Pädagogik" über die Geisteswissenschaftliche Pädagogik folgendermaßen: „Die bis heute ‚prominenteste' und die für das 20. Jahrhundert wohl weitgehend bestimmende Richtung der Erziehungswissenschaft [...], wenn nicht gar ihre ‚herrschende Lehre' (Blankertz), ist die ‚geisteswissenschaftliche Pädagogik'" [...] (1996, S. 350). Er bestätigt die „Prominenz" mit seiner Würdigung am Ende, indem er ihr folgende Leistungen bescheinigt: „in der Emanzipation durch Aufklärung über Erziehung, in der Thematisierung der Sinn-Kategorien, in ihrem Aspektenreichtum und Toleranz gegenüber anderen Modellen, ihrem Aufbrechen von dogmatischem Denken und ihrem kulturpädagogischen Anspruch einer paradoxal-dialektisch gedachten Erziehung" (S. 359). Auch *Heinz-Hermann Krüger* liefert in seiner – inzwischen vielfach aufgelegten und zum Standardwerk gewordenen – „Einführung in Theorien und Methoden der Erziehungswissenschaft" (1999) eine kritisch-würdigende Darstellung der geisteswissenschaftlichen Pädagogik, spricht von der „folgenreichste[n] pädagogische[n] Strömung in Deutschland" (S. 18) und warnt davor, „die Leistungen dieser Theorieschule" zu übersehen (S. 34).

Für *das neue Jahrtausend* erscheint mir als erstes der Beitrag *Helmut Heilands* „Die aktuelle Bedeutung der Geisteswissenschaftlichen Pädagogik" in dem Band „Bildung als engagierte Aufklärung. Ernst Cloer zum 60. Geburtstag" (2000) erwähnenswert. Der Text besteht aus drei Teilen: einer knappen Darstellung der Hauptvertreter unter Verweis auf einige ihrer wichtigsten Schriften (vgl. S. 88ff.), einer kritischen Skizzierung des Paradigmenwechsels von der geisteswissenschaftlichen Pädagogik zur Erziehungswissenschaft (vgl. S. 102ff.) und der „Rekonstruktion und Aktualität der Geisteswissenschaftlichen Pädagogik" in Form eines ausführlichen Forschungsberichts (vgl. S. 111ff.). Er beendet seinen Text folgendermaßen: „Eine direkte Wiederholung des Forschungsansatzes der Geisteswissenschaftlichen Pädagogik ist also nirgendwo festzustellen. Aber in zahlreichen Arbeitsfeldern der gegenwärtigen Erziehungswissenschaft wirkt der Impetus der Geisteswissenschaftlichen Pädagogik, wenngleich in modifizierter Weise, weiter und unterstreicht so die Aktualität dieser bedeutsamen pädagogischen Tradition" (S. 126).

Eine entsprechende Aktualität sieht auch *Roland Bast*, der ebenfalls im Jahr 2000 eine Untersuchung zur „Pädagogischen Autonomie" veröffentlicht, die den Untertitel trägt: „Historisch-systematische Hinführung zu einem Grundbegriff der Geisteswissenschaftlichen Pädagogik". Er interpretiert hierfür die einschlägigen Schriften *Nohls*, *Flitners*, *Wenigers* und des *Nohl*-Schülers *Georg Geißler*, fasst wesentliche Ergebnisse zusammen und gibt auch einen Überblick über die Entwicklung nach 1945. Er sieht in dem Konzept – trotz mancher Unzulänglichkeiten – wichtige Anhaltspunkte für die gegenwärtige Pädagogik.

2002 legen *Gerhard de Haan* und *Tobias Rülcker* das – bereits erwähnte – „Studienbuch" „Hermeneutik und Geisteswissenschaftliche Pädagogik" vor. Die beiden Herausgeber verfolgen die Absicht, mit Hilfe ausgewählter Texte die Studierenden zur Auseinandersetzung mit der geisteswissenschaftlichen Pädagogik und ihrer zentralen Methode, der Hermeneutik, anzuregen. Sie heben in ihrer Einführung hervor, dass die Geisteswissenschaftliche Pädagogik „tief in die Fundamente der modernen Pädagogik eingelassen ist, dass sie ihr Selbstverständnis, ihr Handeln und viele ihrer Institutionen bis heute mit prägt" (S. 10). Sie bezeichnen sie als „die wirkungsmächtigste pädagogische Theorie des 20. Jahrhunderts" (ebd.) und betonen, dass die „Beschäftigung mit der Geisteswissenschaftlichen Pädagogik [...] für das Verständnis der Erziehungswissenschaft von fundamentaler Bedeutung" sei (S. 11). Nach einer kurzen Einführung zu „Hermeneutik und Geisteswissenschaftliche Pädagogik" werden – überschrieben mit „Die hermeneutischen Grundlagen" – zunächst drei Texte von *Dilthey* präsentiert; anschließend – überschrieben mit „Die Geisteswissenschaftliche Pädagogik" – je ein Text von *Litt*, *Nohl*, *Weniger*, *Spranger* und *Flitner*. Das nächste Kapitel ist betitelt „Das Verhältnis der Geisteswissenschaftlichen Pädagogik zum Nationalsozialismus". Hier werden die beiden – bereits genannten – Veröffentlichungen *Flitners* und *Sprangers* im Aprilheft der „Erziehung" wiedergegeben. Das nächste Kapitel heißt „Hermeneutik – Weiterentwicklung und Kritik" und enthält je einen Text von *Hans-Georg Gadamer* und *Jürgen Habermas*. Das letzte Kapitel lautet „Geisteswissenschaftliche Pädagogik – Weiterentwicklung und Kritik" und präsentiert unter anderem Texte von *Mollenhauer*, *Brezinka* und – wie bereits erwähnt – *Michael Parmentier*.

Während *de Haan* und *Rülcker* die Bedeutsamkeit und aktuelle Relevanz der geisteswissenschaftlichen Pädagogik betonen, verweist *Daniel Tröhler* auf ihre antimodernen, antidemokratischen Denkweisen, die die deutsche Pädagogik in die nationale Isolation geführt hätten (vgl. 2003, 2005). Ihr zentrales Merkmal sei ihr Denken in Dualismen: Geist versus Empirie; Einheit versus Pluralität; Innerlichkeit versus Äußerlichkeit (vgl. 2003, S. 762; 2005, S. 222). *Tröhler* beklagt die affirmative Nachwirkung geisteswissenschaftlicher Pädagogik in der deutschen Erziehungswissenschaft, z. B. in der positiven Konnotation der Persönlichkeit als Erziehungskonzept, und fordert eine größere Öffnung derselben für den internationalen Diskurs (vgl. 2003, S. 777). Auch *Oelkers* unterstreicht – mit neuen Akzentsetzungen gegenüber (bereits vorgestellten) früheren Texten – in seinem Beitrag „The strange case of German ‚Geisteswissenschaftliche Pädagogik'" (2006) die Demokratieferne derselben, ihre Ausgrenzung der Empirie und ihre mangelnde Anschlussfähigkeit an modernere Philosophien wie etwa den – auch von *Tröhler* als Gegenmodell hervorgehobenen (vgl. 2005, S. 227ff.) – amerikanischen Pragmatismus (vgl. Oelkers 2006, S. 205).

Der Streit/die Kontroverse um die modernen und antimodernen Anteile in der geisteswissenschaftlichen Pädagogik wird in der Erziehungswissenschaft wohl weitergehen; die Rezeptionsgeschichte wird fortzuschreiben sein.

2 Kritische Würdigung der geisteswissenschaftlichen Pädagogik aus der Perspektive der Verfasserin – Sieben Thesen

Erste These:
Die geisteswissenschaftliche Pädagogik hat sowohl einen entscheidenden Beitrag zur Emanzipation der pädagogischen Praxis aus der Dominanz durch andere kulturelle Praxen (etwa der religiösen) als auch der Pädagogik als Wissenschaft aus der Abhängigkeit von anderen Disziplinen (etwa der Theologie) geleistet. Sie hat in einer Vielzahl von Texten die Spezifika der pädagogischen Praxis gegenüber anderen kulturellen Praxen zu bestimmen versucht. Als zentrale Aufgabe der pädagogischen Praxis hat sie die Eingliederung in die Kultur – die sog. Enkulturation – als Prozess der Individuation beschrieben, wobei vor allem *Nohl* und *Weniger* die Wächterfunktion der Pädagogen und Pädagoginnen für das zu erziehende Individuum und dessen humane Förderung betonen. Erziehung als eigenständige, für das Fortbestehen der Kultur konstitutive kulturelle Praxis verlangt eine eigenständige Wissenschaft, der dieselbe Bedeutsamkeit zukommt wie etwa der Jurisprudenz, die sich auf die Praxis der Rechtsprechung bezieht, oder der Politikwissenschaft, die sich auf die politische, die Ziele und Normen des Zusammenlebens regelnde Praxis bezieht. Jedes Nachdenken über eine kulturelle Praxis setzt ein Wissen um die anderen kulturellen Praxen voraus; Pädagogik wird somit als Kulturwissenschaft etabliert, die sich *nicht* auf die Beschreibung von personalen Beziehungen reduzieren lässt (s. hierzu auch These 4).

In seinem Beitrag „Die geisteswissenschaftliche Pädagogik" weist der *Nohl*-Schüler *Otto Friedrich Bollnow* – unter Bezugnahme auf eine Aussage *Wilhelm Flitners* – allerdings zu Recht darauf hin, dass das pädagogische Handeln im Verständnis der geisteswissenschaftlichen Pädagogik in der Enkulturation nicht aufgeht; die letzte Stufe wird in der Unterstützung der Personalisation, der persönlichen Verantwortungsübernahme bzw. der Gewissensweckung, gesehen (vgl. 1989, S. 60f.).

Zweite These:
Das Postulat einer pädagogischen Eigenständigkeit wird nicht dadurch falsch, dass es den geisteswissenschaftlichen Pädagogen insgesamt nicht überzeugend gelungen ist, die kulturelle Praxis der Erziehung gegenüber der nationalsozialistischen Vereinnahmung zu verteidigen, anders formuliert: dass sie – teilweise erschreckende – Zugeständnisse an eine Politik machten, die das Eigenständigkeitspostulat im Kern negierte.

Ein großer Irrtum der geisteswissenschaftlichen Pädagogen war vor diesem Hintergrund jedoch, dass sie in der Weimarer Republik noch nicht erkannten, dass eine relative Autonomie der einzelnen kulturellen Praxen, die ihnen ermöglicht, ihre eigenen Wertmaßstäbe anzulegen, nach ihren eigenen Prinzipien zu verfahren, nur in einem freiheitlich-demokratischen

System zu gewährleisten ist, anders formuliert: dass sie in vorderster Front der Verteidigung der Weimarer Demokratie hätten stehen müssen, um ihr Prinzip der relativen pädagogischen Autonomie auf Dauer umsetzen zu können. Dieses verträgt sich nicht mit der von den geisteswissenschaftlichen Pädagogen in der Weimarer Republik verkündeten politischen Neutralität (die teilweise nichts anderes war als Ausdruck ihres mangelnden Demokratieverständnisses bzw. einer Demokratieferne).

Bei *Karl Christoph Lingelbach* heißt es in seinem Buch „Erziehung und Erziehungstheorien im nationalsozialistischen Deutschland" (1970) entsprechend: „Keineswegs Nohls These von der ‚relativen Autonomie' der Erziehung selbst, sondern die ‚kulturphilosophischen' Denkformen, in denen er sie zu begründen versuchte, verhinderten [...] eine nüchterne Beurteilung der gesellschaftlichen Realsituation der Erziehung. So entsprang etwa die Forderung nach einer ‚distanzierten' Haltung des Lehrers in der unterrichtlichen Behandlung politischer Streitfragen der berechtigten Sorge, durch vorzeitige ideologische Verfestigung werde das Erziehungsziel, die Entscheidungsfähigkeit des jungen Menschen in politischen Fragen, verfehlt". Die „weiterreichende Forderung nach der ‚neutralen' Position der ‚Pädagogik' innerhalb der politisch-weltanschaulichen Konflikte der jeweiligen Zeitepoche" sei hingegen nicht überzeugend. „Als politischer Anwalt einer pädagogischen Forderung" werde der Pädagoge gezwungen, „allgemeine Gesetze und Regeln politischen Handelns zu beachten. Er ist auf eine politische Situationsanalyse angewiesen, die die Struktur der aktuellen Auseinandersetzung durchleuchtet und insbesondere die Tendenzen jener Kräfte erkennen läßt, die den von ihm erhobenen Forderungen widersprechen, wie jene, deren Unterstützung er zur Durchsetzung seiner Ziele benötigt" (S. 42f.). Ich stimme *Lingelbach* zu, wobei ich allerdings die Ursachen dieser beschriebenen höchst problematischen Einstellung nicht in den „kulturphilosophischen" Denkformen der geisteswissenschaftlichen Pädagogen, sondern in ihrer mangelnden Gesellschafts- und Politiktheorie sehe.

Nach 1945 haben sich nur *Litt* und von der Tendenz her auch *Flitner*, allerdings weniger selbstkritisch, explizit dazu bekannt, dass die propagierte „Neutralitätsposition" ein Irrweg war; *Litt* exemplifiziert dies am Beispiel des Verhältnisses Hochschule (also wissenschaftliche Neutralität) und Politik. „Noch [...] glaubte ich damals [in der Endphase der Weimarer Republik; E. M.] Wissenschaft und Hochschule verpflichtet, gegenüber der Gesamtheit der politischen Entscheidungen und Parteibildung strenge Neutralität zu wahren [...] Damit untersagte ich ihr aber, sich die Frage vorzulegen, welches Verhältnis zwischen den um die Seele werbenden Parteiprogrammen und ihr selbst bestehe. Ich untersagte ihr, den kardinalen Unterschied festzustellen, der darin liegt, daß unter diesen Programmen solche sind, deren Realisierung den Untergang der freien Wissenschaft mit sich bringen muß [etwa das Programm der Nationalsozialisten; E. M.] – andere sind, die die Freiheit der Wissenschaft nicht nur zu dulden bereit sind, sondern sich mit ihr durch die strengste Solidarität verbunden wissen" [die Programme der demokratischen Parteien; E. M.] (1962a, S. 101f.).

Litt hat also seine Lehren aus den Erfahrungen von Weimarer Republik und NS-Zeit gezogen; er ist zum überzeugten Demokraten geworden (dies gilt wohl ebenfalls für *Wilhelm Flitner*).

Sich als Hochschullehrer für die Demokratie einzusetzen, auch vom Katheder herab, und gegebenenfalls für ihren Erhalt auf die Straße zu gehen, empfand *Litt* nun – anders als in der

Weimarer Republik – nicht mehr als ungebührliche Grenzüberschreitung, sondern als zwingende, auch die eigene Freiheit schützende Notwendigkeit.

Dieselbe (nicht-neutrale) Haltung für die Demokratie nahm allerdings auch *Erich Weniger* ein, als er sich 1955 – in seiner Funktion als Hochschullehrer – gegen die Ernennung des rechtsradikal eingestellten Göttinger Verlegers *Leonhard Schlüter* zum niedersächsischen Kultusminister engagierte (vgl. *Zweiter Teil, letztes Kapitel*).

Dritte These:
Eine weitere problematische politische Position nahmen die geisteswissenschaftlichen Pädagogen, mit Ausnahme *Theodor Litts*, insofern ein, als sie die für eine moderne Gesellschaft konstitutiven Spannungen, Differenzen und Interessensgegensätze – nicht zuletzt durch pädagogische Aktivitäten – glaubten überwinden zu können und zu sollen. Sie verwandten ihre denkerische Energie nicht darauf, zu überlegen, wie man am besten lernen könne, mit den entsprechenden gesellschaftlichen Spannungen konstruktiv umzugehen, sondern vielmehr darauf, wie die Interessengegensätze zu beheben und das Volk zu vereinheitlichen sei. Sie propagierten somit die Idee der Volksgemeinschaft und waren auf dieser Basis auch anfällig für bzw. wenig gerüstet gegen die nationalsozialistische Instrumentalisierung dieses Konzepts. Diese Haltung teilten sie, das muss aus Gründen der historischen Gerechtigkeit zumindest erwähnt werden, mit großen Teilen des Bildungsbürgertums der Weimarer Republik.

Die geisteswissenschaftliche Pädagogik vor dem Hintergrund ihrer Einheitsideologie allerdings pauschal als antimodern abzuqualifizieren und ihr somit jegliche Bedeutsamkeit für die Gegenwart abzusprechen, ist m. E. eine zu undifferenzierte Sichtweise. Zum einen, weil sie die Unterschiede zwischen den geisteswissenschaftlichen Pädagogen übersieht, zum zweiten, weil sie deren Wandlungs- und Modernisierungsprozesse nach 1945 negiert und zum dritten, weil sie nur ihre politischen Einstellungen und nicht ihre wissenschaftstheoretischen Leistungen sowie ihre didaktisch-methodischen Positionen in den Blick nimmt, die an vielen Stellen frappierend modern und aktuell, teilweise noch nicht eingelöst sind.

Vierte These:
Die geisteswissenschaftlichen Pädagogen entwickelten in der Reflexion der *Erziehungswirklichkeit* in Geschichte und Gegenwart ein System von Kategorien, das als Grundlage für eine Strukturanalyse der pädagogischen Phänomene zur Verfügung steht. Dadurch können die entsprechenden Analysen sozusagen selbstbestimmt und nicht fremdbestimmt, durch induktiv gewonnene Kategorien und nicht durch von außen herangetragene Theoreme durchgeführt werden. Die geisteswissenschaftlichen Pädagogen entfalteten eine eigenständige Erziehungs- und Bildungstheorie, die einer eigenständigen kulturellen Praxis korrespondiert; die geisteswissenschaftliche Pädagogik hat ihre eigene Begrifflichkeit, die sie sich nicht von anderen Disziplinen ausleihen muss; sie bemüht sich um eine spezifische Denkweise, die den Spezifika der pädagogischen Praxis entspricht.

Da die geisteswissenschaftliche Pädagogik von der Erziehungswirklichkeit ausgeht, trifft die Bezeichnung „philosophische Pädagogik", die etwa *Oelkers* (vgl. 1998, S. 229) für diese verwendet, nicht ihren Kern; es geht ihr um eigenständige Realitätsbeschreibungen und -interpretationen; hierfür stehen ihr als Methoden die Phänomenologie, die Hermeneutik und die Dialektik zur Verfügung; m. E. ist *Roth* und *Klafki* darin Recht zu geben, dass eine Erweiterung um empirische Methoden naheliegt, dies allerdings nur dann, wenn sich hinter der Verwendung empirischer Methoden nicht das Verständnis einer – an den Naturwissenschaften angelehnten – Einheitswissenschaft verbirgt. In Anlehnung an *Klafki* möchte ich noch einen Schritt weiter gehen und formulieren, dass eine moderne, weiterentwickelte geisteswissenschaftliche Pädagogik neben der empirischen auch die gesellschaftskritische Perspektive (mit der Methode der Ideologiekritik) in sich integrieren muss und von ihrem pädagogischen Grundverständnis her auch kann.

Fünfte These:
Eine der umstrittensten Grundkategorien der geisteswissenschaftlichen Pädagogik ist der „pädagogische Bezug", der jedoch noch heute eine Grundkategorie des Pädagogischen darstellt. Er wurde und wird allerdings oft als Beziehung zwischen zwei Personen im luftleeren Raum missverstanden (vgl. etwa Derbolav 1987, S. 152). Bestimmte Formulierungen *Nohls* in seiner Theorie der Bildung geben durchaus Anlass zu diesem Missverständnis: „Die Grundlage der Erziehung ist also das leidenschaftliche Verhältnis eines reifen Menschen zu einem werdenden Menschen, und zwar um seiner selbst willen, daß er zu seinem Leben und seiner Form komme" (Nohl 1988, S. 169). Und fast wie eine prometheische Attitüde klingt folgende Aussage *Nohls*: „Im Bildungserlebnis des jungen Menschen ist wesensmäßig die Hingabe an den Lehrer und die Erfahrung von einem Wachstum und einer Formung durch den andern enthalten" (S. 166). Das sind in der Tat problematische Formulierungen – und letztere hätte etwa *Litt* niemals geteilt –, was uns an unterschiedliche inhaltliche Auffassungen der geisteswissenschaftlichen Pädagogen, die es sich klar zu machen gilt, erinnert. Aber auch *Nohl* bleibt bei dieser Einseitigkeit nicht stehen. Er zitiert etwa das bekannte *Herbart*-Wort: „‚Sage niemand, er erziehe mit ganzer Seele!'" Nötig sei vielmehr, den Edukandi etwas (einen Inhalt, eine Aufgabe) zugänglich zu machen (S. 172). An anderer Stelle heißt es bei *Nohl*: „Kunst, Wissenschaft, Recht, sie lösen sich von den Subjekten ab und erlangen eine eigene Existenz und unabhängige Autorität" (S. 161) und folgert daraus, dass „das Kind nicht bloß Selbstzweck", „sondern auch den objektiven Gehalten und Zielen verpflichtet" sei (ebd.). Also betont auch *Nohl* die personale und inhaltliche Dimension des „pädagogischen Bezuges", aber seine Vorstellung ist nicht, dass der Erzieher dem Edukanden bei der Aneignung eines Inhalts (im weitesten Sinne) zur Seite steht, sondern dass der Edukand nur über die zunächst vorherrschende Bindung an den Erzieher zu den Inhalten geführt wird. Von diesem verlangt er, dass er die Inhalte sozusagen in ihrer aneignungsfähigsten und -würdigsten Form repräsentieren müsse. „Je zersplitterter oder unfertiger die Bildung einer Zeit ist, um so wichtiger wird die Repräsentation des höheren Lebens vor dem Zögling in dem einheitlichen Menschentum seines Erziehers, in dem das Bildungsideal aufbewahrt ist, wenn es sonst überall verschwunden wäre oder noch nicht da sein sollte" (S. 168).

Die Stärken und Schwächen des „pädagogischen Bezuges" als Handlungsmodell für die pädagogische Beziehung hat m. E. *Hermann Giesecke* in seinem Buch „Die pädagogische Beziehung" (1997) gut herausgearbeitet. Zunächst gesteht er *Nohl* zu, dass „die Welt von sich aus nicht bildend ist, sondern dafür der personalen Vermittlung bedarf" (S. 255), zumindest im Blick auf Kinder und Jugendliche. *Nohl* hatte die Vorstellung, dass der Erzieher die Widersprüche seiner Zeit in seiner Person bildungswirksam zu integrieren habe, um sie dann entsprechend geformt an die Edukanden zum Zwecke ihrer Bildung weiterzugeben. Auch diesen Gedanken hält *Giesecke* nach wie vor für bedenkenswert, betont aber die *gesellschaftliche* Verpflichtung der Erziehung, die sozusagen der Subjektivität Grenzen setzen müsse. Nötig seien „außersubjektive Vorgaben für den Inhalt der Erziehung und Bildung […] wie sie etwa in Lehrplänen und Richtlinien oder – angesichts der Sozialpädagogik – in rechtlichen Vorgaben zum Ausdruck kommen" (S. 257). *Gieseckes* Hinweis ist wichtig, wäre von *Nohl* allerdings wohl auch nicht grundsätzlich bestritten worden, wobei er in einer eventuellen Replik wahrscheinlich die Verantwortlichkeit des Erziehers im Konfliktfall für das Subjekt betont hätte. Der entscheidende Kritikpunkt *Gieseckes* an *Nohls* Konzeption des „pädagogischen Bezuges" scheint mir jedoch folgender zu sein: *Giesecke* argumentiert, dass *Nohls* Begriff der „Bindung" für das professionelle pädagogische Verhältnis problematisch sei, eine Nähe suggeriere, die gerade nicht für eine professionelle pädagogische Beziehung konstitutiv sei. In einem professionellen pädagogischen Verhältnis sei nicht „die Intensität der inneren Bindung ausschlaggebend", weder bei dem Erzieher noch bei dem Edukandus, „sondern die Art und Weise des Umgangs auf der *Verhaltensebene*" (ebd.). *Giesecke* macht also deutlich, dass manche Überlegungen *Nohls* die Gefahr des Subjektivismus im pädagogischen Verhältnis beinhalten und dass mit dem „pädagogischen Bezug" die Gefahr der emotionalen Überbürdung, der Überforderung des professionellen pädagogischen Tuns einhergehe.

Andererseits – so könnte man gerade vor dem Hintergrund aktueller Diskussionen hinzufügen – werden im Kontext des „pädagogischen Bezuges" von den geisteswissenschaftlichen Pädagogen so wichtige Fragen angesprochen und historisch-systematisch reflektiert wie pädagogische Verantwortlichkeit, die Gestaltung von Nähe und Distanz zwischen Erzieher und Edukandus, die Spezifika der „pädagogischen Liebe", die pädagogische Gestalt von Autorität, das Sich-Selbst-Überflüssigmachen des Erziehers und Ähnliches – Themenbereiche, die in der Erziehungswissenschaft nicht marginalisiert werden, sondern im Zentrum der erziehungs- und bildungstheoretischen Reflexion stehen sollten.

Sechste These:
Immer wieder wurde und wird der Wissenschaftlichkeitscharakter der geisteswissenschaftlichen Pädagogik in Frage gestellt:

Zum einen mit Blick auf die von ihnen herangezogenen Methoden; diesen Vorwurf werden alle diejenigen entschieden zurückweisen, die vom Menschen als Geistwesen ausgehen und Phänomenologie, Hermeneutik und Dialektik als angemessene (wenn auch durchaus ergänzungsfähige) Methoden zur Erforschung menschlicher Schöpfungen ansehen; dass eine größere Methodenreflexion in der geisteswissenschaftlichen Pädagogik ihre wissenschaftliche Dignität gestärkt hätte, soll damit aber nicht bestritten werden.

Zum zweiten bezogen auf die Art und Weise ihrer Aussagen; kritisiert wird hier vor allem die Vermischung von beschreibenden/deskriptiven und vorschreibenden/präskriptiven Aussagen. Zunächst ist hervorzuheben, dass in der geisteswissenschaftlichen Pädagogik durchaus ein Anspruch auf deskriptive Aussagen bestand. Dieser resultiert daraus, dass die geisteswissenschaftlichen Pädagogen auf der Basis historisch-systematischer Studien, in der Verschränkung von phänomenologischer und hermeneutischer Interpretationsweise, zu deskriptiven Strukturaussagen kommen wollten; exemplarisch hierfür sind die Formulierungen *Nohls*:

„Diese Erziehungswirklichkeit in ihrer Doppelseitigkeit von pädagogischem Erlebnis und pädagogischen Objektivationen ist das phaenomenon bene fundatum, von dem die wissenschaftliche Theorie auszugehen hat" (1988, S. 151). „So ist eine allgemeingültige Theorie der Bildung möglich, die für alle Zeiten und alle Völker gilt, weil sie nur die in sich variable Struktur des Erziehungslebens aufzeigt, aus der sich dann alle ihre geschichtlichen Formen verständlich machen und herleiten lassen" (S. 153). So ist dann etwa auch – konsequent – das Kapitel zur pädagogischen Beziehung überschrieben mit „Das *Wesen* des erzieherischen Verhaltens" (S. 159; Hervorh. E. M.), es könnte auch heißen: die *Grundstruktur* des erzieherischen Verhaltens. Hiermit wird Allgemeingültigkeit der Aussagen suggeriert. Bei der Lektüre dieses Kapitels wird allerdings deutlich, dass hier Strukturaussagen und normative Aussagen unreflektiert durcheinander gehen; das schmälert m. E. in der Tat den wissenschaftlichen Wert dieser Ausführungen. Für diese Problematik lassen sich auch bei anderen geisteswissenschaftlichen Pädagogen Beispiele finden, *etwa* bei *Sprangers* Darstellung der Grundstile der Erziehung oder auch bei *Wenigers* Lehrplantheorie. Es muss hier offen bleiben, ob die Konsequenz hieraus nur sein kann, jeden Anspruch auf Allgemeingültigkeit einer pädagogischen Theorie aufzugeben, oder ob eine Trennung wertfreier phänomenologischer und normativer Aussagen möglich ist, wobei für letztere dann das diese fundierende anthropologisch-politische Grundverständnis offenzulegen wäre, um die intersubjektive Überprüfbarkeit der Aussagen zu gewährleisten.

Zum dritten bezogen auf die uneindeutige – und damit für unwissenschaftlich erklärte – Sprache der geisteswissenschaftlichen Pädagogik, die vor allem von *Brezinka* (vgl. etwa 1978, S. 82ff.) massiv kritisiert wird. M. E. bedürften in der Tat einige Begriffe einer Klärung, „Volk" zum Beispiel, bzw. werden manche beliebig interpretierbare Adjektive, wie etwa „echt", häufig verwendet. Beliebig interpretierbar erscheinen sie dabei allerdings jedoch nur den Leserinnen und Lesern, für *Spranger*, *Nohl* und *Weniger* liegt das „Echte", verstanden in einem kulturkritisch-lebensphilosophisch-bildungsbürgerlichen Kontext, quasi offen zu Tage (was allerdings eine Ideologie darstellt). An solchen Textstellen (und damit Denkstellen) der geisteswissenschaftlichen Pädagogik überwölbt die Mystifizierung des Lebens die vernünftige Klärung von Begriffen.

Allerdings sind auch die Gegenargumente geisteswissenschaftlicher Pädagogen gegen eine definitive Festlegung von Begriffen sehr ernst zu nehmen. Greifen wir Einwände *Litts* heraus: Mehrdeutigkeit bzw. „Vieldeutigkeit" ist für *Litt* eine „strukturelle Grundeigenschaft" von Begriffen (Litt 1960b, S. 12). Es seien die Möglichkeiten der Begriffsdefinition nach Art der zu beschreibenden Objekte verschieden. Die „logische Struktur" der dem „Geist" gegenüberstehenden „'Natur', die Gegenstandssphäre des '*Nicht-Ich*'", schließt nach *Litt* „grundsätzlich die Möglichkeit in sich, das mit einem Begriff Gemeinte durch eine *Definition* festzulegen" (S. 12f.). Anders verhielte es sich jedoch, wenn der „Geist *sich selbst*, seine eigene vielbewegte Wirklichkeit zu erfassen sucht" (S. 12). Dies ließe sich definitorisch nicht mit der gleichen Bestimmtheit festlegen und ausschöpfen" (S. 13).

Hiermit macht *Litt* nochmals deutlich, dass die geisteswissenschaftlichen Pädagogen einen fundamentalen Unterschied zwischen den Naturwissenschaften und den Geisteswissenschaften sehen und jedes Modell einer Einheitswissenschaft zurückweisen – meine Sympathie haben sie dafür mehr denn je, da aktuell das naturwissenschaftliche Paradigma zum Modell für alle Wissenschaften an den deutschen Universitäten werden soll und die daraus resultierende Benachteiligung der Geisteswissenschaften jetzt schon offensichtlich ist.

Siebte These:
Geisteswissenschaftliche Pädagogik zeichnete sich dadurch aus, dass sie ihr Nachdenken nicht auf ein ausgewähltes pädagogisches Handlungsfeld, zum Beispiel die Schule, beschränkt hat, sondern die pädagogischen Handlungsfelder in ihrer Fülle in den Blick genommen hat (was in der Rezeption derselben häufig nicht genügend beachtet wird). Sie hat somit früh vorweggenommen, was heute in der Erziehungswissenschaft eingefordert wird: dass das systematische Nachdenken in der Allgemeinen Pädagogik sich nicht vorrangig am Beispiel der Schule vollziehen solle (vgl. etwa Krüger 1994, S. 120f.). Interessanterweise schreibt *Krüger* in diesem Kontext: „Vielmehr könnte man sogar zugespitzt formulieren, daß sie [die gegenwärtige Allgemeine Pädagogik; E. M.] mit ihrem schulzentrierten Blick letzten Endes hinter ein Gegenstandsverständnis zurückgefallen ist, wie es in der Tradition der geisteswissenschaftlichen Pädagogik, in *Wilhelm Flitners* ‚Allgemeiner Pädagogik' (1950) oder in *Nohls* ‚Die pädagogische Bewegung in Deutschland und ihre Theorie' (1935) schon expliziert worden ist" (S. 121).

Die geisteswissenschaftlichen Pädagogen haben zudem vorgemacht, wie es möglich ist, sich den unterschiedlichen Bereichen des pädagogischen Handlungsfeldes zuzuwenden und zugleich dabei die disziplinäre Identität, die übergreifenden Begrifflichkeiten und Fragestellungen nicht aus den Augen zu verlieren. Dies ist – bei entsprechender Grundverankerung in der Allgemeinen Pädagogik – auch noch angesichts einer durch die Vielzahl ihrer Teildisziplinen und Bereiche hoch differenzierten und stärker forschungsorientierten Erziehungswissenschaft möglich. In diesem Kontext könnte eine Rückbesinnung auf die geisteswissenschaftliche Pädagogik zur Stärkung der Erziehungswissenschaft innerhalb und außerhalb der Universitäten beitragen.

Literaturverzeichnis

1 Primärliteratur

1.1 Flitner, Wilhelm

1926/27: Über die sogenannte Neutralität der Volkshochschule: In: Blätter der Volkshochschule Jena 1, H. 1, S. 14–16

1930: Theorie des pädagogischen Weges und Methodenlehre. In: Herman Nohl/Ludwig Pallat (Hrsg.): Handbuch der Pädagogik., Band. 3. Langensalza u. a.: Beltz, S. 59–118

1931: Laienbildung. 2., überarb. Aufl. Langensalza u. a.: Beltz

1941 [2., veränderte Aufl. 1949]: Die vier Quellen des Volksschulgedankens. Hamburg: Hansischer Gildenverlag

1945/46: Erwachsenenbildung heute. In: Die Sammlung 1, S. 421–426

1947: Deutsche Politik als pädagogisches Problem. In: Wilhelm Flitner: Die abendländischen Vorbilder und das Ziel der Erziehung. Godesberg: Küpper, S. 7–57

1954: Die vier Quellen des Volksschulgedankens. 3., erw. Aufl. Stuttgart: Klett

1961a: Europäische Gesittung. Zürich u. a.: Artemis

1961b (gem. mit Gerhard Kudritzki): Die deutsche Reformpädagogik. 2 Bde. Düsseldorf u. a.: Küpper

1976: Pädagogik in Selbstdarstellungen, Band II. Hrsg. von L. J. Pongratz. Hamburg: Meiner, S. 146–197

1982a (1921): Der Lehrplan der Volkshochschule. In: Gesammelte Schriften, Band 1: Erwachsenenbildung. Nachwort von Hans-Hermann Groothoff. Quellennachweise und Erläuterungen von Ingeborg Wirth. Paderborn u. a.: Schöningh, S. 22–28

1982b (1921): Laienbildung. In: Wilhelm Flitner: Gesammelte Schriften, Band 1: Erwachsenenbildung. Nachwort von Hans-Hermann Groothoff. Quellennachweise und Erläuterungen von Ingeborg Wirth. Paderborn u. a.: Schöningh, S. 29–80

1982c (1923): Das Problem der Erwachsenenbildung. In: Wilhelm Flitner: Gesammelte Schriften, Band 1: Erwachsenenbildung. Nachwort von Hans-Hermann Groothoff. Quellennachweise und Erläuterungen von Ingeborg Wirth. Paderborn u. a.: Schöningh, S. 81–96

1982d (1924): Die Abendvolkshochschule. In: Wilhelm Flitner: Gesammelte Schriften, Band 1: Erwachsenenbildung. Nachwort von Hans-Hermann Groothoff. Quellennachweise und Erläuterungen von Ingeborg Wirth. Paderborn u. a.: Schöningh, S. 97–129

1982e (1927): Plan einer Deutschen Schule für Volksforschung und Erwachsenenbildung. In: Wilhelm Flitner: Gesammelte Schriften, Band 1: Erwachsenenbildung. Nachwort von Hans-Hermann Groothoff. Quellennachweise und Erläuterungen von Ingeborg Wirth. Paderborn u. a.: Schöningh, S. 159–175

1982f (1929): Das romantische Element in der Erwachsenenbildung und seine Überwindung. In: Wilhelm Flitner: Gesammelte Schriften, Band 1: Erwachsenenbildung. Nachwort von Hans-Hermann Groothoff. Quellennachweise und Erläuterungen von Ingeborg Wirth. Paderborn u. a.: Schöningh, S. 191–200

1982g (1947): Aufgaben der Erwachsenenbildung. In: Wilhelm Flitner: Gesammelte Schriften, Band 1: Erwachsenenbildung. Nachwort von Hans-Hermann Groothoff. Quellennachweise und Erläuterungen von Ingeborg Wirth. Paderborn u. a.: Schöningh, S. 229–249

1982h (1953): Die Theorie des freien Volksbildungswesens seit 75 Jahren. In: Wilhelm Flitner: Gesammelte Schriften, Band 1: Erwachsenenbildung. Nachwort von Hans-Hermann Groothoff. Quellennachweise und Erläuterungen von Ingeborg Wirth. Paderborn u. a.: Schöningh, S. 251–278

1982i (1966): Das Laienproblem ist universell. In: Wilhelm Flitner: Gesammelte Schriften, Band 1: Erwachsenenbildung. Nachwort von Hans-Hermann Groothoff. Quellennachweise und Erläuterungen von Ingeborg Wirth. Paderborn u. a.: Schöningh, S. 297–304

1982j (1979): Die Erwachsenenbildung der Weimarer Zeit. In: Wilhelm Flitner: Gesammelte Schriften, Band 1: Erwachsenenbildung. Nachwort von Hans-Hermann Groothoff. Quellennachweise und Erläuterungen von Ingeborg Wirth. Paderborn u. a.: Schöningh, S. 321–338

1983a (1933): Systematische Pädagogik. In: Wilhelm Flitner: Gesammelte Schriften, Band 2: Systematische Pädagogik. Allgemeine Pädagogik. Nachwort von Hans Scheuerl. Paderborn u. a.: Schöningh, S. 9–122

1983b (1947): Goethe im Spätwerk. Glaube – Weltsicht – Ethos (= Gesammelte Schriften, Band 6). Nachwort von Walter Müller-Seidel. Paderborn u. a.: Schöningh

1983c (1950): Allgemeine Pädagogik. In: Wilhelm Flitner: Gesammelte Schriften, Band 2: Systematische Pädagogik. Allgemeine Pädagogik. Nachwort von Hans Scheuerl. Paderborn u. a.: Schöningh, S. 123–297

1985 (1927): Pestalozzis sozialpädagogische Gedanken und ihre Bedeutung für die Gegenwart. In: Wilhelm Flitner: Gesammelte Schriften, Band 5: Studien zur Bildungsgeschichte. Besorgt und mit einem Nachwort versehen von Karl Erlinghagen. Paderborn u. a.: Schöningh, S. 187–205

1986: Erinnerungen 1889–1945. (= Gesammelte Schriften, Band 11). Paderborn u. a.: Schöningh

1987a (1929): Das Pädagogikstudium an der Pädagogischen Akademie. In: Wilhelm Flitner: Gesammelte Schriften, Band 4: Die Pädagogische Bewegung. Beiträge – Berichte – Rückblicke. Besorgt von Ulrich Herrmann. Paderborn u. a.: Schöningh, S. 262–278

1987b (1933): Die Entwicklung der Pädagogischen Akademien. In: Wilhelm Flitner: Gesammelte Schriften, Band 4: Die Pädagogische Bewegung. Beiträge – Berichte – Rückblicke. Besorgt von Ulrich Herrmann. Paderborn u. a.: Schöningh, S. 363–370

1989a (1928): Zum Begriff der pädagogischen Autonomie. In: Wilhelm Flitner: Gesammelte Schriften, Band 3: Theoretische Schriften. Besorgt und mit einem Nachwort versehen von Ulrich Herrmann. Paderborn u. a.: Schöningh, S. 237–252

1989b (1955): Die zwei Systeme politischer Erziehung in Deutschland. In: In: Wilhelm Flitner: Gesammelte Schriften, Band 3: Theoretische Schriften. Besorgt und mit einem Nachwort versehen von Ulrich Herrmann. Paderborn u. a.: Schöningh, S. 95–116

1989c (1956): Die Erziehung und das Leben. In: Wilhelm Flitner: Gesammelte Schriften, Band 3: Theoretische Schriften. Besorgt und mit einem Nachwort versehen von Ulrich Herrmann. Paderborn u. a.: Schöningh, S. 117–127

1989d (1957): Das Selbstverständnis der Erziehungswissenschaft in der Gegenwart. In: Wilhelm Flitner: Gesammelte Schriften, Band 3: Theoretische Schriften. Besorgt und mit einem Nachwort versehen von Ulrich Herrmann. Paderborn u. a.: Schöningh, S. 310–349

1989e (1961): Über Erziehung zur Freiheit. In: Wilhelm Flitner: Gesammelte Schriften, Band 3: Theoretische Schriften. Besorgt und mit einem Nachwort versehen von Ulrich Herrmann. Paderborn u. a.: Schöningh, S. 154–174

1989f (1976): Rückschau auf die Pädagogik in futurischer Absicht. In: Wilhelm Flitner: Gesammelte Schriften, Band 3: Theoretische Schriften. Besorgt und mit einem Nachwort versehen von Ulrich Herrmann. Paderborn u. a.: Schöningh, S. 487–498

1990 (1967): Die Geschichte der abendländischen Lebensformen (= Gesammelte Schriften, Band 7). Nachwort von Walter Rüegg. [2., umgearb. Auflage von: Europäische Gesittung (1961).] Paderborn u. a.: Schöningh

1997a (1934): Vorbetrachtung zur Umgestaltung des höheren Schulwesens. In: Wilhelm Flitner: Gesammelte Schriften, Band 10: Gymnasium und Universität. Besorgt von Hans Scheuerl und Ulrich Herrmann. Paderborn u. a.: Schöningh, S. 34–50

1997b (1939): Bau des Lehrplans. In: Wilhelm Flitner: Gesammelte Schriften, Band 10: Gymnasium und Universität. Besorgt von Hans Scheuerl und Ulrich Herrmann. Paderborn u. a.: Schöningh, S. 114–130

1997c (1949): Naturforschung und Humanismus. In: Wilhelm Flitner: Gesammelte Schriften, Band 10: Gymnasium und Universität. Besorgt von Hans Scheuerl und Ulrich Herrmann. Paderborn u. a.: Schöningh, S. 131–142

1997d (1958): Hochschulreife. In: Wilhelm Flitner: Gesammelte Schriften, Band 10: Gymnasium und Universität. Besorgt von Hans Scheuerl und Ulrich Herrmann. Paderborn u. a.: Schöningh, S. 188–201

1997e (1959): Hochschulreife und Gymnasium. In: Wilhelm Flitner: Gesammelte Schriften, Band 10: Gymnasium und Universität. Besorgt von Hans Scheuerl und Ulrich Herrmann. Paderborn u. a.: Schöningh, S. 202–295

1997f (1961): Die gymnasiale Oberstufe. In: Wilhelm Flitner: Gesammelte Schriften, Band 10: Gymnasium und Universität. Besorgt von Hans Scheuerl und Ulrich Herrmann. Paderborn u. a.: Schöningh, S. 308–417

1999 (1922): Zu G. Hermes' Bemerkungen. In: Blätter der Volkshochschule Thüringen, 1919–1933. Hrsg. von Martha Friedenthal-Haase und Elisabeth Meilhammer. Hildesheim: Olms, S. 307–308

1.2 Klafki, Wolfgang

1958a: Didaktische Analyse als Kern der Unterrichtsvorbereitung. In: Die deutsche Schule 50, S. 450–471

1958b: Pädagogisch-dialektische oder anthropologisch-existenzphilosophische Grundlegung der Erziehungswissenschaft? In: Zeitschrift für Pädagogik 4, S. 353–361

1958c: Die Erziehung im Spannungsfeld von Vergangenheit, Gegenwart und Zukunft. In: Die Sammlung 13, S. 448–462

1959: Das pädagogische Problem des Elementaren und die Theorie der kategorialen Bildung. Weinheim/Basel: Beltz

1961a: Die didaktischen Prinzipien des Elementaren, Fundamentalen und Exemplarischen. In: Alfred Blumenthal u. a. (Hrsg.): Handbuch für Lehrer, Band 2: Die Praxis der Unterrichtsgestaltung. Gütersloh: Bertelsmann, S. 120–139

1961b: Zu Peter Roeders „Bemerkungen zu Wolfgang Klafkis Untersuchungen über ‚Das pädagogische Problem des Elementaren und die Theorie der kategorialen Bildung'". In: Die deutsche Schule 53, S. 582–593

1961c: Methode, Methodik. In: Pädagogisches Lexikon. Hrsg. von Hans-Hermann Groothoff und Martin Stallmann. Stuttgart: Kreuz, Sp. 617–625

1963a (1959): Kategoriale Bildung. Zur bildungstheoretischen Deutung der modernen Didaktik. In: Wolfgang Klafki: Studien zur Bildungstheorie und Didaktik. Zweite Studie. Weinheim/Basel: Beltz, S. 25–45

1963b (1962): Engagement und Reflexion im Bildungsprozeß. Zum Problem der Erziehung zur Verantwortung. In: Wolfgang Klafki: Studien zur Bildungstheorie und Didaktik. Dritte Studie. Weinheim/Basel: Beltz, S. 46–71

1963c (1962): Methodologische und bildungstheoretische Voraussetzungen der Didaktik und die Struktur des didaktischen Feldes. In: Wolfgang Klafki: Studien zur Bildungstheorie und Didaktik. Vierte Studie. Zweiter Teil. Weinheim/Basel: Beltz, S. 82–125

1963d: Das pädagogische Problem des Elementaren und die Theorie der kategorialen Bildung. 2., erw. Aufl. Weinheim/Basel: Beltz

1963e: Studien zur Bildungstheorie und Didaktik. Weinheim/Basel: Beltz

1963f: Das Problem der Didaktik. In: 3. Beiheft der Zeitschrift für Pädagogik. Weinheim/Basel: Beltz, S. 19–62

1963g (1958): Didaktische Analyse als Kern der Unterrichtsvorbereitung. In: Wolfgang Klafki: Studien zur Bildungstheorie und Didaktik. Fünfte Studie. Weinheim/Basel: Beltz, S. 126–153

1964a (1954): Die Stufen des pädagogischen Denkens. Ein Beitrag zum methodologischen Problem der Pädagogik. In: Hermann Röhrs (Hrsg.): Erziehungswissenschaft und Erziehungswirklichkeit. Frankfurt am Main: Akademische Verlags-Gesellschaft, S. 145–176

1964b: Allgemeine Didaktik, Fachdidaktik, Didaktische Analyse. In: Rundgespräch 4, S. 244–252

1965: Beiträge zur Geschichte des Bildungsbegriffes. Hrsg. von Ilse Schaarschmidt und Franz Rauhut. Eingeleitet und mit einem Anhang versehen von Wolfgang Klafki. Weinheim/Basel: Beltz

1967: Zur Diskussion über Probleme der Didaktik. Antworten auf Fragen der Schriftleitung. In: Rundgespräch 7, S. 131–140

1972: Wilfried Hendricks: Interview mit Wolfgang Klafki über Probleme und neue Aspekte der „Didaktischen Analyse". In: Die deutsche Schule 64, S. 138–148

1.3 Litt, Theodor

1916: Geschichtsunterricht und Sprachunterricht. In: Neue Jahrbücher für Pädagogik 19, S. 427–435

1917: Von der Erziehung zum historisch begründeten Verständnis der Gegenwart. In: Neue Jahrbücher für Pädagogik 19, S. 49–68

1918a: Eine Neugestaltung der Pädagogik. In: Deutsches Philologenblatt 26, S. 97–99

1918b: Geschichte und Leben. Von den Bildungsaufgaben geschichtlichen und sprachlichen Unterrichts. Leipzig/Berlin: Teubner

1918c: Der Aufstieg des Begabten. In: Norddeutsche Allgemeine Zeitung vom 20.03.1918

1919a: Individuum und Gemeinschaft. Grundfragen der sozialen Theorie und Ethik. Leipzig/Berlin: Teubner

1919b: Die höhere Schule und das Problem der Einheitsschule. In: Monatsschrift für höhere Schulen 18, S. 280–293

1921a: Pädagogik. In: Systematische Philosophie (= Die Kultur der Gegenwart, hrsg. von Paul Hinneberg, Teil I, Abteilung VI). Leipzig/Berlin: Teubner, S. 276–310

1921b: Die Schicksalsstunde des humanistischen Gymnasiums. In: Deutsches Philologenblatt 29, S. 82f.

1924: Die philosophischen Grundlagen der staatsbürgerlichen Erziehung. Breslau: Hirth

1925: Geschichte und Leben. Probleme und Ziele kulturwissenschaftlicher Bildung. 2., teilweise erw. und umgearb. Aufl. Leipzig: Teubner [Erstauflage 1918]

1926: Die gegenwärtige Lage der Pädagogik und ihre Forderungen. In: Die Erziehung 1, S. 607–608

1927: „Führen" oder „Wachsenlassen". Eine Erörterung des pädagogischen Grundproblems. Leipzig/Berlin: Teubner

1928: Wissenschaft, Bildung, Weltanschauung. Leipzig/Berlin: Teubner

1929: Kant und Herder als Deuter der geistigen Welt. Leipzig: Quelle & Meyer

1930: Die Philosophie der Gegenwart und ihr Einfluß auf das Bildungsideal. 3., verb. Aufl. Leipzig/Berlin: Teubner [1. Aufl. 1925]

1931: Idee und Wirklichkeit des Staates in der staatsbürgerlichen Erziehung. In: Die Erziehung 6, S. 341–368

1933: Der realismus des erziehers. In: leipziger lehrerzeitung 40, Nr. 6 vom 15. Februar, S. 180f.

1938: Der deutsche Geist und das Christentum. Vom Wesen geschichtlicher Begegnung. Leipzig: Klotz

1946a: Die Bedeutung der pädagogischen Theorie für die Ausbildung des Lehrers. In: Pädagogik 1, H. 4, S. 22–32

1946b: Leibniz und die deutsche Gegenwart. Wiesbaden: Dieterich

1947a: Das deutsche Schicksal und das historische Denken. In: Neue Zürcher Zeitung vom 1. November

1947b: Geschichte und Verantwortung. Wiesbaden: Dieterich

1948a: Mensch und Welt – Grundlinien einer Philosophie des Geistes. München: Federmann

1948b: Staatsgewalt und Sittlichkeit. München: Erasmus

1 Primärliteratur

1948c: Wege und Irrwege geschichtlichen Denkens. München: Piper

1950a: Die Geschichte und das Übergeschichtliche. In: Die Sammlung 5, S. 6–19

1950b: Das Wesen geschichtlicher Wendezeiten. In: Stahl und Eisen 70, S. 85–89

1951: Die politische Selbsterziehung der deutschen Hochschule. In: Über Lehre und Forschung der Wissenschaft von der Politik. Gesamtprotokoll der Konferenz von Königstein i. Ts. v. 15. u. 16. Juli 1950. Wiesbaden: Hessisches Ministerium für Erziehung und Volksbildung

1952a: Der Bildungsauftrag der deutschen Hochschule. Vortrag, gehalten bei der Tagung des Hochschulverbandes in Marburg am 2. Mai 1952. Göttingen: Schwartz

1952b: Leitsätze zur Begründung eines realistischen höheren Schulwesens. In: Bildung und Erziehung 5, S. 241–244

1952c: Das Problem der politischen Erziehung. In: Geschichte in Wissenschaft und Unterricht 3, S. 193–197

1953a: Hegel. Versuch einer kritischen Erneuerung. Heidelberg: Quelle & Meyer

1953b: Student und Politik. Pädagogisch-politische Leitsätze. In: Deutsche Universitätszeitung, Heft VIII/4, S. 6

1954a: Die politische Selbsterziehung des deutschen Volkes. Bonn: Bundeszentrale für Heimatdienst

1954b: Staatliche Ordnung und persönliche Freiheit. In: Deutsche Polizei, S. 109–114

1955a: Das Bildungsideal der deutschen Klassik und die moderne Arbeitswelt. Bonn: Schriftenreihe der Bundeszentrale für Heimatdienst

1955b: L'Orientation de l'éducation dans l'Allemagne d'aujourd'hui. In: France-Europe, numéro spécial: Allemagne 55, S. 23–25

1955c: Erziehungstheoretiker in Deutschland. In: Zeitschrift für Pädagogik 1, S. 65–68

1955d: The Nationalist-Socialist use of moral tendencies in Germany. In: The Third Reich. London: Weidenfeld & Nicolson, S. 438–455

1956: Die Eigenentscheidung als politische Forderung. In: Universitas 11, S. 489–492

1957a: Die geistige Einheit der Deutschen. In: Außenpolitik 8, S. 73–77

1957b: Hochschule und Lehrerbildung. In: Überlieferung und Neubeginn. Probleme der Lehrerbildung und Bildung nach zehn Jahren des Aufbaus. Ehrengabe für Joseph Antz. Hrsg. von Oskar Hammelsbeck. Ratingen: Henn, S. 33–37

1957c: Die Freiheit des Menschen und der Staat. In: Die politische Selbsterziehung des deutschen Volkes. 3., erw. Aufl. Berlin: Bundeszentrale für Heimatdienst 1957, S. 7–45 [Erstauflage 1953]

1958a (1947): Berufsbildung und Allgemeinbildung: In: Theodor Litt: Berufsbildung, Fachbildung, Menschenbildung. Bonn: Bundeszentrale für Heimatdienst, S. 9–46

1958b: Fachbildung und Menschenbildung. In: Theodor Litt: Berufsbildung, Fachbildung, Menschenbildung. Bonn: Bundeszentrale für Heimatdienst, S. 47–88

1959a: Die Freiheit der Person und die Lebensordnungen. In: Erziehung zur Freiheit. Hrsg. von Albert Hunold. Erlenbach-Zürich/Stuttgart: Rentsch, S. 195–236

1959b: Der Westen hat eine Idee. In: Politische Meinung 4, S. 19–28

1960a (1921): Das Wesen des pädagogischen Denkens. In: Theodor Litt: Führen oder Wachsenlassen. Eine Erörterung des pädagogischen Grundproblems. 8. Aufl. Stuttgart: Klett, S. 83–109

1960b (1927): Führen oder Wachsenlassen. In: Theodor Litt: Führen oder Wachsenlassen. Eine Erörterung des pädagogischen Grundproblems. 8. Aufl. Stuttgart: Klett, S. 1–82

1960c (1946): Die Bedeutung der pädagogischen Theorie für die Ausbildung des Lehrers. In: Theodor Litt: Führen oder Wachsenlassen. Eine Erörterung des pädagogischen Grundproblems. 8. Aufl. Stuttgart. Klett, S. 110–126

1960d: Kulturpolitik als Prüfstein freiheitlicher Staatsgestaltung. In: Die geistige und politische Freiheit in der Massendemokratie. Hrsg. von Walter Erbe. Stuttgart: Deutsche Verlags-Anstalt, S. 126–150 (= Schriften der Friedrich-Naumann-Stiftung für Politik und Zeitgeschichte 1)

1961a: Bewährung der Humanisten [Leserbrief]. In: Frankfurter Allgemeine Zeitung Nr. 16 vom 19. Januar

1961b: Bildung und Gesellschaftsordnung in der pluralistischen Demokratie. In Aktuelle Fragen aus unserer gemeinsamen Aufklärungs- und Bildungsarbeit. Geschäftsführerkonferenz der Bundesvereinigung der Deutschen Arbeitgeber-Verbände. Düsseldorf: Rechtsverlag, S. 101–115

1962a: Freiheit und Lebensordnung. Zur Philosophie und Pädagogik der Demokratie. Heidelberg: Quelle & Meyer

1962b: Die wissenschaftliche Hochschule in der Zeitenwende. In: Universität und moderne Welt. Hrsg. von Richard Schwarz. Berlin: de Gruyter, S. 52–94

1963: Die neue Situation der politischen Bildung. Von der staatsbürgerlichen Erziehung zur politischen Bildung. In: Tradition und Gegenwart. Festschrift zur 125-Jahrfeier des Städtischen Humboldt-Gymnasiums Düsseldorf. Hrsg. von Hermann Wilhelm Erdbrügger. Düsseldorf: Muth, S. 59–75

1965a (1918): Eine Neugestaltung der Pädagogik. In: Theodor Litt: Pädagogik und Kultur. Kleine pädagogische Schriften 1918–1926. Hrsg. von Friedhelm Nicolin. Bad Heilbrunn: Klinkhardt, S. 7–11

1965b (1921): Aus der systematischen Skizze „Pädagogik". In: Theodor Litt: Pädagogik und Kultur. Kleine pädagogische Schriften 1918–1926. Hrsg. von Friedhelm Nicolin. Bad Heilbrunn: Klinkhardt, S. 12–25

1965c (1925): Das Recht und die Grenzen der Schule. In: Theodor Litt: Pädagogik und Kultur. Kleine pädagogische Schriften 1918–1926. Hrsg. von Friedhelm Nicolin. Bad Heilbrunn: Klinkhardt, S. 56–57

1965d (1926): Die gegenwärtige Lage der Pädagogik und ihre Forderungen. In: Theodor Litt: Pädagogik und Kultur. Kleine pädagogische Schriften 1918–1926. Hrsg. von Friedhelm Nicolin. Bad Heilbrunn: Klinkhardt, S. 58–98

1.4 Nohl, Herman

1927a (1924): Die Pädagogik der Verwahrlosten. In: Herman Nohl: Jugendwohlfahrt. Sozialpädagogische Vorträge. Leipzig: Quelle & Meyer, S. 101–112

1927b: Die geistigen Energien der Jugendwohlfahrtsarbeit. In: Herman Nohl: Jugendwohlfahrt. Sozialpädagogische Vorträge. Leipzig: Quelle & Meyer, S. 1–13

1927c: Der männliche Sozialbeamte und die Sozialpädagogik in der Wohlfahrtspflege. In: Herman Nohl: Jugendwohlfahrt. Sozialpädagogische Vorträge. Leipzig: Quelle & Meyer, S. 14–24

1927d: Gedanken für die Erziehungstätigkeit des einzelnen mit besonderer Berücksichtigung der Erfahrungen von Freud und Adler. In: Herman Nohl: Jugendwohlfahrt. Sozialpädagogische Vorträge. Leipzig: Quelle & Meyer, S. 71–83

1927e: Pädagogik der Strafe. In: Herman Nohl: Jugendwohlfahrt. Sozialpädagogische Vorträge. Leipzig: Quelle & Meyer, S. 84–100

1927f: Jugendwohlfahrt. Sozialpädagogische Vorträge. Leipzig: Quelle & Meyer

1929a (1927): Die Ausbildung der wissenschaftlichen Lehrer durch die Universität. In: Herman Nohl: Pädagogische Aufsätze. 2., verm. Aufl. Langensalza u. a.: Beltz, S. 183–189

1929b: Rezension zu Litt: „,Führen' oder ,Wachsenlassen'". In: Zeitschrift für Kinderforschung 35, Referatenteil, S. 24f.

1935a: Einführung in die Philosophie. Frankfurt am Main: Gerhard Schulte-Bulmke

1935b: Die ästhetische Wirklichkeit. Frankfurt am Main: Gerhard Schulte-Bulmke

1938: Charakter und Schicksal. Eine pädagogische Menschenkunde. Frankfurt am Main: Gerhard Schulte-Bulmke

1939: Die sittlichen Grunderfahrungen. Eine Einführung in die Ethik. Frankfurt am Main: Gerhard Schulte-Bulmke

o. J. [nach 1945]: Über Leistung, Gehorsam, Pflicht. Vortrag vor Lehrern nach 1945, unveröffentl. Manuskript, 8. S. (= Handschriftenabteilung der Staats- und Universitätsbibliothek Göttingen, Cod. Ms. H. Nohl 835)

1946/47: Die geistige Lage im gegenwärtigen Deutschland. In: Die Sammlung 2, S. 601–606

1949a (1923): Die Geschichte in der Schule. In: Herman Nohl: Pädagogik aus dreißig Jahren. Frankfurt am Main: Gerhard Schulte-Bulmke, S. 62–74

1949b (1928): Die pädagogische Idee in der öffentlichen Jugendhilfe. In: Herman Nohl: Pädagogik aus dreißig Jahren. Frankfurt am Main: Gerhard Schulte-Bulmke, S. 182–189

1949c (1929): Bildung und Alltag. In: Herman Nohl: Pädagogik aus dreißig Jahren. Frankfurt am Main: Gerhard Schulte-Bulmke, S. 124–132

1949d (1929): Schule und Alltag. In: Herman Nohl: Pädagogik aus dreißig Jahren. Frankfurt am Main: Gerhard Schulte-Bulmke, S. 112–123

1949e (1932): Die zweifache deutsche Geistigkeit und ihre pädagogische Bedeutung. In: Herman Nohl: Pädagogik aus dreißig Jahren. Frankfurt am Main: Gerhard Schulte-Bulmke, S. 190–203

1949f (1946/1947): Die pädagogische Aufgabe der Gegenwart. In: Herman Nohl: Pädagogik aus dreißig Jahren. Frankfurt am Main: Gerhard Schulte-Bulmke, S. 292–299

1949g (1948): Vom Wesen der Erziehung. In: Herman Nohl: Pädagogik aus dreißig Jahren. Frankfurt am Main: Gerhard Schulte-Bulmke, S. 279–289

1949h: Pestalozzi und die Gegenwart. In: Die Menschenerziehung. Zeitschrift für soziale Pädagogik 1, S. 12–18

1950a: Kultur und Zivilisation. In: Die Sammlung 5, S. 513–522

1950b: Die Erziehung des deutschen Volkes. Konstruktionsfehler unserer Schulerziehung – Wege zu seiner Überwindung. In: Deutsche Universitätszeitung, Heft V 17/18, S. 8f.

1951: Vom Ethos des Sports. In: Die Sammlung 6, S. 391–398

1958: Erziehergestalten. Göttingen: Vandenhoeck & Ruprecht

1965a (1924): Ausbildung der Sozialpädagogen durch die Universität. In: Herman Nohl: Aufgaben und Wege der Sozialpädagogik. Vorträge und Aufsätze. Hrsg. von Carl-Ludwig Furck u. a. Weinheim/Basel: Beltz, S. 71–76

1965b: Herman Nohl: Aufgaben und Wege der Sozialpädagogik. Vorträge und Aufsätze. Hrsg. von Carl-Ludwig Furck u. a. Weinheim/Basel: Beltz

1967 (1952): Erziehung als Lebenshilfe. In: Herman Nohl: Ausgewählte pädagogische Abhandlungen. Besorgt von Josef Offermann. Paderborn: Schöningh, S. 86–93

1988 (1935): Die Pädagogische Bewegung in Deutschland und ihre Theorie. 10. Auflage. Frankfurt am Main: Vittorio Klostermann

1999a (1919): Die Bedeutung der Volkshochschule für die Lehrerschaft. In: Blätter der Volkshochschule Thüringen, 1919–1933. Hrsg. von Martha Friedenthal-Haase und Elisabeth Meilhammer. Hildesheim: Olms, S. 53

1999b (1920): Leitsätze für das Thema: Volkshochschule. In: Blätter der Volkshochschule Thüringen, 1919–1933. Hrsg. von Martha Friedenthal-Haase und Elisabeth Meilhammer. Hildesheim: Olms, S. 96

1999c (1920): Berliner oder Thüringer System? In: Blätter der Volkshochschule Thüringen, 1919–1933. Hrsg. von Martha Friedenthal-Haase und Elisabeth Meilhammer. Hildesheim: Olms, S. 137f.

1999d (1920): Halbbildung und Volkshochschule. In: Blätter der Volkshochschule Thüringen, 1919–1933. Hrsg. von Martha Friedenthal-Haase und Elisabeth Meilhammer. Hildesheim: Olms, S. 141

1.5 Spranger, Eduard

1909: Wilhelm von Humboldt und die Humanitätsidee. Berlin: Reuther & Reichard

1910: Wilhelm von Humboldt und die Reform des Bildungswesens. Berlin: Reuther & Reichard

1914: Lebensformen. In: Festschrift für Alois Riehl. Von Freunden und Schülern zu seinem siebzigsten Geburtstage dargebracht. Halle: Niemeyer; 2., völlig neu bearbeitete und erw. Aufl. mit dem Untertitel: Geisteswissenschaftliche Psychologie und Ethik der Persönlichkeit. Halle: Niemeyer 1921, S. 413–522

1918: Denkschrift über die Fortbildung der höheren Lehrer. In: Monatsschrift für höhere Schulen 17, S. 241–268

1922: Über die Gestaltung des Lehrplanes in Psychologie und Pädagogik an den Wohlfahrtsschulen (sozialen Frauenschulen). In: Der Kindergarten, Heft April/Mai, S. 65–74

1924: Psychologie des Jugendalters. Leipzig: Quelle & Meyer

1925: Die Ausbildung der höheren Lehrer an der Universität. Denkschrift der Philosophischen Fakultät der Friedrich-Wilhelms-Universität Berlin. Leipzig: Quelle & Meyer

1928: Kultur und Erziehung. 4., veränderte Aufl. Leipzig: Quelle & Meyer [Erste Auflage 1919]

1951: Pädagogische Perspektiven. Heidelberg: Quelle & Meyer [9. Aufl. 1968]

1969a (1918): Grundlegende Bildung, Berufsbildung, Allgemeinbildung. In: Eduard Spranger: Gesammelte Schriften, Band I: Geist der Erziehung. Hrsg. von Gottfried Bräuer und Andreas Flitner. Heidelberg: Quelle & Meyer, S. 7–19

1969b (1922, 1925²): Der gegenwärtige Stand der Geisteswissenschaften und die Schule. In: Eduard Spranger: Gesammelte Schriften, Band I: Geist der Erziehung. Hrsg. von Gottfried Bräuer und Andreas Flitner. Heidelberg: Quelle & Meyer, S. 20–69

1969c (1924): Die Generationen und die Bedeutung des Klassischen in der Erziehung. In: Eduard Spranger: Gesammelte Schriften, Band I: Geist der Erziehung. Hrsg. von Gottfried Bräuer und Andreas Flitner. Heidelberg: Quelle & Meyer, S. 70–89

1969d (1925, 1926, 1926³): Das deutsche Bildungsideal der Gegenwart in geschichtsphilosophischer Betrachtung. In: Eduard Spranger: Gesammelte Schriften, Band V: Hrsg. von Hans Wenke. Tübingen: Niemeyer, S. 30–106

1969e (1928): Die wissenschaftlichen Grundlagen der Schulverfassungslehre und Schulpolitik. In: Eduard Spranger: Gesammelte Schriften, Band I: Geist der Erziehung. Hrsg. von Gottfried Bräuer und Andreas Flitner. Heidelberg: Quelle & Meyer, S. 90–161

1969f (1951): Grundstile der Erziehung. In: Eduard Spranger: Gesammelte Schriften, Band I: Geist der Erziehung. Hrsg. von Gottfried Bräuer und Andreas Flitner. Heidelberg: Quelle & Meyer, S. 208–231

1969g (1955): Die kulturphilosophischen Voraussetzungen der gegenwärtigen Bildungsaufgabe. In: Eduard Spranger: Gesammelte Schriften, Band V: Hrsg. von Hans Wenke. Tübingen: Niemeyer, S. 382–398

1969h (1958): Der geborene Erzieher. In: Eduard Spranger: Gesammelte Schriften, Band I: Geist der Erziehung. Hrsg. von Gottfried Bräuer und Andreas Flitner. Heidelberg: Quelle & Meyer, S. 280–338

1969i (1962): Das Gesetz der ungewollten Nebenwirkungen in der Erziehung. In: Eduard Spranger: Gesammelte Schriften, Band V: Hrsg. von Hans Wenke. Tübingen: Niemeyer, S. 348–405

1970a (1920): Allgemeinbildung und Berufsbildung. In: Eduard Spranger: Gesammelte Schriften, Band III: Schule und Lehrer. Hrsg. von Ludwig Englert. Heidelberg: Quelle & Meyer, S. 7–26

1970b (1920): Gedanken über Lehrerbildung. In: Eduard Spranger: Gesammelte Schriften, Band III: Schule und Lehrer. Hrsg. von Ludwig Englert. Heidelberg: Quelle & Meyer, S. 27–73

1970c (1928): Probleme der politischen Volkserziehung. In: Eduard Spranger: Gesammelte Schriften, Band VIII: Staat, Recht und Politik. Hrsg. von Hermann Josef Meyer. Tübingen: Niemeyer, S. 169–191

1970d (1949): Innere Schulreform. In: Eduard Spranger: Gesammelte Schriften, Band III: Schule und Lehrer. Hrsg. von Ludwig Englert. Heidelberg: Quelle & Meyer, S. 177–187

1970e (1950): Die Volksschule in unserer Zeit. In: Eduard Spranger: Gesammelte Schriften, Band III: Schule und Lehrer. Hrsg. von Ludwig Englert. Heidelberg: Quelle & Meyer, S. 188–199

1 Primärliteratur

1970f (1950): Umbildungen im Berufsleben und in der Berufserziehung. In: Eduard Spranger: Gesammelte Schriften, Band III: Schule und Lehrer. Hrsg. von Ludwig Englert. Heidelberg: Quelle & Meyer, S. 200–209

1970g (1952): Humanismus der Arbeit. In: Eduard Spranger: Gesammelte Schriften, Band III: Schule und Lehrer. Hrsg. von Ludwig Englert. Heidelberg: Quelle & Meyer, S. 210–222

1970h (1955): Der Eigengeist der Volksschule. In: Eduard Spranger: Gesammelte Schriften, Band III: Schule und Lehrer. Hrsg. von Ludwig Englert. Heidelberg: Quelle & Meyer, S. 261–319

1970i (1956): Gedanken zur staatsbürgerlichen Erziehung. In: Eduard Spranger: Gesammelte Schriften, Band VIII: Staat, Recht und Politik. Hrsg. von Hermann Josef Meyer. Tübingen: Niemeyer, S. 77–123

1970j (1958): Die Erziehungsaufgabe der deutschen Berufsschule. In: Eduard Spranger: Gesammelte Schriften, Band III: Schule und Lehrer. Hrsg. von Ludwig Englert. Heidelberg: Quelle & Meyer, S. 324–345

1970k (1960): Ungelöste Probleme der Pflichtberufsschule. In: Eduard Spranger: Gesammelte Schriften, Band III: Schule und Lehrer. Hrsg. von Ludwig Englert. Heidelberg: Quelle & Meyer, S. 393–405

1970l (1960): Der Sinn des altsprachlichen Gymnasiums in der Gegenwart. In: Eduard Spranger: Gesammelte Schriften, Band III: Schule und Lehrer. Hrsg. von Ludwig Englert. Heidelberg: Quelle & Meyer, S. 366–392

1973a (1916/1917): Das Problem der Bildsamkeit. In: Eduard Spranger: Gesammelte Schriften, Band II: Philosophische Pädagogik. Hrsg. von Otto Friedrich Bollnow und Gottfried Bräuer. Heidelberg: Quelle & Meyer, S. 232–259

1973b (1920): Die Bedeutung der wissenschaftlichen Pädagogik für das Volksleben. In: Eduard Spranger: Gesammelte Schriften, Band II: Philosophische Pädagogik. Hrsg. von Otto Friedrich Bollnow und Gottfried Bräuer. Heidelberg: Quelle & Meyer, S. 260–274

1973c (1923): Der Bildungswert der Heimatkunde. In: Eduard Spranger: Gesammelte Schriften, Band II: Philosophische Pädagogik. Hrsg. von Otto Friedrich Bollnow und Gottfried Bräuer. Heidelberg: Quelle & Meyer, S. 294–319

1973d (1948): Philosophische Grundlegung der Pädagogik. In: Eduard Spranger: Gesammelte Schriften, Band II: Philosophische Pädagogik. Hrsg. von Otto Friedrich Bollnow und Gottfried Bräuer. Heidelberg: Quelle & Meyer, S. 62–140

1973e (1948, 1953): Die Fruchtbarkeit des Elementaren. In: Eduard Spranger: Gesammelte Schriften, Band II: Philosophische Pädagogik. Hrsg. von Otto Friedrich Bollnow und Gottfried Bräuer. Heidelberg: Quelle & Meyer, S. 320–326

1980 (1929): Der Sinn der Voraussetzungslosigkeit in den Geisteswissenschaften. In: Eduard Spranger: Gesammelte Schriften, Bd. VI: Grundlagen der Geisteswissenschaften. Hrsg. von Hans Walter Bähr. Tübingen: Niemeyer, S. 151–183

1.6 Weniger, Erich

1924: Erziehungsgedanken im Strafvollzug (Tagungsbericht). In: Pädagogisches Zentralblatt 4, Heft 5, S. 196–198

1926: Die Grundlagen des Geschichtsunterrichts. Untersuchungen zur geisteswissenschaftlichen Didaktik. Leipzig u. a.: Teubner

1927a: Erste Akademie der deutschen Schule für Volksforschung und Erwachsenenbildung (14. März bis 9. April auf der Comburg bei Schwäbisch-Hall). In: Neuwerk. Ein Dienst am Werdenden 9, Heft 6, S. 213–220

1927b: Gegensätzliches und Gemeinsames in der modernen Fürsorgeerziehung. In: Evangelische Jugendhilfe 3, Nr. 8, S. 246–250

1928: Jugendpflege und Jugendführung als sozialpädagogische Aufgaben. In: Die Erziehung 3, S. 144–163

1929: Zur Frage der staatsbürgerlichen Erziehung. In: Die Erziehung 4, S. 148–171

1930a: Die Theorie der Bildungsinhalte. In: Handbuch der Pädagogik, Bd. III. Hrsg. von Herman Nohl und Ludwig Pallat. Langensalza: Beltz, S. 1–55

1930b: Bildung. In: Sachwörterbuch der Deutschkunde, Band I. Hrsg. von Walther Hofstaetter/Ulrich Peters. Leipzig/Berlin: Teubner, S. 164–167

1930c: Volksbildung. In: Sachwörterbuch der Deutschkunde, Band II. Hrsg. von Walther Hofstaetter/Ulrich Peters. Leipzig/Berlin: Teubner, S. 1217–1218

1930d: Die persönlichen Voraussetzungen des Sozialarbeiters. In: Das junge Deutschland 24, S. 56–63

1936: Das deutsche Bildungswesen im Frühmittelalter. In: Historische Vierteljahrsschrift 30, S. 446–492

1945/46: Neue Wege im Geschichtsunterricht. In: Die Sammlung 1, S. 339–343; S. 404–411; S. 500–511

1949: Neue Wege im Geschichtsunterricht. Mit Beiträgen von Hermann Heimpel u. a. Frankfurt am Main: Schulte-Bulmke

1950a: Die Frage der Richtlinien für den Geschichtsunterricht. In: Geschichte in Wissenschaft und Unterricht 1, S. 32–36 (= Gutachten Wenigers zu den „Richtlinien für den Geschichtsunterricht in allen Schulen im Lande Hessen")

1950b: Die Angst vor der politischen Geschichte. In: Geschichte in Wissenschaft und Unterricht 1, S. 169–173

1951: Zur Frage der staatsbürgerlichen Erziehung. Oldenburg: Stalling [Wiederabdruck aus dem Jahre 1929 mit einem neuen Nachwort]

1952a (1932): Die persönlichen Voraussetzungen des Volkslehrers und die Lehrerbildung. In: Erich Weniger: Die Eigenständigkeit der Erziehung in Theorie und Praxis. Weinheim: Beltz, S. 38–44

1952b (1945): Schule und Berufsnot. In: Erich Weniger: Die Eigenständigkeit der Erziehung in Theorie und Praxis. Weinheim: Beltz, S. 345–359

1952c (1949): Jugendarbeit und Schule. In: Erich Weniger: Die Eigenständigkeit der Erziehung in Theorie und Praxis. Weinheim: Beltz, S. 421–427

1952d (1950): Pädagogische Ausbildung der Philologen. In: Erich Weniger: Die Eigenständigkeit der Erziehung in Theorie und Praxis. Weinheim: Beltz, S. 475–481

1952e (1950): Universität und Volksbildung. In: Erich Weniger: Die Eigenständigkeit der Erziehung in Theorie und Praxis. Weinheim: Beltz, S. 498–510

1952f (1951): Volksbildung als Beruf. In: Erich Weniger: Die Eigenständigkeit der Erziehung in Theorie und Praxis. Weinheim: Beltz, S. 511–520

1952g (1951): Bildung und Persönlichkeit. In: Erich Weniger: Die Eigenständigkeit der Erziehung in Theorie und Praxis. Weinheim: Beltz, S. 123–140

1952h: Die Eigenständigkeit der Erziehung in Theorie und Praxis. Weinheim: Beltz

1952i: Kunde oder Erfahrung in der politischen Bildung. In Recht und Freiheit 3, S. 100–102

1952j: Pädagogische Thesen zur Situation der Jugend. In: Die Sammlung 7, S. 512–517

1953a: Aufgaben und Gestaltung der Lehrerbildung. In: Neue Wege für die Schule. Beiträge zur Neuordnung von Schulaufbau, Berufsschule und Lehrerbildung. Hrsg. vom Institut zur Förderung öffentlicher Angelegenheiten e. V. Mannheim: Institut zur Förderung öffentlicher Angelegenheiten, S. 85–113

1953b: Zur Frage der politischen Bildung an Schulen und Hochschulen. In: Geschichte in Wissenschaft und Unterricht 4, S. 30–35

1953c: Politische Bildung als Aufgabe der Universität. In: Deutsche Universitätszeitung, Heft VIII/11, S. 8–10

1954: Politische Bildung und staatsbürgerliche Erziehung. Zwei Denkschriften. Würzburg: Werkbund-Verlag

1955a: Schule und Schulerziehung. In: Lexikon der Pädagogik, Bd. 4. Hrsg. von Heinrich Rombach. Freiburg i. Br.: Herder, Sp. 71–76

1955b: Die Forderungen der Pädagogik an die politische Bildung. Ein Kommentar zu dem Gutachten des Deutschen Ausschusses zur politischen Bildung und zur staatsbürgerlichen Erziehung. In: Aus Politik und Zeitgeschichte 37 v. 14. Sept., S. 557–561

1956: Die Notwendigkeit der politischen Erziehung. In: Erziehung wozu? Eine Vortragsreihe. Mit Beiträgen von Otto Friedrich Bollnow u. a. Stuttgart: Kröner, S. 125–134

1959a: Herman Nohl und die sozialpädagogische Bewegung. Herman Nohl zum 80. Geburtstag. In: Zeitschrift für Pädagogik, 1. Beiheft. Weinheim/Basel: Beltz, S. 5–20

1959b: Dressur und Erziehung in der Demokratie. In: Die Sammlung 14, S. 341–349

1990a (1927): Die Gegensätze in der modernen Fürsorgeerziehung. In: Erich Weniger: Lehrerbildung, Sozialpädagogik, Militärpädagogik. Politik, Gesellschaft, Erziehung in der geisteswissenschaftlichen Pädagogik. Ausgewählt und kommentiert von Helmut Gaßen. Weinheim/Basel: Beltz, S. 144–176

1990b (1929): Selbstkritik in der Fürsorgeerziehung. In: Erich Weniger: Lehrerbildung, Sozialpädagogik, Militärpädagogik. Politik, Gesellschaft, Erziehung in der geisteswissenschaftlichen Pädagogik. Ausgewählt und kommentiert von Helmut Gaßen. Weinheim/Basel: Beltz, S. 177–184

1990c (1929): Die Autonomie der Pädagogik. In: Erich Weniger: Ausgewählte Schriften. Zur geisteswissenschaftlichen Pädagogik. Ausgewählt und mit einer editorischen Notiz versehen von Bruno Schonig. 2. Aufl. Weinheim/Basel: Beltz, S. 11–27

1990d (1929): Theorie und Praxis in der Erziehung. In: Erich Weniger: Ausgewählte Schriften. Zur geisteswissenschaftlichen Pädagogik. Ausgewählt und mit einer editorischen Notiz versehen von Bruno Schonig. 2. Aufl. Weinheim/Basel: Beltz, S. 29–44

1990e (1929): Die neue Lehrerbildung. In: Erich Weniger: Lehrerbildung, Sozialpädagogik, Militärpädagogik. Politik, Gesellschaft, Erziehung in der geisteswissenschaftlichen Pädagogik. Ausgewählt und kommentiert von Helmut Gaßen. Weinheim/Basel: Beltz, S. 14–20

1990f (1932): Abschied von der Pädagogischen Akademie. In: Erich Weniger: Lehrerbildung, Sozialpädagogik, Militärpädagogik. Politik, Gesellschaft, Erziehung in der geisteswissenschaftlichen Pädagogik. Ausgewählt und kommentiert von Helmut Gaßen. Weinheim/Basel: Beltz, S. 21–28

1990g (1933): Zur Entwicklungsgeschichte der deutschen Lehrerbildung. In: Erich Weniger: Lehrerbildung, Sozialpädagogik, Militärpädagogik. Politik, Gesellschaft, Erziehung in der geisteswissenschaftlichen Pädagogik. Ausgewählt und kommentiert von Helmut Gaßen. Weinheim/Basel: Beltz, S. 29–46

1990h (1936): Zur Geistesgeschichte und Soziologie der pädagogischen Fragestellung. In: Ausgewählte Schriften. Zur geisteswissenschaftlichen Pädagogik. Ausgewählt und mit einer editorischen Notiz versehen von Bruno Schonig. 2. Aufl. Weinheim/Basel: Beltz, S. 107–123

1990i (1945): Denkschrift über den Wideraufbau der akademischen Lehrerbildung. In: Erich Weniger: Lehrerbildung, Sozialpädagogik, Militärpädagogik. Politik, Gesellschaft, Erziehung in der geisteswissenschaftlichen Pädagogik. Ausgewählt und kommentiert von Helmut Gaßen. Weinheim/Basel: Beltz, S. 47–90

1990j (1948): Geschichte ohne Mythos. In: Erich Weniger: Erziehung, Politik, Geschichte. Politik, Gesellschaft, Erziehung in der geisteswissenschaftlichen Pädagogik. Ausgewählt und kommentiert von Helmut Gaßen. Weinheim/Basel: Beltz, S. 258–283

1990k (1950): Die Pädagogik in ihrem Selbstverständnis heute. In: Erich Weniger: Ausgewählte Schriften. Zur geisteswissenschaftlichen Pädagogik. Ausgewählt und mit einer editorischen Notiz versehen von Bruno Schonig. 2. Aufl. Weinheim/Basel: Beltz, S. 125–155

1990l (1951): Nachwort 1951 zum Widerabdruck von „Zur Frage der staatsbürgerlichen Erziehung". In: Erich Weniger: Erziehung, Politik, Geschichte. Politik, Gesellschaft, Erziehung in der geisteswissenschaftlichen Pädagogik. Ausgewählt und kommentiert von Helmut Gaßen. Weinheim/Basel: Beltz, S. 204–210

1990m (1952): Politische und mitbürgerliche Erziehung. In: Erich Weniger: Erziehung, Politik, Geschichte. Politik, Gesellschaft, Erziehung in der geisteswissenschaftlichen Pädagogik. Ausgewählt und kommentiert von Helmut Gaßen. Weinheim/Basel: Beltz, S. 211–232

1990n (1952): Theorie der Bildungsinhalte und des Lehrplans (Didaktik als Bildungslehre, Teil 1). In: Erich Weniger: Ausgewählte Schriften. Zur geisteswissenschaftlichen Pädagogik. Ausgewählt und mit einer editorischen Notiz versehen von Bruno Schonig. 2. Aufl. Weinheim/Basel: Beltz, S. 199–294 [neubearb. und wesentlich erw. Fassung von: Die Theorie der Bildungsinhalte (1930)]

1990o (1952): Die Hilfe der pädagogischen Theorie im Streit um die Schulreform. In: Erich Weniger: Ausgewählte Schriften. Zur geisteswissenschaftlichen Pädagogik. Ausgewählt und mit einer editorischen Notiz versehen von Bruno Schonig. 2. Aufl. Weinheim/Basel: Beltz, S. 157–167

1990p (1953): Der Erzieher und die gesellschaftlichen Mächte. In: Erich Weniger: Erziehung, Politik, Geschichte. Politik, Gesellschaft, Erziehung in der geisteswissenschaftlichen Pädagogik. Ausgewählt und kommentiert von Helmut Gaßen. Weinheim/Basel: Beltz, S. 95–105

1990q (1953): Aufgaben und Gestaltung der Lehrerbildung. In: Erich Weniger: Lehrerbildung, Sozialpädagogik, Militärpädagogik. Politik, Gesellschaft, Erziehung in der geisteswissenschaftlichen Pädagogik. Ausgewählt und kommentiert von Helmut Gaßen. Weinheim/Basel: Beltz, S. 91–111

1990r (1955): Volksbildung im Lichte der Soziologie und Pädagogik. In: Erich Weniger: Lehrerbildung, Sozialpädagogik, Militärpädagogik. Politik, Gesellschaft, Erziehung in der geisteswissenschaftlichen Pädagogik. Ausgewählt und kommentiert von Helmut Gaßen. Weinheim/Basel: Beltz, S. 185–200

1990s (1956): Zum Problem der staatsbürgerlichen Erziehung der unorganisierten Jugend. In: Erich Weniger: Erziehung, Politik, Geschichte. Politik, Gesellschaft, Erziehung in der geisteswissenschaftlichen Pädagogik. Ausgewählt und kommentiert von Helmut Gaßen. Weinheim/Basel: Beltz, S. 248–256

1990t (1957): Volksschule und Erziehungswissenschaft. In: Erich Weniger: Lehrerbildung, Sozialpädagogik, Militärpädagogik. Politik, Gesellschaft, Erziehung in der geisteswissenschaftlichen Pädagogik. Ausgewählt und kommentiert von Helmut Gaßen. Weinheim/Basel: Beltz, S. 120–142

1990u (1960): Didaktische Voraussetzungen der Methode in der Schule (Didaktik als Bildungslehre, Teil 2). In: Erich Weniger: Ausgewählte Schriften zur geisteswissenschaftlichen Pädagogik. Ausgewählt und mit einer editorischen Notiz versehen von Bruno Schonig. 2. Aufl. Weinheim/Basel: Beltz, S. 295–366 [Erstauflage 1927]

2 Sekundärliteratur

2.1 Vor 1945

Becker, Carl Heinrich (1919): Gedanken zur Hochschulreform. Leipzig: Quelle & Meyer

Becker, Carl Heinrich (1926): Die pädagogische Akademie im Aufbau unseres nationalen Bildungswesens. Leipzig: Quelle & Meyer

Döring, Wolfgang (1934): Zur pädagogischen Problematik des Begriffs des Klassischen. Langensalza u. a.: Beltz

Feld, Wilhelm (1925): Die akademische Ausbildung für die soziale Arbeit. In: Deutsche Zeitschrift für Wohlfahrtspflege 1, S. 357–362

Frischeisen-Köhler, Max (1962 [1919/20]): Grenzen der experimentellen Methode. In: Max Frischeisen-Köhler: Philosophie und Pädagogik. Eingeleitet von Herman Nohl. 2. Aufl. Weinheim/Basel: Beltz, S. 110–150

Geißler, Georg (1929): Die Autonomie der Pädagogik. Langensalza u. a.: Beltz

Hermes, Gertrud (1999 [1922]): Laienbildung. In: Blätter der Volkshochschule Thüringen, 1919–1933. Hrsg. von Martha Friedenthal-Haase und Elisabeth Meilhammer. Hildesheim: Olms, S. 299–302

Kittel, Helmuth (1932): Der Weg zum Volkslehrer. Über die Entwicklung der Pädagogischen Akademien. Jena: Diederich

Lampel, Peter (1929): Revolte im Erziehungshaus. Schauspiel der Gegenwart in drei Akten. Berlin: Kiepenheuer

Lehmensick, Erich (1926): Die Theorie der formalen Bildung. Göttingen: Vandenhoeck & Ruprecht

Meumann, Ernst (1914): Abriss der experimentellen Pädagogik. Leipzig/Berlin: Engelmann

Neubert, Waltraut (1932): Das Erlebnis in der Pädagogik. Göttingen: Vandenhoeck & Ruprecht

Neuordnung (1924): Die Neuordnung des preußischen höheren Schulwesens. Denkschrift des Preußischen Ministeriums für Wissenschaft, Kunst und Volksbildung. Von Hans Richert. Berlin: Weidmann

Pädagogische Konferenz im Ministerium der geistlichen und Unterrichts-Angelegenheiten am 24. und 25. Mai (1917). Thesen und Verhandlungsbericht. Berlin: o. V.

Reinhardt, Karl (1919): Die Neugestaltung des deutschen Schulwesens. Leipzig: Quelle & Meyer

Richert, Hans (1920): Die deutsche Bildungseinheit und die höhere Schule. Ein Buch von deutscher Nationalerziehung. Tübingen: Mohr

Rosenberg, Alfred (1934): Der Mythus des 20. Jahrhunderts. Eine Wertung der seelisch-geistigen Gestaltenkämpfe unserer Zeit. München: Hoheneichen

Stein, Ludwig (1896): Experimentelle Pädagogik. In: Deutsche Rundschau 12, S. 240–250

Troeltsch, Ernst (1925 [1916]): Humanismus und Nationalismus in unserem Bildungswesen. In: Deutscher Geist und Westeuropa. Gesammelte kulturphilosophische Aufsätze und Reden. Hrsg. von Hans Baron. Tübingen: Mohr, S. 211–243

2.2 Nach 1945

Die mit *gekennzeichneten Titel sind zur einführenden Lektüre besonders geeignet.

Albisetti, James C./Lundgreen, Peter (1991): Höhere Knabenschulen. In: Handbuch der deutschen Bildungsgeschichte, Band IV: 1870–1918. Hrsg. von Christa Berg. München: Beck, S. 228–278

*Bast, Roland (2000): Pädagogische Autonomie. Historisch-systematische Hinführung zu einem Grundbegriff der geisteswissenschaftlichen Pädagogik. Bochum: Projekt-Verlag

Becker, Eberhard (1966): Die Staatsbürgererziehung im Anfang der Weimarer Republik (1918–1924). Tübingen [= Inaugural-Dissertation an der Philosophischen Fakultät der Universität Tübingen 1965]

Becker, Hellmut (Hrsg.) (1979): Herman Nohl. Wirkung und Gestalt. Zu seinem 100. Geburtstag. In: Neue Sammlung 19, S. 539–622

Beckmann, Hans-Karl (1968): Lehrerseminar – Akademie- Hochschule. Das Verhältnis von Theorie und Praxis in drei Epochen der Volksschullehrerausbildung. Weinheim/Basel: Beltz

Beckmann, Hans-Karl (1971): Das Verhältnis von Theorie und Praxis im engeren Sinne: In: Wolfgang Klafki u. a.: Funk-Kolleg Erziehungswissenschaft Bd. 3. Weinheim: Fischer, S. 184–202

Beutler, Kurt (1990): Militärpädagogische Aspekte bei Erich Weniger. Zum kriegsfördernden Beitrag geisteswissenschaftlicher Pädagogik. In: Keim, Wolfgang (Hrsg.) (1990): Erziehungswissenschaft und Nationalsozialismus. Eine kritische Positionsbestimmung. Marburg: Bund demokratischer Wissenschaftlerinnen und Wissenschaftler, S. 60–72

Beutler, Kurt (1995): Geisteswissenschaftliche Pädagogik zwischen Politisierung und Militarisierung – Erich Weniger. Frankfurt am Main u. a.: Lang

Beutler, Kurt (1997): Erich Weniger (1894–1961). In: Wilhelm Brinkmann/Waltraud Harth-Peter (Hrsg.): Freiheit – Geschichte – Vernunft. Grundlinien geisteswissenschaftlicher Pädagogik. Winfried Böhm zum 22. März 1997. Würzburg: Echter, S. 286–303

Bilanz der Paradigmendiskussion in der Erziehungswissenschaft (1991). Leistungen, Defizite, Grenzen. Hrsg. von Dieter Hoffmann und Martin Fromm. Weinheim: Deutscher Studienverlag

Bilanz für die Zukunft (1990). Aufgaben, Konzepte und Forschung in der Erziehungswissenschaft. Hrsg. von Dietrich Benner. Zeitschrift für Pädagogik, 25. Beiheft. Weinheim/Basel: Beltz

Bildungsforschung und Bildungsreform (2007). Heinrich Roth revisited. Hrsg. v. Margret Kraul u. Jörg Schlömerkemper. Weinheim: Juventa (= Die Deutsche Schule 99, 9. Beiheft)

Blankertz, Herwig (1982): Die Geschichte der Pädagogik. Von der Aufklärung bis zur Gegenwart. Wetzlar: Büchse der Pandora

Blochmann, Elisabeth (1969): Herman Nohl in der pädagogischen Bewegung seiner Zeit 1879–1960. Göttingen: Vandenhoeck & Ruprecht

*Bollnow, Otto Friedrich (1989): Die geisteswissenschaftliche Pädagogik. In: Richtungsstreit in der Erziehungswissenschaft und pädagogische Verständigung. Wilhelm Flitner zur Vollendung seines 100. Lebensjahres gewidmet. Hrsg. von Hermann Röhrs. Frankfurt am Main u. a.: Lang, S. 53–70

Brezinka, Wolfgang (1971): Von der Pädagogik zur Erziehungswissenschaft. Eine Einführung in die Metatheorie der Erziehung. Weinheim/Basel: Beltz

Brezinka, Wolfgang (1978): Metatheorie der Erziehung. Eine Einführung in die Grundlagen der Erziehungswissenschaft, der Philosophie der Erziehung und der praktischen Pädagogik. München u. a.: Reinhardt

Brinkmann, Wilhelm/Harth-Peter, Waltraud (Hrsg.) (1997): Freiheit – Geschichte – Vernunft. Grundlinien geisteswissenschaftlicher Pädagogik. Winfried Böhm zum 22. März 1997. Würzburg: Echter

Brinkmann, Wilhelm (1997a): Albert Reble. Ein Portrait. In: Wilhelm Brinkmann/Waltraud Harth-Peter (Hrsg.) (1997): Freiheit – Geschichte – Vernunft. Grundlinien geisteswissenschaftlicher Pädagogik. Winfried Böhm zum 22. März 1997. Würzburg: Echter, S. 304–321

Burkard, Franz-Peter/Weiß, Axel: dtv-Atlas Pädagogik. München: Deutscher Taschenbuch-Verlag 2008

Coriand, Rotraud/Winkler, Michael (Hrsg.) (1998): Der Herbartianismus – die vergessene Wissenschaftsgeschichte. Weinheim: Deutscher Studien-Verlag

Dahmer, Ilse/Klafki, Wolfgang (Hrsg.) (1968): Geisteswissenschaftliche Pädagogik am Ausgang ihrer Epoche: Erich Weniger. Weinheim/Basel: Beltz

Danner, Helmut (1979/³1994): Methoden geisteswissenschaftlicher Pädagogik. Einführung in Hermeneutik, Phänomenologie und Dialektik. München u. a.: Reinhardt

Depaepe, Marc (1993): Zum Wohl des Kindes? Pädologie, pädagogische Psychologie und experimentelle Pädagogik in Europa und den USA, 1890–1940. Weinheim: Deutscher Studien-Verlag

Derbolav, Josef (Hrsg.) (1980): Sinn und Geschichtlichkeit. Werk und Wirkungen Theodor Litts. Stuttgart: Klett-Cotta

Derbolav, Josef (1987): Grundriß einer Gesamtpädagogik. Unter Mitarbeit v. Bruno H. Reifenrath. Frankfurt/M.: Diesterweg

Die große Hetze (1958). Der niedersächsische Ministersturz. Ein Tatsachenbericht zum Fall Schlüter. Göttingen: Göttinger Verlags-Anstalt

Dilthey, Wilhelm (1961): Gesammelte Schriften, Band 9: Pädagogik. Geschichte und Grundlinien des Systems. Hrsg. von Karlfried Gründer. 3., unveränd. Aufl. Leipzig u. a.: Teubner

Dilthey, Wilhelm (1962): Gesammelte Schriften, Band 1: Einleitung in die Geisteswissenschaften. Versuch einer Grundlegung für das Studium der Gesellschaft und der Geschichte. Hrsg. von Karlfried Gründer. 5., unveränd. Aufl. Leipzig u. a.: Teubner

Drewek, Peter (1996): Die Herausbildung der „geisteswissenschaftlichen Pädagogik" vor 1918 aus sozialgeschichtlicher Perspektive. Zum Strukturwandel der Philosophischen Fakultät und zur Lehrgestalt der Universitätspädagogik im späten Kaiserreich und während des Ersten Weltkriegs. In: Zeitschrift für Pädagogik, 34. Beiheft: Die Institutionalisierung von Lehren und Lernen. Beiträge zu einer Theorie der Schule. Hrsg. von Achim Leschinsky. Weinheim/Basel: Beltz, S. 299–316

*Drewek, Peter (2003): Eduard Spranger. In: Klassiker der Pädagogik, Band II. Hrsg. von Heinz-Elmar Tenorth. München: Beck, S. 137–151

Dudek, Peter (1999): Grenzen der Erziehung im 20. Jahrhundert. Allmacht und Ohnmacht der Erziehung im pädagogischen Diskurs. Bad Heilbrunn: Klinkhardt

Eisermann, Walter/Meyer, Hermann Josef (Hrsg.) (1983): Maßstäbe. Perspektiven des Denkens von Eduard Spranger. Düsseldorf: Schwann

Finckh, Hans Jürgen (1977): Der Begriff der „Deutschen Bewegung" und seine Bedeutung für die Pädagogik Herman Nohls. Frankfurt am Main u. a.: Lang

Finckh, Hans Jürgen (1979): Probleme der Bestimmung des Verhältnisses von geisteswissenschaftlicher Pädagogik und kritischer Erziehungswissenschaft. Eine Auseinandersetzung mit Helmut Gassen. In: Zeitschrift für Pädagogik 25, S. 941–952

Friedenthal-Haase, Martha/Meilhammer, Elisabeth (1999): Einleitung. In: Blätter der Volkshochschule Thüringen, 1919–1933. Hrsg. von Martha Friedenthal-Haase und Elisabeth Meilhammer. Hildesheim: Olms, S. XI–XXXIX

Führ, Christoph (1992): Gelehrter Schulmann – Oberlehrer – Studienrat. Zum sozialen Aufstieg der Philologen. In: Werner Conze und Jürgen Kocka (Hrsg.): Bildungsbürgertum im 19. Jahrhundert, Teil I.: Bildungssystem und Professionalisierung in internationalen Vergleichen. 2. Aufl. Stuttgart: Klett-Cotta, S. 417–457

Furck, Carl-Ludwig (1998): Gymnasium – Gesamtschule. In: Handbuch der deutschen Bildungsgeschichte, Band VI, Teilband 1: 1945 bis zur Gegenwart. Hrsg. von Christoph Führ und Carl-Ludwig Furck. München: Beck, S. 282–356

Gadamer, Hans-Georg (1995): Philosophische Lehrjahre. Eine Rückschau. 2. Aufl. Frankfurt am Main: Klostermann

Gamm, Hans-Jochen (1972): Das Elend der spätbürgerlichen Pädagogik. Studien über den politischen Erkenntnisstand einer Sozialwissenschaft. München: List

Gamm, Hans-Jochen (1987): Kontinuität der Kathederpädagogik. Oder: Differenzen über faschistische Pädagogik. In: Demokratische Erziehung 13, Heft 2, S. 14–18

Gamm, Hans-Jochen (1990): Über die Schwierigkeiten, von einer deutschen Pädagogik zu sprechen. In: Keim, Wolfgang (Hrsg.): Erziehungswissenschaft und Nationalsozialismus. Eine kritische Positionsbestimmung. Marburg: Bund demokratischer Wissenschaftlerinnen und Wissenschaftler, S. 5–13

Gaßen, Helmut (1978): Geisteswissenschaftliche Pädagogik auf dem Wege zu kritischer Theorie. Studien zur Pädagogik Erich Wenigers. Weinheim/Basel: Beltz

*Gaßen, Helmut (1990): Erich Wenigers Leben, Werk und Wirkung. In: Erich Weniger: Erziehung, Politik, Geschichte. Ausgewählt und kommentiert von Helmut Gaßen. Weinheim/Basel: Beltz, S. 413–469

*Geißler, Georg (1979): Herman Nohl (1879–1960). In: Klassiker der Pädagogik, Band II. Hrsg. von Hans Scheuerl. München: Beck, S. 225–240

Giesecke, Hermann (1997): Die pädagogische Beziehung. Pädagogische Professionalität und die Emanzipation des Kindes. Weinheim/München: Juventa

Glaser, Edith (1994): Was ist das Neue an der „Neuen Richtung"? Zur Erwachsenenbildung nach dem Ersten Weltkrieg. In: 1919–1994. 75 Jahre Volkshochschule Jena. Hrsg. von der Volkshochschule der Stadt Jena. Rudolstadt: Hain, S. 117–136

*Haan, Gerhard de/Rülcker, Tobias (Hrsg.) (2002): Hermeneutik und Geisteswissenschaftliche Pädagogik. Ein Studienbuch. Frankfurt am Main u. a.: Lang

*Heiland, Helmut (2000): Die aktuelle Bedeutung der Geisteswissenschaftlichen Pädagogik. In: Dorle Klika (Hrsg.): Bildung als engagierte Aufklärung. Ernst Cloer zum 60. Geburtstag. Hildesheim: Universitäts-Bibliothek, S. 88–132

Heimann, Paul (1962): Didaktik als Theorie und Lehre. In: Die deutsche Schule 54, S. 407–427

Heinze, Carsten (1999): „Die Verhältnisse sind von Semester zu Semester unerträglicher geworden". Litt 1930–1936. In: Peter Gutjahr-Löser, Dieter Schulz und Heinz-Werner Wollersheim (Hrsg.): Theodor-Litt-Jahrbuch 1. Leipzig: Universitätsverlag, S. 68–94

Heinze, Carsten (2001): Die Pädagogik an der Universität Leipzig in der Zeit des Nationalsozialismus 1933–1945. Bad Heilbrunn: Klinkhardt

Henning, Uwe/Leschinsky, Achim (1991): Enttäuschung und Widerspruch. Die konservative Position Eduard Sprangers im Nationalsozialismus. Weinheim: Deutscher Studien-Verlag

Henningsen, Jürgen (1958): Der Hohenrodter Bund. Zur Erwachsenenbildung in der Weimarer Zeit. Heidelberg: Quelle & Meyer

Herrlitz, Hans-Georg (1997): Vergangenheitsbewältigungen. In: Die Deutsche Schule 89, S. 134–136

Herrmann, Ulrich (1971): Die Pädagogik Wilhelm Diltheys. Ihr wissenschaftstheoretischer Ansatz in Diltheys Theorie der Geisteswissenschaften. Göttingen: Vandenhoeck & Ruprecht

*Herrmann, Ulrich (1978): Pädagogik und geschichtliches Denken. In: Hans Thiersch, Horst Ruprecht und Ulrich Herrmann: Die Entwicklung der Erziehungswissenschaft. München: Juventa, S. 173–238

Herrmann, Ulrich (1985): Probleme einer „nationalsozialistischen Pädagogik". In: Ulrich Herrmann (Hrsg.): „Die Formung des Volksgenossen". Der „Erziehungsstaat" des Dritten Reiches. Weinheim/Basel: Beltz, S. 9–24

Herrmann, Ulrich (1989a): Polemik und Hermeneutik. Zur Auseinandersetzung mit A. Rang über Pädagogik und „Un-Pädagogik" und zur Kritik „kritischer" Historiographie. In: Peter Zedler und Eckard König (Hrsg.): Rekonstruktionen pädagogischer Wissenschaftsgeschichte. Fallstudien, Ansätze, Perspektiven. Weinheim: Deutscher Studien-Verlag, S. 295–315

Herrmann, Ulrich (1989b): Pädagogische Autonomie. Ein politisch-pädagogisches Prinzip und seine Folgen in der Zeit der Weimarer Republik in Deutschland. In: Die Deutsche Schule 81, S. 285–296

Herrmann, Ulrich (1989c): Geschichtsdeutung als Disziplinpolitik? Anmerkungen zur Kontroverse über das Verhältnis von Pädagogik und Nationalsozialismus. In: Die Deutsche Schule 81, S. 366–373

*Herrmann, Ulrich (1989d): Pädagogik, Geisteswissenschaftliche (systematisch). In: Pädagogische Grundbegriffe. Hrsg. von Dieter Lenzen. Reinbek b. Hamburg: Rowohlt, Sp. 1140–1160

Himmelstein, Klaus (1996a): Eduard Sprangers Bildungsideal der ‚Deutschheit'. Ein Beitrag zur Kontingenzbewältigung in der modernen Gesellschaft? In: Jahrbuch für Pädagogik, S. 179–196

Himmelstein, Klaus (1996b): Eduard Sprangers deutsches Bildungsideal auf den Trümmern von 1945. In: Klaus Himmelstein und Wolfgang Keim (Hrsg.): Die Schärfung des Blicks. Pädagogik nach dem Holocaust. Frankfurt am Main: Campus, S. 61–75

Himmelstein, Klaus (2001): Die Konstruktion des Deutschen gegen das Jüdische im Diskurs Eduard Sprangers. In: Gerhard Meyer-Willner (Hrsg.): Eduard Spranger. Aspekte seines Werks aus heutiger Sicht. Mit einer bisher unveröffentlichten autobiographischen Skizze von Eduard Spranger. Bad Heilbrunn: Klinkhardt, S. 53–72

Hoffmann, Dietrich (1978): Kritische Erziehungswissenschaft. Stuttgart u. a.: Kohlhammer

Hoffmann, Dietrich (1993): Das ‚Erbe' der Weniger-Schule. Paradigmatische Wenden und exemplarische Integrationsversuche. In: Dietrich Hoffmann und Karl Neumann (Hrsg.): Tradition und Transformation der geisteswissenschaftlichen Pädagogik. Zur Re-Vision der Weniger-Gedenkschrift. Weinheim u. a.: Deutscher Studien-Verlag, S. 197–215

Hopf, Caroline (2004): Die experimentelle Pädagogik. Empirische Erziehungswissenschaft in Deutschland am Anfang des 20. Jahrhunderts. Bad Heilbrunn: Klinkhardt

Horn, Klaus-Peter (2003): Erziehungswissenschaft in Deutschland im 20. Jahrhundert. Zur Entwicklung der sozialen und fachlichen Struktur der Disziplin von der Erstinstitutionalisierung bis zur Expansion. Bad Heilbrunn: Klinkhardt

Huschke-Rhein, Rolf Bernhard (1979a): Das Wissenschaftsverständnis in der geisteswissenschaftlichen Pädagogik: Dilthey, Litt, Nohl, Spranger. Stuttgart: Klett-Cotta

Huschke-Rhein, Rolf Bernhard (1979b): Zum Verhältnis von geisteswissenschaftlicher Pädagogik und kritischer Theorie. In: Zeitschrift für Pädagogik 25, S. 933–940

Jeismann, Karl-Ernst (1987): Das höhere Knabenschulwesen. In: Handbuch der deutschen Bildungsgeschichte, Band III: 1800–1870. Hrsg. von Karl-Ernst Jeismann und Peter Lundgreen. München: Beck, S. 152–180

Keim, Wolfgang (1988) (Hrsg.): Pädagogen und Pädagogik im Nationalsozialismus. Ein unerledigtes Problem der Erziehungswissenschaft. Frankfurt am Main u. a.: Lang

Keim, Wolfgang (1989): Pädagogik und Nationalsozialismus. Zwischenbilanz einer Auseinandersetzung innerhalb der bundesdeutschen Erziehungswissenschaft. In: Neue Sammlung 29, Heft 2, S. 186–208

Keim, Wolfgang (Hrsg.) (1990): Erziehungswissenschaft und Nationalsozialismus. Eine kritische Positionsbestimmung. Marburg: Bund demokratischer Wissenschaftlerinnen und Wissenschaftler

Keim, Wolfgang (1990a): Pädagogik und Nationalsozialismus. Zwischenbilanz einer Auseinandersetzung innerhalb der bundesdeutschen Erziehungswissenschaft. In: Keim, Wolfgang (Hrsg.): Erziehungswissenschaft und Nationalsozialismus. Eine kritische Positionsbestimmung. Marburg: Bund demokratischer Wissenschaftlerinnen und Wissenschaftler, S. 14–27

Keim, Wolfgang (1995): Erziehung unter der Nazi-Diktatur, Bd. 1: Antidemokratische Potentiale, Machtantritt und Machtdurchsetzung. Darmstadt: Wissenschaftliche Buchgesellschaft

Kersting, Christa (2008): Pädagogik im Nachkriegsdeutschland. Wissenschaftspolitik und Disziplinentwicklung: 1945 bis 1955. Bad Heilbrunn: Klinkhardt

Klafki, Wolfgang u. a. (1970a): Funk-Kolleg Erziehungswissenschaft, Band 1. Frankfurt am Main: Fischer

Klafki, Wolfgang (1970b): Das pädagogische Verhältnis. In: Wolfgang Klafki u. a. Funk-Kolleg Erziehungswissenschaft, Band 1. Frankfurt am Main: Fischer, S. 55–91

Klafki, Wolfgang u. a. (1970c): Funk-Kolleg Erziehungswissenschaft, Band 2. Frankfurt am Main: Fischer

Klafki, Wolfgang u. a. (1971a): Funk-Kolleg Erziehungswissenschaft, Band 3. Frankfurt am Main: Fischer

Klafki, Wolfgang (1971b): Rückblick und Selbstkritik – Erziehungswissenschaft als kritische Theorie. In: Wolfgang Klafki u. a.: Funk-Kolleg Erziehungswissenschaft, Band 3. Frankfurt am Main: Fischer, S. 249–266 [mit einem Einschub v. G. Kadelbach S. 253f.]

Klafki, Wolfgang (Hrsg.) (1976a): Aspekte kritisch-konstruktiver Erziehungswissenschaft. Gesammelte Beiträge zur Theorie-Praxis-Diskussion. Weinheim/Basel: Beltz

Klafki, Wolfgang (1976b): Erziehungswissenschaft als kritisch-konstruktive Theorie: Hermeneutik – Empirie – Ideologiekritik. In: Wolfgang Klafki u. a.: Aspekte kritisch-konstruktiver Erziehungswissenschaft. Weinheim/Basel: Beltz, S. 13–49

Klafki, Wolfgang (1977): Vorwort. In: Hans Jürgen Finckh: Der Begriff der „Deutschen Bewegung" und seine Bedeutung für die Pädagogik Herman Nohls. Frankfurt am Main u. a.: Lang

*Klafki, Wolfgang (1978a): Geisteswissenschaftliche Pädagogik. Kurseinheit 1: Zur historischen Ortsbestimmung der geisteswissenschaftlichen Pädagogik. Hagen: Fernuniversität – Gesamthochschule

*Klafki, Wolfgang (1978b): Geisteswissenschaftliche Pädagogik. Kurseinheit 2: Wissenschaftstheoretische Grundlagen und Prinzipien der geisteswissenschaftlichen Pädagogik. Hagen: Fernuniversität – Gesamthochschule

*Klafki, Wolfgang (1978c): Geisteswissenschaftliche Pädagogik. Kurseinheit 3: Wissenschaftstheoretische Prinzipien der GP (Fortsetzung) und inhaltliche Grundprobleme der Erziehung in der Sicht der GP (Erster Teil). Hagen: Fernuniversität – Gesamthochschule

*Klafki, Wolfgang (1978d): Geisteswissenschaftliche Pädagogik. Kurseinheit 4: Inhaltliche Grundprobleme der Erziehung in der Sicht der GP (Zweiter Teil). Hagen: Fernuniversität – Gesamthochschule

*Klafki, Wolfgang (1979): Theodor Litt (1880–1962). In: Klassiker der Pädagogik, Band II. Hrsg. von Hans Scheuerl. München: Beck, S. 241–257

Klafki, Wolfgang (1980): Unterrichtsplanung im Sinne kritisch-konstruktiver Didaktik. In: Eckard König u. a. (Hrsg.): Diskussion Unterrichtsvorbereitung – Verfahren und Modelle. München: Fink, S. 13–44

*Klafki, Wolfgang (1982): Die Pädagogik Theodor Litts. Eine kritische Vergegenwärtigung. Königstein/Ts.: Scriptor

Klafki, Wolfgang (1985a): Neue Studien zur Bildungstheorie und Didaktik. Beiträge zur kritisch-konstruktiven Didaktik. Weinheim/Basel: Beltz

Klafki, Wolfgang (1985b): Erste Studie: Konturen eines neuen Allgemeinbildungskonzepts. In: Neue Studien zur Bildungstheorie und Didaktik. Beiträge zur kritisch-konstruktiven Didaktik. Weinheim/Basel: Beltz, S. 12–30

Klafki, Wolfgang (1988): Politische Identitätsbildung und frühe pädagogische Berufsorientierung in Kindheit und Jugend unter dem Nationalsozialismus – autobiographische Rekonstruktionen. In: Wolfgang Klafki (Hrsg.): Verführung, Distanzierung, Ernüchterung, Kindheit und Jugend im Nationalsozialismus. Autobiographisches aus erziehungswissenschaftlicher Sicht. Weinheim/Basel: Beltz, S. 131–183

*Klafki, Wolfgang (1996): Die gegenwärtigen Kontroversen in der deutschen Erziehungswissenschaft über das Verhältnis der geisteswissenschaftlichen Pädagogik zum Nationalsozialismus. Vasa: Maxi-Copy

Klafki, Wolfgang (1998): Zur Militärpädagogik Erich Wenigers. In: Zeitschrift für Pädagogik 44, S. 149–160

Klafki, Wolfgang/Braun, Karl-Heinz (2007): Wege pädagogischen Denkens. Ein autobiografischer und erziehungswissenschaftlicher Dialog. München: Reinhardt

*Klafki, Wolfgang/Brockmann, Johanna-Luise (2002): Geisteswissenschaftliche Pädagogik und Nationalsozialismus. Herman Nohl und seine „Göttinger Schule" 1932–1937. Eine individual- und gruppenbiografische, mentalitäts- und theoriegeschichtliche Untersuchung. Weinheim/Basel: Beltz

Klika, Dorle (2000): Herman Nohl. Sein „Pädagogischer Bezug" in Theorie, Biographie und Handlungspraxis. Köln u. a.: Böhlau

*Klika, Dorle (2003): Herman Nohl. In: Klassiker der Pädagogik, Band II. Hrsg. von Heinz-Elmar Tenorth. München: Beck, S. 123–136

Krüger, Heinz-Hermann (1994): Allgemeine Pädagogik auf dem Rückzug?, Notizen zur disziplinären Neuvermessung der Erziehungswissenschaft. In: Heinz-Hermann Krüger/Thomas Rauschenbach (Hrsg.): Erziehungswissenschaft. Die Disziplin am Beginn einer neuen Epoche. Weinheim/München: Juventa, S. 115–130

*Krüger, Heinz-Hermann (1999): Einführung in Theorien und Methoden der Erziehungswissenschaft. 2., durchgesehene Aufl. Opladen: Leske + Budrich, hier: S. 17–36

Kuhlemann, Hans-Michael (1992): Niedere Schulen. In: Handbuch der deutschen Bildungsgeschichte, Band IV: 1870–1918. Von der Reichsgründung bis zum Ende des Ersten Weltkriegs. Hrsg. von Christa Berg. München: Beck, S. 179–227

Kuhn, Hans-Werner/Massing, Peter (Hrsg.) (1990): Politische Bildung in Deutschland. Entwicklung – Stand – Perspektiven. Opladen: Leske + Budrich

Kupffer, Heinrich (1984): Der Faschismus und das Menschenbild der deutschen Pädagogik. Frankfurt am Main: Fischer

Lieber, Hans-Joachim (1966): Die deutsche Lebensphilosophie und ihre Folgen. In: Universitätstage. Veröffentlichung der Freien Universität Berlin. Berlin: de Gruyter, S. 92–108

Lingelbach, Karl Christoph (1970/21987): Erziehung und Erziehungstheorien im nationalsozialistischen Deutschland. Ursprünge und Wandlungen der 1933–1945 in Deutschland vorherrschenden erziehungstheoretischen Strömungen, ihre politischen Funktionen und ihr Verhältnis zur außerschulischen Erziehungspraxis des „Dritten Reiches". 1. Aufl. Weinheim/Basel: Beltz; 2., erw. Aufl. Frankfurt am Main: dipa

Lingelbach, Karl Christoph (1990): Unkritische Bildungshistorie als sozialwissenschaftlicher Fortschritt? In: Keim, Wolfgang (Hrsg.): Erziehungswissenschaft und Nationalsozialismus. Eine kritische Positionsbestimmung. Marburg: Bund demokratischer Wissenschaftlerinnen und Wissenschaftler, S. 125–136

Lochner, Rudolf (1963): Deutsche Erziehungswissenschaft. Meisenheim am Glan: Hain

*Löffelholz, Michael (1979): Eduard Spranger (1882–1963). In: Klassiker der Pädagogik, Band II. Hrsg. von Hans Scheuerl. München: Beck, S. 258–276

Marten, Heinz-Georg (1987): Der niedersächsische Ministersturz. Protest und Widerstand der Georg-August-Universität gegen den Kultusminister Schlüter im Jahre 1955. Göttingen: Vandenhoeck & Ruprecht

Martinsen, Sylvia/Sacher, Werner (Hrsg.) (2002): Eduard Spranger und Käthe Hadlich. Eine Auswahl aus den Briefen der Jahre 1903–1960. Bad Heilbrunn: Klinkhardt

Matthes, Eva (1992): Von der geisteswissenschaftlichen zur kritisch-konstruktiven Pädagogik und Didaktik. Der Beitrag Wolfgang Klafkis zur Entwicklung der Pädagogik als Wissenschaft. Bad Heilbrunn: Klinkhardt

Matthes, Eva (1998a): Geisteswissenschaftliche Pädagogik nach der NS-Zeit. Politische und pädagogische Verarbeitungsversuche. Bad Heilbrunn: Klinkhardt

Matthes, Eva (1998b): Erich Weniger – ein pädagogischer und politischer Reaktionär? Eine Auseinandersetzung mit Interpretationen Kurt Beutlers. In: Pädagogische Rundschau 52, S. 613–628

Matthes, Eva (1999a): Nohl, Herman. In: Neue Deutsche Biographie, Bd. 19. Hrsg. von der Historischen Kommission bei der Bayerischen Akademie der Wissenschaften. Berlin: Duncker & Humblot, S. 323–324

Matthes, Eva (1999b): Theodor Litts Wirken in der SBZ – Ein Beitrag gegen Legendenbildungen in der Pädagogik. In: Bildung und Erziehung 52, S. 477–492

Matthes, Eva (1999c): „Das Trümmerfeld, auf dem wir zum Schluß stehen werden, das kann ich mir vorstellen". Litt 1937–1945. In: Peter Gutjahr-Löser, Dieter Schulz und Heinz-Werner Wollersheim (Hrsg.): Theodor-Litt-Jahrbuch 1. Leipzig: Universitätsverlag, S. 95–114

Matthes, Eva (2000): Theologe – Philologe – Fachwissenschaftler – Pädagoge? Historisch-systematische Akzentsetzungen zur (Aus-)Bildung der Lehrer an höheren Schulen. In: Anregung. Zeitschrift für Gymnasialpädagogik 46, Heft 5, S. 328–341

*Matthes, Eva (2003): Theodor Litt (1880–1962). In: Sächsische Lebensbilder, Band 5. Hrsg. von Gerald Wiemers. Leipzig: Verlag der Sächsischen Akademie der Wissenschaften, S. 435–464

Matthes, Eva (2009): Die Pädagogik konstituiert sich als universitäres Fach. In: Uwe Sandfuchs, Jörg-W. Link und Andreas Klinkhardt (Hrsg.): Verlag Julius Klinkhardt. 1834–2009. Verlegerisches Handeln zwischen Pädagogik, Politik und Ökonomie. Bad Heilbrunn, S. 81–94

Meyer-Willner, Gerhard (1986): Eduard Spranger und die Lehrerbildung. Die notwendige Revision eines Mythos. Bad Heilbrunn: Klinkhardt

Mollenhauer, Klaus (1969a): Erziehung und Emanzipation. Polemische Skizzen. 2. Aufl. München: Juventa [1. Aufl. 1968]

Mollenhauer, Klaus (1969b): Funktionalität und Disfunktionalität der Erziehung. In: Klaus Mollenhauer: Erziehung und Emanzipation. Polemische Skizzen. 2. Aufl. München: Juventa, S. 22–35

Mollenhauer, Klaus (1972): Theorien zum Erziehungsprozess. Zur Einführung in erziehungswissenschaftliche Fragestellungen. München: Juventa

Mollenhauer, Klaus (1982): Marginalien zur Lage der Erziehungswissenschaft: In: Eckard König und Peter Zedler (Hrsg.): Erziehungswissenschaftliche Forschung. Positionen, Perspektiven, Probleme. Paderborn u. a.: Schöningh, S. 252–265

Mollenhauer, Klaus (1983): Vergessene Zusammenhänge. Über Kultur und Erziehung. München: Juventa

Mollenhauer, Klaus (1996): In Erinnerung an die geisteswissenschaftliche Pädagogik: Wozu Pädagogik? Versuch eines thematischen Profils. In: Andreas Gruschka (Hrsg.): Wozu Pädagogik? Die Zukunft bürgerlicher Mündigkeit und öffentlicher Erziehung. Darmstadt: Wissenschaftliche Buchgesellschaft, S. 15–35

Mollenhauer, Klaus (1997): Legenden und Gegenlegenden. Ein kritischer Kommentar zum Beitrag von Barbara Siemsen. In: Die Deutsche Schule 89, S. 158–160

Müller, Peter (1985): Litt, Theodor. In: Neue Deutsche Biographie, Bd. 14. Hrsg. von der Historischen Kommission bei der Bayerischen Akademie der Wissenschaften. Berlin: Duncker & Humblot, S. 708–710

Müller-Rolli, Sebastian (1989): Lehrer. In: Handbuch der deutschen Bildungsgeschichte, Band V: 1918–1945. Die Weimarer Republik und die nationalsozialistische Diktatur. Hrsg. von Dieter Langewiesche und Heinz-Elmar Tenorth. München: Beck, S. 240–258

Nay-Gebhard, Martha (1990): Theodor Litt. Lebensweg und pädagogische Grundaussage. In: Die Schulleitung. Zeitschrift für pädagogische Führung und Fortbildung in Bayern 17, Heft 4, S. 31–38

Nicolin, Friedhelm (1981a): Zum Wissenschaftsverständnis der geisteswissenschaftlichen Pädagogik. Eine Auseinandersetzung mit dem Buch von R. B. Huschke-Rhein. In: Zeitschrift für Pädagogik 27, S. 75–84

Nicolin, Friedhelm (1981b): Theodor Litt und der Nationalsozialismus. In: Peter Gutjahr-Löser, Hans-Helmuth Knütter und Friedrich Wilhelm Rothenpieler (Hrsg.): Theodor Litt und die Politische Bildung der Gegenwart. München: Olzog, S. 113–139

Nipperdey, Thomas (1998): Deutsche Geschichte (1866–1918). 2 Bände. München: Beck

Oelkers, Jürgen (1991): Hermeneutik oder Kulturpädagogik? Zur Bilanzierung der geisteswissenschaftlichen Pädagogik. In: Bilanz der Paradigmendiskussion in der Erziehungswissenschaft. Leistungen, Defizite, Grenzen. Hrsg. von Dietrich Hoffmann und Martin Fromm. Weinheim: Deutscher Studien-Verlag, S. 31–47

Oelkers, Jürgen (1998): Pädagogische Reform und Wandel der Erziehungswissenschaft. In: Handbuch der deutschen Bildungsgeschichte, Band VI, Teilband 1: 1945 bis zur Gegenwart. Hrsg. von Christoph Führ und Carl-Ludwig Furck. München: Beck, S. 217–243

Oelkers, Jürgen (2006): The strange case of German ‚Geisteswissenschaftliche Pädagogik'. In: Rita Hofstetter und Bernhard Schneuwly (Hrsg.): Passion, Fusion, Tension. New Education and Educational Sciences. Education nouvelle et Sciences de l'éducation. End 19th–middle 20th century. Fin du 19e-milieu du 20 siècle. Bern u. a.: Lang, S. 191–222

Oelkers, Jürgen/Adl-Amini, Bijan (Hrsg.) (1982): Pädagogik, Bildung und Wissenschaft. Zur Grundlegung der geisteswissenschaftlichen Pädagogik. Bern u. a.: Haupt

Oelkers, Jürgen/Schulz, Wolfgang K. (Hrsg.) (1984): Pädagogisches Handeln und Kultur. Aktuelle Aspekte der geisteswissenschaftlichen Pädagogik. Bad Heilbrunn: Klinkhardt

Oetinger, Friedrich (Pseudonym v. Wilhelm, Theodor) (1951): Wendepunkt der politischen Erziehung. Partnerschaft als pädagogische Aufgabe. Stuttgart: Metzler

*Ofenbach, Birgit (2002): Eduard Spranger: Kultur und Erziehung. Gesammelte pädagogische Aufsätze. Darmstadt: Wissenschaftliche Buchgesellschaft

Ortmeyer, Benjamin (Hrsg.) (2008): Dokumentation ad fontes. Dokumente 1933–1945. 4 Bände. Frankfurt am Main: Goethe-Universität, Fachbereich Erziehungswissenschaft

Ortmeyer, Benjamin (2009): Mythos und Pathos statt Logos und Ethos. Zu den Publikationen führender Erziehungswissenschaftler in der NS-Zeit: Eduard Spranger, Herman Nohl, Erich Weniger und Peter Petersen. Weinheim/Basel: Beltz

Pädagogik und Nationalsozialismus (1989). Hrsg. von Ulrich Herrmann und Jürgen Oelkers. Weinheim u. a.: Beltz (= Zeitschrift für Pädagogik, 22. Beiheft)

Paffrath, Fritz Hartmut (1971): Eduard Spranger und die Volksschule. Eine historisch-systematische Untersuchung. Mit einem Anhang unveröffentlichter Schriften Eduard Sprangers. Bad Heilbrunn: Klinkhardt

*Parmentier, Michael (1991): Selbsttätigkeit, Pädagogischer Takt und Relative Autonomie. In: Vierteljahrsschrift für wissenschaftliche Pädagogik 67, S. 121–135

Rang, Adalbert (1986): Reaktionen auf den Nationalsozialismus in die Zeitschrift „Die Erziehung" im Frühjahr 1933. In: Hans-Uwe Otto und Heinz Sünker (Hrsg.): Soziale Arbeit und Faschismus. Volkspflege und Pädagogik im Nationalsozialismus. Bielefeld: Böllert, KT-Verlag, S. 35–54

Rang, Adalbert (1988): Spranger und Flitner 1933. In: Wolfgang Keim (Hrsg.): Pädagogen und Pädagogik im Nationalsozialismus. Ein unerledigtes Problem der Erziehungswissenschaft. Frankfurt am Main u. a.: Lang, S. 65–78

Reble, Albert (1981): Theodor Litts Stellung in der Entwicklung der sozialen und der politischen Erziehung. In: Peter Gutjahr-Löser u. a. (Hrsg.): Theodor Litt und die politische Bildung der Gegenwart. München: Olzog, S. 49–103

Reble, Albert (1992): Geschichte der Pädagogik. Dokumentationsband. 2. Aufl. Stuttgart: Klett-Cotta

Reble, Albert (1997):Theodor Litts demokratisch-antikommunistischer Vortrag in Ostberlin 1946. In: Wilhelm Brinkmann/Waltraud Harth-Peter (Hrsg.) (1997): Freiheit – Geschichte – Vernunft. Grundlinien geisteswissenschaftlicher Pädagogik. Winfried Böhm zum 22. März 1997. Würzburg: Echter, S. 200–212

Reimers, Bettina Irina (2003): Die neue Richtung der Erwachsenenbildung in Thüringen 1919–1933. Essen: Klartext

Roeder, Peter Martin (1961): Bemerkungen zu Wolfgang Klafkis Untersuchungen über „Das pädagogische Problem des Elementaren und die Theorie der kategorialen Bildung". In: Die deutsche Schule 53, S. 572–581

Roeder, Peter Martin (1962): Zur Problematik der historisch-systematischen Methode. (Zugleich eine Fortsetzung des Gesprächs mit W. Klafki.) In: Die deutsche Schule 54, S. 39–44

Röhrig, Paul (1991): Erwachsenenbildung. In: Handbuch der deutschen Bildungsgeschichte, Band IV: 1870–1918. Von der Reichsgründung bis zum Ende des Ersten Weltkriegs. Hrsg. von Christa Berg. München: Beck, S. 441–471

Röhrs, Hermann/Scheuerl, Hans (Hrsg.) (1989): Richtungsstreit in der Erziehungswissenschaft und pädagogische Verständigung. Wilhelm Flitner zur Vollendung seines 100. Lebensjahres am 20. August 1989 gewidmet. Frankfurt am Main u. a.: Lang

Roth, Heinrich (2007 [1963]): Die realistische Wendung in der pädagogischen Forschung: In: Bildungsforschung und Bildungsreform. Heinrich Roth revisited. Hrsg. v. Margret Kraul u. Jörg Schlömerkemper. Weinheim: Juventa (= Die Deutsche Schule 99, 9. Beiheft), S. 93–106 [Erstveröffentlichung 1962; hier Nachdruck der etwas erweiterten Fassung von 1963]

Roth, Heinrich (1979): Heinrich Roth. In: Ludwig J. Pongratz, Werner Traxel und Ernst Wehner (Hrsg.): Psychologie in Selbstdarstellungen, Band 2. Bern u. a.: Huber, S. 257–288

Scheuerl, Hans (Hrsg.) (1979a): Klassiker der Pädagogik. 2 Bde. München: Beck

Scheuerl, Hans (1979b): Wilhelm Flitner. In: Klassiker der Pädagogik, Band II. Hrsg. von Hans Scheuerl. München: Beck, S. 277–289

Scheuerl, Hans (1981): Über die ‚geisteswissenschaftliche' Tradition in der Pädagogik und ihre Rekonstruktion. In: Zeitschrift für Pädagogik 27, S. 1–6

Schraut, Alban (2007): Biografische Studien zu Eduard Spranger. Bad Heilbrunn: Klinkhardt

*Schwenk, Bernhard (1968): Erich Weniger – Leben und Werk. In: Ilse Dahmer und Wolfgang Klafki (Hrsg.): Geisteswissenschaftliche Pädagogik am Ausgang ihrer Epoche. Weinheim/Berlin: Beltz, S. 1–33

Siemsen, Barbara (1995): Der andere Weniger – eine Untersuchung zu Erich Wenigers kaum beachteten Schriften. Frankfurt am Main u. a.: Lang

Skiera, Ehrenhard (2003): Reformpädagogik in Geschichte und Gegenwart. Eine kritische Einführung. München: Oldenbourg

*Tenorth, Heinz-Elmar (1986): Deutsche Erziehungswissenschaft 1930 bis 1945. Aspekte ihres Strukturwandels. In: Zeitschrift für Pädagogik 32, S. 299–321

Tenorth, Heinz-Elmar (1988): Wissenschaftliche Pädagogik im nationalsozialistischen Deutschland. Zum Stand ihrer Erforschung. In: Zeitschrift für Pädagogik, 22. Beiheft. Weinheim u. a.: Beltz, S. 53–84

Tenorth, Heinz-Elmar (2002): Pädagogik für Krieg und Frieden. Eduard Spranger und die Erziehungswissenschaft an der Universität Berlin 1913–1933. In: Klaus-Peter Horn und Heidemarie Kemnitz (Hrsg.): Pädagogik Unter den Linden. Von der Gründung der Berliner Universität im Jahre 1810 bis zum Ende des 20. Jahrhunderts. Stuttgart: Steiner, S. 191–226

*Thiersch, Hans (1989): Pädagogik, Geisteswissenschaftliche (historisch). In: Pädagogische Grundbegriffe. Hrsg. von Dieter Lenzen. Reinbek b. Hamburg: Rowohlt, Sp. 1117–1140

Tröhler, Daniel (2003): The discourse of German Geisteswissenschaftliche Pädagogik – a contextual reconstruction. In: Paedagogica Historica 39, S. 759–778

Tröhler, Daniel (2005): Geschichte und Sprache der Pädagogik. In: Zeitschrift für Pädagogik 51, S. 218–235

Weber, Bernd (1979): Pädagogik und Politik vom Kaiserreich zum Faschismus. Zur Analyse politischer Optionen von Pädagogikhochschullehrern von 1914–1933. Königstein/Ts.: Scriptor

Weber, Erich (1999): Grundfragen und Grundbegriffe, Band I, Teil 3: Pädagogische Grundvorgänge und Zielvorstellungen – Erziehung und Gesellschaft/Politik. Neuausgabe. Donauwörth: Auer

Winkel, Rainer (1972): Geisteswissenschaftliche Pädagogik. In: Wörterbuch kritische Erziehung. Hrsg. von Eberhard Rauch und Wolfgang Anzinger. Starnberg: Raith, S. 107–111 [4., erw. Aufl. 1973]

Zimmer, Hasko (1995): Die Hypothek der Nationalpädagogik. Herman Nohl, der Nationalsozialismus und die Pädagogik nach Auschwitz. In: Jahrbuch für Pädagogik: Auschwitz und die Pädagogik. Frankfurt am Main u. a.: Lang, S. 87–114

Zimmer, Hasko (1996): Pädagogik, Kultur und nationale Identität. Das Projekt einer „deutschen Bildung" bei Rudolf Hildebrand und Herman Nohl. In: Jahrbuch für Pädagogik. Frankfurt am Main u. a.: Lang, S. 159–177

Zimmer, Hasko (1998): Von der Volksbildung zur Rassenhygiene: Herman Nohl. In: Tobias Rülcker (Hrsg.): Politische Reformpädagogik. Frankfurt/M. u. a.: Lang, S. 515–540

*Zirfas, Jörg/Wulf, Christoph (1996): Geisteswissenschaftliche Erziehungswissenschaft. In: Taschenbuch der Pädagogik, Bd. 2. Hrsg. von Helmwart Hierdeis und Theo Hug. Baltmannsweiler: Schneider Verlag Hohengehren, S. 350–361

Personenregister

Das Personenregister umfasst die Namen aller Personen, die im Text und in den Anmerkungen erwähnt werden, auch die Autoren und Autorinnen von Sekundärliteratur.

Die geisteswissenschaftlichen Pädagogen Wilhelm Flitner, Wolfgang Klafki, Theodor Litt, Herman Nohl, Eduard Spranger *und* Erich Weniger *sind im Personenregister nicht aufgeführt, da ihre Namen in diesem Lehrbuch ständig genannt werden und oftmals auch aus den Kapitelüberschriften hervorgeht, an welchen Stellen ihre Positionen behandelt werden.*

Ausnahme: Der Name Wolfgang Klafki *wird im rezeptionsgeschichtlichen Teil nachgewiesen, da* Klafki *dort nicht als geisteswissenschaftlicher Pädagoge, sondern als kritisch-konstruktiver Erziehungswissenschaftler, der sich mit der geisteswissenschaftlichen Pädagogik auseinandersetzt, vorkommt.*

Personenregister

Adenauer, Konrad 16
Adl-Amini, Bijan 192
Adorno, Theodor W. 185
Albisetti, James 98
Bach, Johann Sebastian 22
Baeumler, Alfred 15
Bähr, Hans Walter 17
Bast, Roland 200
Bättner, Fritz 10, 20
Bauch, Bruno 18
Baudissin, Wolf Graf von 25
Beck, Ludwig 16
Becker, Carl Heinrich 19, 23, 118, 121, 125, 131
Becker, Eberhard 164
Becker, Hellmut 192
Beckmann, Hans-Karl V, 118, 187, 188, 190
Bergstraesser, Arnold 176, 177
Beutler, Kurt 21, 196, 199
Blankertz, Herwig 31, 200
Blochmann, Elisabeth 3, 151
Böhm, Willy 13
Böhm, Winfried 199
Bollnow, Otto Friedrich 7, 17, 202
Bondy, Curt 6, 153
Brandi, Karl 22
Braun, Karl-Heinz 26
Brezinka, Wolfgang 184, 189, 198, 201, 207
Brinkmann, Wilhelm 199
Brockmann, Johanna Luise 3, 6, 21, 196
Brüning, Heinrich 23
Buber, Martin 21, 24
Buchenau, Artur 15
Burkard, Franz-Peter 92
Comte, Auguste 31
Coriand, Rotraud 34
Dahmer, Ilse 190
Danner, Helmut 191
Delekat, Friedrich 54
Depaepe, Marc 34
Derbolav, Josef 192, 205
Deuchler, Gustav 19
Diederichs, Eugen 4, 18
Dilthey, Wilhelm 4, 8, 13, 14, 18, 22, 23, 32, 33, 36, 39, 40, 183, 192, 201

Döpp-Vorwald, Heinrich 87
Döring, Wolfgang 42
Drewek, Peter 13, 34
Dudek, Peter 58
Dürr, Otto 17
Ebert, Friedrich 14
Eisermann, Walter 17, 192
Englert, Ludwig 17
Erdberg, Robert von 133
Erdmann, Benno 8
Erlinghagen, Karl 21
Eucken, Rudolf 4
Feld, Wilhelm 152
Finckh, Hans Jürgen 189, 190
Fischer, Aloys 5, 9, 15, 20, 71
Flitner, Andreas 17, 18
Flitner, Anne 18
Flitner, Elisabeth geb. Czapski 18
Flitner, Kurt 17
Flitner, Margarete geb. Stötzer 17
Flitner, Roswitha 18
Flitner, Wilhelm Hugbert 18
Flitner, Wilhelm Hugo 17
Freytag, Hans 22
Friedenthal-Haase, Martha 134
Frischeisen-Köhler, Max 33, 36
Führ, Christoph 119
Furck, Carl-Ludwig 110
Gadamer, Hans-Georg 12, 201
Gamm, Hans-Jochen 193, 194, 196
Gaßen, Helmut 21, 25, 190, 191
Geißler, Georg 3, 55, 200
Giesecke, Hermann 205, 206
Glaser, Edith 133
Goerdeler, Anneliese geb. Ulrich 11
Goerdeler, Carl Friedrich 11
Goethe, Johann Wolfgang von 19, 20, 24
Grimme, Adolf 7, 177
Grundtvig, Nikolai Frederik Severin 134
Haag, Erich 105
Haan, Gerhard de 199, 200, 201
Habermas, Jürgen 185, 190, 201
Hadlich, Käthe 13
Haenisch, Konrad 135
Haller, Johannes 22

Harth-Peter, Waltraud 199
Heckmann, Gustav 27
Hegel, Georg Wilhelm Friedrich 12
Heiland, Helmut 200
Heimann, Paul 77
Heinze, Carsten 196
Henning, Uwe 196
Henningsen, Jürgen 140
Herbart, Johann Friedrich 34, 77, 205
Herder, Johann Gottfried 10, 19
Hermes, Gertrud 140, 141
Herrlitz, Hans-Georg 196
Herrmann, Ulrich 21, 32, 184, 193, 194, 195, 196, 198
Himmelstein, Klaus 196
Hitler, Adolf 15, 16, 193, 194
Hochheim, Eckhart von 163
Hoffmann, Dietrich 185, 189
Hofmann, Walter 133, 136
Hopf, Caroline 34
Horkheimer, Max 185
Horn, Klaus-Peter 197
Humboldt, Wilhelm von 13, 14, 15, 66, 76, 139
Huschke-Rhein, Rolf Bernhard 190, 191, 192
Jacobi, Friedrich Heinrich 13
Jeismann, Karl-Ernst 98
Kant, Immanuel 8, 10, 33, 152
Kayser, Wolfgang 27
Keim, Wolfgang 193, 194, 195, 196
Kerschensteiner, Georg 15, 58
Kersting, Christa 197
Kittel, Helmuth 132
Klafki, Wolfgang 185, 187, 188, 189, 190, 195, 196, 205
Klika, Dorle 3
Knauer, Rudolf 13
König, Josef 27
Korn, Karl 98
Krüger, Heinz-Hermann 200, 208
Kudritzky, Gerhard 21
Kuhlemann, Hans-Michael 114
Kuhn, Hans-Werner 176
Kupffer, Heinrich 193, 195
Lampel, Peter 156

Lehmensick, Erich 42
Leschinsky, Achim 196
Lichtenstein, Ernst 27
Lieber, Hans-Joachim 190
Lingelbach, Karl Christoph 193, 195, 196, 203
Litt, Alfred 9, 11
Litt, Anna geb. Schöller 9
Litt, Ferdinand 8
Litt, Irene 9, 10
Litt, Maria geb. Dimmers 8
Litt, Rudolf 11
Lochner, Rudolf 184, 189, 198
Löffelholz, Michael 13
Lundgreen, Peter 98
Luther, Martin 163
Marten, Heinz-Georg 177
Martinsen, Sylvia 13
Massing, Peter 176
Matthes, Eva 3, 8, 13, 17, 21, 26, 49, 97, 119, 123, 124, 162, 196, 197
Meilhammer, Elisabeth 134
Meister Eckhart *Siehe* Hochheim, Eckhart von
Menck, Peter 193
Meumann, Ernst 14, 34
Meyer, Hermann Josef 17, 192
Meyer-Willner, Gerhard 121, 125
Miller-Kipp, Gisela 195
Misch, Georg 4, 5, 22
Mollenhauer, Klaus 185, 186, 187, 190, 196, 201
Müller, Peter 8
Müller-Rolli, Sebastian 118
Nay-Gebhard, Martha 8
Neubert, Waltraut 42
Nicolin, Friedhelm 192, 196
Nipperdey, Thomas 31
Nohl, Albert Johann 4
Nohl, Barbara 4, 7
Nohl, Bertha geb. Oser 4, 7
Nohl, Christian 5
Nohl, Clara 4, 7
Nohl, Elise geb. Simon 4
Nohl, Ella 3

Nohl, Gabriele geb. Doepke 3
Nohl, Hermann 3, 4, 13
Nohl, Hermine 3, 4
Nohl, Johanna 4, 7
Nohl, Marie 4, 7
Oelkers, Jürgen 192, 194, 198, 201, 204
Oetinger, Friedrich 170, 171, 175
Ofenbach, Birgit 13
Ortmeyer, Benjamin 197
Paffrath, Fritz Hartmut 102, 121
Pallat, Ludwig 5, 23
Parmentier, Michael 198, 199, 201
Paulsen, Friedrich 4, 13
Pestalozzi, Johann Heinrich 15, 19, 156, 157
Petersen, Peter 197
Picht, Werner 135
Plato 47, 48
Plessner, Helmut 27
Popper, Karl R. 184
Raabe, Wilhelm 22
Rang, Adalbert 195
Reble, Albert 110, 171, 199
Rehberg, August Wilhelm 22
Reichwein, Adolf 19
Reimers, Bettina Irina 133, 135, 136, 137, 139, 140
Rein, Wilhelm 19
Reinhardt, Karl 97
Richert, Hans 113, 114
Roeder, Peter-Martin 42, 43, 51
Röhrig, Paul 133
Röhrs, Hermann 17
Rosenberg, Alfred 11
Roth, Heinrich 183, 184, 188, 189, 205
Rousseau, Jean-Jacques 62, 86
Rülcker, Tobias 199, 200, 201
Rust, Bernhard 23
Sacher, Werner 13
Scheler, Max 18, 66
Scheuerl, Hans 17, 191
Schiller, Friedrich von 163
Schleiermacher, Friedrich Daniel Ernst 32, 33, 85, 199
Schlüter, Leonhard 25, 177, 204
Scholtz, Harald 195

Schraut, Alban 13
Schulz, Wolfgang K. 192
Schwenk, Bernhard 21
Sethe, Paul 178
Siemsen, Barbara 196
Simmel, Georg 8
Skiera, Ehrenhard 66, 100, 131
Spranger, Franz 13
Spranger, Henriette geb. Schönenbeck 13
Spranger, Susanne geb. Conrad 15, 16
Stauffenberg, Claus Philipp Maria Schenk Graf von 15
Stein, Heinrich Friedrich Karl vom und zum 22
Stein, Ludwig 34
Stettbacher, Hans 15
Stülpnagel, Heinrich von 24
Sünker, Heinz 195
Süßmuth, Rita 199
Tenorth, Heinz-Elmar 13, 193, 194, 195, 196
Tews, Johannes 97
Thiersch, Hans 198
Troeltsch, Ernst 8, 35, 36
Tröhler, Daniel 201
Trott zu Solz, August von 14, 36, 123
Wandel, Paul 120
Weber, Bernd 193
Weber, Erich 198, 199
Weinel, Heinrich 18
Weiß, Axel 92
Weniger, Elisabeth geb. Schmidt 22
Weniger, Friederike geb. Barnstedt 21, 22
Weniger, Hermann 21, 22
Wenke, Hans 17
Wichern, Johann Hinrich 149
Wilhelm, Theodor siehe Oetinger, Friedrich
Winkel, Rainer 189
Winkler, Michael 34
Wittram, Reinhard 177
Wulf, Christoph 200
Wundt, Wilhelm 34
Zeiss, Carl 5
Zimmer, Hasko 196
Zirfas, Jörg 200